建宁年鉴 2021

中共建宁县委员会　建宁县人民政府　主办

中共建宁县委党史和地方志研究室　编

方志出版社
Publishing House of Local Records

图书在版编目（CIP）数据

建宁年鉴.2021 / 中共建宁县委党史和地方志研究室编. -- 北京 : 方志出版社, 2021.12
ISBN 978-7-5144-5205-1

Ⅰ. ①建… Ⅱ. ①中… Ⅲ. ①建宁县—2021—年鉴
Ⅳ. ①Z525.74

中国版本图书馆CIP数据核字（2022）第043761号

责任编辑： 刘芳
责任校对： 刘玉霞
责任印制： 梅中英
出 版 者： 方志出版社
地　　址： 北京市朝阳区潘家园东里9号（国家方志馆4层）
邮　　编： 100021
网　　址： http://www.zgfzcb.cn
发　　行： 方志出版社图书营销中心（010-67110500）
印　　刷： 福州力人彩印有限公司
开　　本： 889毫米×1194毫米　1/16
印　　张： 21
字　　数： 592千字
版　　次： 2021年12月第1版
印　　次： 2021年12月第1次印刷
定　　价： 220.00元

中共建宁县委党史和地方志研究室
《建宁年鉴》编辑部

主　　编：陈忠奋

副 主 编：艾玲朝　黄日辉

编　　辑：罗瑞忠　陈军英　孔　玲

编　　务：李　静

建宁县地图

比例尺：1:230 000

建宁县位置图

编制单位：福建省地图出版社　审图号：明S（2022）004号　资料截至：2020年12月

2020 年 6 月 21 日，省纪委书记李仰哲（右二）参观中央苏区反围剿纪念园（建宁县融媒体中心　供稿）

2020 年 10 月 29 日，副省长郭宁宁（前左二）到明一乳业调研（建宁县融媒体中心　供稿）

2020 年 6 月 29 日，市委书记林兴禄（前左三）带领市委市政府工作组到建宁检查指导工作

（建宁县融媒体中心 供稿）

2020 年 6 月 15 日，市长余红胜（中）到建宁调研教育工作 （建宁县融媒体中心 供稿）

2020 年 12 月 27 日，中国共产党建宁县第十二届委员会第十一次全体会议在县宣传文化中心召开

（建宁县融媒体中心　供稿）

2020 年 12 月 29 日，建宁县第十七届人民代表大会第五次会议在县宣传文化中心召开

（建宁县融媒体中心　供稿）

2020 年 12 月 28 日，中国人民政治协商会议第十届建宁县委员会第五次会议在县宣传文化中心召开
（建宁县融媒体中心　供稿）

2020 年 6 月 18 日，建宁县国家级生态文明建设示范县现场核实交流座谈会（建宁县融媒体中心　供稿）

2020 年 12 月 22 日，莆炎高速公路建宁西互通连接线工程顺利交工　　（黄凌　摄）

2020 年 5 月 10 日，浦梅铁路建宁段铺轨　　（龚琪生　摄）

2020 年 5 月 14 日，浦梅铁路起点——建宁北站在“天窗期”突击分线施工现场　　（龚琪生　摄）

2020 年 7 月 7 日，福建云杉 40 万锭混纺纱线建设项目开工仪式　　（县工信局　供稿）

2020 年 7 月 13 日，建宁南站站房综合楼开工仪式　　（龚琪生　摄）

2020 年 7 月 13 日，基础设施项目团队举行 7 月份重点项目集中开竣工仪式　　（黄凌　摄）

2020 年 12 月 16 日，莆炎高速建宁西互通连接线工程顺利交工　　（县发改局　供稿）

2020 年 8 月 18 日，省人防协会帮扶客坊乡爱心扶贫活动　　　　（县融媒体中心　供稿）

2020 年 9 月 23 日，三明市贫困留守儿童“雏燕”关爱行动工作现场会在建宁县客坊乡召开
（客坊乡　供稿）

2020 年 7 月 28 日，果树爱心认养
（龚琪生　摄）

2020 年 8 月 23 日，高峰村七彩滑道游乐场　　　　（龚琪生　摄）

2020 年 1 月 3 日，建宁一中 80 周年校庆师生祭孔活动　（涂逢燕　摄）

2020 年 1 月 6 日，建宁县 2020 年文化科技卫生“三下乡”集中示范活动启动仪式在黄埠乡举行
（建宁县融媒体中心　供稿）

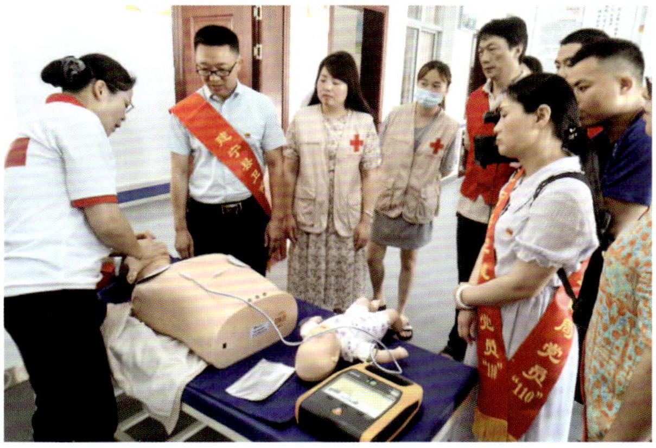

2020 年 6 月 16 日，县红十字会传授急救知识
（县红十字会　供稿）

2020 年 10 月 12 日，全市文化进万家流动舞台车巡演活动在建宁县启动　（文旅局　供稿）

2020 年 7 月 8 日，滩溪镇高峰村全景图

2020 年 7 月 18 日，坪上莲海全景图

（李凌　摄）

2020年7月27日，黄桃硕果累累

（龚琪生　摄）

（龚琪生　摄）

2020 年 4 月 5 日，枫元村万亩制种基地

（县农村农业局　供稿）

2020 年 12 月 3 日，闽江源头，鸳鸯戏水

（建宁县融媒体中心　供稿）

数字建宁2020

总面积	1716.34 平方千米
全县期末户籍人口	154249 人
常住人口	121000 人
地区生产总值	140.29 亿元
第一产业	18.92 亿元
第二产业	79.22 亿元
第三产业	42.15 亿元
农林牧渔业总产值	34.1 亿元
规模以上工业产值	208.1 亿元
粮食产量	8.94 万吨
社会消费品零售总额	35.99 亿元

公共财政收入	4.85 亿元
地方财政收入	3.4 亿元
公共财政支出	18.7 亿元
全体居民人均可支配收入	23867 元
城镇居民人均可支配收入	32615 元
农村居民人均可支配收入	18321 元
全体居民人均消费性支出	15402 元
城镇居民人均消费性支出	22594 元
农村居民人均消费性支出	10770 元
森林覆盖率	77.7%

闽山之脊福建金铙（建宁县融媒体中心　供稿）

编辑说明

一、《建宁年鉴（2021）》编纂工作坚持以马克思列宁主义、毛泽东思想、邓小平理论、“三个代表”重要思想、科学发展观、习近平新时代中国特色社会主义思想为指导，坚持辩证唯物主义的立场、观点和方法，力求全面、系统、翔实地记载2020年度建宁县自然、政治、经济、文化、社会等方面的情况，突出时代特征和地方特色，为续志积累资料长编，为领导决策提供依据，为中外人士了解和研究建宁提供信息，录史存真，宣传建宁，服务社会。

二、《建宁年鉴》由中共建宁县委员会、建宁县人民政府主办，中共建宁县委党史和地方志研究室承编，反映建宁历史年轮的大型资料性综合地情丛书，每年一部，公开出版。

三、本年鉴记述时间从 2020 年1月1日至12月31日，为保持重要资料和信息的完整性，对个别条目、图片及附录的时限做适当延伸。文中凡简称“省”“全省”均指福建省，“市”“全市”均指三明市，“县”“全县”均指建宁县。

四、本年鉴内容设图片、特载、专记、大事记、县情总貌；主体部分以各类事业条目和各乡（镇）、场条目为撰稿内容；卷末设人物 名录 荣誉榜、附录、索引。

五、《建宁年鉴（2021）》是建宁县第十卷综合年鉴。本年鉴体例采用条目体，分类目、分目、条目三个层次编撰，使用规范语体文记述，文字、标点符号、计量单位均以国家现行规范为准。全书设30个类目、199个分目，1098个条目。条目标题统一用黑体加“【 】”表示。

六、本年鉴所刊内容资料，除少数转载外，主要由全县党政机关、人民团体、企事业单位提供，并经各撰稿单位领导审核、确认，国民经济和社会发展综合性数据以县统计局《2020年度统计摘要》公布的数据为准，有关部门资料数据由主管部门提供。因资料来源、统计口径及统计方法不同，相关供稿单位提供的同项数据可能会存在差异，引用时以国家统计部门正式公布的数据为准。

总 目

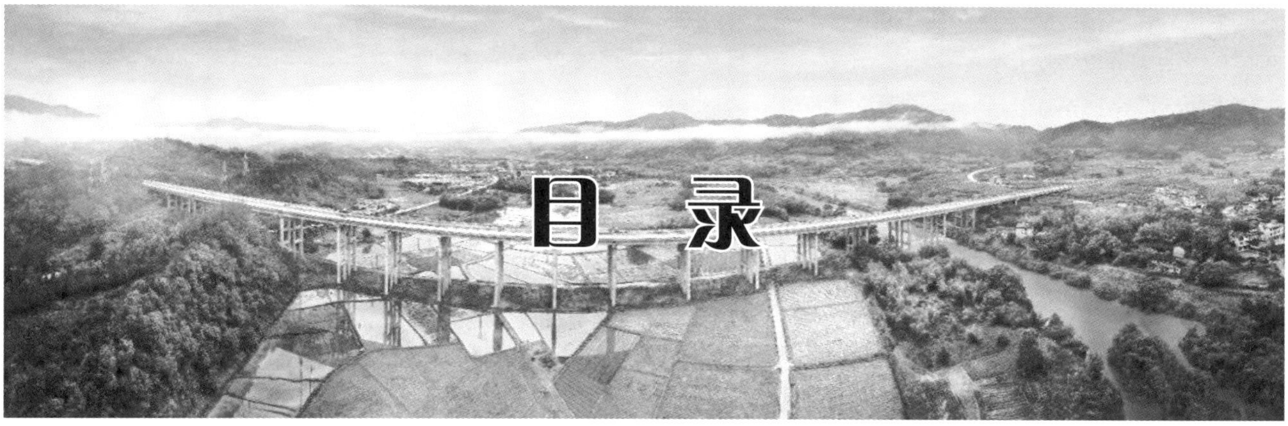

目　录

特　载

专　记

大事记

县情总貌

中共建宁县委员会

建宁县人民代表大会

建宁县人民政府

政协建宁县委员会

纪检监察

群众团体

法 治

军　事

资源保护　生态环境

城乡建设管理

农业　农村

林业与闽江源自然保护区

工业　建筑业

交通　邮政　通信

商业　贸易

财政　税务

金 融

经济管理与监督

教育　科技

文化 旅游 体育

卫生 健康

社会生活

乡镇　农场

人物　名录　荣誉榜

附　录

索　引

回顾“十三五”：成效显著　亮点纷呈

“十三五”时期，面对严峻复杂的外部环境变化和机遇挑战，全县上下认真落实党中央、国务院和省市决策部署，提高政治站位，强化使命担当，积极主动作为，规划主要目标任务顺利完成，经济社会发展取得明显进步，为“十四五”时期全方位推动高质量发展超越、实现社会主义现代化建设“两步走”战略目标奠定坚实基础。

——综合实力迈上新台阶。“十三五”期间，全县地区生产总值、规模工业增加值、固定资产投资、地方财政收入等指标年均分别增长 7.4%、7.1%、13.1%、3.2%。地区生产总值突破百亿元大关，预计 2020 年实现地区生产总值 139.88 亿元，地方一般公共预算收入 3.38 亿元，人均地区生产总值 11.5 万元，三大产业比重由 2015 年的 22.1 ：51.1 ：26.8 调整为 2020 年的 14 ：56.8 ：29.2。2016—2017 年连续两年被世界著名品牌大会评为“中国最具投资潜力特色魅力示范县”，2016—2019 年进步指数居全市第二，2017—2020 年连续四年获评全省县域经济发展“十佳县”。

——特色农业取得新成效。建莲、种子、桃子、梨子、无患子等特色产业持续壮大，“五子”全产业链产值提升至 89.8 亿元。水稻制种面积和产量均占全国 10% 左右，建宁现代（种业）农业产业园成功入选 2020 年国家现代农业产业园创建名单，成功举办三届中国稻种基地发展大会。建宁通心白莲正式列入中欧地理标志协定首批保护名录，制作技艺入选省级非物质文化遗产代表性项目保护名单。入选首批国家农村产业融合发展示范园，获评全国 100 个农村创业创新典型范例。入选全国农民合作社质量提升整县推进试点单位，被评为全国第四批率先基本实现主要农作物生产全程机械化示范县。

——工业经济增添新动能。加快产业转型升级、新旧动能转换，2016 年以来，新培育国家级高新技术企业 9 家，新增规上工业企业 31 家。加快完善省级经济开发区等发展平台，建成明一国际生态高新科技园，干湿法乳粉生产线、液态奶产品生产线投产达效。启动文鑫莲业、绿田实业退城入园，铙纸集团破产重组加快推进。国电投风力发电、云杉混纺纱线、建浦高端数控机床、和骏工业卫浴等一批重大项目落地建宁，2020 年规模以上工业总产值达 208.1 亿元，年均增长 6.9%，规模以上工业增加值累计完成 44.8 亿元，年均增长 7.1%。

——第三产业开创新格局。持续打响“清新花乡 · 福源建宁”品牌，入选首批福建省全域生态旅游示范县，新建成闽江拜水溯源、莲海玉家等重点景区，修竹荷苑、水尾红色小镇获批国家 AAA 级旅游景区，

2020年文旅康养产业实现游客接待量162.1万人次、旅游总收入14.84亿元，均达到2015年的2倍。电子商务加快发展，获评2017—2018年度全国电商示范百佳县，成功争创全国电子商务进农村综合示范县升级版，闽赣省际电子商务产业园入选福建省农村创业创新示范园区，2020年全县电商交易额达27.39亿元，较2015年增长10倍。商贸流通、住宿餐饮、现代物流等传统服务业蓬勃发展，规模不断扩大，2020年，全县限额以上贸易企业增加至74家；全县社会消费品零售总额完成31亿元，年均增长10.8%；实现客货运周转量1.74亿吨公里，年均增长4.3%。

——基础设施实现新飞跃。莆炎高速建宁段建成通车，浦梅铁路建宁至冠豸山段进入收尾阶段，建宁至长汀高速公路、江西鹰潭至建宁铁路列入省上中长期规划，"三高三铁"路网加快形成。莆炎高速公路西互通连接线、纵八线福新至长吉绕城公路、城区至报国寺公路、省道横六线建宁均口至伊家公路等国省干线建成，完成农村公路晋级改造120公里，危桥改造14座，安全生命防护工程404公里，四级以上公路通车里程较2015年提升10.6%，路网密度大幅提升，通乡县道全部达到三级以上公路标准，行政村公路硬化实现全覆盖，"乡乡有干线、村村通客车"的综合交通体系基本形成，制约建宁县发展的基础设施瓶颈得到极大改善，获评"四好农村路"省级示范县。

——城乡建设展现新面貌。大力实施"北连东进南拓"战略，拉大城市框架，城市建成区面积扩大至5.95平方公里，城镇化率从42.9%提升至47.6%。新改建市政道路35公里、污水管网50公里、城区公厕19座，新增城区停车泊位840个，完成水南桥桥梁修复，彻底解决鸡鸭市场搬迁等问题。完成万安大厦至下坊街等建筑物立面改造，实施衙前巷、城背巷、金钩山小区二期老旧小区微改造，基本形成沿河建筑外立面统一格局。深化"一革命五行动"，新改建乡镇公厕15座、农村公厕30座，完成84个行政村整治，整治农房1400栋，累计拆除私搭乱建约28万平方米。扎实开展"一镇十村"省级乡村振兴示范建设，均口镇和枫源村等14个村被列入省级乡村治理试点示范单位，高峰村荣获"2020中国最美村镇最美康养小镇"称号，上榜2020年福建省美丽休闲乡村名单。

——生态建设再上新水平。严格落实"三严四限六禁"，持续打好蓝天、碧水、净土保卫战，城市空气质量始终在全省县级城市综合排名前列，通过国家级生态县验收、第四批国家生态文明建设示范县命名，创建闽江源国家湿地公园、闽江源国家森林公园，连续三年上榜"中国最美县域榜单"。全面深化"河湖长制"，全县水源地饮用水质达标率保持100%，地表水质保持Ⅲ类及以上标准，里沙溪、宁溪被列为一级健康状况，成功争取全国首批水系连通及农村水系综合整治先行试点县；落实重点生态区位商品林赎买1.8万亩，禁柴改燃做法在全省推广，均口绿色矿山被列为国家绿色矿业发展示范区，富强石材被评为"全国石材行业绿色矿山建设示范单位"。

——民生福祉得到新改善。财政管理绩效综合评价位居全国前列，民生支出占一般公共预算支出保持在80%以上，累计实施为民办实事项目99个。高质量打赢脱贫攻坚战，现行标准下的建档立卡贫困人口全部脱贫，省级扶贫开发工作重点县、3个市级扶贫开发工作重点乡、51个贫困（空壳）村全部摘帽，量化折股扶贫模式获评全国精准扶贫十佳典型，城镇居民和农村居民人均可支配收入，分别由2015年的22318元、11722元提高到2020年的32532元、18245元。"放管服"改革向纵深推进，不动产登记中心获评全国百佳不动产登记便民利民示范窗口创建单位。加快教育补短板建设，探索"总校制"办学，新建小学1所、公办幼儿园4所，新增校舍面积3.86万平方米、学位3420个。实行"总院制"改革，总投资4.65亿元新县医院即将建成投入使用，医疗救助和大病保险全面实施，基本公共卫生服务能力显著增强。养老服务质量稳步提升，列入第三批全国居家和社区养老服务改革试点县，"互联网+医养"居家养老服务案例入选财政部政府购买服务案例汇编，"居家社区机构相协调、医养康养相结合"的养老服务体系初步形成。全面实现城乡低保标准一体化，城乡居民基本医疗和养老保险基本全覆盖。

"十三五"时期建宁县经济社会发展取得较好成效，但仍存在不少困难和问题：受新冠肺炎疫情等因素影响，部分经济指标增速放缓、未达到预期目标；科技创新活力不足，金融支持实体经济能力较弱，财政增收压力较大；三次产业之间比例不协调，产业集约集群化程度比较低，转型升级任务依然繁重；中心城区辐射带动能力不强，人口集聚能力较弱，规划建设管理水平有待提升；基础设施短板较多，教育、医疗卫生、养老等公共服务水平与群众期望还有差距。这些制约建宁县高质量发展和现代化建设的重大问题和关键环节，亟须认真加以研究和解决。同时，新型冠状病毒肺炎在全球的持续扩散、中美摩擦等均可能会对建宁县形成诸多不利影响，需要积极加以应对。

建宁县“十三五”规划主要指标完成情况一览表

表 1

分类	序号	指标名称	2020 年目标数	2019 年实现数	2020 年预计数（或五年累计数）	高于（低于）“十三五”规划目标	进展评价	数据采集
经济发展	1	全县生产总值（亿元）	128	132.97	139.88	9.28 %	达到目标	统计局
	2	农林牧渔业总产值（亿元）	34.3	32.88	35.84	4.49 %	达到目标	
	3	规模以上工业总产值（亿元）	190	194.4	208.1	9.18 %	达到目标	
	4	全县财政总收入（亿元）	5.1	4.85	4.86	–4.71%	完成困难	
	5	地方级财政一般预算收入（亿元）	3.8	3.32	3.38	–11.05 %	完成困难	
	6	固定资产投资（亿元）	230	—	—	—	取消统计	
	7	社会消费品零售总额（亿元）	37.4	30.76	31	–7.06 %	完成困难	
创新驱动	1	三次产业比重（%）	16 : 45 : 39	14 : 58.2 : 27.8	14 : 56.8 : 29.2	—	完成困难	统计局
	2	城镇化率（%）	50	47.1	47.6	–2.4%	完成困难	
	3	R&D 投入占 GDP 比重（%）	1.5	1.34	1.51	0.67 %	达到目标	工信局
	4	外贸出口总额（万美元）	16600	9.85（亿元）	1.66（亿元）	–82.8%	完成困难	统计局
	5	实际利用外资（验资口径，万美元）	1400	0	510	–64.56%	完成困难	
	6	旅游总收入（亿元）	22.3	17.68	14.84	–33.45%	完成困难	文旅局
	7	农业机械总动力（万千瓦）	17.5	17.5	17.5	持平	达到目标	农业局
生态建设	1	森林覆盖率（%）	80.00	77.2	77.4	–2.6	完成困难	林业局
	2	耕地保有量（万亩）	30.00	28.93	28.90	–1.1（万亩）	完成困难	自然资源局
	3	单位 GDP 能源消耗降低（%）	完成市下达任务	完成市下达任务	完成市下达任务	—	达到目标	生态环境局
	4	单位 GDP 二氧化碳排放降低（%）	完成市下达任务	完成市下达任务	完成市下达任务	—	达到目标	
	5	主要污染物排放减少（%）	完成市下达任务	完成市下达任务	完成市下达任务	—	达到目标	
	6	城市垃圾无害化处理率（%）	100	100	100	持平	达到目标	住建局
	7	城市污水集中处理率（%）	95 以上	95 以上	96 以上	—	达到目标	
	8	非化石能源占一次能源消费	完成市下达任务	完成市下达任务	完成市下达任务	持平	达到目标	

续表 1

分类	序号	指 标 名 称	2020 年目标数	2019 年实现数	2020 年预计数（或五年累计数）	高于（低于）“十三五”规划目标	进展评价	数据采集
民生保障	1	人口自然增长率（‰）	控制在 14 以内	4.33	4.36	—	达到目标	卫健局
	2	城镇登记失业率（%）	控制在 3.2 以内	2.14	3	—	达到目标	人社局
	3	城镇居民人均可支配收入（元）	34900	31424	32532	–6.8%	完成困难	统计局
	4	农村居民人均可支配收入（元）	18210	17073	18245	0.2%	达到目标	
	5	居民消费价格总指数（%）	控制在 104 以内	101.2	103	—	达到目标	
	6	新增城镇就业人数（人）	累计 10000	1825	〔10195〕	195（人）	达到目标	人社局
	7	新转移农村劳动力（人）	累计 12500	2405	〔12540〕	40（人）	达到目标	
	8	高中阶段毛入学率（%）	95	94	95	持平	达到目标	教育局
	9	新型农村合作医疗参合率（%）	100	99.8	99.92	–0.08	基本达到	医保局
	10	城镇职工养老保险覆盖率（%）	99 以上	99.01	99.1	0.1	达到目标	人社局
	11	农村养老保险覆盖率（%）	99 以上	99	99.5	0.5	达到目标	

说明：1.“〔 〕”为五年累计

2. 数据收集至 2020 年 12 月

（建宁县发改局）

生态建宁 （建宁新闻网）

建宁县抗击新冠肺炎疫情大事记

2020年1月24日，福建省启动重大突发公共卫生事件一级响应。

1月25日，建宁县新型冠状病毒感染的肺炎防控工作指挥部成立，郑剑波任指挥长。当天发布第1号令《关于防控新型冠状病毒感染的肺炎有关事项的通告》。

1月25日晚上，县委书记、县新型冠状病毒感染的肺炎防控工作指挥部指挥长郑剑波主持召开防控工作指挥部会议，传达贯彻省委重大突发公共卫生事件一级响应通知要求和市委有关工作会议精神，安排部署建宁县疫情防控工作。

1月25日，指挥部办公室及下设6个工作组实行集中办公。

1月26日上午，县委书记郑剑波主持召开县委常委会（扩大）视频会议暨县应对新型冠状病毒感染的肺炎防控工作指挥部联席会，传达学习习近平总书记在中共中央政治局常务委员会会议上的重要讲话精神，通报全县防控新型冠状病毒感染的肺炎疫情情况，听取各乡镇应对新型冠状病毒感染的肺炎疫情汇报，安排部署疫情防控工作。

1月26日，建宁县新型冠状病毒感染的肺炎防控工作指挥部发布建肺炎防指〔2020〕1号通知《建宁县新型冠状病毒感染的肺炎防控工作指挥部关于做好省启动特别重大突发公共卫生事件一级应急响应的通知》

1月26日，各乡镇实行“三对一”（1个乡镇干部、1个村干部、1名返乡人员的亲属党员代表对1个返乡对象）等方式加强跟踪服务。各村组建宣传劝导队，做好对疫情知识的宣传，对聚众打牌、聚会等行为的劝导。全县取消公共场所一切人员聚集活动，禁止任何餐饮单位和个人举办任何形式的群体性聚餐活动。建宁北站、省际公路交界处、汽车站进行公共卫生检疫并实行布控。严格加强活禽市场监管，停止野生动物贩运、交易。

1月28日，建宁县新型冠状病毒感染的肺炎防控工作指挥部发布第2号令《关于进一步加强湖北来建宁返建宁人员及车辆管控服务等事项的通告》。

1月28日晚上，县委书记、县新型冠状病毒感染的肺炎防控工作指挥部指挥长郑剑波主持召开县委专题会暨防控工作指挥部会议，听取各工作组应对新型冠状病毒感染的肺炎疫情汇报，对疫情防控工作进行再研究、再部署、再动员。

1月29日，建宁县新型冠状病毒感染的肺炎防控工作指挥部发布第3号令《关于延迟春节假期和学校推迟开学的公告》。

1月29日，全面摸排遭受疫情突袭的湖北返乡人员和湖北方向流入的人员信息，落实“两个核对”（将湖北返乡人员与村、社区流入人员核对，对湖北返乡人员户籍地和居住地进行通报核对），卡住“三条卡口”（在动车建宁县北站、浦建高速原闽赣省际检查站、国道G528里心镇上黎村路段设置三个公共卫生检疫点）

1月29日，县文旅局、广电网络公司加快修复“村村通”喇叭，及时播放疫情防控相关信息。县工信局负责疫情防控物资保障工作，县卫健局负责对防控物资统一调配。由县卫健局牵头对市场、动车站、汽车站等重点区域，每天开展预防性消毒工作；交通部门督促辖区内出租车做好每日预防性消毒。

1月29日晚上，县委书记、县应对新型冠状病毒肺炎疫情工作指挥部指挥长郑剑波主持召开县防控疫情阻击战集体政治谈话会议，传达学习习近平总书记重要讲话重要指示批示精神和《中共中央关于加强党的领导、为打赢疫情防控阻击战提供坚强政治保证的通知》精神，传达贯彻省、市疫情防控工作集体谈话会精神，对疫情防控工作进行分析研判、统筹协调，确定解决的办法和措施。

1月29日，建宁县交通运输局委员会成立省际入闽通道浦建高速闽江源服务区检疫点及国道G528闽赣交界里心木材检查站检疫点临时党支部。

1月29日中共建宁县交通运输局委员会成立G528闽赣交界里心上黎检疫点临时党支部　　（黄凌　摄）

1月30日晚上，县委书记、县应对新型冠状病毒肺炎疫情工作指挥部指挥长郑剑波主持召开县委常委会（扩大）会议暨县应对疫情工作指挥部第五次会议，传达学习习近平总书记对疫情防控工作的系列重要讲话重要指示批示精神、中共中央印发的《关于加强党的领导、为打赢疫情防控阻击战提供坚强政治保证的通知》精神和省、市疫情防控工作视频谈话会精神，通报建宁县疫情防控工作情况。

1月31日，由县公安局在港湾大酒店集中医学观察点设立工作室，对湖北返乡人员进行集中住宿管理，同时配备1名检测员对湖北返乡人员进行体温监测。

2月2日，建宁县新型冠状病毒肺炎防控工作指挥部发布第4号令《关于严格管控县内流动人员有关事项的通告》。

2月2日，各乡（镇）、村（社区）按照“一断三不断”（坚决阻断病毒传播渠道、保障公路交通网络不断、应急运输绿色通道不断、必要的群众生产生活物资的运输通道不断）原则严格落实属地管理责任，各村在本村出入口因地制宜设立值班值守点（过境线除外），加强自我管理，对外来人员劝导返回，对本地人员劝阻外出，严防严控人员跨区域流动。

2月2日，全县范围内除医院、农贸市场、超市、食杂（便利）店、粮油店、加油站、婴幼儿用品店、药店等保障基本民生的日用店铺正常经营外，其他易引起人员集聚的经营性场所一律暂停营业。

2月2日，建宁县新型冠状病毒肺炎防控工作指挥部发布第5号令《关于对拒绝配合隔离者采取强制执行的通告》。

2月4日上午，县委书记、县应对新型冠状病毒肺炎疫情工作指挥部指挥长郑剑波主持召开县应对疫情工作指挥部第九次会议，传达学习习近平总书记在中共中央政治局常务委员会上的重要讲话精神和省委、市委紧急视频调度会精神，围绕严把“五道关口”对当前疫情防控工作重点进行再明确、再部署。

2月4日，建宁县总医院护士黄兴红经上级批准，参加福建支援遭受疫情突袭的武汉抗击新冠肺炎专科护理队，当晚21时乘专机抵达武汉机场。

2月5日，建宁县新型冠状病毒肺炎防控工作指挥部发布第6号令《关于加强进入建宁县车辆及人员管理的通告》。

2月5日，县辖区内所有客运车辆（长途客车、公交车、出租车、网约车、农村客运、三轮黄包车等车辆）一律禁止运营。对执行疫情防控任务的车辆，必须由派车单位出具证明方可通行。

2月5日晚上，县委书记、县应对新型冠状病毒肺炎疫情工作指挥部指挥长郑剑波主持召开县应对疫情工作指挥部第十次会议，通报疫情防控最新情况，对下一阶段疫情防控工作再动员、再部署。提出一手抓防控，一手抓好企业项目有序复工开工。

2月6日，建宁县新型冠状病毒肺炎防控工作指挥部发布第7号令《关于进一步加强县内人员流动管控的通告》。

2月6日，县辖区内各村（社区）、居民小区、楼栋和各单位实行封闭式、半封闭式管理，一律不串门、不聚集、不得随意外出。确需外出采购生活物资的，每户家庭每3天可派1名家庭成员凭票进出，并严格做好体温检测。

2月8日，建宁县新型冠状病毒肺炎防控工作指挥部发布第8号令《关于企业复工事项的通告》。

2月11日上午，县委书记、县应对新型冠状病毒肺炎疫情工作指挥部指挥长郑剑波主持召开县应对新冠肺炎疫情工作指挥部第十一次会议，听取各工作组工作汇报，对下一阶段疫情防控、企业和项目复工复产工作进行研究部署。会议要求，要有序有力有效推进企业复工复产和重点项目开工建设。要分类分批有序推进企业复产。

2月12日，建宁县新型冠状病毒肺炎防控工作指挥部发布第9号令《关于恢复农资经营类经营场所营业的通告》。

2月15日，广东省福建建宁商会向建宁县教育局捐赠医用口罩仪式在县教育局六楼举行。

2月16日，建宁县新型冠状病毒肺炎防控工作指挥部发布第10号令《关于调整我县指挥部部分指令的通告》。

2月17日上午，县委书记、县应对新型冠状病毒肺炎疫情工作指挥部指挥长郑剑波主持召开县应对新冠肺炎疫情工作指挥部第十二次会议，传达学习习近平总书记关于做好新型冠状病毒肺炎疫情防控工作的系列重要指示批示精神和省市关于统筹兼顾做好疫情防控和企业复工复产有关会议精神，对建宁县企业和项目复工复产工作进行安排部署。

2月22日，建宁县新型冠状病毒肺炎防控工作指挥部发布第11号令《关于稳步全面恢复生产生活秩序的通告》。

2月24日23时，接上级通知精神，建宁县原闽赣收费站检疫点、里心木材检查站检疫点2个由赣入闽检疫点全部撤销，至24时，全面完成撤点任务，入闽通道恢复正常通行，守卫入闽“西北大门”防控阶段性任务宣告完成。

2月26日，建宁县新型冠状病毒肺炎防控工作指挥部发布第12号令《关于坚决克服麻痹松懈思想精准做好“外防输入”的通告》。

2月26日，县应对新型冠状病毒肺炎疫情工作领导小组组长郑剑波主持召开县委常委会（扩大）会议暨领导小组（指挥部）第十四次会议，通过县工业生产服务小组提交的《建宁县应对新冠肺炎疫情打通“五难”操作链实施方案（送审稿）》和县委组织部提交的《建宁县关于在疫情防控中深入开展“三进三帮”活动的实施方案（送审稿）》。

3月18日，建宁县总医院派出的援鄂护士黄兴红所在的福建省医疗队圆满完成任务，离开武汉返回福州。

3月21日，建宁县新型冠状病毒肺炎防控工作指挥部发布第13号令《关于进一步做好境外进入建宁人员健康管理的通告》。

3月31日，建宁县新型冠状病毒肺炎防控工作指挥部发布第14号令《关于对境外进入建宁人员举报实行奖励的通告》。

4月2日上午，建宁县举行欢迎援鄂医疗队员黄兴红载誉凯旋座谈会，县领导郑剑波、陈显卿、许家源、

4月2日，建宁县举行欢迎黄兴红凯旋（建宁县融媒体中心供稿）

陈一龙参加。

4月7日，建宁一中高三开学复课。

4月30日，108家规模以上工业企业、14个省市在建重点项目和50家限上商贸企业4月底100%复工。

5月14日上午，县委书记、县应对新型冠状病毒肺炎疫情工作领导小组组长郑剑波主持召开县委常委会（扩大）会议暨领导小组（指挥部）第二十二次会议，深入学习习近平总书记4月29日、5月6日在中央政治局常务委员会会议上的重要讲话精神和5月8日在党外人士座谈会上的重要讲话精神以及省市相关专题视频会精神，传达国务院联防联控机制《关于做好新冠肺炎疫情常态化防控工作的指导意见》《关于调整疫情分区分级标准实施精准管控的通知》和《福建省进一步做好新冠肺炎疫情常态化防控工作实施意见》精神，进一步部署推进疫情常态化防控和经济社会发展工作。

5月6日下午，建宁县召开学校疫情防控暨复学工作部署会，进一步贯彻落实全省学校复学疫情防控工作视频会议精神，研究部署本县学校疫情防控与复学工作。

6月4日，建宁县新型冠状病毒肺炎防控工作指挥部发布第15号令《关于持续做好常态化疫情防控工作的通告》。

6月17日晚上，郑剑波主持召开县应对新冠肺炎疫情工作领导小组（指挥部）第二十四次会议，深入学习贯彻习近平总书记重要讲话重要指示批示精神和党中央决策部署，传达省、市视频会议精神，通报国内疫情防控形势，进一步部署落实疫情防控工作。提出要加强“八闽健康码”应用，落实本县疫情防控指挥部《关于全面推广应用“八闽健康码”的通知》要求，强化“八闽健康码”核查。

6月18日，建宁县新型冠状病毒肺炎防控工作指挥部发布第16号令《关于做好当前疫情精准防控工作的通告》。

7月7—8日，建宁县622名考生圆满完成比往年推迟一个月的高考。

9月3日上午，县委书记、县应对新型冠状病毒肺炎疫情工作领导小组组长廖金辉主持召开县应对新冠肺炎疫情工作领导小组（指挥部）第二十六次会议，进一步部署落实秋冬季疫情防控工作。

11月25日，在福建省抗击新冠肺炎疫情表彰大会上，建宁县疾控中心党支部获得“福建省抗击新冠疫情先进集体”，卫健局党委书记、局长艾炳隆获得“福建省抗击新冠肺炎疫情先进个人”。

（建宁县应对新型冠状病毒感染肺炎疫情工作指挥部）

建宁县疫情防控工作情况汇报

建宁县应对新型冠状病毒肺炎疫情工作指挥部

（2021年3月3日）

新冠肺炎疫情发生以来，建宁县贯彻落实中央省市关于疫情防控的决策部署，迅速高效采取一系列防控措施，有力有效阻断疫情输入。随着疫情防控工作平稳有序推进，建宁县及时调整防控措施，抓紧抓实抓细各项防控工作，统筹推进疫情防控和经济社会发展，由前期严格落实“硬核”防控转为当前持续推进常态化防控。全面落实好“外防输入、内防反弹”的防控策略，坚守零死亡、零确诊病例、零疑似病例的疫情防控成效。现将建宁县疫情防控工作汇报如下。

一、防控情况

（一）压实各方防控责任。落实各乡（镇）党委和政府属地责任，加强组织领导，坚持依法防控、科学防控、联防联控，严格落实常态化防控各项措施；落实县直单位主管责任，加强联防联控、统筹调度，强化对常态化防控工作的指导和支持；落实各企事业单位主体责任，严格执行疫情防控规定，健全防控工作责任制和管理制度。结合我县实际，及时更新防控方案和应急预案，对疫情防控各项工作作出明确安排。已组织相关防控单位开展疫情防控应急演练3次，用实战检验我县应急预案的科学性和可操作性。

（二）建立健全防控体系。自疫情防控初期集中办公以来，先后抽调县委办、县政府办、卫健局、公安局、工信局、交通运输局、市场监管局、文旅局等单位人员充实防控指挥部，做到专人专岗落实疫情防控；县疫情防控指挥部综合协调组始终保持班子不散、人员不撤、机制不变，高效有序落实上级各项疫情防控措施；结合县领导岗位变动，及时更新人员岗位信息。

（三）全面落实“一码通行”。在全县实行亮码、扫码管理，群众通过申领健康码和扫描张贴码，作为出入重点场所、重点机构的通行码；全面落实县内“一码通行”机制，对持有国家“防疫健康信息码”绿码、“八闽健康码”绿码、外省健康码绿码及三大运营商“通信行程卡”等证明的人员，均可在本县正常进出公共场所、乘坐公共交通工具，无需提供其他防疫相关健康证明材料。

（四）织密社区（村居）防控网。持续压紧压实村（社区）防控责任，落实“三减少、三加强”要求和社会、企业、事业单位“五有一网格”防控措施，强化“大数据+网格化”管理，以社区楼栋、村民小组为单位，发挥全县1000余名楼栋长、村民小组长、育龄妇女小组长力量，运用“熟人”管理服务优势和农村宗亲网络特点，做好健康教育、环境卫生治理、出租房屋和集体宿舍管理、外来人员管理等工作，全面掌握辖区人员来源地和健康情况。疫情防控以来，累计摸排人员46000余人次。

（五）扩大核酸检测范围。持续开展密切接触者、境外入建人员、发热门诊患者、入（住）院患者及陪护人员、医疗机构工作人员，以及学校教师员工、公共场所服务人员、口岸检疫排查人员、冷链从业人员等重点人群“应检尽检”；落实相关人群“适时抽检”；增加对农贸市场、商超、冷冻冷藏库房等冷链食品经营单位外环境每周至少一次的核酸监测；对市场流通的冷链食品日常抽检，对重点疫情国家进口及中高风险地区冷链食品加大新冠病毒检测抽检量，全面排查风险隐患。目前，已核酸采样31027份（其中包括食品采样1269份，外环境采样2276份）。

（六）增强核酸监测检测能力建设。建设完成县总医院及疾控中心两处核酸检测实验室，确保县域内能够规范安全开展核酸检测，为全县疫情防控和患者就医提供可靠的检验依据，全县核酸检测能力达到1800人/天；已同三明艾迪康医学检验所有限公司签订核酸检测合作协议，进一步充实县内核酸检测能力。县内医疗机构组建20支核酸采样应急队和12支流行病学调查队，能够满足突发状况下的应急处理。

（七）落实新冠疫苗“应接尽接”。及时将接种新冠疫苗作为疫情防控工作的一项重要举措和防止疫情传播的有效手段，针对重点人群启动新冠疫苗接种，对医务人员及冷链物流、公安民警、快递外卖从业人员、社区工作者等重点人群率先开展新冠疫苗接种。全县共来苗6112支，已接种5670支，破损1支，余苗441支；已接种2931人，其中完成两剂次2739人，接种工作正在有序推进。

（八）严控重点场所防疫。按照相关疫情防控技术指南，抓牢医院、学校、幼托机构、养老机构，农贸市场、超市、药店、影院、网吧、KTV、健身房等重点场所防控工作，始终保持对进入人员落实“验码、测温、戴口罩”等防控措施。科学规范开展消毒工作，对人员聚集密闭场所增加消毒频次，疫情防控以来，我县已开展消杀约550万平方米。及时设立进口冷链食品集中监管仓，规范进出监管仓流程。按规按需合理设置集中医学观察场所，规范做好场所内布局规划和物资储备；安排三组共9名工作人员待命，随时参与集中医学观察点陪护工作。

（九）加强境内外中高风险地区人群防控。强化境外人员进入建宁全过程防疫管理，完善数据共享、信息通报和入境人员核查机制，形成口岸检疫、医学观察、目的地送达、社区防控闭环管理，健全从“国门”到“家门”的全程防控。全年摸排出建宁籍境外人员449人，累计对境外返回建宁的111人及时采取相应管控措施直至排除感染风险。对国内中高风险地区来建人员无法提供到达目的地前7天内核酸检测或血清抗体检测阴性证明的，及时做好监督性医学观察并开展核酸检测。

（十）完善防疫物资储备。按照平战结合原则生产、储备疫情防控应急物资，并视情况需要及时组织有关企业投入生产，结合市场销售情况进行储备，定期补充和更新。

（十一）规范院感防控措施。做好总医院门诊、急诊、车辆进出口预检分诊设置，安排有经验的呼吸道传染病医师及医务人员充实预检分诊能力，严格落实进入人员验码测温、院内清洁消毒等院感防控措施；规范医疗机构分区管理要求，明确住院病患只能有一名陪护人员，并对住院病患和陪护人员进行核酸检测，严格限制探视人员进入医院；在门诊部与住院部的分层之间、每个电梯口设立告示牌、电梯内部张贴告示，明确非院内工作人员不得进入住院部；每个住院科室发放家属陪伴证，家属凭陪伴证进入住院部，并在住院科室每层入口处安排专人排查。加强发热门诊和各乡镇卫生院哨点作用，做到早发现、早报告，规范转诊发热病人。

（十二）强化爱国卫生运动。针对传染病流行特点，以城乡垃圾、污水、农村厕所的整洁卫生等为重点，结合乡村振兴战略实施，以美丽乡村建设为抓手，扎实推进农村人居环境整洁行动。组织全县各级各部门开展爱国卫生运动，对河流内的垃圾进行清扫，对包干区内的环境进行综合整治。累计出动车辆500余台次，人员36000余人次，清理卫生死角13000余处，清理占道经营、店外经营、流动商贩3400余次，清理各类广告20000余张，清理绿化带杂草35000多平方米，清理建筑、生活垃圾90000余方，环境卫生得到明显改善。

（十三）全覆盖宣传疫情防控。充分利用微博、微信、短信、电视、LED、宣传海报等线上、线下多种载体，全方位、多形式、经常性宣传卫生健康知识，引导自觉保持“一米线”、勤洗手、戴口罩、公筷制和咳嗽、打喷嚏时及时遮挡等卫生习惯和生活方式，及时向全县群众发布集聚性传染典型案例和最新防控政策措施，不断提醒广大群众珍惜来之不易的防控成果，克服麻痹思想、侥幸心理。疫情防控以来，全县已推送手机提示、警示短信168.8万余条次，出动流动宣传广播车8435辆次，张贴预防新型冠状病毒肺炎科普挂图3200张，张挂宣传横幅标语32600余条，在全县380个LED屏走字滚动播出宣传标语，全县印发宣传资料95.25万份，制作防控音频200余条，通过户外广播循环播放。

二、工作亮点

（一）构建高效流畅防控体系。面对突如其来的疫情，第一时间成立由县委县政府主要领导任指挥长（双指挥长）的新冠肺炎疫情防控指挥部，各有关处级领导任副指挥长并牵头成立十一个工作组，做到坚守一线、身先士卒、靠前指挥。紧急动员全县各级党组织、各单位横向联动，上下一心，构建了统一指挥、上下贯通、联防联控、横向到边、纵向到底、高效运转的疫情防控体系，确保全县群众不受疫情侵扰。抽调县委办、县政府办、卫健局、公安局、工信局、文旅局、交通运输局、市场监管局精干力量组成指挥部综合协调组，疫情以来始终保持集中办公机制，发挥承上启下、协调左右、联系内外作用，疫情防控各项工作井然有序。

（二）充分发挥“网格化＋大数据”作用。疫情防控伊始，建宁县立即建立三级网格化防控制度，强化群防群治、联防联控工作力度，落实网格化、地毯式管理和最严格的综合防控措施，先后共派出公职人员千余人次参与“硬核”期间网格化防控工作。同时结合上级反馈和公安大数据比对，科学提高网格员摸排质量和效率，做到精准防控。进入常态化后，按照“就近、就家”原则，以社区楼栋和村民小组为最小单位，发挥楼栋长、村民小组长和育龄妇女小组长等力量，完善乡镇、村、村民小组（乡镇、社区、楼栋）三级防控网络，优化社区网格人员配置，覆盖城区所有楼栋，乡镇全部村民小组，确保县内疫情防控无死角。经县委县政府研究同意，在常态化疫情防控期间，承担防控任务的村民小组长或育龄妇女小组长，按照每月50元标准发补贴，楼栋长按照每月100元标准发补贴，有效提升网格员防控积极性。

（三）守好入口关。自疫情发生以来，由县疫情防控指挥部交通检疫组抽调县公安局、交通运输局、各乡镇和县内医疗机构人员成立专职工作组，在动车建宁县北站、原建宁闽赣省际浦建高速公路公安检查站、国道G528里心镇上黎村路段、高速建宁县北出站口设立四个公共卫生检疫点，对所有流入车辆及人员进行防控检测，并建立详细的跟踪信息表。随着复工复产展开，适时撤销三个高速公共卫生检疫点，保留动车建宁县北站检疫点，每日由专人对乘动车入建人员落实“测温、验码”等防控措施，并做好重点地区入建人员和敏感人群的留观、管控工作。

（四）抓好有风险地区人员信息管理。疫情防控以来，本县始终保持高度警惕，对动态出现的疫情中高风险地区入建人员加强关注，落实相应医学观察措施，严防输入性感染病例。根据中央和省、市下发有风险地区信息，及时新增重点关注人群，抓好有风险地区入建人员信息管理。

三、存在问题

（一）“应检尽检”工作落实不够到位。县内“应检尽检”重点人群核酸检测工作持续开展，但随着从业人员的增加和流动变化，检测比例仍未达到100%；医疗机构病患陪护人员核酸检测比例较低，存在拒不配合情况。

（二）疫情防控意识有所松懈。受本县早期安全的防疫环境影响，部分领导干部和群众的防控意识出现松懈；部分重点场所“验码、测温、戴口罩”等防控措施落实不到位。

（三）防控宣传不够深入人心。能够将疫情防控与培养绿色生活方式相结合开展宣传，提倡良好卫生习惯和健康生活方式，但方法和形式不够新颖、不够接地气，没有让群众在听的同时做到潜移默化地接受和改变，部分群众仍然存在对防控措施置若罔闻。

（建宁县应对新型冠状病毒肺炎疫情工作指挥部）

山水建宁　绿中淘金

——建宁县倾力打造生态产业集聚区工作纪实

作为国家级生态县的建宁借助绿水青山释放出生态红利，坚持“生态立县、绿色发展”战略，从“旅游+”到“+旅游”，联动之下，促进了建宁农业与旅游、工业与旅游、体育康养与旅游的全产业融合，多渠道打通了“绿水青山”向“金山银山”的转化通道。且看——

绿色赋能，走好特色产业路

一株莲，一棵梨，一粒种子，能产生多大效益？在闽江源头建宁找到了答案。

“今年是个丰收年，种莲收入30多万元，杂交水稻制种收入6万元。”盘点一年下来的收入，建宁县里心镇花排村宏垒家庭农场李崇芳乐得合不拢嘴。今年他借助家乡的特色生态资源优势，不仅在农场内种植了100亩莲子和40亩杂交水稻制种，还管理了200棵梨树，增加了一些收入。

山上种梨，又种桃，田里还有建莲和一大片的杂交水稻制种，这是建宁县农民的“致富套餐”。这些特色农业已成为建宁农民增收的支柱产业。

如何让现有农业资源多点开花？近年来，建宁县打破传统特色农业的发展瓶颈，培育一批新型经营主体，激活农业“一池春水”。

走进素有“由赣入闽第一村”美称的里心镇上黎村，一家家小院，掩映在烂漫花丛中，孩子们在门前的平地上玩耍，老人们坐在小板凳上享受“日光浴”，不时传来朗朗笑声，眼下，上黎村越来越美，百姓的生活也越来越好。

多年来，老区建宁人民立足当地农业特色资源优势，把“三子”产业作为县域支柱产业、富民产业来发展，组建专业合作社，实施标准化种植，提高农产品质量，推进农业现代化。

从“三子”特色产业发展到“五子”产业，建宁县发挥农业、生态等特色优势，实现“一二三”产联动发展。目前，建宁县莲子产业全产业链产值达23.4亿元，梨子产业全产业链产值8.51亿元，杂交水稻制种全产业链产值19.43亿元，其中“三子”产业一产产值达12.41亿元，带动当地农民人均增收9000元以上，建宁成为全国最大的杂交水稻种子生产基地县，是“中国黄花梨之乡”和“中国建莲之乡”。

业态融合，造绿色产业集群

冬日的暖阳下，建宁县濉溪镇坪上梯田莲海的残荷呈现出别样的自然之美，宛如一幅生态水墨画。走进荷塘，游客们拿出相机，拍摄残荷之美。

“真是太美啦！”从厦门来的游客林先生说道，以前都是夏天赏荷花，没想到冬天的残荷与倒影相映衬，产生别样的美。

眼下，乡村生态旅游成为了山区建宁的一张“金色名片”，不仅带来了人气，还带旺了当地旅游、餐饮、零售、农副产品等行业，让农户获得了更大的经济效益。

绿水青山守出了财富。从 2010 年开始，高峰村通过人居环境的治理，为乡村游打开了通道。同时，村里推行“股东 + 员工”“房东 + 业主”“技能 + 服务”三大创新发展模式，成立村股份经济合作社，让村民参与旅游管理与服务，将农户的生产、生活及家居环境与自然旅游紧密结合，形成了“生态 +”“农业 +”“康养 +”为核心的乡村休闲旅游格局。

高峰村的嬗变为建宁的发展打开了一扇窗，建宁巧妙利用山区资源优势，走旅游的新路子，变农业为景色，变山水为景观，变村庄为景区，不仅做旺了人气，还带动当地百姓致富，更拉长了农村生态经济产业链。

眼下，建宁县的青山绿水，吸引来越来越多的好项目、大项目。

在明一国际生态高新科技园生产车间内，工人们正忙着调试婴配奶粉基粉生产设备。明一国际生态高新科技园位于建宁县经济开发区，是省重点和省行动计划项目，总投资 7.2 亿元，占地 417 亩，项目分两期建设，共新建标准厂房 17.2 万平方米，现拥有全自动湿法生产线 1 条和全自动干法生产线 5 条，年产乳粉 2.5 万吨。园内低温奶生产项目已建成生产线 5 条，日处理鲜奶 200 吨，年加工巴氏杀菌奶、发酵酸奶、发酵乳饮料等乳制品 6 万吨。

“资源变资产，资产变资本，资本变股份，村民变股东，让村财和百姓双增收。”建宁县主要领导介绍，近年来县里大力发展绿色产业集群，不仅接入食品加工业的第二产业，还连接乡村旅游、生态旅游等第三产业，重点抓好乳业产业链和种业、果业、莲业以及无患子精深加工，培育明一国际海峡云上牧歌田园综合体一二三产融合范本和“五子”百亿全产业链、特色食品加工百亿产业集群，形成了区域特色生态工业聚集。

（来源：三明日报）

高峰村 （建宁新闻网）

做足特色 做大优势 五举措助推建宁产业高质量发展

建宁县地处闽赣边界，是闽地之母、闽山之巅、闽水之源，是中央苏区反“围剿”中心，中国建莲之乡、黄花梨之乡、无患子之乡和全国最大的杂交水稻种子生产基地县、国家生态文明建设示范县。

建宁县坚持“生态立县、绿色发展”战略，发挥农业、生态等特色优势，突出产业生态化、生态产业化的高质量发展路径，在环境保护、绿色发展、制度建设等方面先行先试、示范引领，闯出了一条生态环境“高颜值”与经济发展“高素质”融合的绿色发展之路。

推动产业转型升级

坚持供给侧结构性改革，加快产业结构调整优化，培育新技术、新产品、新业态、新模式。

推进农业集约化经营、品质化种养、融合化发展。

进一步延展特色产业链，促进建莲产业向高端化品牌化方向发展、果业向精深加工方向发展、无患子产业向中草药化妆品产业发展，进一步提高市场知名度和占有率。

支持明一乳业打造百亿龙头，加快乳及乳制品全

▲莲子产品深加工 （建宁新闻网）

产业链生态圈项目建设，构建生态养殖、智能制造、绿色观光融合发展的全产业链体系。

推进锐山纸业战略重组，培育引进一批关联企业，促进“老树发新枝”。

实施现代种业提升工程

持续推进基地建设标准化、制种全程机械化、基地管理信息化、制种农民职业化、基地产业化，加快国家现代种业产业园和现代农业（种业）产业园交易仓储物流中心建设，打造“中国稻种之都”。

引进中国种业集团等产业链中、上游企业，扶持禾丰种业等本土企业发展壮大，推动“育、繁、推”一体化企业入驻园区，实现种子生产、加工、仓储、物流等产业集群发展，形成科学合理的种子产业生产力布局。

坚持最严格的耕地保护制度，深入实施藏粮于地、藏粮于技战略，加大农业水利设施建设力度，实施高标准农田建设工程，提升良种化水平。

持续推广应用先进实用杂交水稻种子生产机械装备，加快禾丰种业省级“院士工作站”等高水平研发创新平台建设，深入开展杂交水稻制种选育和技术攻关，提升县域种业核心竞争力。

大力发展文旅康养产业

以金铙山为核心，打造环莲海梯田、莲海玉家、高峰、圳头的金铙山旅游经济圈。以修竹荷苑为中心，贯通绿色矿山、温泉度假、夜间经济的中国建莲特色旅游区。以均口、溪口、里心为链，融合“花海跑”“花朝节”“桃梨观赏”“体育健身”等特色的农业观光游。以红色资源为依托，提升集旅游观光、红色教育为一

▲客坊乡水尾村研学活动　　（建宁新闻网）

体的研学游，打造全国知名文旅康养胜地。

集约化发展新兴产业

抓好闽赣省际交通运输产业园、东南地区粮食物资仓储物流中心、电商云仓储配送中心等项目实施，加强与中粮“我买网”合作，加快培育现代物流、电子商务、商贸服务等新业态。推进物流标准化建设，大力发展第三方物流和冷链物流，加快完善县乡村三级物流体系。

实施创新驱动发展战略

突出科技赋能，强化企业创新主体地位，促进各类创新要素向企业集聚。推动高新技术与传统制造业融合，促进优势传统产业向高端化、集群化、绿色化发展。围绕主导产业对科技创新和成果转化的需求，加强与科研机构、高等院校共建重点实验室和研发机构。加快推进莲子科学研究所、落叶果树科企联合创新中心、种子原种保护科研机构等建设，提升企业、现代农业自主研发、成果转化、技术服务能力，储备形成一批技术研究应用项目，为产业发展提供技术支撑。

支持企业加大研发投入，对研发投入持续增长、拥有自主知识产权成果并形成良好经济效益的企业进行扶持。

（建宁县融媒体中心）

建宁县成功通过水系连通及农村水系综合整治项目省级立项

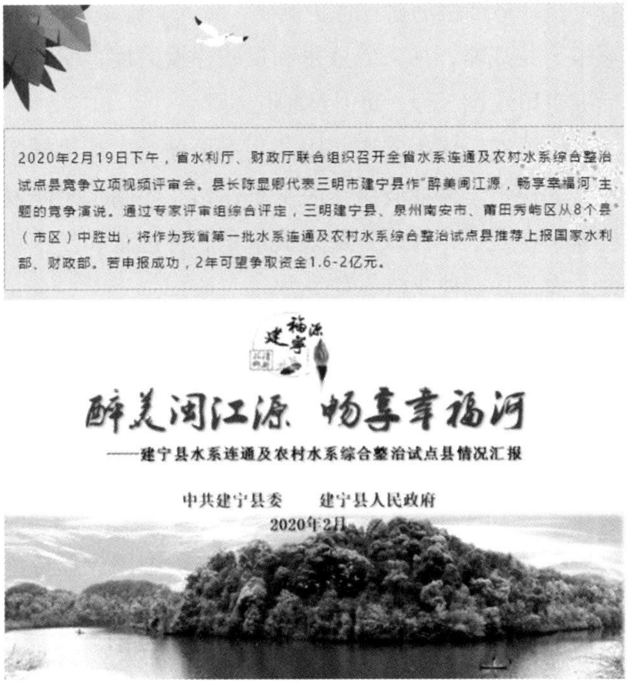

建宁县水系连通及农村水系综合整治试点规划布局图

一是精心组织。成立由县委书记任组长的创建工作领导小组，安排前期经费，完成《建宁县水系连通及农村水系综合整治试点县实施方案》编制。将项目作为重点建设工程纳入"责任清单""任务清单"管理，建立定期会商、督查问效等机制，形成政府主导、部门联动、齐抓共创、规范有序的工作格局。

建宁县城区防洪堤

磊村电站生态基流

最小下泄在线监控

高峰村容村貌

加固河床，丰富城乡生态内涵等项目一览表

项目	名称	成效
防洪工程	金溪一期、二期、三期等一批防洪工程	新建防洪堤31.6.71km
小水电退出和最小下泄流量在线监控	全县65座小水电中报废、停运、退出17座，其余48座水电站全部安装最小下泄流量在线监控	
中小河流治理和安全生态水系	黄坊乡毛坊溪安全生态水系工程等	治理河道9条55km
生产生活污水集中达标排放、农业面源污染等	美丽乡村建设、人居环境整治、生产生活污水集中达标排放、农业面源污染等工作有序推进，高峰村被列为全省人居环境整治提升试点村	

二是基础良好。作为闽江正源头，始终践行"绿水青山就是金山银山"的发展理念，大气、水等主要生态指标常年位居全省前列。特别是把握列入全省综合治水试验县的机遇，开展了全流域、全方位、全过程的综合治水，取得较好成效，全县已建成防洪堤31.6公里，实施中小河流治理和安全生态水系9条55公里，水土流失治理面积158平方公里，美丽乡村建设、人居环境整治、农业面源污染治理等工作有序推进，为水系连通及农村水系综合整治打下良好基础。

建立健全一批农村河湖常态化管护机制

三是机制健全。以河湖长制为依托，编制了县级流域河长履职图，建立健全河道巡查、河湖长制工作督导、上下游县际生态保护协作联动等河湖常态化管护机制。同时探索创新了智慧河长平台、企业河长、生态果园水土保持治理、禁柴改燃、河道岸线及河岸生态保护蓝线规划等一批管水治水特色做法。

中小河流整治工程

堤防工程

小流域治理工程

安全生态水系

四是保障有力。积极通过向上争取一批、整合部门一批、市场化运作筹集一批、自有财力投入一批等方式，多元化保障项目建设资金。

（来源：建宁县政府办）

生态建宁

（建宁新闻网）

大事记

编辑：黄日辉

1月

1月3日，建宁第一中学举行建校八十周年校庆。

1月3日，省纪委副书记、省监委副主任黄汉升在福州主持召开建宁县脱贫攻坚挂钩帮扶单位第六次联席会议。省纪委常委张淑萍，省妇联、福建海事局、省交通运输集团、福州文化旅游投资集团、省巡视办和福州市台江区等“5+1”挂钩帮扶单位负责人，市政府副市长、县委书记郑剑波，市纪委副书记、监委副主任黄金伙，县纪委书记邓军安参加。

1月19日，福建信息职业技术学院院长江吉彬率领相关院系负责人一行到建宁县职业中学调研，并为县职业中学“福建信息职业技术学院办学点”揭牌。

1月22日，郑剑波主持召开中共建宁县第十二届纪律检查委员会第五次全体会议。县副处级以上领导参加。

1月25日，建宁县新型冠状病毒感染的肺炎防控工作指挥部成立，郑剑波任指挥长。当天发布第1号令《关于防控新型冠状病毒感染的肺炎有关事项的通告》。

1月25日晚，郑剑波主持召开全县新型冠状病毒感染的肺炎疫情防控工作指挥部联席会议，贯彻落实省重大突发公共卫生事件一级响应通知要求以及市里工作会议精神，部署建宁县防控工作。

1月26日，建宁县新型冠状病毒感染的肺炎防控工作指挥部发布建肺炎防指〔2020〕1号通知《建宁县新型冠状病毒感染的肺炎防控工作指挥部关于做好省启动特别重大突发公共卫生事件一级应急响应的通知》。

1月28日，建宁县新型冠状病毒感染的肺炎防控工作指挥部发布第2号令《关于进一步加强湖北来建宁返建宁人员及车辆管控服务等事项的通告》。

1月29日，建宁县新型冠状病毒感染的肺炎防控工作指挥部发布第3号令《关于延迟春节假期和学校推迟开学的公告》。

2月

2月4日，郑剑波主持召开县应对疫情工作指挥部第九次会议，会议传达学习习近平总书记在中共中央政治局常务委员会会议上的重要讲话精神和省委、市委紧急视频会议精神，围绕守住“五道关口”对当前疫情防控工作重点进行再明确、再部署。

2月14日，郑剑波主持召开促“六稳”与抓“双防”两统筹两兼顾暨“五比五晒”总结表彰视频会，县副处级以上领导参加。

2月19日，省水利厅、财政厅联合组织召开全省水系连通及农村水系综合整治试点县竞争立项视频评审会，建宁县成功通过水系连通及农村水系综合整治试点项目省级竞争立项。

2月20日，建宁县组建综合应急救援大队西部分队。

3月

3月4日，市委书记林兴禄到建宁县调研，并召开县委常委、县政府副县长座谈会。

3月6日，召开全县宣传文化思想工作会议。

3月10日，郑剑波主持召开全县企业和重点项目复工复产调度会，疫情防控领导小组有关领导参加。

3月18日上午，建宁县组织收听收看全市2020年“五比五晒”暨“项目攻坚年”活动部署动员视频会，县有关领导参加。

3月18日，建宁县组织收听收看全省重大项目开工视频会、全省安全隐患大排查大整治工作暨统筹疫情防控和复工复产视频会，县有关领导参加。

3月25日，建宁县组织收听收看全市安全隐患大排查大整治百日攻坚行动工作视频会。全市视频会结束后，郑剑波主持召开全县安全隐患大排查大整治百日攻坚行动工作视频会，县有关领导参加。

3月27日，建宁生态环境保护综合执法大队、建宁环境监测站正式挂牌成立。

4月

4月7日，建宁一中高三开学复课。

4月16日，郑剑波主持召开全县创建省级文明县城暨农村人居环境整治工作推进视频会。

4月16—18日，国家现代农业产业园建设工作领导小组办公室发布2020年国家现代农业产业园创建名单公示公告，福建省建宁县现代农业产业园成功入围2020年国家现代农业产业园创建名单，成为福建省首个以种业为主导产业创建的国家现代农业产业园。

4月24日，郑剑波主持召开县委一季度经济形势分析暨“五比五晒”推进视频会。

4月28日，郑剑波主持召开二季度“五比五晒”、项目攻坚年、重点项目交办会，六个项目团队指挥长和相关领导参加。

4月29日，建宁县人民政府与福建云杉纺织科技有限公司举行“年产40万锭多功能差异化混纺纱线”项目签约仪式，郑剑波与福建云杉纺织科技有限公司高级顾问林立晃出席仪式并见证签约。

4月29日，省总工会党组成员、副主席张彩珍，省总工会权益保障部部长聂裔光一行在市总工会党组书记、常务副主席陈兴万陪同下到建宁县调研工会工作开展情况。

5月

5月9日，共青团建宁县委二十五届四次全体（扩大）会议召开。

5月10日 农业农村部到建宁县调研农业农村重点工作并召开座谈会，郑剑波陪同。

5月11日，正式开通园区公交专线。

5月13日，省政协许维泽副主席到建宁县调研，郑剑波陪同。

5月15日，县总工会联合县委组织部等5部门出台《关于加强和规范建宁县机关事业单位工作人员疗休养工作的通知》（建工〔2020〕13号）。

5月21日，市企业家协会到建宁县调研，郑剑波、陈显卿、余传贵、钟宏华陪同。

5月21日，全省烟农增收和烟区产业综合体建设工作推进会在建宁召开。

6月

6月4日，建宁县科协召开县科协五届四次全委（扩大）会。

6月5日，建宁县首家“雏燕之家”正式挂牌成立。

6月10日，省水利厅厅长赖军到建宁县均口镇，前往千里闽江正源头，调研闽江流域生态环境综合整治工作。

6月15日，市长余红胜到建宁县第一中学、建宁县城关中学，调研指导高考中考备考、学校疫情防控等工作。

6月19日至2日，省纪委书记李仰哲到建宁县调研，郑剑波陪同。

6月21日，省妇联主席徐姗娜调研建宁公主电子商务有限公司、清华农场、启航社工中心。

6月22日，建宁县召开青年工作联席会议第一次全体会议。

6月22日，市委书记林兴禄率领市纪委书记，市委组织部部长，市委宣传部部长，各县县委书记、县长到建宁检查工作。

7月

7月3日，福建省首个专门“铁路安全教育基地”在建宁县黄坊乡建成使用，省护路办主任陈恳出席落成仪式并讲话。

7月14日，莆炎高速公路建宁西互通连接线项目控制性工程实现贯通。

7月15日至7月16日，省人大常委会委员徐铮到建宁县调研，郑剑波陪同。

7月17日，上坪村旅游专线公交正式开通。

7月25日，“为荷而来”第五届中国建莲文化旅游嘉年华盛大开幕。

7月28日，郑剑波主持召开县委政协工作会议。

8月

8月5日，建宁县召开全县干部大会，新任县委书记廖金辉到任。

8月5日，省委农办主任、省农业农村厅厅长黄华康到建宁县调研农业产业发展和乡村振兴工作，廖金辉陪同。

8月5日，为期6天的建宁县“交通强国·四好农村路杯”男子篮球联赛正式开赛。

8月13日，省市场监督管理局局长黄培惠到建宁县调研服务企业复工复产、食品生产安全监管工作。

8月13日，由建宁县人民政府、三明市委网信办主办的宣传城市名片、推动文旅融合、助力脱贫攻坚——县长当导游直播带货活动在均口镇修竹荷苑举行，县委常委、副县长陈华伟出席活动。

8月20日—21日，省考评组到建宁县开展食品安全社会共治示范县验收工作。

8月21日，县委书记廖金辉主持召开县委常委会（扩大）会议，传达学习习近平总书记在企业家座谈会上的重要讲话精神和对“十四五”规划编制工作作出的重要指示精神，听取建宁县“十四五”规划编制情况汇报。

8月31日，建宁县新建的闽江源小学、闽江源幼儿园、第三实验幼儿园举行揭牌仪式并交付使用。

9月

9月5日—6日，中咨公司战略咨询部副主任赵旭峰和市委常委、统战部部长肖明光带队的中咨公司与三明联合调研组一行到建宁调研建宁县“五位一体”高质量发展专题，廖金辉陪同。

9月11日，山西省岚县县委书记高奇英带领考察团到建宁县调研美丽乡村建设与产业发展等工作，廖金辉参加调研。

9月16日，天马建宁鳗鱼全产业链生态绿色重点项目签约仪式在天马科技集团总部正式举行，建宁县县长陈显卿、天马科技集团董事长陈庆堂代表双方签署协议。建宁县委常委、统战部部长黄立辉，建宁县相关部门负责人，天马科技集团执行总裁陈加成等共同出席并见证签约仪式。

9月16日，农业农村部种业管理司司长张兴旺一行调研建宁种业。

9月17日，“杂交水稻之父”、中国工程院院士、2000年度获得国家最高科学技术奖和2019年“共和国勋章”获得者袁隆平先生在国家杂交水稻工程技术研究中心暨湖南杂交水稻研究中心（长沙），为“福建省建宁县国家现代农业产业园”题名。

9月21日，廖金辉主持召开中共建宁县委十二届十一次全会，代表县委常委会向全会作报告，并就《中共建宁县委关于深入学习贯彻习近平总书记重要讲话重要指示批示精神，全方位推动高质量发展超越的决定（讨论稿）》作说明。

9月28日，建宁县获第四批国家生态文明建设示范县命名。

10月

10月1日，国省干线纵八线建宁福新至长吉公路

PPP 项目建成通车。

10 月 9 日，生态环境部发布公告，建宁县列入第四批国家生态文明建设示范市县名单。

10 月 11 日，市委书记林兴禄视察建宁县闽江源小学，并了解建宁县教育教学等情况。县委书记廖金辉陪同。

10 月 13 日，三明建宁闽江源国家湿地公园列入国家湿地公园试点。

10 月 13—14 日，省民协、省摄协、三明市文联共同主办，厦门市文联协办，建宁县委宣传部、建宁县文联承办的“庆丰收、迎小康”——文艺助力乡村振兴省市县文艺家“三级联创”及志愿服务活动在建宁县客坊乡成功举办。

10 月 19—20 日，中粮集团党组成员、副总裁陈朗带领集团战略管理部及中粮营养健康研究院、中粮油脂、中粮粮谷、中粮肉食、中国茶叶、中粮我买网、蒙牛乳业等 8 个专业板块到建宁县调研，市领导林兴禄、祝荣亮、郑剑波，县领导廖金辉、陈显卿等参加调研或座谈。

10 月 20 日，由中国教育学会中学数学教学专业委员会、福建省教育学会数学教学委员会主办的“中央苏区、革命老区中学数学教师培训”活动在建宁县举行。

10 月 26 日，县政府与县总工会召开第十五次联席会议。会议听取县总工会 2020 年工作情况的汇报，并研究同意将建宁县工人文化宫建设缺口资金列入 2021 年新增地方政府一般债券项目，由县财政局统一向省财政厅申报。

10 月 29 日，副省长郭宁宁到建宁县，就绿色金融改革、金融服务实体经济等工作开展实地调研。市领导程鹏鹰、县领导陈显卿参加调研。

11 月

11 月 1 日，建宁县第一届“青春建宁”杯男子篮球联赛在县全民健身馆开幕。

11 月 4 日，省纪委副书记、省监委副主任薛云官到建宁调研挂钩帮扶项目，廖金辉参加。

11 月 13 日，廖金辉主持召开新建县一中选址评审会。

11 月 16—17 日，建宁县接受省级文明县城创建工作考评。

11 月 17 日，省纪委副书记洪仕建到建宁调研。

11 月 20 日，建宁县应急指挥中心正式投入使用。

11 月 27 日，福建省地方志学术年会在建宁县召开，省委党史方志办一级巡视员俞杰出席会议并讲话，原省方志委主任罗健、省地方志学会会长方清、原省委党史研究室副巡视员黄超凡出席，县长陈显卿到会致辞。

11 月 30 日，建宁县获“第四批国家生态文明建设示范县”荣誉称号。

12 月

12 月 2 日，明一国际竹薮万头生态牧场开工奠基仪式在黄埠乡竹薮隆重举行。

12 月 4 日，省军区宋鸿喜政委（少将）等 4 人到建宁县武装部调研，廖金辉陪同。

12 月 21 日，建宁县行政服务中心搬迁至闽江源北路 5 号，并正式对外服务。

12 月 22 日，建宁县举行四季度重点项目集中开竣工活动，本次集中开竣工的项目共 23 个，总投资 33.16 亿元。

12 月 22 日，莆炎高速公路建宁西互通连接线工程顺利交工。

12 月 21 日—25 日，国家市场监督管理局食品审评中心派出专家组前往明一乳业开展婴幼儿乳粉配方注册现场审核。

12 月 27 日，廖金辉主持召开县委十二届十二次全会。

12 月 27 日，廖金辉主持召开县委常委会（扩大）会议，专题研究《建宁县“十四五”经济社会发展规划和二〇三五年远景目标纲要（草案）》。

12 月 28 日，福建省委教育工委、省教育厅学习贯彻党的十九届五中全会精神“百人宣讲团”宣讲活动在建宁县第三中学举行。

12 月 28 日，中国人民政治协商会议第十届建宁县委员会第五次会议在县宣传文化中心召开，县四套班子领导参加。

12 月 29 日，建宁县第十七届人民代表大会第五次会议召开。

县情总貌

编辑：黄日辉

自然理

【境域位置】 建宁县位于北纬26° 32′ 23″ —27° 06′ 19″，东经116° 30′ 18″ —117° 03′ 49″。地处福建西北部闽赣边界、武夷山脉中段，三明市西北部。东邻泰宁县，东南与明溪县相接，南连宁化县，西与江西省广昌县接壤，西北与江西省南丰县毗连，北与江西省黎川县连接，东北与邵武市毗邻。辖区东西最大距离54千米，南北最大距离61千米，总面积1716.34平方千米。其中陆地1685.20平方千米，占98.2%；水域31.14平方千米，占1.8%。县政府驻濉溪镇黄舟坊葫芦坑1号，电话区号0598，邮政编码354500。

【地形地貌】 建宁县地处武夷山脉东侧中段；自北向东南走向，显条状分布的小山脉共有8条；地形以丘陵和中低山为主，山地丘陵占总面积的87.4%，平原、盆谷占12.6%。地势四周高，中部呈阶梯状下降，表现为明显的层状地貌特征。县境峰峦叠嶂，有关隘26处。境内海拔千米以上山峰35座，多分布于境域四周。主要山脉为金铙山脉，位于辖区东南部。境内最高峰白石顶为金铙山脉主峰，海拔1858米，是福建省境内最高峰；最低处为濉溪镇的大源、器村，海拔290米。

（县史志室）

【气候】 （一）2020年气候：年平均气温异常偏高，降水正常，日照正常。受北方冷空气影响，2月16日出现寒潮天气，4月1—4日出现倒春寒，12月22日出现初霜，“23型”秋寒出现在9月18日，属正常年，“20型”秋寒出现在9月26日，比常年偏早6天。

1. 气温 2020年平均气温18.5℃，比常年（17.6℃）偏高0.9℃，35℃或以上高温天数41天，比上年偏少15天。极端最高气温38.7℃（7月24日），比上年偏低0.2℃。极端最低气温零下4.5℃（12月31日）。

2. 降水 2020年总降水量1713.5毫米，比常年(1875.6毫米)偏少162.1毫米，降水日数209天。24小时降水量≥50毫米的暴雨天数4天。

汛期（5—9月）：2020年汛期总降水量982.4毫米，降水日数80天。

3. 日照 2020年日照时数1491.1小时，比常年（1532.6小时）偏少41.5小时。

4. 相对湿度 年相对湿度81%。

（二）2020年各季节气候特点

1. 冬季前期（1—2月） 气温偏高，降水偏少，日照时数偏多。

平均气温10.0℃，比常年(7.6℃)偏高2.4℃，两个月平均气温分别为1月8.7℃、2月11.3℃，分别比常年（6.2℃、8.9℃）偏高2.5℃、偏高2.4℃。极端最低气温为零下2.4℃（1月23日、2月18日）。降水量173.0毫米，比常年(192.6毫米)偏少19.6毫米（偏少10%）。降水日数23天。日照时数176.2小时，比常年（161.6小时）偏多14.6小时。

平均相对湿度82%。

冬季后期（12月）气温持平，降水偏少，日照时数偏少。

平均气温7.8℃，与常年（7.8℃）持平。极端最低气温零下4.5℃（31日）。降水量37.0毫米，比常年（64.7毫米）偏少27.7毫米（偏少43%）。降水日数11天。日照时数70.6小时，比常年（112.2小时）偏少41.6小时。

平均相对湿度83%。

2. 春季（3—5月）　气温偏高，降水偏多，日照偏多。

平均气温17.8℃，比常年（17.5℃）偏高0.3℃，各月平均气温为3月13.8℃、4月15.6℃和5月24.2℃，分别比常年（12.4℃、18.0℃、22.1℃）偏高1.4℃、偏低2.4℃、偏高2.1℃。

降水量797.5毫米，比常年（729.2毫米）偏多68.3毫米。降水日数53天。

日照时数310.8小时，比常年（301.3小时）偏多9.5小时。

平均相对湿度82%。

3. 夏季（6—8月）　气温偏高，降水量偏少，日照时数偏多。

平均气温27.7℃，比常年（26.4℃）偏高1.3℃。各月平均气温为6月26.9℃、7月28.5℃和8月27.6℃，分别比常年（25.1℃、27.4℃、26.7℃）偏高1.8℃、偏高1.1℃、偏高0.9℃。极端最高气温38.7℃（7月24日）。最高气温≥35℃的天数为37天。

降水量503.1毫米，比常年（677.0毫米）偏少173.9毫米。降水日数40天。

日照时数604.2小时，比常年（542.9小时）偏多61.3小时。

平均相对湿度77%。

4. 秋季（9—11月）　气温偏高，降水量偏少，日照时数偏少。

平均气温19.0℃，比常年（18.7℃）偏高0.3℃，各月平均气温为9月23.1℃、10月18.8℃、11月15.1℃，比常年（23.8℃、18.8℃、13.4℃）偏低0.7℃、持平、偏高1.7℃。

降水量202.9毫米，比常年（212.1毫米）偏少9.2毫米。降水日数40天。

日照时数329.3小时，比常年（414.5）偏少85.2小时。

平均相对湿度83%。

（三）2020年灾害性天气及影响

1. 暴雨洪涝　全年共出现4场暴雨，未对农业生产造成严重损失。受切变南压影响，3月9、12日出现暴雨天气过程，雨量分别为59.1毫米、72.5毫米；5月10日出现暴雨天气过程，雨量为67.9毫米；7月9日出现暴雨天气过程，雨量为69.6毫米。

2. 冰雹大风　5月5日17时52分—18时10分左右，建宁县均口镇隆下、洋坑、龙头、均口等村，伊家乡隘上等村出现直径1厘米左右冰雹并伴有大风；里心镇宁源等村出现雷雨大风并伴有小冰雹。此次过程造成全县3个乡镇烟叶等农作物不同程度受灾，受灾总面积269公顷，其中中度以上受灾面积222公顷，绝收17.6公顷，全县直接经济损失407万元。

（刘星）

【水文】　建宁县金溪河警戒水位291.50米，保证水位295.0米。2020年，建宁县未发生超警戒水位洪水，全年最高水位为291.13米（6月10日），最高流量为476立方米/秒（6月10日）；建宁站全年降水量1387.5毫米，日最大降雨量77.0毫米（5月9日）；为县域内最大日降雨量。建宁站全年蒸发770.9毫米，最大日蒸发量6.0毫米（7月18日），最小日蒸发量0.1毫米（2月3日），最大断面平均含沙量0.246千克/立方米（6月7日），断面平均含沙量0.023千克/立方米。

建宁县近三年洪水、雨水情况汇总如下：

近三年最大洪水情况一览表

表2

发生时间	流量（立方米/秒）	水位（米）	年平均流量（立方米/秒）
2019.7.7	1750	293.88	63.5
2020.6.10	476	291.13	36.5

说明：2020年与2018年未发生超警戒洪水，年平均流量分别为36.5立方米/秒和26.0立方米/秒

近三年雨水情况一览表

表 3　　单位：毫米

月份	1	2	3	4	5	6	7	8	9	10	11	12	年总量
2018	81.1	54.3	154.2	50.1	203.9	234.5	209.4	156.0	75.7	89.9	180.1	81.3	1570.5
2019	67.0	186.0	238.5	278.5	266.0	348.5	375.5	36.0	32.0	29.5	3.5	48.5	1909.5
2020	59.0	124.0	366.0	118.5	297.0	262.0	96.5	101.5	178.5	6.0	8.0	32.5	1387.5
2020 年与 2019 年比较（%）	–11.94%	–33.33%	53.46%	–57.45%	11.65%	–24.82%	–74.30%	181.94%	457.81%	–79.66%	128.57%	–32.99%	–27.34%

（建宁县水文局）

自然资源

【水资源】 建宁县境内河流属闽江流域。主要溪河 13 条，其中濉溪及其 11 条支流属闽江支流富屯溪的金溪水系；发源于境内均口镇严锋山的台田溪，为宁化县水茜溪的上游支流，其源头为闽江的正源头。境内河流总长度 1005.9 千米，年径流总量 9.26 亿立方米。河流流域面积 1685.7 平方千米。濉溪是境内主要河流，也是金溪水系上游的主要河流。濉溪境内河道长 45 千米，其上游支流宁溪、澜溪于合水口汇合后自南向北流经县城，然后折向东，出境后注入泰宁金湖。濉溪境内流域面积 207.3 平方千米，年均流量 86.3 米^3/ 秒。其中主要支流宁溪、澜溪、杨林溪、开山溪等。

2020 年建宁县地表水资源量一览表

表 4

当年地表水资源（亿立方米）	多年平均（亿立方米）	与多年平均比较（±%）
12.51	18.39	32.0

（建宁水文局）

【土地资源】 2020 年，建宁县土地总面积 1716.34 平方千米，年末实有农作物播种面积 2.25 万公顷，粮食作物播种面积 1.40 万公顷，当年建设高标准农田面积 760 公顷。年末实有耕地面积中，有效灌溉面积 1.75 万公顷，其中旱涝保收面积 1.67 万公顷。

【森林资源】 建宁县境具有典型的“八山一水一分田”地貌特征，是南方重点林区县。2020 年，全县有林地面积 13.71 万公顷，其中生态公益林面积 4.47 万公顷，重点生态区位内商品林 2.29 万公顷，森林覆盖率 77.7%。现有活立木蓄积量 1213.58 万立方米；全县完成植树造林 650.4 公顷，完成森林抚育 3936.2 公顷，完成封山育林 1655 公顷。

【矿藏资源】 建宁县境内有金、钨、钽、锡、镓、黄铁矿化构造带，长 30 千米、宽 9 千米。还派生出微斜长石型伟晶岩脉，产钾长石、白云母、绿柱石、铌钽铁矿等。西北部分布云母片岩、石英片岩、绿泥石片岩等矿产。西部有混合花岗岩带，普遍含独居石、磷钇矿及伴生锆英石，地质储量为 4.89 万吨，矿床有一定规模。中部中温热液型铜、铅、锌、银等多种金属矿点分布甚广。铌、钽、绿柱石等金属矿及钾长石、石英、云母、高岭土、瓷土、硅石、花岗岩石等非金属矿在境内广泛分布。1986 年 8 月 22

日，在均口、修竹白垩系石帽山群地层中发现石膏矿层。该矿层矿体厚度 40—70 米，矿物以硬石膏为主，也有少量透石膏，为三明市首次发现的硬石膏矿。2020 年，建宁县有非金属矿采选和建材加工企业 14 家，龙头企业为福建富强石材有限公司、鑫晟矿业有限公司等企业，累计完成产值 44.49 亿元。

【旅游资源】 建宁县山川秀丽，景色千姿百态，是“百佳深呼吸小城”“中国候鸟旅居小城”。“秀起东南第一巅”的金铙山景区，景色秀丽，气候宜人，三伏似清秋，是“中国避暑名山百佳”之地。金铙山顶景观变化万千，山之南麓有石燕岩，两壁插云，如出鬼工；山之西有龙潭瀑布，飞流绝巘，白练悬空，高峰漂流，惊而不险；四季花海游，变化无穷，给人“春看梨花夏观荷，秋览红叶冬品梅，五月云端杜鹃红，九月黄玉金针香”之美感。建宁县是中央苏区 21 个县之一，红色旅游资源十分丰富。中央苏区反“围剿”纪念园、客坊乡水尾村红军村红色教育基地、濉城西门莲公园、红军莲塘，都是凭吊英烈、缅怀先贤、激发斗志之地。最近几年，建宁绿色农家休闲游如雨后春笋，修竹荷苑、黄岭鸳鸯湖、上坪古村、建宁贡莲小镇、高峰农家乐都是游客极佳的休养场所。2020 年，建宁高峰香溪花谷旅游区获批国家 AAA 级旅游景区。

人文历史

【人文资源】 建宁是一个有深厚历史底蕴和人文浸润的地方。唐末陈岩任福建观察使，选贤任能，为后来闽国自治奠定基础。北宋时建宁城关人谢诇、谢黼、谢黻、谢皓，一门四进士，为官清廉，政绩卓著。南宋理学名儒刘刚中，为朱门高足、状元之师，是闽学的重要开拓者。清代文人朱仕琇，一代古诗文、古文字学家，在福州鳌峰书院任主讲 11 年。晚清诗人张际亮，曾积极参与林则徐的禁烟运动，是当时国内著名的爱国诗人。近代大德高僧慈航法师，是中国十大肉身菩萨之一，一生致力于近代中国佛教的弘扬与改革，以“文教兴国”为己任，为僧者之表率。建宁是全国著名的革命老区，是中央苏区的核心区，是红一方面军总前委、总司令部、总政治部和苏区闽赣省机关驻地，也是红一方面军无线电总队和红三军团山炮连诞生地。中央苏区五次反“围剿”均与建宁有关。毛泽东、朱德、周恩来率红一方面军总部两度进驻建宁，新中国的 8 位元帅曾在这里战斗生活过。苏区时期，建宁有7000多名优秀儿女参加红军，他们大多数在反“围剿”战役、长征与三年游击战中捐躯。

【闽山之巅】 闽山之巅位于建宁县濉城镇金铙山主峰白石顶，海拔 1858 米，被誉为是“闽峤第一雄”。金铙山，本名太弋山，昔传闽越王无诸校猎于此，遗下金铙，久而有光，故名。乾隆二十四年（1759）《建宁县志》载：“山有八十四峰，延袤高迥，石多土少，多产药品。顶有圣嘴石，晴霄烟霁，彻见百里，城郭邨溪，如穴如垤，若簇若练，若聚米，若堆儿，萦白缭青，莫概其状。”如今的闽山之巅，已属福建闽江源国家级自然保护区域，金铙山已建设成为闽西北著名景区。该景区内建有福建省海拔最高、长度最长（2.1 千米）的金铙山客运索道，海拔最高的时空隧道，福建省最有特色的凌空栈道。登上闽山之巅，可眺望闽西北的建宁、泰宁、宁化、明溪，福建最大的人工湖金湖也尽收眼底。这里还是天然大氧仓，负氧离子含量达 50000 个 / 厘米^3，青山绿水，浑然一体，是旅游、

闽江源头，鸳鸯戏水 （建宁新闻网）

闽江源　　　　（建宁新闻网）

休闲、健身、科考的理想之地。

【闽江之源】 闽江，是福建的母亲河，是八闽大地的根脉。1991年和1992年，福建省闽江流域规划开发管理办公室组织闽江江源考察队，两次对闽江江源进行考察，确认建宁县均口镇台田溪为闽江正源，并在源头处的峭壁镌刻“闽江源”三字摩崖石刻。闽江发源于建宁严峰山南麓的均口镇均口村张家山自然村以北，源流为台田溪—水茜溪—九龙溪—沙溪—西溪—闽江，全长562千米。福建闽江源国家级自然保护区地处武夷山脉中段的建宁县东南部，地跨三镇（均口镇、濉溪镇、溪口镇）、一乡（伊家乡）、14个建制村，属森林生态类型的自然保护区，总面积为13022公顷。主要保护对象为武夷山脉中段重要的生物区系组分、大面积的钟萼木和南方红豆杉原生种群、独特的生物群落类型和福建闽江正源头森林植被。保护区内维管束植物种类有228科、899属、2268种。其中蕨类植物43科、82属、183种，裸子植物7科、12属、19种，被子植物178科、805属、2066种。保护区内分布有国家一级保护植物钟萼木、南方红豆杉和银杏3种，国家二级保护植物鹅掌楸、香榧、花榈木等27种。野生兰科植物64种，福建省级重点保护植物有23种，模式标本种与特有种有3种。

【闽地之母】 建宁地质结构形成于26亿年前，由茫茫海底抬升为陆地并逐步向泰宁、宁化等周边延伸，地质学定名为天井坪地貌，是福建省最古老的一块陆地，历史久远的华夏古陆具有独特地质条件。境内世界地质公园金铙山主峰白石顶为福建第二高峰（海拔1858米），具有典型的花岗岩石蛋地貌特征。上太古界天井坪岩组仅分布于闽西北的建宁，偏处一隅，四周为志留纪与晚侏罗世侵入岩以及中生代沉积—火山断陷盆地所围限。天井坪岩组系福建省区域地质调查队1990年所创，“天井坪岩组”命名地点位于建宁县伊家乡天井坪村。

（县史志室）

建置沿革与区划

【历史沿革】 建宁县历史悠久，史载新石器时期已有人类定居。春秋战国时期属越国地。秦属闽中郡。汉属会稽郡冶县地。东汉顺帝永和六年（141），分会稽为东、南二郡，其中南部为建安都尉。东汉建安元年（196），置建安县，属会稽郡建安县地。三国吴景帝永安三年（260），升建安县为建安郡，与会稽郡分置，建宁置县，始称绥安县（县治在今建宁县城西南1.5千米处），属建安郡，绥安县地含今建宁、泰宁、宁化等。晋属建安郡，隶江州。东晋义熙元年（405），避帝（安帝）讳，改绥安为绥城，仍属建安，隶江州。

隋文帝开皇九年（589），绥城并入邵武，隶泉州（今福州）。开皇十二年（592），以原绥城地并入邵武，属抚州。唐高祖武德四年（621），以邵武分出绥城故地，复置绥城县（治所在今建宁县濉城镇境内，后同），隶建州（今建瓯市）。唐贞观三年（629），绥城再次并入邵武，隶建州。唐垂拱四年（688）复置绥城县。唐肃宗乾元二年（759），又分绥城县为归化、黄连二镇，归化即今泰宁，黄连即今建宁县。唐乾符五年（878），朝廷以黄连镇人陈岩率军抵御黄巢，守土有功，赐黄连镇为义宁军，不久军废，改为永宁镇，属建州。南唐保大四年（946），永宁镇改为永安镇，次年又改为永安场。南唐中兴元年（958），升永安场为建宁县，境域与今同。治所迁至葛藤窠（今濉溪镇），属建州。

北宋太平兴国五年（980），建州之邵武县地置邵武军，领邵武、光泽、归化、建宁四县。元至元三十年（1293），改邵武军为邵武路。明洪武元年（1368），改路为府。清沿明制，建宁县属邵武府。

民国元年（1912），撤邵武府，在南平设北路观察使。民国3年（1914），改北路观察使为建安道，建宁属之。民国17年（1928），实行新制，废建安道，建宁直属福建省政府。

第二次国内革命战争时期，建宁县是中央苏区21个县之一。1931年至1934年，建宁建立苏维埃政权，初属江西省苏维埃政府。1933年3月，建宁溪口区（指溪源、鮎坑、楚尾、陈岭、武调等村）划归泰宁苏维埃政府管辖，后归还。5月，建宁县划归闽赣省苏维埃政府。8月，建宁均口区和澜溪区的一部分划归刚成立的彭湃县苏维埃政府管辖。12月起为闽赣省苏维埃政府驻地。1934年1月，建宁溪口区（指溪源、鮎坑、楚尾、陈岭、武调等村）划归刚成立的黎南县苏维埃政府。是年，国民政府将建宁县划归第九行政督察专员公署（邵武）管辖。次年改隶第七专员公署（长汀）。1940年起，改隶第二专员公署（南平），直至1950年2月11日建宁县解放。

1950年至1970年6月，建宁县隶属福建省政府南平专员公署。1970年7月起，建宁县隶属三明地区革命委员会。1983年4月，三明改为省辖市，建宁为市辖县。改革开放以来，建宁先后被列为全国商品粮基地县、国家级杂交水稻种子生产基地县、全国南方林区重点县、国家级生态示范区、国家粮食产能县、国家级农业综合标准化示范县、全国国土资源节约集约模范县、国家电子商务进农村综合示范县、国家农村产业融合发展试点示范县、全国“平安农机”示范县、福建省全域旅游试点县、十大新兴旅游县和省定边贸重点县，是著名的“中国建莲之乡”“中国黄花梨之乡”“中国无患子之乡”“中国梨产业龙头县”。“建宁水稻种子”成为全国唯一水稻种子地理标志证明商标。向莆铁路、建泰高速、建（宁）广（昌）高速建成通车，乘动车至福州2小时、至厦门3小时、至南昌1.5小时、至武汉4小时，已初步形成2小时经济圈。公路通车总里程1386.89千米。浦梅铁路建宁至冠豸山段进入全面建设阶段，建宁至资溪普速铁路已列入省中长期铁路网规划。莆炎高速在建，建宁经宁化至长汀高速公路列入规划。建宁县中央苏区反“围剿”纪念园被国家国防教育办公室命名为第二批国家国防教育示范基地，是全国百家红色旅游经典景区之一，是省委党校、省行政学院教学基地，也是全国爱国主义教育示范基地、国家AAAA级旅游景区和全国廉政教育基地。千里闽江正源头位于境内，闽江源国家级自然保护区被中国科学技术协会授予“全国科普教育基地”称号。建宁县通过国家级生态县验收，成功入选全国全域旅游示范区创建单位、全国“百佳深呼吸小城榜”，获评全国森林旅游示范县、“中国森林氧吧”、“中国森林体验基地”。闽江源国家湿地公园（试点）通过国家级专家组评审，建宁县申报的“建宁黄花梨”“建宁通心白莲”“溪源明笋”获得农业农村部“农产品地理标志登记”。2020年，建宁县获评全国第四批率先基本实现主要农作物生产全程机械化示范县，建宁县现代农业产业园成功入围2020年国家现代农业产业园创建名单，成为福建省首个以种业为主导产业创建的国家现代农业产业园。10月，建宁县获第四批国家生态文明建设示范县命名。

（县史志室）

【区划人口】 2020年，全县设濉溪、溪口、里心、均口4镇与伊家、黄坊、溪源、黄埠、客坊5乡，共9个乡级政区；辖有92个村民委员会，7个社区；下设1080个村民小组，80个居民小组。全县常住人口12.1万人，户籍户数41096，户籍人口154249人。全年出生人口1165人，政策符合率100%，出生人口比上年同期减幅25.51%。

（县卫健局供稿）

国民经济与社会发展

【概况】 2020年，建宁县生产总值140.29亿元，增长6%；其中第一产业18.92亿元，增长3.5%；第二产业增加值79.22亿元，增长5.7%；第三产业42.15元，增长7.9%。规模以上工业增加值增速3.5%。全县规模以上工业产值208.1亿元；农林牧渔业总产值34.1亿元，增长3.5%。社会消费品零售总额35.99亿元，增长-0.3%。一般公共预算总收入4.85亿元，增长0.1%；其中地方一般公共预算收入3.4亿元，增长2.5%，公共财政支出18.7亿元；粮食总产量8.94万吨，全体居民人均可支配收入23867元，城镇居民人均可支配收入32615元，农村居民人均可支配收入18321元；全体居民人均消费性支出15402元，城镇居民人均消费性支出22594元，农村居民人均消费性支出10770元；森林覆盖率77.7%。当年，建宁县连续四年获评福建省县域经济发展“十佳县”。

【农业】 2020年，建宁县完成农林牧渔业总产值34.1亿元，增长3.5%；农村居民人均可支配收入18321元、增长7.3%。“建宁五子”全产业链产值89.8亿元。全年农作物播种面积2.25万公顷，粮食作物播种面积1.40万公顷，粮食总产量8.94万吨；落实制种面积1.01万公顷，种子产量3500万公斤；莲子面积0.33万公顷，莲子产量达3500吨；稳定果子面积0.8万公顷，水果总产量13万吨；全县9个乡（镇）13个行政村新创建粮食产能区示范片14片，面积1000公顷。全年蔬菜种植面积667公顷（其中绿叶菜267公顷），其中露地栽培633.3公顷，设施栽培33.3公顷，生产各类蔬菜约1.5万吨，稳定茶叶生产总面积395. 3公顷，其中新植茶园13.3公顷（里心岩上村），总产600吨。

【林业】 2020年，建宁县完成规模以上林业工业总产值69亿元，占任务69亿元的100%。森林覆盖率达77.7%，森林蓄积量1155万立方米，同比2019年增加123.7万立方米。林业自然保护区（含保护小区点）14561公顷，林地和湿地保有量分别达137145公顷、1915.2公顷。全县完成植树造林650.4公顷，占省、市下达造林绿化任务601.33公顷的108.1%；完成森林抚育3936.2公顷，占任务3592公顷的109.6%，完成封山育林1655公顷，占任务的103.4%。完成商品材产量2.5万立方米，商品材销售量2.4万立方米，生产毛竹900万根，锯材产量1.3万立方米，人造板产量1.6万立方米，纸及纸板产量10.03万吨。

【工业】 2020年，建宁县工业经济运行态势良好。全县规模以上工业企业116家，年内新增规上工业企业6家；全县规模以上工业企业累计完成产值208.7亿元，比增7.01%；全县规模以上工业增加值净增6.43亿元，同比增长8.6%；规模以上工业产销率99.7%，同比下降0.07个百分点；全县规模工业经济效益综合指数为451.14%，较上年提升43.64个百分点；全社会工业用电2.3亿千瓦时，比上年增长6.9%。全县规模以上工业企业完成税金总额1801.21万元，比增4.01%。

【财政税收】 2020年，建宁县一般公共预算总收入4.85亿元，比上年增长0.1%，其中，地方一般公共预算收入3.4亿元，比上年增长2.5%。全县一般公共预算支出18.7亿元，比上年增长5.4%。建宁县全年累计组织税收收入40528万元，同比增加3116万元，增幅8.33%。其中：中央级税收14740万元，同比减少1043万元，减幅6.61%；省级税收1046万元，同比增加565万元，增幅117.46%；县本级税收24742万元，同比增加3594万元，增幅16.99%。

【城市建设】 2020年，建宁县城区规划面积33平方千米，建成区面积6平方千米，城镇化率46.3%。全年实施重点项目76个，完成投资约1.54亿元。新建改建市政道路6千米，完成江滨南路、将屯小学周边道路、县总医院周边道路、南站站前道路、将军路二期道路、污水厂进厂路、猕猴桃厂路、建宁县高速西互通(市政段)道路、闽江源路至火车南站道路等市政道路建设。新建改造城区污水管网15千米，新建城区燃气主干管网约10千米。其中衙前巷小区污水改造约2.9千米、水南片区至体育场中心2.3千米、青山老菜市场管网改造0.7千米、河东污水管网0.8千米、万星至水南桥底污水改造0.8千米、西互通（市政段）道路项目污水管道预埋3.6千米、将屯小学周边道路配套污水管网3.9千米。新增停车位300余个。老滩城林委小区、南坑路、溪口幼儿园、溪口农民小区、溪口农贸市场等地块停车场施工完成，城关中学对面停车场目前已完成场地平整。

【交通】 2020年，建宁县境内铁路里程66.52千米，其中向莆铁路19.23千米，浦梅铁路（在建）47.29千米。年内经停建宁县北站的列车共40趟次。全县公路里程突破1400千米，高速公路1条43千米（莆炎高速公路84.5千米通车在即），国道1条64.93千米，省道2条109.4千米，县道8条101.74千米，乡道69条415.79千米，村道576条657.26千米，100%的通乡（镇）县道达到三级以上公路标准，100%行政村实现公路硬化。国省干线纵八线建宁福新至长吉公路PPP项目建成通车；莆炎高速公路建宁西互通连接线项目主体工程完工，并具备通车条件；完成农村公路晋级改造35.25千米，里双线、清石线等5个农村公路单改双（含晋级）项目建成通车；完成农村公路安全生命防护工程106千米，危桥改造7座。全县拥有客运企业2家、公交企业1家、出租车企业3家、二类维修企业3家、驾培企业3家。全县开通公交线路17条（其中旅游专线3条），公交站点78个（其中新型公交电子站牌20个）。

【重点项目】 2020年，建宁县共实施“五个一批”项目254个，其中含省市重点项目19个，累计完成投资85.1亿元，占年度计划的107.5%；河东棚户区改造等101个项目开工，莆炎高速公路建宁段等96个建成投入使用，浦梅铁路、康养中心、国家级种子产业园、云杉纺织等项目加快推进。全年共策划储备项目115个，总投资107亿元，向上申报项目71个，总投资63亿元；共争取地方政府专项债、中央和省级预算内项目31个，总投资37.4亿元。

【商务贸易】 2020年，建宁县社会消费品零售总额35.99亿元，增幅-0.3%；

住宿业销售额1.42亿元，增幅11.2%，全市排名第一，四小县第一；餐饮业销售额2.51亿元，增幅14.9%，全市排名第一，四小县第一，全年新增限上商贸企业19家；外贸出口1732万美元；电商交易额27.39亿元，同比增长17.69%，网络零售额20.07亿元，同比增长20.45%，电商企业425家，从业人员6560人。

【金融保险】 2020年，建宁县本外币存款余额983552万元，比年初增加104411万元，同比增长11.88%，存款总量和增幅均居四县第一。本外币贷款余额565553万元，比年初增加94134万元，同比增长19.97%，贷款总量和增幅均居四县第一。存贷比为57.50%，居四县第二，比年初（55.27%）增长2.23个百分点。城乡居民养老保险参保人数为78350人，参保率99.6%。建宁县机关事业养老保险在职参保人数为3932人，参保率达100%，养老金发放率100%。企业职工养老保险参保职工人数为11054人，工伤保险参保职工14288人。

【教育科技】 2020年，建宁县共有各级各类学校45所，其中：高级中学1所，职业中学1所，初级中学7所，完全小学12所，教学点7个，特教学校1所，幼儿园15所（其中民办园3所），教师进修学校1所；全县教职工1591人（其中民办园教职工81人）。在校生19872人，其中：普高在校生1848人，职高在校生429人（其中非全日制36人），初中在校生4157人，小学在校生9200人，幼儿在校生4142人，特教在校生96人。当年，10所小学被评为“省义务教育管理标准化学校”，4所小学被评为“省义务教育教改示范性建设学校”。新建并投入使用的闽江源小学招收一年级新生193人，接收暂寄城关小学和实验小学的2019年一年级新生150人回归闽江源小学二年级就读。实际增加城区小学学位200个。

【文旅体育】 2020年，建宁县打造“红色文化”“莲文化”“闽江源文化”为主的文化品牌。全县县级广播台站1个，乡（镇）级广播台站9个，县文化馆、图书馆、纪念馆各1个。村村响广播已完成80个行政村及9个乡（镇）政府云收扩机及喇叭安装并开通运行。当年新增2处省级文物保护单，即澜溪窑址和金铙山建筑群。当年旅游收入14.84亿元，比上一年减少2.84亿元。实施文旅重点项目39个，其中新开工项目26个，续建项目13个，完成投资7.36亿元。群众体育设施建设日趋完善，户外运动休闲公园建设完成，全县体育场地数量564个，体育场地总面积31.54万平方米，人均体育场地面积增至2.61平方米。

【医药卫生】 2020年，建宁县有公立医疗卫生机构12个，其中县直医疗单位3个（县总医院、县疾控中心、县妇幼保健院），乡镇卫生院8个(其中中心卫生院2个)，社区卫生服务中心1个。全县村卫生所97所（其中开通医保81所），个体诊所及医务室13个，床位数540张。全县卫生事业单位人员核编441名，实有卫技人员774名；有正高级职称13人、副高级职称67人、中级职称115人、初级职称94人。执业医师173人，执业护士206人。

【居民生活】 2020年，全体居民人均可支配收入23867元，同比增长6,1%；城镇居民人均可支配收入32615元，同比增长3.8%；农村居民人均可支配收入118321元，增长7.3%。社会消费品零售总额35.99亿元，增幅–0.3%。全体居民人均消费支出15402元，增长0.3%；城镇居民人均消费支出22594元，增长–1.1%；农村居民人均消费支出10770元，增长1.1%。当年城镇登记失业率控制在3.0%，城镇新增就业2200人。劳动年龄人均受教育年限12.02年，人均预期79.97岁。城区环境空气质量在全省县级城市综合排名位列第六。集中式饮用水源地水质各项指标除三月为Ⅲ类外，其余月份均达到或优于Ⅱ类标准。城区区域环境噪声、交通噪声、功能区噪声监测达标率达100%。

（县发改局、县统计局供稿）

香溪花谷风光 （邱翼 摄）

中共建宁县委员会

编辑：黄日辉

综　述

【概况】　2020年，建宁县委深入学习贯彻习近平总书记重要讲话重要指示批示精神，贯彻落实党中央决策和省市部署要求，坚持稳中求进工作总基调，扎实做好“六稳”工作、全面落实“六保”任务，统筹推进常态化疫情防控和经济社会发展，持续做足做实“四篇文章”、推进“四个着力”，深化“五比五晒”，各项事业取得新进展、新成效。市对县考评13项主要指标中，地区生产总值、固定资产投资、实际利用外资、城乡居民人均可支配收入等8项指标增幅好于全市平均水平，成功争取国家现代农业（种业）产业园创建名单、国家水系连通及农村水系综合整治试点县等“国字号”试点示范项目，获评第四批国家生态文明建设示范县、全国绿色矿业发展示范区，连续四年获评全省县域经济发展“十佳”县。

【中央、省、市决策部署的贯彻落实】　2020年，建宁县委坚持政治统领，全面落实党中央决策部署和省市工作要求。在思想上政治上行动上同以习近平同志为核心的党中央保持高度一致，县委理论学习中心组共开展43次集中学习，召开学习贯彻落实习近平总书记重要讲话重要指示批示精神情况通报暨部署会，定期开展习近平总书记重要指示批示精神落实情况“回头看”，印发《习近平总书记在建宁调研时的重要讲话重要指示精神》手册到各级各部门，引导全县上下增强“四个意识”、坚定“四个自信”、做到“两个维护”。贯彻落实党的十九届五中全会和省市委全会精神，牢记习近平总书记重要嘱托，县委十二届十一次全会上通过《中共建宁县委关于深入学习贯彻习近平总书记重要讲话重要指示批示精神，全方位推动高质量发展超越的决定》和促进产业融合等3个行动计划，切实把对习近平总书记的崇敬爱戴之情，转化为加快新建宁建设、全方位推动高质量发展超越的政治责任和担当；党的十九届五中全会后，及时召开县委常委会（扩大）会议传达学习全会精神，研究部署本县学习宣传贯彻的具体措施，在全县上下持续兴起学习贯彻热潮；2020年12月27日召开县委十二届十二次全会，围绕贯彻党的十九届五中全会和省委十届十次、市委九届十四次全会精神，立足新发展阶段、贯彻新发展理念、融入新发展格局，科学谋划我县“十四五”规划和2035年远景目标。学习贯彻习近平总书记关于统筹做好疫情防控和经济社会发展的重要论述，成立以县主要领导为组长的领导小组，先后召开29次疫情防控领导小组（指挥部）会议，严格落实“外防输入、内防反弹”防控策略，疫情防控实现零确诊、零疑似、零输入；扎实做好“六稳”“六保”工作，抽调520多名县直机关干部“点对点”打通企业复工复产操作链，解决企业堵点难点问题162个；《助力明一生态营养品有限公司复工复产案例》入选全省加强疫情防控统筹推进企业和项目复工复产先进典型案例。

【做实“四篇文章”】 2020年，建宁县委发挥比较优势，持续做足做实“四篇文章”。

做足做实红色文章。讲好红色故事，挖掘整理《少共国际师》《潘峰的故事》等10个红色故事，持续唱响“风展红旗如画”品牌。保护红色遗址，完成枧头红一军团司令部旧址等6个革命旧址的陈列展示、修缮，打造红军无线电总队部旧址等一批红色现场教学点。激励红色担当，深入研究争取中央、省上苏区政策支持。2020年向上争取资金13亿元，上榜2019年财政管理绩效综合评价全国前200名、获财政部正向激励资金1000万元。

做足做实工业文章。抓龙头企业，累计签订“一企一策”扶持政策企业12家，兑现奖补资金1184.32万元，发挥明一乳业、富强石材等龙头企业引领作用，带动全县105家规上工业企业完成产值208.7亿元。抓平台建设，制定工业园区标准化建设推动制造业高质量发展三年行动计划，与和骏卫浴等企业签订打造产业园合作协议。抓创新发展，培育国家高新技术企业3家，全社会研发投入增长43.96%。实施新一轮技改提升行动计划，全县技改投资增长15.86%。

做足做实绿色文章。全年城市空气质量位列全省县级城市综合排名第6，水源地饮用水质达标率保持100%，地表水质保持Ⅱ类及以上标准，入选首批福建省全域生态旅游示范县，连续三年上榜“中国最美县域”榜单。“三明实践”主题采访活动中，中央和省内外媒体对建宁县践行“两山”理念的生动实践给予充分肯定，在新华网、澎湃杂志等主流媒体上多角度报道建宁县加快一二三产业融合发展、发展“五子”产业、助推村民和集体“双增收”等典型经验。

做足做实文明文章。深化精神文明创建，健全督查整改反馈、日常执勤、奖优罚劣等工作机制，推动文明单位动态管理办法、“门前三包”责任制落实到位。发展文化事业和文化产业，精心保护历史文化遗产和传统村落，澜溪瓷窑、金铙山建筑群两处古迹获评第十批省级文物保护单位。

【高质量融合发展】 2020年，建宁县委坚持稳中求进，全力推动高质量融合发展。

抓项目稳增长。策划“十四五”规划项目312个，争取中央新增投资项目20个，地方政府专项债券项目7个。扎实开展“项目攻坚年”活动，组建28个重大项目专项工作组，带动明一液态奶、河东棚户区改造等101个项目开工建设，莆炎高速建宁西互通连接线、220千伏输变电工程等96个项目竣工。成立建宁县招商服务中心和发展研究咨询中心，组织各类招商活动168场（次），新签约云杉纺织等项目233个，实际利用外资三年来首次实现零的突破、到位资金510万美元。

抓产业促转型。推动农业提质增效，建宁通心白莲入选中欧地理标志协定首批保护名录，连续举办三届中国稻种基地发展大会，溪口国家级农业产业强镇项目顺利完成。推动工业延伸延长，明一乳业全产业链建设加快推进，4个单元的液态奶已落地生产，婴配基粉正式投产生产。推动三产做大做强，加快文旅康养产业发展，高峰森林康养基地获评市级森林康养基地。推进全国电子商务进农村综合示范县（升级版）建设，完善闽赣省际电子商务产业园集聚功能，当年电商交易额达27.39亿元、增长17.7%。

抓改革增活力。医改方面，创新“六个一”慢病一体化管理模式，“互联网+医养”居家养老服务案例入选财政部政府购买服务案例汇编。林改方面，新增禁柴改燃试点村5个，累计赎买重点生态区位商品林1200公顷。农房建设改革方面，10个农村新型住宅小区集中建设试点有序推进，以点带面解决“有新房没新村”问题。金融改革方面，持续抓好“福林贷”“福田贷”等普惠性金融产品，带动全县新增贷款9.41亿元，累计化解不良贷款1.46亿元。

【改善民生】 2020年，建宁县委致力于改善民生福祉，不断增强人民群众获得感幸福感安全感。

巩固拓展脱贫攻坚成果。按照“四个不摘”要求，疫情防控期间率先出台产业扶贫、就业岗位扶贫、消费扶贫等10条措施和健全长效机制巩固脱贫攻坚成果12条措施，实施“猪宝宝”“鸡鸭肥”“金种子”“福源莲”“光能源”等“五大”扶贫增收工程，“两不愁三保障”和饮水安全有效落实。因地制宜发展种业、莲业等七大扶贫产业，扎实抓好产业整村推进、量化折股等扶贫措施，全县自有经营收入超10万元的村达90%。

“小县大城关”加快推进。全年实施城市建设项目49个，完成投资13.89亿元，新开发碧桂园、鑫珑公馆等商品房1200余套，新改建城区公厕4座，新增城区停车场5个、泊车位300个，投入运营新能源公交车33辆。大力推进黄舟坊地块连片开发、企业退城入园等重大项目建设，改造衙前巷、城背巷等老旧小区，完成水南桥修复、城区至枫元绿道建设等一批项目，有效提升城市建设管理水平。

加力补齐民生短板。教育方面，成立闽江源教育基金会，开展“我为教育一日捐”活动，新建公办学校3所，新增幼儿园、中小学学位2520个；客坊中小“真爱6+1”贫困家庭孩子关爱模式在全市推广并入选教育部首批“乡村温馨校园典型案例学校”。医疗卫生方面，与厦门弘爱医院签订战略合作协议，加强在医疗人才培养、学科建设等方面合作，补齐人才、设备等医疗卫生领域短板。健康养老方面，全面完成福利中心改造提升，公建民营5个乡镇敬老院，新建农村幸福院5所。

扎实推进乡村振兴。大力推广“庭院经济”模式，开展“一革命四行动”和村庄清洁行动，新建改建乡村公厕11座，建成村庄污水处理设施22个，累计拆违2.6万平方米，完成84个村庄房前屋后整治。均口镇入选全省乡村治理示范镇，枫元等14个村入选全省乡村治理示范村，圳头、花排、上黎、武调4个村入选省级“一村一品”示范村，高峰村荣获“2020中国最美村镇最美康养小镇”称号、入选“福建省美丽休闲乡村”名单。

维护社会安定。深化“平安建宁”建设，扎实开展“六无”村（社区）建设，全县52个村（社区）达到“六无”建设标准，入选全省第四轮第一批平安县（市、区）称号。严格落实信访工作责任制，全年受理群众信访303批455人次，同比分别下降27.5%、31.2%，5件省市领导挂包信访积案全部化解到位并签订息诉息访协议书，连续三年被国家信访局评为年度信访工作“三无”县。深入推进扫黑除恶专项斗争，扎实开展安全隐患大排查、大化解、大整治攻坚行动，群众安全感率保持在98%以上。

【干部队伍建设】 2020年，建宁县委鲜明用人导向，建设忠诚干净担当的干部队伍。

注重搭建历练平台。采取党校培训、专题轮训，以及与名校、高端培训机构联合办班教学等方式，对一线重大专项工作中表现优秀干部优先调训，先后举办科级干部、妇女干部等主体班，以及脱贫攻坚暨防汛抗旱专题培训，分层分类轮训干部461人次，精准选派76名干部到一线实践锻炼和挂包服务“五比五晒”重点项目工作。

注重培养年轻干部。实施培养选拔年轻干部“54”计划，畅通公务员、事业干部、选调生、三支一扶等四个渠道，建立优秀年轻干部信息库，及时提拔使用政治坚定、实绩突出、敢于担当、群众公认的优秀年轻干部，1名85后年轻干部提任副处级领导干部，30名优秀年轻干部得到县委提拔或重用，3名年轻干部获评“新时代新三明百名担当作为青年先进”。

注重实施激励措施。用好用足省市县激励干部新时代新担当新作为和关心关爱基层干部政策措施，2名专技干部按政策直接聘任相应岗位，起用省市关心关爱基金帮扶困难党员干部137名。用活用足公务员表彰奖励措施，聚焦“五比五晒”、脱贫攻坚、疫情防控、征地拆迁等一线工作，通报表扬32个集体、122名党员干部，记功嘉奖219名干部，提拔重用或职级晋升了52名一线担当作为的干部。

【从严治党】 2020年，建宁县委全面从严治党，打造风清气正的政治生态。

落实管党治党责任。召开6次常委会专题研究部署党建工作，开展县委常委公开述责述廉、党委（党组）书记抓基层党建工作述职评议考核，召开县直单位党组（党委）书记集体约谈会、乡镇党委书记座谈会，压紧压实各级党组织书记管党治党责任。

夯实基层基础。持续开展村党支部“达标创星”活动，深化“党员110”服务机制，“信誉党员”评选运用和党员积分评星管理，采取在职党员到村（社区）报到等做法，完成6个软弱涣散党组织整顿转化，培育打造12个基层党建示范点，建成11个党员政治生活馆，不断开创基层党建工作新局面。

持续正风肃纪。开展19家单位的常规巡察和2家单位“回头看”，受理群众信访举报94件，处置问题线索146件，立案查处73件，其中，“四风”问题30起34人，群众身边的不正之风和腐败问题17起20人，运用“四种形态”处理224人次。凝聚各方力量。支持人大及其常委会依法履职，充分发挥人民政协作为协商民主重要渠道和专门机构作用。统筹做好工商联、民族宗教、侨务、对台工作，发挥工会、共青团、妇联等群团组织桥梁纽带作用，广泛凝聚各方智慧和力量。

【学习和领会方面有差距】 2020年，建宁县委在学懂弄通做实习近平新时代中国特色社会主义思想方面还有差距。

主动深入、融会贯通学习还需加强。有的班子成员面对新形势新变化，缺乏“学到底”的精神与“反复读”的恒心，局限于理论中心组等集中学习形式，领会习近平新时代中国特色社会主义思想精神实质方面缺乏自觉性、主动性，存在实用主义倾向，往往是上级要求学什么、开展工作需要什么，就针对性学习什么，理论学习缺乏连续性、系统性、全面性，与“往深里走、往心里走、往实里走”的要求还有差距。

学用结合、以学促干不够有力。有的班子成员用习近平新时代中国特色社会主义思想指引和推动工作的能力不足，学用结合不够紧密，特别是对习近平总书记在福建、在三明、在建宁的重要讲话重要指示批示精神运用不够，没有将习近平新时代中国特色社会主义思想与建宁实际相结合，在全面从严治党、发展现代农业、提升产业融合、破解项目难题、建设平安建宁等中心工作中思路还不够宽、办法还不够多。

意识形态责任制落实不够到位。有的班子成员对新时代意识形态领域斗争的严峻性、复杂性、隐蔽性的认识不够到位，对社会上个别消极议论或不良风气及个别党员干部身上存在的苗头性、倾向性问题，有时没有及时做到坚决抵制和自觉斗争。

【履职担当作为方面有差距】 2020年，建宁县委在履职担当作为方面还有差距。

啃“硬骨头”与攻坚克难的勇气减弱。有的班子成员对解决重点难点问题的新招、实招、硬招还不多，破解难题的思路和举措不多，尤其对一些历史遗留的突出问题缺乏“啃硬骨头”的韧劲，没有充分结合实际探索更优的办法、更实的举措直面问题、解决问题。

趟“新路子”与争先创优的冲劲不足。有的班子成员在工作中习惯用老办法来解决问题，没有主动想“怎么办”“如何干”，缺乏创新精神，工作决策多是凭老经验、老做法，在先行先试方面力度不大，对新理念、新方法研究理解不够透彻。

统筹兼顾与把握全局的能力欠缺。有的班子成员对全局工作研究不深、思考不够，工作指导眼界不宽，从全局上观察分析问题、谋全局抓大事以及处理复杂局面的能力还不足的问题。平时想问题、作决策、抓工作，立足于本职岗位、立足于具体问题较多，站在全县宏观大局上考虑问题不足。

【贯彻落实党中央决策部署方面有差距】 2020年，建宁县委在贯彻落实党中央决策部署方面还有差距。

落实党中央决策部署与省委、市委要求成效不明显。有的班子成员落实党中央决策部署与省委、市委成效不够明显，未能紧密结合建宁实际创造性推进落实，习惯于把召集会议、下发文件作为推动工作落实和解决问题的基本手段，存在等待观望思想。

在贯彻新发展理念推动全方位高质量发展超越还有差距。建宁县经济结构有待优化，传统工业占比较大，服务业、新兴产业规模偏小，自主创新能力亟须加强，城市集聚能力不足，规划建设管理水平有待提升，教育、医疗卫生、养老等公共服务水平与群众期望还有差距。

工作作风不够严实。有的班子成员工作中谋划指导多、亲自动手少，交代任务压担子多、坐下来分析问题研究对策较少，对一些工作掌握得不够深入细致，抓工作末端落实跟踪问效不够。

重要会议

【县委十二届十一次全会】 2020年9月21日，建宁县委书记廖金辉主持召开中共建宁县委十二届十一次全会，代表县委常委会向全会做报告，并就《中共建宁县委关于深入学习贯彻习近平总书记重要讲话重要指示批示精神，全方位推动高质量发展超越的决定（讨论稿）》作说明。全会以习近平新时代中国特色社会主义思想为指导，全面贯彻党的十九大和十九届二中、三中、四中全会精神，深入学习贯彻习近平总书记对福建、对三明、对建宁工作的重要讲话重要指示批示精神，贯彻落实省委十届十次、市委九届十三次全会部署要求，科学谋划新的目标和举措。县委委员、候补委员出席会议。

【县委十二届十二次全会】 2020年12月27日，中共建宁县第十二届委员会第十二次全体会议召开。全会由县委常委会主持，县委书记廖金辉讲话。全会以习近平新时代中国特色社会主义思想为指导，深入学习贯彻党的十九届五中全会和省委十届十一次全会、市委九届十四次全会精神。讨论廖金辉受县委常委会委托作的工作报告，审议《中共建宁县委关于制定建宁县国民经济和社会发展第十四个五年规划和二〇三五年远景目标的建议（讨论稿）》。廖金辉就《建议（讨论稿）》向全会作说明。

【"五比五晒"总结表彰视频会】 2020年2月14日上午，建宁县委书记郑剑波主持召开促"六稳"与抓"双防"两统筹两兼顾暨"五比五晒"总结表彰视频会，会议贯彻落实习近平总书记关于做好防控工作的同时统筹抓好改革发展稳定各项工作系列重要指示精神，按照省市应对新冠肺炎疫情扎实做好"六稳"工作部署要求，动员全县上下一手抓"双防"严把"五道关口"，一手促"六稳"深化"五比五晒"，坚决打赢疫情防控阻击战、打好决胜全面小康攻坚战，切实做到两统筹、两兼顾。

【"抓统筹、巧服务、促六稳"视频动员会议】 2020年2月27日上午，建宁县委书记郑剑波主持召开建宁县"抓统筹、巧服务、促六稳"视频动员会议，会议学习贯彻习近平总书记在统筹推进新冠肺炎疫情防控和经济社会发展工作部署会议上的重要讲话精神，落实省委、省政府和市委、市政府部署要求，坚持两手抓、两手硬，两不误、两促进，统筹做好疫情防控和经济社会发展工作，奋力夺取"双胜利"。

【创建省级文明县城暨农村人居环境整治工作推进会】 2020年4月16日上午，建宁县创建省级文明县城暨农村人居环境整治工作推进视频会议召开。副市长、县委书记郑剑波出席会议并讲话，县长陈显卿主持会议。会议要求全县各级各部门要按照县委、县政府的部署要求，自觉扛起责任，主动对号入座，把农村人居环境整治和创城工作的各项任务落细落实，确保实现既定目标。会上，公安局、住建局、城监大队、濉溪镇根据各自职能作发言。

【县委政协工作会】 2020年7月28日下午，建宁县委书记郑剑波主持召开县委政协工作会议，学习贯彻习近平总书记关于加强和改进人民政协工作的重要思想，贯彻落实中央政协工作会议和省委、市委政协工作会议精神、《中共中央关于新时代加强和改进人民政协工作的意见》及省委、市委、县委的实施意见。

【"十四五"规划编制工作会】 2020年8月21日上午，建宁县委书记廖金辉主持召开县委常委会（扩大）会议，传达学习习近平总书记在企业家座谈会上的重要讲话精神和对"十四五"规划编制工作作出的重要指示精神，传达贯彻全省全面建成小康社会补短板暨农村人居环境整治工作推进现场会、全省河湖长制工作推进会、全市城镇工作会议和教育大会精神落实情况督办专题会、市对县落实全面从严治党主体责任检查情况集体约谈会精神，听取建宁县"十四五"规划编制、"五比五晒"工作和河湖长制工作情况汇报，研究河湖长工作、脱贫攻坚、2019年度全面从严治党主体责任问题清单整改方案、县直部门负责人及乡镇党政正职2019年度考核优秀人选和干部人事工作。

【县委常委会】 2020年1月9日上午，建宁县委书记郑剑波主持召开县委常委会会议，会议传达学习习近平总书记对做好"三农"工作的重要指示精神；传达贯彻市"两会"精神；传达贯彻市"访企业、解难题、'促六稳'"专项行动座谈会精神，通报建宁县开展情况；传达学习全市医改工作汇报会精神，研究建宁县贯彻意见；听取县人大常委会、县政府、县政协、县法院、县检察院党组工作汇报；研究关于全县2019年度工作考评结果通报表彰有关事宜和关于对2019年度"五比五晒"竞赛活动考评实施正向激励的建议方案。

2月26日上午，郑剑波主持召开县委常委会（扩大）会议暨领导小组（指挥部）第十四次会议。会议深入学习习近平总书记在统筹推进新冠肺炎疫情防控和经济社会发展工作部署会议上的重要讲话精神，研究建宁县贯彻意见。

4月23日上午，郑剑波主持召开县委常委会（扩大）会议，开展“一季一警示”廉政警示教育，专题学习《关于姜国文严重违纪违法问题及其教训警示的通报》和省委常委会会议精神，传达学习习近平总书记最新重要讲话精神及给武汉东湖新城社区全体社区工作者的重要回信精神，传达学习习近平总书记对四川西昌森林火灾作出重要指示、对安全生产作出重要批示精神和《关于持续解决困扰基层的形式主义问题为决胜全面建成小康社会提供坚强作风保证的通知》精神，传达贯彻市委一季度经济形势分析会暨“五比五晒”推进会精神、全国和省市网信工作会议精神，听取全县科级领导班子运行情况蹲点调研和专题调研情况汇报，研究2020年县委县政府为民办实事计划、疫情防控、安全生产、经济项目、人才、网信、干部培养和干部人事工作。

5月14日上午，郑剑波主持召开县委常委会会议，传达学习习近平总书记4月29日、5月6日在中央政治局常务委员会和5月8日在党外人士座谈会上的重要讲话精神和在《求是》上发表《在打好精准脱贫攻坚座谈会上的讲话》文章精神，传达贯彻国务院和省上有关文件精神以及省市会议精神，通报2019年绩效考评结果，研究召开全县深入学习贯彻落实习近平总书记重要讲话重要指示批示精神通报暨部署会有关事项、加强常态化疫情防控工作、央企对接建宁县有关工作、2020年度二级绩效考评工作方案以及县政协委员届中拟调整和增补事宜。

5月27日，郑剑波主持召开县委常委会（扩大）会议，传达学习习近平总书记重要讲话精神、中央和省市扫黑除恶专项斗争会议精神、中央和省委深改委会议精神、全国全省审计工作会议精神和市委政协工作会议精神，听取扫黑除恶专项斗争、审计工作、“互联网+代表履职”、人居环境整治“1233机制”和关工委2019年工作情况汇报，研究统筹做好常态化疫情防控和经济社会发展、推进扫黑除恶专项斗争、加强和完善城乡社区治理、县森林公安机关管理体制调整和审计整改“回头看”工作，研究《建宁县2020年关心下一代工作要点（送审稿）》、推荐上报全省2020年优秀教师和优秀教育工作者、全市2019年“e三明”建设工作先进个人、县政协委员届中拟增补有关事宜和干部人事工作。

6月24日上午，郑剑波主持召开县委常委会（扩大）会议，传达学习习近平总书记重要讲话精神、省纪委李仰哲书记来建宁调研座谈讲话精神、全市乡村振兴现场推进会精神，听取巡视整改工作汇报，研究加强常态化疫情防控、巡视整改、乡村振兴、2020年度市对县绩效管理考评责任分解工作方案和关于做好财政增收节支管理的若干措施。

7月23日上午，郑剑波主持召开县委常委会（扩大）会议，传达学习习近平总书记在《求是》上发表的《中国共产党领导是中国特色社会主义最本质的特征》重要文章精神、《中国共产党基层组织选举工作条例》，传达贯彻省对市落实全面从严治党主体责任检查情况集体约谈会精神、市委《关于进一步激励干部担当作为的若干措施》和市纪委监委、市委组织部印发的《关于加强干部“八小时之外”管理监督工作暂行办法》，听取建宁县上半年经济运行情况汇报，通报市2019年度全面从严治党主体责任落实情况检查“问题清单”整改任务分解和县半年“五比五晒”考评结果，研究下半年经济工作、常态化疫情防控工作、脱贫攻坚、推荐上报市“五比五晒”竞赛半年记功嘉奖建议人员名单及建宁县“五比五晒”半年表彰方案、有关干部违纪处分事宜和干部人事工作。

9月3日上午，建宁县委书记廖金辉主持召开县委常委会（扩大）会议，传达学习习近平总书记制止餐饮浪费行为的重要指示精神、在党外人士座谈会和中央政治局第二十二次集体学习及经济社会领域专家座谈会上的重要讲话精神、《贯彻落实新时代党的组织路线不断把党建设得更加坚强有力》《不断开拓当代马克思主义政治经济学新境界》的重要文章精神，传达贯彻省委贯彻《中国共产党政法工作条例实施办法》和省、市委全会精神，听取创建省级文明县城、扫黑除恶专项斗争工作情况汇报，研究县委十二届十一次全会、创城工作、推荐上报全国（省）五好（最美）家庭建议名单和部分村党支部书记调整备案有关事宜，研究关于落实全国扫黑办福建省特派督导组对三明开展特派督导反馈意见整改任务分解清单、县平安建设领导小组及办公室工作规则及专门工作组组成方案、《建宁县应对秋冬季新冠肺炎疫情应急预案（送审稿）》。

10 月 16 日下午，廖金辉主持召开县委常委会（扩大）会议，传达学习习近平总书记在基层代表座谈会、教育文化卫生体育领域专家代表座谈会、中央党校（国家行政学院）中青年干部培训班开班式上和向中国人民警察队伍授旗并致训词的重要讲话精神以及对供销合作社工作、新时代民营经济统战工作作出的重要指示精神，开展“一季一警示”廉政警示教育，传达学习《关于生态环境保护领域违纪违法案件典型案例的通报》和 10 月 9 日省委常委会会议精神，传达贯彻十九届中央第六轮巡视工作动员部署会和十届省委第九轮巡视工作动员部署会精神、市委林兴禄书记来建宁县调研座谈时的讲话精神、全市农村村民住宅规划建设管理工作现场会、培训会精神，听取市委脱贫攻坚专项巡察“回头看”反馈意见整改落实情况，通报《关于进一步发挥异地商会和在外乡贤作用的实施方案（送审稿）》，研究建宁县农村村民住宅规划建设管理、脱贫攻坚和干部人事工作。

12 月 2 日下午，廖金辉主持召开县委常委会（扩大）会议，传达学习习近平总书记在纪念中国人民志愿军抗美援朝出国作战 70 周年大会上的讲话和对脱贫攻坚工作、新时代推进农村土地制度改革做好农村承包地管理工作作出的重要指示精神，开展“一季一警示”廉政警示教育，传达学习《中共三明市委政法委员会关于陈绍明等人组织、领导、参加黑社会性质组织案件情况的报告》精神，传达贯彻全市中心城市城建和民生重点项目观摩现场会精神，研究《建宁县实施工业园区标准化建设推动制造业高质量发展三年行动计划（2020 年—2022 年）》《建宁县深化开发区体制机制改革促进开发区高质量发展的若干措施》、县“两会”、建宁县公务员职级晋升原则、扶贫开发协会、老促会和关心下一代工作委员会换届、推荐全国河湖长制先进工作者建议名单和干部人事工作。

12 月 18 日下午，廖金辉主持召开县委常委会（扩大）会议，传达学习习近平总书记在建宁调研时的重要讲话精神和习近平生态文明思想，传达学习国家监察委员会关于开展反腐败国际追逃追赃工作情况的报告精神，审议 2020 年全县政治生态分析报告，听取建宁县旅游工作情况汇报，研究《2020 年县政府工作报告》《2020 年国民经济和社会发展执行情况和 2021 年国民经济和社会发展计划（草案）报告》《建宁县 2020 年财政预算执行情况和 2021 年财政预算（草案）的报告》《建宁县精神文明创建活动管理办法》和《建宁县规范文明奖金发放的实施办法》，研究追逃追赃、旅游产业发展、推荐上报全国脱贫攻坚先进集体有关事宜和干部人事工作，通报工投公司向宁化农发行贷款、调整 2020 年县本级行政事业单位经费预算情况和竞拍建宁县云深国际酒店建筑物及配套设施等有关事宜。

专题会议

【专题学习会】 2020 年 1 月 16 日下午，建宁县委书记郑剑波主持召开县委常委会“不忘初心、牢记使命”主题教育第五次集中学习研讨会，县委理论学习中心组成员参加。

4 月 28 日晚上，建宁县组织收听收看中央苏区三明讲坛，县委理论学习中心组成员参加。

5 月 7 日上午，建宁县组织收听收看全市深入学习贯彻习近平总书记重要讲话重要指示批示精神通报暨部署会，县委常委、县人大常委会党组书记、县政协党组书记、县政府领导参加。

5 月 19 日上午，郑剑波主持召开全县深入学习贯彻落实习近平总书记重要讲话重要指示批示精神通报暨部署会。

6 月 1 日下午，郑剑波主持召开县委常委会（扩大）会议，传达学习习近平总书记参加十三届全国人大三次会议内蒙古代表团审议时的重要讲话精神、《求是》上发表的《关于全面建成小康社会补短板问题》重要文章精神、全国两会精神和省委常委会会议精神，研究干部人事工作和县委常委分工。

6 月 23 日上午，郑剑波主持召开县委理论学习中心组学习会，研讨《习近平在福建》采访实录，专题学习习近平总书记在省委、省政府工作期间开拓创新的工作方法，传达率先带头、亲身示范、勇于担当的工作作风。

8 月 24 日上午，建宁县委书

记廖金辉主持召开县委理论学习中心组专题学习研讨会，集中学习《习近平在福州》采访实录。

10月9日晚上，收听收看三明市委理论中心组学习会暨第十一期中央苏区三明讲坛。会后，廖金辉主持召开县委理论学习中心组学习会，对《习近平谈治国理政》第三卷第九章“推动经济高质量发展”进行专题学习研讨，县委理论学习中心组全体成员参加。

【脱贫攻坚专题会】 2020年1月3日上午，建宁县脱贫攻坚挂钩帮扶单位第六次联席会议由福建省纪委副书记、省监委副主任黄汉升主持在福州召开，会议听取建宁县2019年脱贫攻坚挂钩帮扶工作情况及2020年工作计划和“5+1”挂钩帮扶单位工作情况及明年工作打算。省纪委常委张淑萍，省妇联、福建海事局、省交通运输集团、福州文化旅游投资集团、省巡视办和福州市台江区等“5+1”挂钩帮扶单位负责人，市政府副市长、县委书记郑剑波，市纪委副书记、监委副主任黄金伙，县纪委书记监委主任邓军安参加。

4月3日上午，建宁县组织召开巩固脱贫攻坚成果推进视频会议，贯彻落实习近平总书记在决战决胜脱贫攻坚座谈会上的讲话精神，对打赢脱贫攻坚战、收官战进行再动员再部署，确保如期高质量完成脱贫攻坚目标任务。

【县委经济工作会】 2020年1月20日上午，建宁县委书记郑剑波主持召开县委经济工作会议。

4月24日上午，郑剑波主持召开县委一季度经济形势分析暨“五比五晒”推进视频会，

7月28日，郑剑波主持召开县委上半年经济形势分析暨“五比五晒”“项目攻坚年”现场交流推进总结会。

【项目建设专题会】 2020年3月19日下午，建宁县委书记郑剑波主持召开重点项目工作专题会，研究“五比五晒”“项目攻坚年”“五个十”机制等工作，

3月24日下午，郑剑波主持召开全县2020年“五比五晒”暨“项目攻坚年”活动动员推进视频会，县有关领导参加。

4月1日下午，郑剑波主持召开对接争取中央苏区政策、项目专题会议。县有关领导参加。

4月28日上午，郑剑波主持召开二季度“五比五晒”、项目攻坚年、重点项目交办会。六个项目团队指挥长和相关领导参加。

6月9日上午，建宁县召开二季度“五比五晒”调度推进会，会议听取6个项目团队指挥长汇报项目攻坚和招商引资工作情况以及8个部门汇报各自牵头指标的完成情况、存在问题、攻坚措施。

11月2日上午，建宁县委书记廖金辉主持召开县委常委会（扩大）会议，传达学习党的十九届五中全会精神，传达贯彻全省全市秋冬季疫情防控工作视频会精神、市委和市政府三季度经济形势分析暨“五比五晒”“项目攻坚年”推进会精神，研究秋冬季疫情防控工作、四季度经济工作、调整部分机关单位党组织设置有关事宜和干部人事工作，通报本县三季度“五比五晒”考评结果、《加快推进企业“退城入园”的实施方案》《建宁闽源金声玉振生态文旅康养项目投资协议》和《建宁县深化县委管理企业负责人薪酬制度改革意见》。

11月13日上午，廖金辉主持召开新建县一中选址评审会。

11月20日上午，廖金辉带队先后到圳头村谢家小组、大源村元庄小组，察看了枫林谷与闽江源库区移民乡村振兴示范区元庄水上码头项目，详细询问项目规划情况，并召开全县文旅工作座谈会，陈显卿、柯良发参加。

11月20日下午 廖金辉主持召开省纪委监委挂钩帮扶项目（水尾红色小镇）推进会，安排部署水尾红色小镇旅游产业发展工作，陈显卿、江瑜平、连云进参加。

12月1日上午，廖金辉主持召开城建重大项目推进专题会，听取项目进展情况汇报，协调解决存在的困难和问题，研究部署下一阶段项目推进工作，

12月3日下午，廖金辉到黄埠乡桂阳、大余、黄埠、罗源等地督促推进“五比五晒”、项目攻坚年活动。

12月15日下午，廖金辉主持召开省纪委监委挂钩帮扶项目工作座谈会。

【抗疫斗争专题会议】 2020年1月25日晚上，建宁县委书记郑剑波主持召开全县新型冠状病毒感染的肺炎疫情防控工作指挥部联席会议，贯彻落实省重大突发公共卫生事件一级响应通知要求以及市里工作会议精神，部署建宁县防控工作。县领导余传贵、连云进参加会议。

2月4日上午，郑剑波主持召开县应对疫情工作指挥部第九次会议，会议传达学习习近平总书记在中共中央政治局常务委员会会议上的重要讲话精神和省委、市委紧急视频会议精神，围绕守住“五道关口”对当前疫情防控工作重点进行再明确、再部署。

2月17日上午，郑剑波主持召开县应对新冠肺炎疫情工作指挥部第十二次会议，会议学习贯彻习近平总书记在中共中央政治局常务委员会会议上的讲话精神和省、市有关会议精神，听取7个服务小组汇报，对建宁县当前防疫工作和企业项目复工复产工作进行再部署、再落实。县应对疫情防控领导小组有关领导参加。

4月6日下午，建宁县组织收听收看全省研究部署强化非法入境人员管控工作视频会议，疫情防控领导小组有关领导参加。

5月11日上午，郑剑波主持疫情防控专题会，通报疫情防控工作典型案例，分析当前疫情防控存在的问题和薄弱环节，研究解决措施和办法，对抓紧抓实抓细常态化疫情防控工作进行再部署、再落实，疫情防控领导小组有关领导参加。

【农村工作暨春季农业生产工作视频会】 2020年3月3日上午，建宁县委召开农村工作暨春季农业生产工作视频会，学习贯彻习近平总书记对全国春季农业生产工作重要指示精神，中央和省、市委农村工作会议精神，回顾总结2019年农业农村工作，安排部署2020年全县农业农村工作。县委副书记许家源出席会议并讲话，副县长柯良发主持会议并安排部署建宁县春季农业生产及当前重点工作。

调研与活动

【县委书记调研活动】 2020年1月13日下午建宁县委书记郑剑波到溪口镇枫元村看望慰问部分贫困户，实地检验脱贫成果。

1月14日上午，郑剑波实地调研创建国家级“四好农村路”示范县工作，现场推动解决创建过程中遇到的困难和问题，确保国家级“四好农村公路”示范县创建工作高标准、高质量推进。

1月14日下午，郑剑波到濉溪镇圳头村、大源村、高峰村等地，现场调研乡村振兴和农村人居环境整治工作。

1月28日，郑剑波到黄坊乡武调村、安寅村、动车站、隔离观测准备点等重点乡村、重点部位，实地督查指导疫情防控措施落实情况。

1月30日，郑剑波先后到部分酒店、宾馆等公共场所以及溪口镇杨林村、里心镇靖安村、宁源村、芦田村等重点乡村一线，察看全县各级各部门疫情应对情况，看望慰问一线乡村医生、值班干部。

2月7日，郑剑波先后到客坊乡张溪村、严田村、里元村、黄埠乡贤河村、竹薮村等偏远乡村一线以及城区部分小区、银行、药店、诊所，通过多种方式暗访督查县指挥部6号、7号令落实情况，推动“五道关口”防疫措施落实落细落到位。

2月12日，郑剑波先后到大川菌业、铙山纸业、明一国际、源容生物等企业厂房车间和生产一线，详细察看企业防疫措施落实情况及防疫物资准备情况，了解企业员工返岗、复工复产等方面情况，协调解决企业在复工复产和疫情防控方面存在的问题和困难。

3月3日上午，郑剑波先后到伊家隘上、东风，均口台田、半寮等村，走访极易返贫贫困户。

3月6日，郑剑波先后到蒋屯小学、明一、科诺欣、220千伏配电等省市重点项目、企业，推动全面复工复产。

5月4日上午，郑剑波先后到

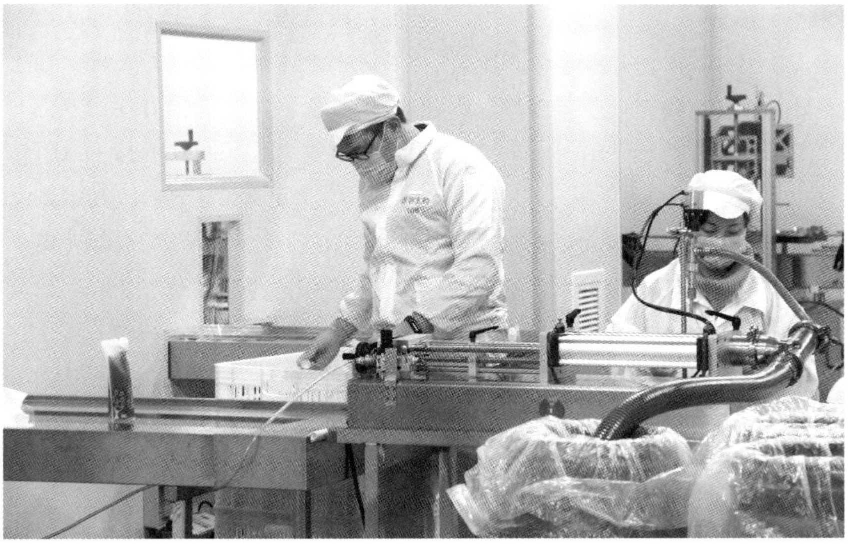

2020年2月11日，源容生物复工　　（建宁县融媒体中心供稿）

里心宁源、上黎和濉溪高峰等地调研乡村微旅游工作。

5月20日上午，郑剑波先后到闽江源小学、云杉纺织、和骏工业、火车南站广场等“五个十”重点项目点，调研重点增资、重点招商项目工作。

5月25日上午，郑剑波先后到草鞋岭生态康养农庄、云上牧歌生态牧场、明一国际生态高新科技园、国家级现代农业产业园、莲海玉家康养小镇等地，推进重点项目加快加速建设。

8月9日上午，廖金辉走访慰问县内老干部。

8月18日，廖金辉到县总医院看望慰问医务工作者。

8月24日下午，廖金辉到均口镇调研。

8月25日，廖金辉到溪源乡、伊家乡调研。

8月28日，廖金辉到客坊乡、黄埠乡调研。

11月9日上午，廖金辉带领自然资源局、林业局、水利局等单位负责人到明一上黎生态牧场现场办公，协调解决企业存在的困难和问题。

11月10日上午，廖金辉到食品园区开展“访企业、解难题、促六稳”专项行动。

【项目建设督查】 2020年2月18日下午，建宁县委书记郑剑波先后到莲海玉家、火车南站、总医院、文化宫、康养中心等项目工地，现场指导项目复工。

8月10日下午，建宁县委书记廖金辉调研省（市）重点项目建设。

8月27日上午，廖金辉前往经济开发区开展“访企业、解难题、促六稳”专题行动，先后察看华新食品、兴辉食品、同越管件、源容生物等企业。

9月2日上午，廖金辉到下长吉、高沙洲、黄舟坊、河东培背、枫林石等地，实地调研建宁一中、中医院、党校等重点项目选址工作，项目分管领导参加。

9月28日上午，廖金辉调研“两高”建设。

10月11日下午，廖金辉到高沙洲、南庄排、枫林石等地，实地调研县一中、党校等重点项目选址工作，伍小兰、连云进参加。

组织工作

【概况】 2020年，建宁县委组织部坚持问题导向，围绕县委党建“两化”工程（即党建工作项目化、党建责任具体化），以“抓示范、强基础、补短板”为工作主线，提高组织工作质量。坚持以夯实基层组织建设为基础，抓好基层组织力提升，以正确的选人用人导向为保证，建设高素质专业化干部队伍，以深化人才强县试点为关键，加大人才“引育留”工作力度，取得一定的成效。截至2020年12月31日，全县有科级干部610名，其中妇女干部76名、少数民族干部4名；全县共有党的基层组织360个，其中党委26个（含1个机关党委），党总支8个，党支部326个［其中：机关事业党支部158个；村（社区）党支部99个；非公有经济组织党支部24个；社会组织党支部6个］。全县有党员7896名，其中离退休党员1135名。

【全县组织工作会议召开】 2020年3月11日，建宁县召开全县组织工作会议。会议以习近平新时代中国特色社会主义思想为指导，深入学习贯彻党的十九大和十九届二中、三中、四中全会精神，贯彻落实习近平总书记关于新型冠状病毒感染的肺炎疫情防控工作的重要指示精神和党中央决策部署，贯彻落实全国、全省、全市组织部部长会议和省委十届八次、九次全会、市委九届九次、十一次全会以及县委十二届九次、十次全会精神，总结2019年建宁县组织工作，安排部署2020年工作任务。县委常委、组织部部长陈一龙出席会议并讲话。各乡镇党委组织委员，县直有关单位主要负责同志，以及县委组织部全体干部参加会议。

【干部队伍建设】 2020年，建宁县委组织部着眼激励干部担当作为，持续完善新时代激励干部担当作为“三三”机制，精准选派49名干部到一线实践锻炼和挂包服务“五比五晒”重点项目工作，并在疫情防控工作中组织开展“三进三帮”活动，抽调1018名干部到村、社区做好疫情防控和复工复产工作，提拔重用或职级晋升52名在打好三大攻坚战、疫情防控和“五比五晒”等一线担当作为的好干部，记功嘉奖40名“五比五晒”表现突出干部，调整2名不适宜担任现职领导干部；鲜明职级晋升择优导向，制定实施《建宁县公务员职级晋升若干规定（试行）》，推行公务员职级晋升履职量化评分办法，并结合建宁县职级职数情况和干部队伍实际，细化8条职级晋升原则；旗帜鲜明容错纠错，4名干部经认定后给予减轻或免予问责，1名受处分影响期满干部得到重新使用，7名干部不实举报得到澄清正名。

【分领域基层党组织建设模式】2020年，建宁县委组织部实施分领域基层组织建设模式，落实党建“两化”工程，明确9大工程、41个项目，分领域分层次推进基层党组织标准化规范化建设；实施“两头”带“中间”基层组织建设模式，打造一批先进典型与样板支部，培育公安局党建“12345”工作机制、水尾红色教育基地“十大套餐”、濉溪镇高峰村“1233”工作机制、基层党建示范带等，探索可复制、可推广的基层党建工作经验。在党建引领脱贫攻坚促乡村振兴方面，强化带头人队伍建设，采取“信誉党员＋贫困户”模式，评出1573人（次）“信誉党员”，发展项目280个，结对帮带1010户贫困户；在党建引领基层社会治理方面，将“近邻”党建新模式与党员“110”服务机制有机结合，组建35支社区党员“110”服务队参与社区志愿服务，开展大型志愿服务活动19次，领办群众心愿500余个；在党建引领项目攻坚方面，1000余名党员干部组建“乡村脱贫攻坚服务队”“社区联防联控服务队”“企业复工复产服务队”三支队伍，挂钩服务114家重点企业和42个重大项目，实行“一企一策、一项目一策”，共解决“五难”问题200余个。

【基层党组织建设“四项行动”】2020年，建宁县委组织部开展党员培育、党性锤炼、先锋示范、关心关爱“四项行动”。全县92个村（社区）储备317名后备干部，其中村主干后备干部106人。利用好中央苏区反“围剿”纪念园、客坊水尾、西门莲塘等红色资源，组建建宁红色故事宣讲团开展常态化宣讲，推动党员干部思想政治受洗礼；深化党员积分评星管理做法，与农信社联合推出“星级党员创业贷”，助力1000余名党员群众发展项目30余个，激发农村党员发挥引领作用；推动流动党员教育管理7条措施落实，建设村（社区）党群服务中心，为党员群众提供组织活动场所，增强党员与群众之间的交流联系；设立困难党员党内关爱帮扶资金，动态更新困难党员台账，提升党内关爱帮扶实效。

【人才队伍建设工作】 2020年，建宁县委组织部加快实施人才强国战略，确立人才引领发展的战略地位，建设一支矢志爱国奉献、勇于创新创造的优秀人才队伍。突出谋篇布局，增强人才“推动力”，制定出台《建宁县进一步加快人才集聚若干措施》《关于加强县级“人才编制池”编制使用管理的意见》等人才政策，在人才引进的层次、津贴补助、住房保障、子女入学、编制等方面提出一系列优惠政策。突出学做结合，增强人才“渗透力”。2020年核定公务员招考计划24名、事业人员招聘计划199名、签约建宁籍公费师范生13名、志愿者招募8名，卫健系统招收定向委培11名、农业系统招收定向委培生3名、林业系统招收定向委培生2名。开展“春风行动”及“稳就业政策助力，保就业服务筑桥”专场招聘活动，提供就业岗位1100多个，达成就业意向339人。完善和落实专家、优秀人才“一带一”和“科技特派员”制度，开展“一师一项目”活动，培养一批爱国奉献的企业经营管理和生产一线的技能型人才。突出典型引领，增强人才“影响力”。定期开展柔性引智活动，制定《建宁县高质量发展顾问聘任管理暂行办法》，立足产业发展需要聘请一批高质量“智囊团”，聘请2名高质量发展顾问；邀请外地专家49人，举办培训班51场，为建宁人才发展提供强有力的人才支持和智力保障；同时走访慰问高层次人才、生活困难人才40多人，发放各类人才专项补助105.6万元，表彰8名“千名干部服务千家企业”优秀人才。

（颜朝威）

宣传教育

【概况】 2020年，建宁县宣传教育和思想文化工作坚持以习近平新时代中国特色社会主义思想为指导，把理论学习与习近平总书记两次到建宁考察的重要指示讲话精神相结合，推动党中央重大决策部署的贯彻执行。针对建宁县莲文化、红色文化、江源文化、慈航文化等特色文化开展理论研究。向上申报理论调研文章，《红色文化助推基层治理现代化路径探索》《原中央苏区闽赣省区域红色文化旅游融合发展对策研究》两篇论文入选2020年市宣大调研课题。

【理论学习常态化】 2020年，建宁县委宣传部以开展“宣传工作创新年”活动为契机，发挥各级领导干部领学促学作用，做到先学一步、学深一层，以“关键少数”示范带动深入开展学习贯彻工作，在全县组织学习《习近平谈治国理政》第三卷与《习近平在福建》系列采访实录等生动教材。推动党员干部读原著、学原文、悟原理，全年，县委理论中心组开展集中学习43次。开展学习贯彻中共十九届四中、五中全会精神宣传宣讲，突出县委理论学习中心组、县委讲师团头雁效应，到乡（镇）、村、社区宣传宣讲中共十九届五中全会精神。年内，开展专题宣讲报告80余场次，受众3000余人次，引导和带动全县党员干部全面系统学、及时跟进学、联系实际学，让中共十九届五中全会精神在建宁落地生根。

【意识形态工作】 2020年，建宁县委宣传部健全完善中共建宁县委宣传思想工作领导小组（意识形态工作领导小组）运行机制，制定建宁县《贯彻落实〈中国共产党宣传工作条例〉责任分工方案》，健全意识形态分析研判、提醒建议、督查通报等制度机制。落实巡察督查结果运用，研究制定《意识形态巡察成果运用暂行办法》。建好新媒体集群，加快县融媒体中心深度融合。探索“媒体＋运营”模式，组建国有文化传媒公司，实施事业加产业双轮驱动。通过建宁县融媒体中心微信公众号、建宁新闻网、建宁融媒App、遇建宁抖音号，强化“新媒体首发理念”，县域内重大事件新媒体首发率达90%以上。

【宣传报道工作】 2020年，建宁县委宣传部注重城市名片特色宣传，突出特色品牌宣传，在建宁莲子、种子、果子、无患子、笋制品、食用菌、黑山羊等特色农产品及其加工品外包装中加入城市名片设计，全县38家企业完成设计，印制包装106万件，融合推广建宁品牌。开展“我爱建宁”网络原创作品大赛，拍摄《建莲》《民族振兴 城市风采》央视公益广告。精准扶贫、乡村振兴等宣传有序推进。全年在市级以上媒体上稿1300多条，其中中央级媒体上稿72条。

疫情防控期间，组织网络辟谣5次，主动发布群众关切的疫情相关信息20多条次。配合做好“三明实践”集中采访活动各项工作，为中央、省、市新闻媒体记者提供新闻通稿及各类后勤保障服务，在中央、省、市等主流媒体多上稿、上好稿，提升建宁的知名度和美誉度。

【疫情防控宣传工作】 2020年，建宁县委宣传部把疫情防控宣传工作作为重中之重，认真履职，认真做好宣传及舆情各项工作。进行广泛社会宣传，推送手机短信提示、警示短信88.6万条次，出动流动宣传广播车5265辆次，设立中心户长3076名，宣传劝导队152支、1860名，各村（居）、社区共张贴预防新型冠状病毒肺炎科普挂图1500张，张挂宣传横幅标语15899（包含手写标语）条，在全县农村及县城366块LED屏走字滚动播出宣传标语，印发疫情防控宣传资料47.25万份。做好新闻宣传，编发各类倡议书5份，县融媒体中心发布疫情防控相关信息2905条，总浏览量1446.39万人次。其中浏览量达100万以上的信息3条，浏览量达50万以上的信息4条，浏览量达30万以上的信息14条，浏览量达10万以上的信息24条。被市级以上媒体采用稿件347条，其中中央媒体采用50条，省级媒体采用63条，市级媒体采用153条，央视移动网采用81条。着力提升网络舆情宣传。4月，在建宁新闻网推送《中国政府赴菲律宾抗疫医疗专家组从福州启程》等4条信息，在建宁融媒体中心微信公众号连续推送《动画版〈大战疫记〉致敬英雄，热血出击！》等5条信息，建宁融媒App推送《建宁：清明假期放弃休息坚守施工一线作贡献》等4条信息。

（饶炳林撰稿，孔玲编纂）

统一战线

【概况】 2020年，建宁县委统战部以习近平新时代中国特色社会主义思想为指导，全面贯彻中共十九大和十九届二中、三中、四中、五中全会精神，深入学习贯彻习近平总书记关于加强和改进统一战线工作的重要思想，坚决落实中央和省、市、县委关于加强和改进统一战线工作的重大决策部署，紧扣凝聚人心这个根本，突出思想政治引领这条主线，为奋力推进新时代新建宁建设、确保全面建成小康社会和“十三五”规划圆满收官做出新贡献。

【协商民主建设】 2020年，建宁县委统战部发挥统一战线人才荟萃优势，组织工商联和无党派人士聚焦抓好新型冠状病毒感染肺炎疫情防控、打赢三大攻坚战、优化营商环境、加快实施乡村振兴战略、推进产业生态化和生态产业化、“十四五”规划编制工作等重大问题建诤言、献良策。统一战线成员先后参与“加快推进文旅融合，打造生态康养旅游名县”“优化城区休闲公园健康步道布点布局”专题协商，“凝聚乡贤力量，助推乡村振兴”“统筹国土空间布局，做大做强城区经济”等考察调研，形成的措施和建议得到县委、县政府以及相关职能部门的高度重视和政协委员的一致好评。加强与组织部的联系沟通，做好党外干部的发现、培养、储备工作，为党外干部成长搭平台、铺台阶。在2020年的人事调整中，新提拔党外干部5名（1名正科，4名副科）。加强对党外干部的理论培训，提升党外干部和党外知识分子的理论素养和政策水平。选送4名党外干部参加市社会主义学院党外干部培训班。

【服务非公经济】 2020年，建宁县委统战部协助县委制定《关于进一步发挥异地商会和在外乡贤作用实施方案》，明确扶持异地商会建设和乡贤回归创业等奖励激励措施。结合“文明进商会”和福建省民营企业商会、福州市建宁商会党建共建活动日，组织企业家深入建宁县红色根据地旧址建宁县客坊乡水尾村、中央苏区反“围剿”纪念园开展爱国主义教育活动，特邀福建八闽律师事务所主任现场解答涉企法律问题，宣传企业守法诚信经营理念，营造民营企业合法经营、公平竞争的良好风气。协调工行、建行、邮储银行等金融机构为企业融资贷款2000多万元。推广“信易贷”等新型融资贷款新渠道，解决中小微企业融资难、融资贵问题。联合县检察院结对7家民营企业，开展“联百企、结百亲、解百难”活动，深化“服务‘六稳’‘六保’护航民企发展”主题检察开放日活动，营造“亲清护企”的工作模式。推进乡镇商会组织建设工作。引入投资项目3个，项目总投资额达2.1亿元。

【民族工作】 2020年，建宁县委统战部以宪法和民族工作法律法规规章为重点，突出宣传省委、省政府出台的《关于加强和改进新形势下民族工作的实施意见》《关于贯彻国务院“十三五”促进民族地区和人口较少民族发展规划的实施意见》《关于依法治理民族事务促进民族团结的实施意见》等民族政策文件，共发放民族团结宣传材料576份。为民族地区谋划发展项目，年内争取到中央少数民族发展资金10万元，重点帮扶濉溪镇器村畲族村和伊家乡伊家村改善民族地区基础设施；争取到省级少数民族补助资金10万元，用于濉溪镇器村畲族村民族文化建设。落实少数民族优惠政策，年内为26名少数民族初、高中考生出具相关证明。2020年春节，县政府领导看望慰问少数民族困难家庭及宗教界困难人士16户，为每户困难群众发放500元慰问金。

【宗教工作】 2020年，建宁县委统战部开展“平安建设、法治同行”为主题的宗教政策法规学习月活动，学习宣传新修订的《宗教事务条例》，采取新闻媒体宣传、印发宣传单、悬挂横幅等方式，加大条例的学习宣传力度。组织乡镇开展宣传活动36场次，下村宣传15次，利用智慧音响广播60余次，悬挂横幅22条，发放宣传材料3000多份，向4000余位群众详细介绍宗教政策法规内容。开展基督教私设聚会点整治工作，多次与公安国保大队到濉溪镇斗埕村、溪口镇溪口社区、均口镇均口村开展信徒在家庭私自聚会治理工作。发动全县宗教团体开展宗教慈善活动，2020年春节期间共筹集宗教慈善捐赠2万元，集中慰问39户困难群众。福建省佛教慈善协会慰问本县建档立卡的贫困户9户，为每户困难群众送上1000元慰问金和新春对联。

【海外和新的社会阶层人士工作】 2020年，建宁县委统战部通过政府网站、微信公众号等渠道，与建宁籍海外侨胞、重点疫情国家侨团（侨社）等组织及个人建立联系，发布回国预申报表，收集掌握海外侨胞动态。落实日报告、零报告制度，及时收集上报返建侨胞信息资料。结合防疫工作，全面掌握旅居境外人员信息，累计建立355人旅居境外人员信息库。开展侨法宣传，联合县司法局共同举办侨法宣传2场次，增强社会各界依法维护侨胞权益的意识。动员全县新阶层人士为抗疫捐款捐物，合计捐款捐物折合人民币72000元。推进新阶联实践创新基地建设，依托建宁县新阶联副会长陈春花的“春花农场”，成立“建宁县新的社会阶层人士联谊会——乡村振兴实践创新基地”。

（阮承杰）

机构编制与管理

【概况】 2020年，建宁县委编办贯彻落实《中国共产党机构编制工作条例》，以加强党的全面领导为统领，坚持以推进改革为主线，全面提高服务体制机制改革水平；坚持以规范管理为主攻点、以自身建设为主抓手，全面提高机构编制管理整体水平，为推进新时代新建宁建设提供体制机制保障。

【稳步推进乡镇机构改革】 2020年，建宁县委编办落实省市委改革部署要求。根据《乡镇（街道）机构改革总体方案》（明委办发〔2020〕6号）精神，县委批准各乡镇《乡镇机构改革实施方案》。设立综合执法办公室，统筹领导和协调乡镇综合执法，实现乡镇一支队伍管执法；按照与县直部门基本对应原则，设置岗位25个，实行“一人多岗或一岗多人”，科学定岗定责，确保“人岗相适”，打通乡镇行政事业人员无法混岗使用的壁垒，提升人员编制效能。明晰县乡职责，规范“属地管理”。结合本县实际，转发三明市《关于明晰县乡职责规范“属地管理”的意见（试行）》和《明晰县乡职责规范“属地管理”八个配套文件》，要求各乡镇遵照执行，理顺县乡职责关系，规范“属地管理”。确定濉溪镇、黄坊乡为“属地管理”工作试点乡镇，先行先试。落实“乡呼县应、上下联动”工作机制。研究制定并下发“乡呼县应、上下联动”工作流程图，所有乡镇均已接入“乡呼县应”通道，完成9个乡镇“乡呼县应”数字证书办理及发放。坚持问题导向，梳理权责清单，厘清职责边界。按照省、市统一部署要求，以上一轮制定的乡镇权责清单为基础，对标《关于进一步修订完善乡镇（街道）权责清单的通知》（闽委编办〔2020〕137号）和《福建省乡镇（街道）权责清单范本》（闽委编办〔2020〕203号）文，会同县司法局、发改局审核审查各乡镇及相关县直部门梳理的乡镇权责清单。经征求部门和乡镇意见后，拟保留濉溪镇、溪口镇权责事项204项，里心镇、均口镇权责事项202项，黄埠乡、黄坊乡、客坊乡、伊家乡、溪源乡权责事项179项。

【事业单位改革】 2020年，建宁县委编办加大对“小散弱”和职责相近事业单位的整合撤并力度，提高事业机构编制使用效益。突出乡村振兴战略、“三大攻坚战”、文物保护等工作，研究探索推进相关事业单位功能再造，优化事业机构编制资源配置。找准机构编制工作服务大局的切入点和结合点，争取新设立（升格）相当正科级机构1个、相当副科级机构1个；重新确定相当正科级机构1个、相当副科级机构2个、更名相当副科级机构3个。按照“撤一建一”、总量平衡原则，设立闽江源小学、闽江源实验幼儿园、第三实验幼儿园等事业机构。

【保障人才用编】 2020年，建宁县委编办把人才工作纳入日常工作议事日程，落实专人负责具体工作，确保人才工作扎实有效。制定《关于加强县级“人才编制池”编制使用管理的意见》（建委编办〔2020〕16号），从县级存量事业编制内调剂126名事业编制，建立县级“人才编制池”，其中76名事业编制作为“中小学教师人才编制池”、50名事业编制作为“重点领域人才编制池”，专门用于县主导产业、重点企业、重点行业引进高层次人才和急需紧缺人才，为各项事业发展提供人才支持。按照职责分工，配合做好公务员招录、事业人员招聘及人才引进安置等编制审核和保障工作。2020年审核公务员招聘用编24名、事业人员招聘199名；因疫情扩招2020年公务员招聘13名、事业人员招聘73名。通过落实人才定向培养计划，为乡村医疗、教育、农业现代化发展储备人才。会同县教育、卫健、林业、农业等主管部门，落实好省定公费师范生、公费医学生、公费农科生招生计划。2020年人才定向培养需求计划人数27名，其中临床医学（本科）6名、临床医学（大专）3名、动物医学1名、动物科学1名、林业类（3+2五年制）3名、三明学院公费师范生13名。

【机构编制管理】 2020年，建宁县委编办抓好《中国共产党机构编制工作条例》的学习贯彻。深入学习，提高思想认识。学用有机结合，巩固改革效果。确保各项改革任务落实落深落细，使机构编制工作更加法制化、规范化、程序化。

按照总量控制、内部挖潜、突出职能管理和机构编制分级管理的原则，侧重从“盘活存量”“控住增量”加强机构编制动态管理。加大编制统筹调配力度，贯彻严控总量统筹使用有减有增动态平衡，提高使用效率。按照总量控制目标，制定并实施编制动态平衡管理办法，破解结构性超编矛盾，提高机构编制资源使用效益，转变“编制部门所有”观念。计划用编，加强用编源头管控。突出保重点、保民生事项用编，根据全县编制总量和各级各部门编制余缺实际，提出2021年度县机关事业单位（不含总医院）用编计划165名左右，经县委编委审批同意后实施，用编计划作为县相关部门确定2021年招考录用人员岗位数的依据。坚持事中管理，发挥研判作用。做好实名制系统动态维护。明确各项机构编制信息录入标准，对机构设置、编制、职数，实有人员等数据严格审核，对转隶、调任人员，按照日常出入编业务要求及时调整，确保实名制系统数据维护精准、规范、权威。深入调研，落实编制核定政策。按照教职工编制“一年一核”、乡镇卫生院编制五年核定一次的要求，牵头会同县教育、卫生行政主管部门，深入学校，乡镇卫生院，对相关情况进行实地核实、调研，研究提出编制核定意见，提交编委会审定。同时，根据调研了解掌握的数据，进行分析研究，撰写调研报告，有针对性地提出教师、卫生队伍建设、编制管理的意见建议，发挥参谋助手作用。

【事业单位登记管理】　2020年，建宁县委编办落实事业单位法人异常名录管理、根据事业单位清理规范落实事业单位法人变更工作，优化工作流程，事业单位登记实行“网上办”,最大限度做到不见面、少见面。完成事业单位法人年度报告公示227家，事业单位设立登记13家，事业单位变更登记102家，事业单位注销登记49家。及时更新机关事业单位网上名称信息，做到名实相符、名称规范，标识无误。

【其他专项工作】　2020年，建宁县委编办按要求协调配合推进自然保护区等特殊区域管理机构规范设置、森林公安管理体制改革、医药卫生体制改革、“总校制”办学改革等专项体制机制改革。将县直部门权责清单同“三定”规定的有机衔接，落实权责事项动态调整，强化事中事后监管，梳理减权放权事项，累计审核县直部门提交调整事项3393项。

（余晓妹）

机关党的工作

【概况】　2020年，建宁县直机关党工委指导管理的部门党委14个，机关党委2个，直属机关党总支3个，直属机关党支部52个。年内县直机关发展29名新党员（其中工委直属13名）；收缴上交党费104.3万元。当年末全县机关中共党员总数为2663名（不含非公企党员）。

【机关思想政治工作】　2020年，建宁县直机关党工委以习近平新时代中国特色社会主义思想为指导，全面贯彻落实党的十九大和十九届二中、三中、四中、五中全会精神，以习近平“7·9”讲话精神为指导，坚持以政治建设为统领，不断增强“四个意识”，坚定“四个自信”，做到“两个维护”。强化理论武装，引导机关党员学习习近平新时代中国特色社会主义思想，开展红色教育，联合举办全县“四张名片”宣讲比赛。落实意识形态工作责任制，做到“六个纳入”（即纳入理论学习计划，纳入年度工作要点，纳入党建责任范畴，纳入综合目标管理，纳入年终绩效考评，纳入党纪督查范围），开展机关意识形态工作检查，规范户外宣传载体。

【机关组织建设】　2020年，建宁县直机关党工委以提高机关党建质量为目标，强化规划、指导、督促、检查，建立党组织书记抓党建工作“二个责任清单”（即党委书记责任清单、支部书记责任清单），细化49条措施。开展党建述职评议，建立挂包联系党组织制度，工委班子成员到所挂包联系点督促检查党建开展60余次。严肃党内政治生活，机关党组织全面开展组织生活会和民主评议党员活动；工委对县直机关各级党组织落实“三会一课”、主题党日等党内活动开展情况进行3次季度交叉检查，下发整改通知书3份，约谈2个机关单位负责人；完成支部换届5个，新建支部1个，对6位新任党组织负责人进行任前培训，举办1期党务骨干培训班；县直机关各级党组织开展每月一“主题党日”活动；开展一季一警示教育，纠治形式主义和官僚主义，落实“三不三严管”

要求，净化社交圈、生活圈、朋友圈；申报市级关心关爱资金补助对象6人、走访慰问年老困难党员13人。

【深化“1263”机关党建活动】 2020年，建宁县直机关党工委以“亮身份、亮职责、亮服务”为内容，组织县直机关党组织开展“亮灯行动”创建“模范机关”工作。全县机关党组织设立党员先锋岗261个，党员示范岗203个，在职党员自觉佩戴党员徽章亮身份。机关党组织把县委县政府中心工作任务和单位重点工作，细化分解定岗定人，对机关党员亮职责，践承诺。引导机关党员积极在岗位工作、中心任务、服务群众中当先锋，做示范。组织1677名机关党员到社区报到服务，组织千名机关党员利用休息日开展创城、疫情防控、政策宣传、帮扶贫困、领取群众微心愿等志愿服务近万人次，党员在社区先锋模范作用得到显现。县公安局“12345”党建工作机制在全市公安系统学习推广。组织新建县公安局、检察院两个党员政治生活馆。

【机关文明创建】 2020年，建宁县直机关党工委开展树形象、做表率、做文明人活动，引导教育机关党员自觉践行社会主义核心价值观、“八不”行为规范、遵守《建宁文明30条》。向机关全体干部职工发出“带头制止餐饮浪费切实培养节约习惯争做厉行节约的引领者”倡议书。牵头组织水南社区疫情联防联控和党群口单位卫生责任区文明创建。组织百名干部进行疫情防控网格化摸排、疫情值守点值守和高风险区返乡人员“三加一”

进社区宣传 （建宁县融媒体中心供稿）

管理。督促党群口责任区卫生和秩序的整治协调工作，开展文明教育，整治责任区内环境卫生、清理乱堆乱放，拆除乱搭盖，建设片区文明公益广告、改造小区、硬化路面。开展诚信教育和爱国主义教育，结合“七一”主题党日活动，组织机关党员到周边县参观爱国主义教育基地，感受红色情怀、传承革命精神、提振赶超士气。

（潘必清）

老干部管理

【概况】 2020年，建宁县委老干部局宏观管理与服务的离退休干部共44人（其中离休干部19人、5.12退休干部6人、处级退休干部19人）。年内离休干部去世1人。当年，以抓好老干部政治生活待遇落实，探索离退休干部服务管理机制为主，组织引导全县老同志为党和人民的事业发挥正能量作用。

【老干部政治待遇】 2020年，建宁县委老干部局共组织老干部居家学习会7场次，习近平新时代中国特色社会主义思想专题讲座4次，组织老同志观看线上学习报告会3场次，老干部参加人数400余人次。坚持从实际出发，召开各类专题会议、辅导宣讲、座谈讨论。组织开展专题学习讨论，原汁原味学习《习近平在厦门》《习近平在宁德》《习近平在福州》《习近平在福建》等系列采访实录；开展专题党课学习活动，引领老干部牢记初心使命，不断增强“四个意识”、坚定“四个自信”、做到“两个维护”。执行老干部订阅党报党刊制度，丰富老干部精神文化生活。落实老干部订阅时政类和老年报刊，做到人均订“两报”（即《中国老年报》《福建老年报》），各单位还为老干部订阅其他党报党刊，为老干部学习政治、了解形势、掌握政策提供保障。开展“不忘初心、牢记使命”主题教育。“不忘初心、牢记使命”主题教育期间，开展送学上门、参观学习、主题党日活动等40场次，参加人数1000多人次。

【离退休干部党建工作】 2020年，建宁县委老干部局在全县离退休党组织中开展“一学两促”活动。按照三明市离退休工委工作要求，制定《关于在全县离退休干部党组织中开展“一学两促”活动的通知》，落实“156”工作机制，推进退休支部工作标准化、规范化建设。抓好支部学习。围绕“一学两促”活动主题，“学”字当头，学习示范党支部的先进工作经验。各离退休干部党支部坚持每月固定日学习形式，组织支部党员学习。抓好示范典型培育。重点抓好1个省级示范点、7个市级示范点的示范引领提升工作，定期深入8个示范党支部夯实工作基础，完善工作内容，丰富党建活动载体，打造活动品牌，提升示范支部的带动力、影响力。抓好增添正能量活动。各离退休干部党支部围绕脱贫攻坚、乡村振兴、疫情防控、文明创建、红色基因传承等主题内容，开展形式多样的参观、考察、座谈、讲座等活动100余场3000余人次，为新时代新发展点赞助力，增添正能量。提高党建水平。各离退休干部党支部按照“五讲六有”标准，突出政治功能，围绕宣传贯彻新时代新思想，开展形式多样的主题学习活动，发挥支部的桥梁纽带作用和综合服务功能，把党建工作、思想政治工作与关心关爱老同志有机结合，提高老党员老同志对支部工作的满意度。提升退休党支部组织力。各离退休干部党支部利用“福建老干部App”“福建离退休干部”微信公众号进行线上教育。同时，依托建宁本地红色资源开展参观交流互动等活动。通过参观本县重点经济建设项目、红色革命资源、重温入党誓词等专题活动，让每一位老党员牢记初心与使命，为新建宁建设点赞助力。

【精准服务离休干部】 2020年，建宁县委老干部局结合本县离休干部的实际，制定《关于开展“五比五督”活动，深化“348”服务离休干部工作方案》。年内，走访老干部所在单位，督查“348”精准服务老干部工作机制落实情况，共督查老干部所在单位11家，补发老干部生活待遇0.22万元；转发《关于调整离休干部无工作遗偶定期定额生活补助标准的通知》，共补发无工作遗偶定期定额生活补助费0.88万元；开展“送学上门”、精准服务活动，组织专人将相关文件和要求向老干部面对面作出细致介绍，落实精准服务工作；做好老干部的信访工作，老干部的诉求，做到“事事有回音、件件有着落”，及时反馈处理老干部信访件；依托复兴、新生、水南三个就近社区资源，开展文化活动、生活照顾、精神慰藉等个性化服务130余人次，让老干部真正感受到社区的关心帮助和生活照顾。常态化做好定期联系、上门看望、政策宣传等工作，精准掌握老干部情况，用心用情做好精准服务老干部工作。春节期间，走访慰问安置在建宁的20位离退休（5.12）干部；对县外安置福州、连江、三明的离退休干部，采取电话慰问、汇款的形式，向老干部们送上最诚挚的节日问候，共发放慰问金7.92万元；开展“精准服务老干部健康体检暖人心”活动。给30余名离退休老干部进行健康体检；组织开展老年节慰问活动，慰问安置在建宁的33位离退休老干部，给他们送去节日祝福，发放慰问品43份；慰问抗战时期参加工作的两位老干部，发放慰问金2000元。

【老干部活动】 2020年，建宁县委老干部局组织全体老干部开展“四讲四做”深化“赞美新建宁，共筑中国梦”增添正能量活动。讲好“红色故事”。向上申报推荐中央苏区反“围剿”纪念馆为红色教育基地，并于6月3日被省委老干部局入选为第2批全省“离退休干部党员传承红色基因学习教育基地”。利用水尾“红军村”，隆下“村史”馆、上坪古村，开展“四史”教育。开展各类参观考察学习教育活动50场，1300多人次，助力乡村振兴、脱贫攻坚，凝聚全面小康、建设现代化国家的正能量。讲好“文明故事”，组织离退休干部志愿服务活动。新冠肺炎防控期间，组织莲乡夕阳红志愿服务队通过开展上街劝导、防疫宣传及摸排、卫生保洁、爱心捐款等形式组织志愿活动20余次、参与人数600余人次、惠及群众达3000多人次。其中93岁的县公安局退休干部林兰妹自愿捐款3000元，复兴社区82岁的老党员何承智主动参与到社区防疫宣传劝导及摸排，为社区防疫作贡献。据不完全统计，全县离退休干部党支部共组织523名党员捐款4.68万元。讲好“山水故事”，做好绿色三明宣传。全县各离退休干部党支部通过组织开展以参观学习为内容的党日活动，激发老干部老同志心系家乡建设情怀，做绿色三明的宣传者。年中，组织全局在职干部职工及退休党员赴客坊水尾红军村瞻仰革命遗迹，缅怀先烈伟绩，接受革命传统教育。七一期间，县教育局退休干部党支部组织老党员到岩上清明窠参观“华能打鼓”风电场、里心上里《海峡云上牧歌》生态乳牛场参观学习；县农业局退休干部支部开展“现代牧业在建宁”专题参观调研活动，了解“明一牛奶”在建宁县的远景规划和对当地经济的重大作用；县住建局离退休干部党支部组织离退休党员到宁化红色教育基地开展传承红色基因、激励红色担当主题党日活动，喜迎党建99周年。同时，发动老干部老同志关注“福建离退休干部”“三明市委老干部局”等微信公众平台，学习和传播老干部正能量，全年报送宣传信息23篇。

【老干部活动阵地建设】 2020年，建宁县委老干部局注重老干部学习活动阵地建设。加强老干部党校建设，发挥老干部党校学习阵地作用，依托老年大学搭建学习平台，畅通学习渠道，丰富学习内容，为广大老干部创造良好的学习环境。年内，组织召开线上学习会三期，参加学习300余人次。推进“老党员工作室”建设，根据市里要求，积极选址，挑选合适人员，分别在县公安局退休党支部和复兴社区、水南社区及老年大学建立“老党员工作室”，开展各类党建活动，发挥老党员作用，助力新建宁建设。做好县老年大学达标校创建工作，2020年建宁县老年大学获评省级达标校评审授牌。

（谢　琼）

精神文明建设

【概述】 2020年，建宁县精神文明建设工作以决战决胜创城工作为目标，围绕打造“满意在建宁”品牌，理清思路、突出重点、强化举措、狠抓落实，城乡面貌明显改善、基层治理更加高效、干部群众文明素质和幸福指数不断提升，为新时代新建宁建设提供强大精神动力和良好社会环境。

【省级文明县城创建】 2020年，建宁县围绕新一轮精神文明创建的总评年，全面做好迎接省级文明县城总评工作。县委常委会专题研究新增城监队员15名、增加城市双修项目经费，县政府常务会专题研究解决农贸市场社会化外包服务管理和增加出租车空驶费等长期影响建宁县创城工作的难题。县财政专门安排城市双修项目经费，由县文明办对标创城考评，实施补短板建设，年内完成投资1400万余元，涉及农贸市场改造、停车场建设、公厕改造等。县创城指挥部下设十个工作组，充实创城办集中办公人员，完成创城内页资料收集整理工作。县文明办组织有关部门、乡镇赴泰宁、沙县等地学习考察创城工作，制定创城迎检方案。健全督查整改反馈机制、日常执勤机制、奖优罚劣机制等三项工作机制。年内发出整改通知书146份、通报件22份。对2019年创城暗访丢分的责任单位扣发文明奖金，对工作突出的10个优绩单位和80名优绩个人给予奖励。推进常态长效管理，对全县的卫生包干区进行重新梳理划分，整治四乱问题。解决鸡鸭市场搬迁、西门农贸市场改造、小区配备灭火器材、县医院宿舍围墙、020商业步行街和园艺新村小区私搭乱建等难题，拆违总面积达18660.75平方米。组建国有物业管理公司，强化小区内部管理。更新“精神文明建设主题园”“好人建设主题园”，新建“精神文明建设宣传栏”3个并制作具有建宁地方特色的“高”字形公益广告牌13块和新生巷9面旧墙彩绘公益广告。印发创城常识、市民文明手册、建宁文明30条。开设“文明建宁”微信公众号，“创城进行时”“曝光台”专栏，联合县融媒体中心制作文明微视频、抖音37个，开展不文明行为有奖举报、创城问卷调查有奖问答等系列活动，设置电视开机创城宣传公益广告，营造浓厚的创建氛围。

【公民道德教育】 2020年，建宁县文明委贯彻落实《新时代公民道德建设实施纲要》《新时代爱国主义教育实施纲要》，开展践行“八不”行为规范、加强文明行为宣传教育引导工作。县创城指挥部印发《关于开展公职人员不文明交通行为专项整治行动的通知》，教育引导全县机关企事业单位公职人员发挥文明交通示范带动作用。组织全县干部群众签订“文明出行共建平安和谐建宁”承诺书，安排各单位80余名志愿者于每个工作日在城区主要街道、十字路口斑马线执勤，并对执勤情况进行督查通报，形成常态化执勤模式，劝导行人走人行道、斑马线、机动车辆让行斑马线上的行人，引导市民文明出行，提升市民文明素质。2020年，评选表彰“最美家庭”15户，向省、市推荐尤金土、薛德安作为身边好人候选人，其中薛德安获评2020年福建省身边好人。开展“道德模范和身边好人”慰问活动，专门看望慰问援鄂医疗队护士黄兴红及其家属，帮助协调解决具体困难，树立好人有好报的价值导向。明确“我们的节日”在传承文化、凝聚民族精神方面的重要作用。清明节期间，在微信公众平台宣传文明祭祀倡议书，向广大职工群众倡导文明祭祀，摒弃焚烧纸钱等陈规陋习，引导人们用鲜花、植树等文明生态的方式，树立文明健康的祭祀新风。端午节期间，组织各级文明单位开展各类主题的包粽子比赛和经典诵读活动，营造浓厚的节日气氛。

【未成年人思想道德教育】 2020年，建宁县文明委推进“青少年校外活动中心”“青少年校外体育活动中心”“四点钟学校”等各类场馆阵地规范化建设，打造“兴未来——社区儿童发展中心”，使其成为留守儿童温暖的社区成长平台。向上争取资金20万元，支持6所乡村学校少年宫运转，同时，组织4所省级文明校园与4所乡村学校少年宫结对共建，促进德育成果和文化资源共享。结合“扣好人生第一粒扣子”主题教育实践活动，组织“新时代好少年”推荐评选，推荐3名好少年参与市级好少年评选，其中谢海华同学获评2020年三明市“新时代好少年”。在清明、国庆期间，开展网上祭英烈、“庆国庆、唱红歌”比赛和“传承红色基因、争做新时代好少年”读红色故事演讲比赛。组织开展红色故事进校园宣讲活动，年内各学校开展红色故事宣讲50余场次，参与人数达20000余人次，在全县中小学校开展“小手拉大手”活动，加强文明行为引导。

【文明单位创建活动】 2020年，建宁县文明委深化各级各类文明先进创建，新申报省级文明单位8个、文明乡镇2个、文明村3个、文明校园2所；市级文明单位13个、文明村镇6个、文明校园7所。深化群众性精神文明创建，联合县市场监督管理局等部门在全县范围内印发“厉行节约，反对浪费”承诺书，设计印发“文明餐桌”温馨提示1800余份，制作“文明健康，有你有我”公益宣传美篇，转发数达1万余人次。

【志愿者队伍建设】 2020年，建宁县文明委结合推进新时代文明实践中心（所、站）建设和疫情防控，招募扩大志愿者队伍，组织广大志愿者主动服务疫情防控、保护生态、扶贫帮困和创城等志愿服务活动，全县注册志愿者团队200余个、志愿者1.4万名。培育帮扶建宁县志愿者联谊会、星愿义工联、幸福种子、闽江公社志愿服务联盟等社会志愿者组织，建设“志愿者之家”，协调解决志愿者组织的经费和办公场所困难。组织星愿义工联开展“共建文明建宁·共享文明生活”暨第十八个全国“公民道德宣传日”主题活动，组织诚信志愿者开展“诚信八闽行·首先我做起”主题活动，在全社会大力弘扬“奉献、友爱、互助、进步”的志愿服务精神。2020年，建宁县志愿者联谊会入选全省20个最佳志愿服务组织，幸福种子星光家校社共创项目获评“福建省终身学习品牌项目”，建宁县幸福种子——儿童能力发展计划入选“2020年福建省志愿服务项目大赛优秀项目奖”名单。

【新时代文明实践中心（所、站）建成】 2020年，建宁县委文明办推进新时代文明实践中心试点建设，已完成黄坊乡、客坊乡新时代文明实践所建设，以及枫元、隆下、兰溪等13个村新时代文明实践站建设。针对疫情防控的特殊情况，黄坊乡新时代文明实践所、枫元村新时代文明实践站志愿服务队组织志愿者深入村、社区推送宣传疫情防控的相关政策，进村入户发放宣传资料4500余份，组织抗击疫情募捐，筹集善款4万余元，并结合疫情防控进行移风易俗宣传，发放“移风易俗倡议书”2000余份。其余新时代文明实践所、站志愿服务队也积极参与疫情防控各项有关工作，全年，在全县范围内劝导群众延期或取消红白喜事585余场，取消庙会28场。

（夏雪娟）

县委党校

【概况】 2020年，中共建宁县委党校建宁县行政学校（简称建宁县委党校）核定编制18人，在编在岗干教人员18人。党校（行政学校）实行委员会管理体制，下设：办公室、教务室、总务室和对外培训室。当年，中共建宁县委党校（行政学校）获得三明市基层理论宣讲先进集体、三明市委党校科研组织奖、县综治平安建设先进单位、市级文明单位。

【人事变动】 2020年，建宁县委党校人事变动情况如下：7月29日，黄慧珍调入党校，任出纳。7月31日，温兆熙任教务室主任，不再担任工会主席职务；章丽娟任办公室副主任，主持办公室工作；宁美德不再担任教务室主任职务；黄丹不再担任办公室主任职务（建委校〔2020〕11号）。8月27日黄丹任党校第五届工会主席，罗睿、黄慧珍为工会委员（建工组〔2020〕43号）。12月2日，胡文娟担任中共建宁县委党校（建宁县行政学校）副校长，艾运龙不再担任党校副校长职务（建委干〔2020〕156号）。2月27日至9月30日，张瑾借调到市委党校。8月26日至11月17日，黄必华抽调到建宁县委精神文明建设办公室。9月1日至12月30日余海东抽调到人口普查工作。

【干部培训】 2020年，建宁县委党校坚持党校姓党，贯彻落实《中国共产党党校（行政学院）工作条例》，按照县委建设“福建省一流县级党校”目标要求，发挥党校“阵地”和“熔炉”作用，培训课程以党的理论思想、党性教育及“福源·建宁”发展战略为主题，培训方式坚持校内教师与外聘县领导、行域专家学者授课相结合，坚持课堂教学与现场教学相结合。

主体班4期172人：6月9日至7月10日，第34期科级干部进修班，参训学员43名。7月13日至7月31日，妇女干部培训班，参训学员40名，现场教学点设惠安党校。9月14日至11月13日，第35期科级干部进修班，参训学员40名，现场教学点设台江党校、宁德党校。10月26日至12月18日，第17期中青年干部班，参训学员49名，现场教学点设台江党校、宁德党校。

短期班8期528人：1. 入党积极分子培训班，6月10日至12日，参训学员81名。2. 村（社区）党组织书记培训班，7月20日至22日，参训学员108名。3. 扶贫干部教育培训班，7月29日至8月2日，参训学员50名。4. 基层团干部暨少先队辅导员培训班，8月10日至14日，参训学员41名。5. 全县宣传思想（意识形态）工作专题培训班，8月18日至19日，参训学员54名。6. “山水城融合”规划建设管理培训班二期，10月19日至21日，参训学员35名。7. 中共发展对象培训班，11月4日至11月6日，参训学员110名。8. 基层农技推广补助项目——县、乡农技人员培训班，12月14日至18日，参训学员50名。

专题班20期985人。外出部门、单位宣讲《十九届五中全会精神解读》《〈习近平新时代中国特色社会主义思想学习纲要〉导读》及形势精神等专题25场，参听人数1250人次。

【聘请县领导和专家授课】 2020年，建宁县委党校外聘县领导和行域专家学者授课情况如下：2020年11月9日上午，市社科联主席蔡建镜为35期科级干部进修班和17期中青年干部培训班作《坚定文化自信，铸就中华文化新辉煌》专题辅导。2020年10月19日，县统战部部长黄立辉为35期科级干部进修班作《统战工作》专题辅导。2020年10月20日，县政法委书记钟宏华为35期科级干部进修班作《浅谈市域社会治理的建宁探索》专题辅导。2020年11月9日下午，县委组织部部长、党校校长陈一龙为35期科级干部进修班作《党政干部选拔任用工作条例》专题辅导。2020年11月19日，市委党校副校长陈沈慧为17期中青年干部培训班作《案例教学：推进社会治理共同体建设——福州军门社区推进社区治理创新的实践》专题辅导。2020年11月25日，县组织部部长、党校校长陈一龙为17期中青年干部培训班作《中共中央关于修订〈党政领导干部选拔任用工作条例〉解读》专题辅导。2020年11月27日，建宁县县长陈显卿为17期中青年干部培训班作《唱响“风展红旗如画”品牌，助力建宁全方位高质量跨越》专题辅导。2020年12月4日，县纪委书记江渝平为17期中青年干部培训班作《党员干部要树立良好的监督观——正确对待监督，主动接受监督》专题辅导。2020年12月18日，县委书记廖金辉为17期中青年干部培训班上专题党课。

【基地办学】 2020年，建宁县

委党校立足红色资源与绿色生态，持续培育特色、打造精品，形成“理论课堂+现场教学+山海合作”新模式。打造基地精品课程5门，完善现场教学点解说和项目看点，2020年5月水尾红色教学基地和闽江源生态保护教学基地列为市委党校现场教学点。在深化与省内党校、部门“山海合作”基础上，加强与江西于都、瑞金、广昌、南丰等地党校联系，深化闽赣边“一体化”现场教学新格局。2020年，在做好疫情防控的同时，全年基地承接新疆玛纳斯“乡村振兴”专题培训班、省委党校处长班、省直工委党校党务干部培训班等省内外培训班31期，参训学员1500余人次，提升建宁知名度，助力建宁县经济与社会发展。

【科研咨政】 2020年，建宁县委党校发挥党校“智库”作用。年内完成科研立项2项，省委党校（行政学院）中特理论基地课题申报立项并市委党校（行政学院）立项课题1项（宁美德《原中央苏区闽赣省区域红色文化旅游融合发展对策研究》）；市社科联课题立项1项（黄秀珍《红色文化助推基层治理体系、治理能力现代化——以建宁为例》）。结项2项，何小乔市社科联课题《乡村振兴语境下乡村主题文化构建研究》，宁美德市委党校（行政学院）课题《原中央苏区闽赣省区域红色文化旅游融合发展对策研究》。完成咨政件2项，其中《关于深化我县精神文明创建工作民主监督的视察报告》作为政协提案，并在《建宁政协》全文刊登；《关于加快我县莲食品养生产业发展的建议》，在“加快融合发展打造生态康养休闲旅游名县”专题协商会上作发言。个人成果，省级CN论文发表2篇（其中《浅谈革命旧址的保护与利用》发表于《鉴定与鉴赏》CN34-1312/K），市级刊发3篇，部门委托论文3篇。

（章丽娟）

档　案

【概况】 2020年，建宁县档案馆接收各类档案资料2303卷（册、份）；全年共接待利用者712人次，提供利用档案资料3000余卷，出具证明2301份；通过综合档案馆业务建设评价，提升档案馆内部业务建设。

【馆藏档案资源建设】 2020年，建宁县档案馆贯彻落实《福建省档案接收实施办法》，加大对各种门类和载体档案的接收力度，实现电子目录、纸质档案同步进馆，建立覆盖人民群众的档案资源体系。当年接收县妇幼保健院、溪源乡政府、伊家乡政府等立档单位1976卷文书档案。专门档案不断丰富。接收县教育局死亡干部档案327袋。做好档案信息开发利用工作，与客家联谊会联合编撰《南安移民在建宁》。

【农业农村档案的完善】 2020年，建宁县档案馆以档案工作服务农村基层社会治理试点为契机，巩固提高“村档乡管”工作水平，为乡村振兴提供更好服务。当年本县把试点工作纳入县委、县政府全面实施乡村振兴战略的重要议事日程，完善乡镇档案工作制度，推动档案工作服务农村基层社会治理。完成2019年乡（镇）乡村两级各门类档案的收集、整理、归档。召开档案工作服务农村基层社会治理试点工作推进会、三明市农村档案信息管理系统培训会。

【档案馆内部业务建设】 2020年，建宁县档案馆以综合档案馆业务建设评价为契机，就档案馆内部业务建设工作多次专门召开会议，按照档案馆内部业务建设评价标准逐项比对，将存在的问题与不足逐项落实到人并一一改进完善。县档案馆多方筹措资金45万元完成消防设备升级更新改造、特藏室、三楼库房建设，保证档案库房充足、档案存放安全。

【档案服务水平的提升】 2020年，建宁县档案馆发挥自身优势，以县档案馆爱国主义教育基地展厅为依托，开展爱国主义教育活动。2020年共接待县委党校、文联等单位100余人次参观学习。6月，县档案馆围绕“档案见证小康路、聚焦扶贫决胜期”主题，开展“6·9国际档案日”系列宣传活动。通过悬挂横幅、展板图文展示、发放海报、赠送档案宣传品、征文、征集档案资料等多种形式，科学策划，精心组织，集中开展主题鲜明、内容丰富的宣传活动，吸引广大群众驻足留观。工作人员耐心为过往群众解说建宁县改革开放以来经济建设、政治建设、文化建设、社会建设取得的成就，同时提供档案政策解答、咨询服务，发放《建宁县档案馆服务指南》等宣传材料，邀请电视台进行现场活动宣传报道，营造决胜全面建成小康社会的良好氛围；活动共发放宣传单300余份，宣传纪念品200余份，接受过往民众咨询120多人次。档案利用成效明显。县档案馆把服务民生作为档案工作的头等大事抓好抓实，把档案查阅利用接待服务作为档案工作重中之重，为政府分忧，替百姓解难。年内县档案馆服务大厅接待查档群众712人次，提供档案查阅约3000卷次，出具档案证明2301份。

【档案全文数字化扎实推进】 2020年，建宁县档案馆围绕“存量数字化、增量电子化”战略，将民国档案、新中国成立初期地契档案整理和全文数字化向社会购买服务。年内，民国档案已完成裱糊、扫描485卷42865页；地契档案完成分类654卷，已装订311卷；新中国成立后档案完成前处理281081页，数据修改2970条，扫描225800页，质检225800页。

【确保档案安全保管】 2020年，建宁县档案馆落实档案安全保管。实行档案安全工作责任制，将档案安全工作细化分解到股室和中心，责任到人，形成人人抓安全、事事重安全、时时保安全的良好局面。做好库房内外温湿度测量记录，利用现有设施设备，对库房内温湿度自动进行调控。定期打扫库房内卫生，保持库房内的清洁、整齐、美观。定期检查档案保管情况，定期检查库房内各种设备，确保设备的正常运转。库房实行专人管理，未经允许，非工作人员不得入内，工作人员进入库房内做好登记备案。严格执行《建宁县档案馆档案接收办法》，做到进馆档案的质量符合标准，确保进馆档案质量。新接收进馆的档案全部经消毒杀虫后再入库上架，确保档案的安全保管。加强档案的开发利用。查阅档案严格执行档案利用制度、审批制度，档案利用实行专人管理，做好登记。工作人员对归还的案卷进行详细检查，确认无误后办理归还手续，防止档案损毁。

【协助档案局工作】 2020年，建宁县档案馆协助档案局开展各项工作。推动全县档案管理工作规范化、制度化。加强专门档案的建档工作，指导县民政局开展地名普查档案整理、立卷、归档、数字化、验收工作；指导县农业局开展农村土地确权档案整理、立卷、归档、数字化、验收工作。开展重点建设项目、重大活动档案的登记、建档、验收工作，确保项目档案的完整、准确、规范。多次深入乡（镇）开展指导服务，为乡村振兴战略提供档案支持。

（黄海英）

党史与地方志

【概况】 2020年，中共建宁县委党史与地方志研究室（简称建宁县史志室）全面落实国家《地方志工作条例》和《福建省实施〈地方志工作条例〉办法》，达成“两全目标”，做好三轮修志前期准备，谋划好“十四五”工作，制订好当地党史方志事业发展规划，围绕深化党史研究、“修名志佳志、创精品年鉴”的目标开展工作。当年史志室内设办公室、党史股、志鉴股，编制6人，主任1人，副主任2人（其中1人到乡镇挂职），科员3人。

【“‘风展红旗如画’品牌”培育】 2020年，建宁县史志室加强党史研究与宣传，推进“风展红旗如画红色建设”品牌培育建设。协同有关部门做好涉史调研工作。完成将军殿红军战斗指挥部旧址调研、论证与认定、申报；开展少共国际师在建宁相关史料的收集整理与调查工作，核实部分史实，解决部分疑点问题；参与建宁第五次反“围剿”战斗遗址、东山战斗主题公园、西门红色主题公园拓展、城市与道路主要节点红色景观标志物设置等调研、踏勘、论证工作。指导红色革命旧址与纪念馆布展工作。指导中央苏区反“围剿”史迹陈列馆按2019年确定的提升改造布展方案完成布展工作，参与红军无线电事业发展史、红一方面军总部电台旧址复原陈列方案的设计与审定，主导确定展示的相关史实与文字表述。落实上级下达党史工作课题。收集、整理、审核、报送苏区时期革命标语、红军长征文化主题园建设相关资料。宣传建宁红色品牌。配合县委宣传部等部门编纂《风展红旗如画——苏区建宁红色图谱》《苏区胜地红色建宁》等地方党史宣传普及读物，做好党史宣传，为红色故事宣讲和社会各界提供建宁党史基础史料与研究成果。

【《建宁年鉴（2020）》编纂】 2020年，建宁县史志室落实全域精品年鉴部署，精心编纂2020卷地方综合年鉴。按照三明市实施全域年鉴精品工程要求，逐条对照学习落实《福建省精品年鉴实施方案》，制定《建宁县精品年鉴实施方案》，修订完善《建宁年鉴（2020）卷编写大纲》，加强与各编纂单位的沟通联系与协调指导，落实年鉴编纂责任制，努力编出高质量的精品年鉴。加强年鉴编纂业务学习与培训。采取下发转发学习资料自学、在干中传帮带学习和派员参加省市业务会议与业务培训会学习等形式，提高全员业务素质能力，年内先后三次派员参加省市组织的年鉴主编培训会、福建省年鉴研讨会和福建省年鉴精品工程启动会。严把资料收集质量关。年初下发编纂工作通知与编纂工作方案，即对年鉴资料收集范围与编写体例、条目设置、撰稿质量作出具体说明，随后在资料收集过程中，对单位报送的资料认真甄别，对报送资料不合格不完善的要求单位加以报送补充或重写，并通过建宁县政府网站，融媒体中心的等多渠道收集收齐资料。制定落实编纂责任制。将年鉴编纂任务分解到人，明确分工委口与收集资料、初稿编纂、总纂完成时限，确保编纂工作按时有序推进。4月底完成各承编单位资料收集与报送工作，7月完成初稿编纂，8月参加全市初评，9月完成总纂，10月参加三明市精品年鉴评审，11月交付出版社排版，12月完成三校并定稿。

【旧志点校出版工作】 2020年，建宁县史志室着力提高旧志点校质量，推进旧志点校出版及馆网建设工作。高标准做好清乾隆、康熙与明嘉靖三部《建宁县志》点校稿的审校出版工作。审校点校初稿，提高点校质量。确保句读、文字与史实校订的准确性。做好注释工作，方便读者阅读理解和使用旧志。在审校过程中，对志文中的全国性历史人物、历史事件及不易理解的词汇、语句，尽力做出注释。审校后的清乾隆县志已于9月份交付出版社排版，明嘉靖县志与清康熙县志合订本初校稿排出第一稿后，审校工作也已完成过半。

【地方志和党史馆网建设】 2020年，建宁县史志室做好地情资料服务工作。将原方志馆更名为史志资料阅览室，对所有藏书、资料进行整合收集，分门别类进行整理、造册登记，建立图书信息库和建立健全图书登记入库、查阅借阅制度，为史志工作者和群众查阅史志、年鉴等图书提供便利，目前各类藏书计2600多册。做好史志资料的咨询服务，为社会各界了解和运用史志地情资料制定各类规划、方案和解决实际问题提供史志资料、咨询服务与帮助。

【驻村工作】 2020年，建宁县史志室做好驻村工作。协助村里抓好党员教育和三资管理。推进村里加大民主管理工作力度，实行党务村务公开，促进村里各项工作公平、公开、公正，做到增收节支，做到零招待，零外债。协助村里做好脱贫攻坚工作，巩固脱贫攻坚成果。所驻的水南村有脱贫不摘帽扶持户8户，每户发放疫情慰问金500元，帮助落实产业扶贫补助6户补助金共5735元，落实鸡鸭养殖增收计划3户每户提供鸡苗20只，落实住房条件提升改善工程补助资金5万余元、完成3户住房提升改造。

【福建省地方志学术年会在建宁召开】 2020年11月27日，福建省地方志学术年会在建宁县召开，省委党史方志办一级巡视员俞杰出席会议并讲话，省方志委原主任罗健、省地方志学会会长方清、省委党史研究室原副巡视员黄超凡出席，县长陈显卿到会致辞。年会还进行了学术论文交流、学术讲座以及2020年度《福建史志》发行工作先进单位表彰。年会期间，与会人员还前往中央苏区反“围剿”纪念馆参观学习。

（孔　玲）

建宁县人民代表大会

编辑：黄日辉

综　述

【概况】　2020年，建宁县人大常委会高举中国特色社会主义思想伟大旗帜，以习近平新时代中国特色社会主义思想为指导，全面贯彻落实党的十九大和十九届二中、三中、四中、五中全会精神，贯彻落实党中央和省、市、县委关于统筹推进疫情防控和经济社会发展工作的部署要求，增强“四个意识”、坚定“四个自信”、做到“两个维护”，坚持党的领导、人民当家作主、依法治国有机统一，全面融入加快新时代新建宁建设大局，依法履职，有效作为，为全方位推动高质量发展超越作出积极贡献。当年，共召开常委会会议8次，主任会议14次，作出决议决定11项，听取和审议专项工作报告18项，组织开展执法检查2项，开展工作测评1项，开展视察、调研、检查28次，任免国家机关工作人员108人次，完成县十七届人大四次会议确定的各项目标任务。

【党的核心作用】　2020年，建宁县人大常委会坚持把深入学习贯彻习近平新时代中国特色社会主义思想作为首要政治任务，以理论上的清醒保证政治上的坚定，用思想自觉引领行动自觉。全年组织党组理论学习中心组学习15次、开展交流研讨6次，学习《习近平谈治国理政》第三卷、习近平法治思想、《习近平在福建》等系列采访实录，将习近平总书记的重要讲话重要指示批示精神贯穿到依法履职和助力新时代新建宁建设的全过程。县人大常委会党组始终坚持在县委领导下开展工作，自觉突出县委总揽全局、协调各方的领导地位，落实请示报告制度，定期向县委汇报工作，召开的重要会议、决定的重大事项、履职过程中的重大问题及时主动向县委请示报告。围绕全县中心工作行使人大职权、开展人大活动、发挥人大作用，严格按照党组先行研究、常委会会议再作决定的程序落实县委交办的重要事项，党组在人大工作中把方向、管大局、保落实的作用得到有效发挥，确保人大工作正确政治方向。

【落实县委决策部署】　2020年，建宁县人大常委会贯彻落实县委决策部署，围绕全县改革发展大局，突出热点难点和民生关切点依法履职，全年共形成审议意见17份交“一府一委两院”研究处理，形成专项调研报告23份供县委决策参考。县人大常委会班子成员思想上主动，行动上落实，全面融入全县“五比五晒”“项目攻坚年”活动，落实县委安排部署，开展“访企业、解难题、促‘六稳’”专项活动，参与和负责基础设施、现代农业、民生事业、城乡建设等项目团队工作，牵头和挂包负责的企业出城入园、浦梅铁路、尚和国际、南方国际、国家级现代农业（种业）产业园、“衙前食府”美食一条街、城市管理项目等46个重点项目和重要工作进展顺利。常委会机关党员干部在服务发展大局中担当作为，开展脱贫攻坚工作，发挥人大代表作用，开展“人大代表下基层，助力群众奔小康”主题活动，落实帮扶责任。全面贯彻落实县委疫情防控各项工作部署，落实常态化防控措施，自觉扛起防控责任，参与做好社区、动车站、沙县机场疫情防控工作，深入挂包企业助力复工复产，动员全县各级人大代表担当作为，在疫情防控一线展现代表风采。

重要会议和议题

【县第十七届人民代表大会第五次会议】 2020年12月28日至2020年12月30日，建宁县第十七届人民代表大会第五次会议在县宣传文化中心召开。会议听取和审议建宁县人民政府县长陈显卿关于建宁县人民政府工作的报告；审议关于建宁县2020年国民经济和社会发展计划执行情况及2021年国民经济和社会发展计划（草案）的报告；批准建宁县2020年国民经济和社会发展计划执行情况与2021年国民经济和社会发展计划；审议关于建宁县2020年预算执行情况及2021年预算草案的报告，批准建宁县2020年预算执行情况及2021年预算草案的报告；听取和审议建宁县人民代表大会常务委员会主任吴国根关于建宁县人民代表大会常务委员会工作的报告；听取和审议建宁县人民法院代理院长牟旭关于建宁县人民法院工作的报告；听取和审议建宁县人民检察院检察长陈营关于建宁县人民检察院工作的报告；选举牟旭为建宁县人民法院院长；选举柯兆荣、熊昌明为建宁县第十七届人民代表大会常务委员会委员。

【重大事项决定】 2020年，建宁县人大常委会听取和审议2019年县本级财政决算的报告和2019年度县本级财政预算执行和其他财政收支情况的审计工作报告。根据县人民政府的提请，批准调整2019年财政收支预算的议案，批准2020年新增地方政府债券资金分配方案。

县第十七届人大常委会会议2020年重要议题一览表

表5

常委会会议	议　　题	召开时间
县十七届人大常委会第二十六次会议	1. 审议县人民政府个别副县长的辞呈； 2. 审议县人民法院提请任免人民陪审员的议案； 3. 审议县人民法院提请职务任免的议案； 4. 审议县人民检察院提请免职的议案； 5. 听取和审议县政府关于2020年第一批新增地方政府债券资金分配方案（草案）的议案； 6. 听取和审议县政府关于2019年度环境状况及环境保护责任目标完成情况的报告。	2020年3月23日
县十七届人大常委会第二十七次会议	1. 审议县人民政府提请副县长职务任免的议案； 2. 审议县人民政府提请工作部门负责人职务任免的议案； 3. 审议县人民检察院提请免职的议案； 4. 听取和审议县政府关于调整部分2019年新增一般债券资金使用项目的议案； 5. 听取和审议县政府关于建宁县林业生产与发展工作情况的报告； 6. 听取和审议县检察院关于未成年人刑事检察工作情况的报告； 7. 听取县人大常委会调研组关于县十七届人大四次会议代表建议办理工作情况的调研报告。	2020年5月28日
县十七届人大常委会第二十八次会议	1. 审议县人民政府提请任职的议案。	2020年6月11日

续表 5

常委会会议	议　　题	召开时间
县十七届人大常委会第二十九次会议	1. 审议县监察委员会提请职务任免的议案； 2. 听取和审议县人大常委会执法检查组关于检查《中华人民共和国慈善法》实施情况的报告； 3. 听取和审议县政府关于食品安全专题询问审议意见落实情况的报告； 4. 听取和审议县政府关于 2019 年县本级预算执行和其他财政收支的审计工作情况的报告； 5. 听取和审议县政府关于 2019 年县本级决算情况的报告。	2020 年 7 月 24 日
县十七届人大常委会第三十次会议	1. 审议县政府提请免职的议案； 2. 审议县监察委员会提请任职的议案； 3. 审议县监察委员会主任邓军安的辞呈； 4. 审议县人大常委会主任会议提请决定江瑜平代理建宁县监察委员会主任职务的议案； 5. 审议县人大常委会关于江瑜平代理建宁县监察委员会主任职务的决定（草案）； 6. 听取和审议县政府关于 2020 年剩余部分新增一般地方政府债券资金分配方案的议案（草案）； 7. 听取和审议县政府关于县十七届人大四次会议代表建议办理情况的报告； 8. 听取和审议县法院关于生态环境司法保护工作情况的报告； 9. 听取和审议县政府关于县本级国有资产管理情况综合报告和行政事业性国有资产管理情况的报告； 10. 听取和审议县政府关于《县总医院医疗资源整合改革工作情况报告审议意见》落实情况的报告； 11. 听取和审议县政府关于我县城区饮用水供水保障工作的报告； 12. 听取和审议县政府关于 2020 年上半年财政预算执行情况的报告； 13. 听取和审议县政府关于 2020 年上半年国民经济和社会发展计划执行情况的报告； 14. 听取县政府关于《贯彻实施〈中华人民共和国水污染防治法〉情况执法检查报告的审议意见》落实情况的报告； 15. 听取县人大常委会调研组关于农村环境综合治理工作情况的调研报告。	2020 年 9 月 24 日
县十七届人大常委会第三十一次会议	1. 审议县政府提请职务任免的议案； 2. 审议个别县十七届人大代表的辞呈； 3. 审议县人大常委会关于补选部分建宁县第十七届人民代表大会代表的决定（草案）； 4. 听取和审议县政府关于县十七届人大四次会议重点督办建议和县十七届人大二次会议跟踪督办建议办理落实情况的报告，并进行满意度测评； 5. 听取和审议县政府关于“十四五”规划编制工作情况的报告； 6. 听取和审议县政府关于 2019 年县本级预算执行和其他财政收支的审计工作报告反映问题整改落实情况的报告； 7. 听取和审议县政府关于全县“七五”普法工作情况的报告； 8. 听取县人大常委会调研组关于全县教育布局调整情况的调研报告； 9. 听取县人大常委会视察组关于全县乡村振兴战略实施情况的视察报告。	2020 年 11 月 26 日

续表 5

常委会会议	议　　题	召开时间
县十七届人大常委会第三十二次会议	1. 审议个别县十七届人大代表的辞呈； 2. 审议《建宁县人大常委会关于补选部分建宁县第十七届人民代表大会代表的决定（草案）》。	2020 年 12 月 4 日
县十七届人大常委会第三十三次会议	1. 补选 2 名市十三届人大代表； 2. 审议关于召开县十七届人大五次会议的决定（草案）； 3. 审议关于县十七届人大五次会议列席人员安排原则的决定（草案）； 4. 审议代表资格审查委员会关于个别代表的代表资格的报告； 5. 审议县人大常委会工作报告（审议稿）； 6. 听取和审议县政府关于提请调整 2020 年县本级财政收支预算（草案）的议案； 7. 审议县政府提请职务任免的议案； 8. 审议县法院提请任职的议案； 9. 审议县法院陈晶院长的辞呈； 10. 审议县人大常委会主任会议关于提请决定牟旭代理建宁县人民法院院长的议案； 11. 审议《建宁县人民代表大会常务委员会关于牟旭代理建宁县人民法院院长职务的决定（草案）》； 12. 审议县人大常委会主任会议提请任职的议案； 13. 宪法宣誓。	2010 年 12 月 17 日

人事任免

【人事任免】 2020 年，建宁县人大常委会坚持党管干部和依法任免的有机统一，贯彻市、县委的人事任免决定。按照人事任免规定，严把资格审查、任前法律知识考试、会议听取情况说明、审议表决、颁发任命书、宪法宣誓等关口，规范各环节程序，保证党委人事意图顺利实现。全年任免国家机关工作人员 108 人次，并组织新任命人员进行法律知识考试和宪法宣誓。

【县人大常委会任免人员名单】 2020 年建宁县人大常委会任免人员名单一览表如下：

2020 年建宁县人大常委会任免人员名单一览表

表 6

常委会会议	任　免　名　单	召开时间
县十七届人大常委会第二十六次会议	**免去：** 俞书华　县人民法院人民陪审员 钟庆阳　县人民法院审判员及生态环境审判庭庭长 杨香梅　县人民法院审判员及少年与家事审判庭庭长 陈　琳　县人民法院立案庭庭长 钟声圻　县人民法院审判监督庭庭长 吴秀英　县人民法院刑事审判庭庭长 赵建敏　县人民法院民事审判第一庭庭长 谢建军　县人民法院民事审判第二庭庭长 江元晖　县人民法院民事审判第一庭副庭长 罗国栋　县人民法院行政审判庭庭长 包东明　县人民法院执行庭庭长 杨　铖　县人民法院执行庭副庭长 温素成　县人民检察院副检察长、检察委员会委员、检察员	2020 年 3 月 23 日

续表 6

常委会会议	任　免　名　单	召开时间
县十七届人大常委会第二十六次会议	**任命：** 杨培先　县人民法院人民陪审员 陈福英　县人民法院人民陪审员 杨进龙　县人民法院人民陪审员 余红艳　县人民法院人民陪审员 林　祥　县人民法院人民陪审员 吴冬旺　县人民法院人民陪审员 陈芳恩　县人民法院人民陪审员 甘宝爱　县人民法院人民陪审员 金　红　县人民法院人民陪审员 甘晓敏　县人民法院人民陪审员 李发生　县人民法院人民陪审员 周思兴　县人民法院人民陪审员 王昌爱　县人民法院人民陪审员 吴琦梅　县人民法院人民陪审员 黄必华　县人民法院人民陪审员 周爱英　县人民法院人民陪审员 张晓娟　县人民法院人民陪审员 余忠进　县人民法院人民陪审员 温兆坚　县人民法院人民陪审员 江代建　县人民法院人民陪审员 朱贵明　县人民法院人民陪审员 林淑花　县人民法院人民陪审员 廖琼华　县人民法院人民陪审员 李祖生　县人民法院人民陪审员 张有才　县人民法院人民陪审员 赵晓笛　县人民法院人民陪审员 吴朝胜　县人民法院人民陪审员 林发鑫　县人民法院人民陪审员 陈炳富　县人民法院人民陪审员 程东莲　县人民法院人民陪审员 张运喜　县人民法院人民陪审员 艾　敏　县人民法院人民陪审员 熊自国　县人民法院人民陪审员 钟秀珍　县人民法院人民陪审员 杨　紫　县人民法院人民陪审员 黄昌贵　县人民法院人民陪审员 张瑞英　县人民法院人民陪审员 李胜宁　县人民法院人民陪审员 陈伟端　县人民法院人民陪审员 吴　超　县人民法院人民陪审员 刘銮清　县人民法院人民陪审员 黄思发　县人民法院人民陪审员 陈海秀　县人民法院人民陪审员 陈学辉　县人民法院人民陪审员 程水秀　县人民法院人民陪审员 廖元军　县人民法院人民审判员	2020 年 3 月 23 日

续表 6

常委会会议	任 免 名 单	召开时间
县十七届人大常委会第二十六次会议	刘兴平　县人民法院人民审判员 江元晖　县人民法院立案庭庭长 杨　铖　县人民法院刑事审判庭庭长 谢建军　县人民法院民事审判庭庭长 刘建宁　县人民法院生态环境审判庭庭长	2020 年 3 月 23 日
县十七届人大常委会第二十七次会议	**免去：** 钟宏华　县人民政府副县长 江长青　县人民政府副县长 江长青　县公安局局长 邓万明　县住房和城乡建设局局长 邱九园　县发展和改革局局长 杨添福　县人民检察院检查委员会委员 **任命：** 李祥生　县人民政府副县长 杨　军　县住房和城乡建设局局长 吴建荣　县公安局局长 吴建荣　县人民政府副县长	2020 年 5 月 28 日
县十七届人大常委会第二十八次会议	**任命：** 郭　斐　县人民政府副县长（挂职两年） 吴锡邦　县人民政府副县长（挂职两年）	2020 年 6 月 11 日
县十七届人大常委会第二十九次会议	**免去：** 谢鸿福　县监察委员会副主任 **任命：** 夏金旺　县监察委员会副主任	2020 年 7 月 27 日
县十七届人大常委会第三十次会议	**免去：** 王　平　县人民政府科技副县长 黄允健　县人民政府办主任 **任命：** 江瑜平　县监察委员会副主任	2020 年 9 月 24—25 日
县十七届人大常委会第三十一次会议	**免去：** 陈华伟　县人民政府副县长 连云进　县人民政府副县长 宁邦清　县审计局局长 **任命：** 伍小兰　县人民政府副县长 姜炜根　县人民政府副县长 魏成伟　县人民政府办主任 胡宽华　县审计局局长	2020 年 11 月 26 日
县十七届人大常委会第三十三次会议	**免去：** 吴跃仁　县应急管理局局长 **任命：** 刘中宏　县应急管理局局长 牟　旭　县人民法院审判员、审判委员会委员、副院长 柯兆荣　县人大常委会社会建设委员会主任（正科长级） 熊昌明　县人大常委会环境与城乡建设委员会主任 翟佳芳　县人大常委会办公室副主任	2020 年 12 月 17 日

人大监督

【依法监督】 2020年，建宁县人大常委会依法行使宪法法律赋予的监督权，紧扣事关全县改革发展重大决策、重要问题、重点项目开展监督。强化预决算审查监督。听取审议预算调整方案、预算执行情况和决算报告，审查批准2019年县本级决算、2020年预算调整方案，加强全口径预算审查监督，就主要任务、重大项目、完成指标等提出有针对性的建议，推动县政府提升预算资金使用绩效。听取审议审计工作、审计发现问题整改落实情况报告，督促审计报告指出问题整改，推动审计监督作用充分发挥。依法审查并及时批准地方政府债券资金分配方案的有关议案，确保债券资金规范、及时、有效使用。聚焦经济运行开展监督。首次听取审议县本级行政事业性国有资产管理情况报告、县本级国有资产管理情况综合报告并提出意见建议，督促有关部门加强管理，促进国有资产保值增值。听取审议“十四五”规划编制情况报告，查找规划编制工作中存在问题和薄弱环节，针对困难和问题提出审议意见。听取审议上半年国民经济和社会发展计划执行情况的报告，动态掌握计划目标完成情况，对经济运行情况实行经常性监督。围绕提升依法治理水平开展监督。听取审议“七五”普法工作情况报告，提出落实普法责任、提升普法工作实效和健全普法机制等建议。听取审议县检察院关于未成年人刑事检察工作、县法院关于生态环境司法保护工作情况报告，督促司法机关提高实效、公正司法。开展《中华人民共和国慈善法》《中华人民共和国食品安全法》及《福建省食品安全条例》执法检查，保障法律法规有效实施，促进提升依法行政水平，不断推进全面依法治县进程。规范省人大常委会设在建宁县的立法联系点建设。执行人大信访工作制度，引导群众依法按程序表达诉求，全年共受理来信来访27件（次），做好重要信访件交办、转办、督办工作，推动信访问题依法解决，维护社会和谐稳定。

【民生监督】 2020年，建宁县人大常委会坚持以人民为中心。始终把事关群众切身利益的事项作为监督重点，积极回应群众关注和社会关切。推动全县教育卫生事业发展。开展教育布局调整工作调研，就全县中小学布局、教育资源配置情况、城区教学项目实施情况开展调研，推动相关问题有效解决。组织开展全县医疗卫生工作情况调研，听取审议全县医改工作情况报告，配合市人大常委会调研组开展以健康为中心的新型卫生服务体系建设情况调研，促进医疗卫生服务能力和水平提升。加强生态环境保护监督。听取审议环境状况及环境保护责任目标完成情况、林业生产与发展工作情况报告，了解生态环境保护工作存在短板并提出意见建议，助力生态环境保护工作稳步推进。开展乡村振兴工作视察，连续两年开展农村环境综合治理工作情况调研，跟踪督促城乡环境整治、河道非法采砂、畜禽养殖污染整治工作，回应人民群众对提高生态环境质量的需求。开展食品安全及供水安全监督。针对上年度食品安全专题询问审议意见落实情况开展跟踪监督，采取暗访形式深入重点环节开展调研，提出进一步改进工作的建议。开展城区饮用水供水保障工作情况调研，深入了解王坪栋水库、坑井水库、第二水厂饮用水源保护状况，督促县政府加快推进城乡供水一体化建设，完善供水管理体制，不断提高供水安全水平。

【监督方式】 2020年，建宁县人大常委会坚持改进监督方式。更加注重紧扣全县改革发展任务攻坚和县委决策部署的落实推进进行监督，提供决策参考更到位，助力发展更精准。凝聚依法监督共识。正确处理好监督与支持的关系，加强沟通联系和会商对接，既坚持问题导向，找准发展中存在的困难和不足，又注重支持助力，通过有效监督推动解决问题和改进工作，实现县人大常委会在县委领导下与“一府一委两院”同心同向，心往一处想，劲往一处使，合力推进治理效能不断提升的目标。适时新增监督议题。坚持哪里需要人大的及时监督助力，人大的监督就跟进到哪里。在确保完成既定年度监督计划的同时，结合县委重点工作推进实际，新增全县农村道路单改双工作情况、县一中新校区等重大民生项目选址工作、预拌混凝土市场销售价格等调研，针对性提出建议意见供县委决策参考。加强跟踪监督。连续三年将县十七届人大二次会议“关于加强菜市场秩序管理的建议”列为跟踪督办件并进行满意度测评，督促相关问题得到根本解决。

针对部分审议意见办理落实反馈不规范的问题，建立县政府向县人大常委会会议报告有关情况的机制，提升监督实效。

代表工作

【“双联”工作】 2020年，建宁县人大常委会强化“双联”工作。依靠全县人大代表做好常委会工作，深化和拓展常委会同人大代表的联系，坚持到基层和一线，强化常委会组成人员同人大代表的双向工作互动与交流，推进四级代表混合编组开展活动，提高基层代表对常委会工作的参与度，全年共邀请37人次列席县人大常委会会议，组织66人次参加县人大常委会组织的各类调研、执法检查和视察，代表的政治荣誉感、使命感和责任意识持续增强。不断完善“建宁县人大代表在身边”线上线下履职平台，建立群众线上留言及时办复制度，落实代表每月定期接待选民、收集社情民意的制度，代表履职服务成效持续提升，全年共联系选民3.8万余人，调处矛盾纠纷230余起，为民办实事360余件，代表连接党和政府与群众的桥梁纽带作用更加凸显。在疫情防控、创建省级文明县城、乡村振兴等工作中，各级代表密切联系群众的优势得到充分发挥，模范带动作用得到充分体现。

【代表履职保障】 2020年，建宁县人大常委会强化服务保障。加强代表履职监督，制定出台《建宁县人大代表履职监督实施意见》，通过对代表行使职权、履行义务、参加活动的情况进行履职量分并加强考核结果运用，提高代表履职实效。按照“一人一档”标准，进一步完善“三簿一表”，建立县、乡代表履职档案622份。落实代表履职报告制度，开展代表回原选区述职、向选民报告履职情况、接受选民评议。加大代表履职经费保障力度，完善代表工作经费管理使用意见，代表建议办理专项经费、代表履职补助经费、无固定工资收入代表履职误工补贴等全面落实，保障和激励代表依法履职、积极作为。重视和加强代表培训工作，健全完善培训机制，通过线上履职平台、专题培训、以会代训等形式，加强代表在政治理论、法律法规、人大制度理论、依法履职等方面的培训，全年共组织代表培训175人次。

【代表意见建议的督办】 2020年，建宁县人大常委会高度重视县十七届人大四次会议期间代表提出的90件建议、闭会期间提出的23件建议的办理工作，把提高代表建议办成率作为尊重和支持代表行使职权的重要内容，以推动解决问题为根本，严格办理程序，加大督办力度，扎实开展“代表建议督办月”活动，采取对口督办、跟踪督办、不满意再督办等多种方式，推动办理工作取得实效。坚持常委会会议听取部分承办单位建议办理情况报告、重点督办建议办理等做法，将“关于取缔城区（原西门市场）活禽交易及宰杀点的建议”“关于加强和改进社区工作的对策建议”列为重点督办建议并由常委会领导领衔督办。在“一府一委两院”的重视和推动下，通过有关乡镇和部门的共同努力，代表建议办复率达100%，已解决或基本解决的占42.2%，正在解决或列入计划解决的占48.9%，代表满意率达98.9%，代表建议办理质效得到有力提升，一批群众关心关注的问题通过建议办理得到有效解决。

（林　芳　谢洪鉴）

建宁县人民政府

编辑：艾玲朝

综　述

【概况】　2020年，建宁县人民政府坚持以习近平新时代中国特色社会主义思想为指导，全面贯彻中共十九大和十九届二中、三中、四中、五中全会精神，深入践行习近平总书记在福建、在三明、在建宁调研时的重要讲话、重要指示精神，在市委、市政府和县委的正确领导下，在县人大及其常委会和县政协的监督支持下，做实做足“四篇文章”、推进“四个着力”、深化“五比五晒”，统筹新冠肺炎疫情防控和经济社会发展，奋力推进县十七届人民代表大会第四次会议确定的各项目标任务。全年完成生产总值140.3亿元，增长6%；农林牧渔业总产值34.1亿元、增长3.5%；规模以上工业增加值99.7亿元，增长3.5%；第三产业增加值42.15亿元、增长7.9%；地方一般公共预算收入3.4亿元、增长2.5%；固定资产投资增长5.8%；实际利用外资740万美元；社会消费品零售总额36亿元、增长-0.3%；城镇居民人均可支配收入32615元、增长3.8%；农村居民人均可支配收入18321元、增长7.3%。2017至2020年，连续四年获评全省县域经济发展“十佳县”。

【工业质效更优】　2020年，建宁县全力推进重点项目建设，明一国际生态高新科技园建成投产，上黎生态牧场投入使用。铙纸集团破产重组加快推进，和骏工业等一批重点项目落地投产，培育国家级高新技术企业3家，新增规上工业企业6家。大力开展“访企业、解难题、促‘六稳’”专项行动，落实减税降费6400万元，新增贷款8.89亿元，有效打通复工复产操作链。

【农业实力更强】　2020年，建宁县粮食产能稳步提升，获省上粮食风险基金补助5000万元。“五子”特色产业持续壮大，全产业链产值达89.8亿元。水稻制种面积和产量分别占全国12.2%、20%，连续举办三届中国稻种基地发展大会，建宁现代农业（种业）产业园入选2020年国家现代农业产业园创建名单，并获袁隆平院士题名。建宁通心白莲正式列入中欧地理标志协

2020年12月20日，明一国际竹薮万头生态牧场开工仪式（县融媒体中心供稿）

定保护名录。

【三产活力更旺】 2020年，建宁县入选首批福建省全域生态旅游示范县，完成闽江源生态旅游区升级改造，高峰香溪花谷成功创建3A景区，莲海玉家等森林康养项目有序推进。完成中央苏区反“围剿”纪念馆、周恩来旧居陈列馆提升改造，打响“风展红旗如画”品牌。开展“为荷而来”“花海跑”“我在闽江源头有棵树”等主题活动，游客接待量、旅游总收入快速回升。电商销售逆势上扬，交易额增长17.7%。出台提振消费促进经济稳定增长12条措施，新增企业535户，较去年同期增长65.6%。

【重点项目攻坚】 2020年，建宁县大力开展“五比五晒”“项目攻坚年”活动，实施“五个一批”项目254个，河东棚户区改造等101个项目开工，莆炎高速公路建宁西互通连接线等96个项目竣工或投产，完成投资85.1亿元。坚持招商不见面、服务不断线，开展各类线上线下招商活动158场（次），新签约云杉纺织、天马科技等项目194个、总投资208亿元。实际利用外资取得突破，到位资金510万美元。发挥老区苏区优势，把握省纪委监委及“6+1”单位挂钩帮扶机遇，推进14个挂钩帮扶项目，争取到位各类资金13亿元。成立招商服务中心，组建常态化服务专班，开通项目审批服务“绿色通道”。推进城区、园区和交通项目征迁攻坚行动，保障项目用地2000余亩。

【城市品位提升】 2020年，建宁县城市建成区扩大至6平方千米，碧桂园等房地产项目有序推进。新改建市政道路5千米、污水管网15千米、公厕4座，新增停车泊位300个。实施衙前巷、城背巷、金钩山（二期）等老旧小区微改造，完成中山北路沿街建筑物立面改造和水南桥修复。发挥“e三明”“e建宁”作用，推行“网格＋微城管”管理模式，城市管理更加科学。创建省级文明县城取得重大成果，群众满意度大幅提升。

【乡村面貌改善】 2020年，建宁县开展“一镇十村”省级乡村振兴示范建设，均口镇和14个村被列入省级乡村治理试点示范单位，高峰村荣获“2020中国最美村镇最美康养小镇”称号，上榜2020年福建省美丽休闲乡村名单。完成农村公路晋级改造35千米，通乡县道全部达到三级以上公路标准。

【生态环境】 2020年，建宁县严格落实“三严四限六禁”，打好蓝天、碧水、净土保卫战。深化“河湖长制”，地表水质保持Ⅱ类及以上标准，成功争取全国首批水系连通及农村水系综合整治先行试点县。落实重点生态区位商品林赎买1200公顷，禁柴改燃做法得到省林业局肯定，富强石材被评为“全国石材行业绿色矿山建设示范单位”。

【脱贫攻坚】 2020年，建宁县严格落实“四个不摘”要求，抓实“两不愁、四保障”，实施五大增收工程，保障贫困户稳定增收。高质量完成国务院脱贫攻坚普查工作，枫元村被国务院扶贫办列为脱贫攻坚成功做法经验总结对象村。

【社会事业】 2020年，建宁县坚持教育优先发展战略，新建成小学、幼儿园3所，新增学位2520个。在省级教育“两项督导”中获评两个“优秀”等级，客坊中心小学入选教育部首批乡村温馨校园典型案例学校。深化“三医联动”改革，总医院满意度明显提升。实现城乡低保标准一体化，新增城镇就业2190人。

【平安建设】 2020年，建宁县深入推进扫黑除恶专项斗争，近三年共打掉涉黑犯罪组织2个、涉恶势力集团2个、涉恶势力团伙8个，查处涉恶“保护伞”5起。化解社会矛盾纠纷，群众安全感率保持在98%以上。实施“食品放心工程”，推进“餐桌污染”治理，通过省级食品安全社会共治示范县考评验收。强化安全隐患排查整治，安全生产形势稳定向好。

【忠诚干事】 2020年，建宁县坚持把政治建设摆在首位，巩固深化“不忘初心、牢记使命”主题教育成果，学懂弄通做实习近平新时代中国特色社会主义思想，增强“四个意识”、坚定“四个自信”、做到“两个维护”。

【依法行政】 2020年，建宁县全力推进法治政府建设，严格落实民主集中制和“三重一大”制度，自觉接受人大法律监督和工作监督、政协民主监督及社会各界监督。

共办理人大代表建议113件，政协建议案2件、提案134件、社情民意49件。

【廉洁干事】 2020年，建宁县严格落实中央八项规定及其实施细则精神，坚决整治“不作为、慢作为、乱作为”行为，驰而不息纠治“四风”，发文办会数量、“三公”经费持续下降。压紧压实全面从严治党主体责任，强化政府采购、土地招拍挂、项目招投标、扶贫等重点领域、关键环节监督审计，扎紧制度的“笼子”，坚决从源头上遏制腐败。

（黄婉星）

县政府常务会

【第一次常务会议】 2020年2月25日，建宁县县长陈显卿主持召开第一次县政府常务会议，研究2020年度“五比五晒”工作、福建尚和置业有限公司（尚和国际项目）出让合同履约认定、福建云杉集团落户园区、省道横六线建宁均口至伊家公路新建工程设计变更、2019年度重点生态区位商品林赎买、县国有企业为浦梅铁路（建宁段）向国开行贷款提供担保、县市政建设投资有限公司向福建闽江源建设发展有限公司派驻人员等有关问题，审议《进一步规范建宁县城区国有土地上危旧房改建管理的补充规定（送审稿）》《2020年建宁县人民政府工作要点（送审稿）》《山水林田湖草生态保护修复工程上级专项奖补资金分配方案（送审稿）》《“平安建宁”意外伤害综合保险实施方案（送审稿）》。

【第二次常务会议】 2020年3月6日下午，建宁县县长陈显卿主持召开第二次县政府常务会议，研究城乡供水一体化项目、拍卖出让建宁县水南片区邹吴家地块国有建设用地使用权、增设经济开发区配套产业园、改造提升污水处理系统、建宁县康养中心一期经营权向社会公开招商等有关问题，部署县一季度防范重特大安全生产事故工作，审议《关于城市困难家庭精准帮扶“347”工作机制的实施方案（送审稿）》《关于建立建宁县综合性消防救援队伍职业保障机制的意见（送审稿）》《关于改革国有企业工资决定机制的实施意见（送审稿）》《关于促进基础教育高质量发展的若干措施（送审稿）》。

【第三次常务会议】 2020年4月2日下午，建宁县县长陈显卿主持召开第三次县政府常务会议，研究一季度“五比五晒”项目竞赛工作、国土空间规划编制工作、调整部分2019年新增一般债券资金使用项目等有关问题，审议《2020年县委县政府为民办实事工作计划（送审稿）》《建宁县农民合作社质量提升整县推进试点实施工作方案（送审稿）》《建宁县民宿管理办法（送审稿）》《建宁县旅游基础设施综合开发PPP项目合同补充协议条款（送审稿）》《城区农贸市场整体对外承包经营方案（送审稿）》《建宁县2020年重点流域生态补偿资金分配方案（送审稿）》《2020年第一批新增地方政府债券资金分配方案（送审稿）》。

【第四次常务会议】 2020年4月24日下午，建宁县县长陈显卿主持召开第4次县政府常务会议，研究推进县融媒体中心规范化建设做大做强县级主流媒体、统筹安排历年保障性住房专户资金、探矿权核查处置意见等有关问题，审议《2020年福建省全民健身运动会建宁县实施方案（送审稿）》《建宁县深化改革加强食品安全工作实施方案（送审稿）》。

【第五次常务会议】 2020年4月26日上午，建宁县县长陈显卿主持召开第五次县政府常务会议，专题研究福建云杉集团投资补充协议有关问题。

【第六次常务会议】 2020年5月29日下午，建宁县县长陈显卿主持召开第六次县政府常务会议，研究明一宏业、明一友邦公司2019年度纳税奖励、河东棚户区改造项目国有土地收储及公房住户过渡安置、筹建物资贸易公司及关联产业、建宁县荷花宾馆租赁等有关问题，传达全国及省市禁毒工作会议精神，部署当前禁毒工作，审议《建宁县2020年城乡建设工作意见（送审稿）》《2020年度市对县绩效管理考评责任分解工作方案（送审稿）》《福建省建宁县国家现代农业产业园创建方案（送审稿）》《加快推进工业企业“退城入园”转型升级实施细则（送审稿）》《省对县“两项督导”省级督导评估意见问题整改方案（送审稿）》《进一步调整优化结构提高教育经费使用效益实施方案（送审稿）》《建宁县2019年度医改和基本公共卫生工作短板问题整改方案（送审稿）》《2020年第二批新增地方政府债务资金分配方案（送审稿）》。

【第七次常务会议】 2020年6月22日下午，建宁县县长陈显卿主持召开第七次县政府常务会议，研究“闽赣汽贸”矛盾化解处置、南方国际项目继续按原规划指标补缴土地出让金、收购福建三明南方林业科技有限公司部分资产、拨付建宁县上黎生态牧业有限公司和建宁县竹薮生态牧业有限公司补助资金、建宁县公安局两个职务序列改革工资待遇兑现等有关问题，审议《建宁县2020年事业单位公开招聘工作人员实施方案（送审稿）》。

【第八次常务会议】 2020年7月15日下午，建宁县县长陈显卿主持召开第八次县政府常务会议，研究市对县扶贫成效考核工作、支持市交发集团参与县交通综合开发项目、补充明确县出租车空驶费标准等有关问题，审议《国省干线纵八线建宁福新至长吉公路二期征地拆迁工作实施方案（送审稿）》《建宁县旅游消费券发放活动方案（送审稿）》。

【第九次常务会议】 2020年8月6日上午，建宁县县长陈显卿主持召开第九次县政府常务会议，传达贯彻国务院第三次廉政工作会议、省政府廉政工作会议精神，安排部署县政府2020年廉政工作，研究福建建浦机床投资协议、落实富强民盛新型材料有限公司等3家企业产业扶持资金等有关问题，审议《全县安全生产专项整治三年行动实施方案（送审稿）》《建宁县道路交通安全综合治理指导意见（2020—2022年）（送审稿）》《建宁县银行机构服务地方经济发展考评办法（送审稿）》《关于建宁县闽江源国有林场有限公司资产转移登记及相关债权债务处置方案（送审稿）》。

【第十次常务会议】 2020年8月25日上午，建宁县县长陈显卿主持召开第十次县政府常务会议，传达县政协“加快融合发展，打造生态康养休闲旅游名县”专题协商会精神，安排部署生态康养休闲旅游产业融合发展工作，研究十七届人大四次会议代表建议和县政协十届四次会议委员提案办理工作、推进综治视联网建设、农村污水处理工程、探矿权（排上）核查处置意见、福建天马科技集团股份有限公司投资协议、新建四万平方米钢结构标准厂房、2019—2020年“雪亮工程”公共视频监控联网建设等有关问题，审议《建宁县应对秋冬季新冠肺炎疫情应急预案（送审稿）》《建宁县扫黑除恶专项斗争十大重点行业领域突出问题专项整治工作方案（送审稿）》《建宁县生活垃圾分类工作实施方案（送审稿）》。

【第十一次常务会议】 2020年9月18日上午，建宁县县长陈显卿主持召开第十一次县政府常务会议，研究应急指挥调度系统建设和安全生产隐患起底专项整治月行动、建宁县交通产业战略合作、建宁县行政服务中心搬迁和楼层管理使用相关工作、县城监大队增加人员及执法装备经费等有关问题，审议《建宁县农村相对贫困家庭“239”精准帮扶的实施方案（送审稿）》《关于进一步加强设施农业用地管理的通知（送审稿）》《关于进一步发挥异地商会和在外乡贤作用的实施方案（送审稿）》《建宁县2020年度城区公共租赁住房实物配租和廉租住房租赁补贴实施方案（送审稿）》《2020年综合性生态保护提升补偿资金分配方案（送审稿）》《2020年新增一批地方政府债券资金分配方案（送审稿）》。

【第十二次常务会议】 2020年10月15日下午，建宁县县长陈显卿主持召开第十二次县政府常务会议，研究关于福建闽江源绿田实业投资发展有限公司两宗闲置土地处置、建宁县闽江源国有林场有限公司森林资源资产转让及合作造林、县政府与厦门思明国有控股集团有限公司合作意向框架协议等有关问题，审议《建宁县农村乱占耕地建房问题摸排工作实施方案（送审稿）》《关于扶持建筑企业发展的有关措施（送审稿）》《建宁县中小企业发展专项资金管理办法（送审稿）》《关于加快推进企业“退城入园”的实施方案（送审稿）》《关于火车南站与核桃峰陵园之间景观带建设工作方案（送审稿）》《建宁县深化县委管理企业负责人薪酬制度改革意见（送审稿）》。

【第十三次常务会议】 2020年10月29日上午，建宁县县长陈显卿主持召开第十三次县政府常务会议，研究县“五比五晒”工作、建宁县拟与中粮集团对接合作项目（第一批）、重点生态区位林赎买工作、福建省建宁县宏晖食品有限公司履行土地出让程序等有关问题，传达贯彻全省秋冬季疫情防控视频会议精神，安排部署县秋冬季疫情防控工作，审议《建宁县第四批县级文物保护单位和第二批一般文物点名单（送审稿）》《建宁闽源金声玉振生态文旅康养项目投资协议（送审稿）》。

【第十四次常务会议】 2020年11月18日下午，建宁县县长陈显卿主持召开第十四次县政府常务会议，研究拍卖出让建宁县闽江源片区原农机公司地块国有建设用地使用权、林则徐禁毒教育基地及宣传教室建设、福建闽江源旅游集团有限公司向建宁县农业银行贷款及担保等有关问题，传达建宁县“十四五”规划编制专题协商会精神，审议《关于进一步提升河湖长制工作方案（送审稿）》《2020年度台江区对口帮扶建宁县资金实施方案（送审稿）》《建宁县疾病预防控制中心综合改革方案(试行)（送审稿）》《建宁县推进医防融合深化公共卫生服务体制改革实施方案(试行)（送审稿）》。

【第十五次常务会议】 2020年12月11日下午，建宁县县长陈显卿主持召开第15次县政府常务会议，研究建宁县2021年文旅重点项目、建宁县第一中学新校区建设、竞拍建宁县云深国际酒店土地使用权和建筑物以及相关设施、工投公司向宁化农发行贷款、调整2020年县本级行政事业单位经费预算等有关问题，审议《2020年县政府工作报告（送审稿）》《2020年国民经济和社会发展执行情况和2021年国民经济和社会发展计划（草案）报告（送审稿）》《建宁县2020年财政预算执行情况和2021年财政预算(草案)的报告(送审稿)》《建宁县“十四五”经济社会发展规划纲要（草案）（送审稿）》《建宁县扶持旅游产业发展办法（送审稿）》《建宁县国家全域旅游示范区创建工作方案（送审稿）》《建宁县露天焚烧垃圾秸秆、扬尘污染、工业企业冒黑烟整治行动方案（送审稿）》《建宁县城市规划区内土地房屋征收管理工作机制（送审稿）》《建宁县城市规划区内国有土地上房屋征收与补偿暂行办法（送审稿）》《建宁县城市规划区内集体土地征收工作程序暂行规定（送审稿）》。

（黄婉星）

为民办实事项目

【概况】 2020年，建宁县扎实践行以人民为中心的发展思想，聚焦群众最关心最直接最现实的问题，围绕基础教育、医疗卫生、城乡建设、公共交通、服务保障、老旧小区改造等重点领域，实施为民办实事项目12大项38小项，大部分已完成。推进项目加快建设，补齐民生社会事业短板，全年共投入资金8.5417亿元。

【县康养中心与行政服务中心项目】 2020年，建宁县康养中心(一期)项目已竣工，已完成主体建筑、室内装修和人防工程建设。共建设养老床位500张，完成工程投资6200万元。附属工程已完成招标，施工单位已进场施工，预计2021年下半年投入使用。建宁县行政服务中心新业务用房已完成装饰装修并搬迁入驻，完成总投资2890万元。

【县医院建设项目】 2020年，建宁县医院建设项目已进入室内精装修和室外工程阶段，完成总投资29350万元。其中：行政楼室外附属工程路床平整完成，一层厨房设备安装、二到四层铝扣板吊顶安装完成；精神病楼屋面电梯主机线路安装完成；传染病楼外立面石材幕墙安装、北侧强弱电管道预埋完成；门诊楼屋面防水卷材施工完成；医技楼净化区域地面找平完成，室外东侧水电化粪池预埋完成；住院楼三层卫生间墙面瓷砖铺贴、六层设备带安装、走道薄板铺贴完成。

【教育基础设施提升工程】 2020年，建宁县教育基础设施提升工程项目完成总投资18692万元。建宁县闽江源小学、闽江源幼儿园、第三实验幼儿园已竣工验收并交付使用；建宁二中教师周转房完成初验，正在建设附属工程；城关中学学生公寓楼、特殊教育学校教学综合楼建设项目已开工建设，正在基础施工；第三中学综合楼已完成招标，正在公示。

【市政基础设施提升工程】 2020年，建宁县市政基础设施提升工程项目完成总投资12176万元。建宁县第三实验幼儿园、闽江源幼儿园周边路网已竣工验收；闽江源小学周边路网路面及附属设施已建设完成；将军路二期、闽江源路至火车南站市政道路已通车；高速西互通（市政段）已建成通车；县总医院周边路网已开工建设，正在进行前期安全围挡施工；建宁火车南站站前路道路正在路基施工；城区至枫源绿道已建成，并已完成初验；燃气管道铺设管网13千米，实现尚和国际、万家财富广场、亿兴大厦、林业小区、豪庭小区、万星首府、商会大厦一期和二期、南方国际二期9个小区通燃气。污水厂进厂道路完成路面结构；江滨南路完成招投标，正在前期准备中。建宁县水南大桥已竣工通车，完成总投资422.76万元。

【老旧小区提升改造项目】 2020年，建宁县老旧小区提升改造项目完成总投资1513万元。衙前巷小区已完成改造并投入使用，城背巷小区正在进行地面石材铺装。建宁县河东片区改造工程项目完成总投资8500万元。河东安置房一期已开工建设，正在进行基础施工；安置房二期正在方案设计阶段。河东棚户区共收储私人房屋232户，拆除212户；收储公房11户，均已拆除，还剩中石化未完成收储。

【建宁第二水厂建设】 2020年，委托设计单位编制完成《建宁县城乡供水一体化规划报告》，报告将规划建设的第二水厂项目并入城乡供水一体化建设项目一起实施。

【建宁县北站广场提升工程】 2020年，建宁县北站广场提升工程项目完成总投资15万元。项目施工图设计、预算、预算审核、可行性研究、第三方审核和招投标工作已完成，因春运临近，考虑到旅客安全问题，动车站建议待春运过后再施工。

【城乡客运服务水平提升工程】 2020年，建宁县城乡客运服务水平提升工程完成总投资1200万元。已完成城区公交站点改扩建17个并验收；采购新能源城市公交车2辆并投入使用；园区公交专线已开通；高峰、圳头、马家、金铙山公交站点完成验收并投入使用；购置农村客运车1辆、7座农村客运车4辆并投入使用。采购微公交20辆，待充电桩建设完成后投入使用。

衙前巷老旧小区改造　　　　（县融媒体中心供稿）

【福城农贸市场扩容工程】 2020年，建宁县福城农贸市场扩容工程项目已完成总投资4442万元。市场实施市场化、规范化管理已完成，市场内已美化、亮化，外围钢架棚主体已建设完成并投入使用；禽类屠宰点已迁往黄舟坊裕芳粮食加工厂往下50米处。回购福城开发商部分店铺已通过法院网拍取得，正在办理产权过户手续，扩容设计方案图纸正在与相关部门沟通完善。

（县政府办供稿）

县政府办工作

【综合协调】 2020年，建宁县人民政府办公室（简称建宁县政府办）充分发挥“中枢”作用，加大工作力度，强化督导检查，多方组织协调，狠抓工作落实，使各方面工作相互衔接，形成合力，工作质量和工作效率进一步提高。高效抓好会议组织和文件承转工作。完善文件传流转制度，文件传递及时准确，未发生泄密事件。组织县政府各种会议，特别是项目建设、城乡规划、环境保护、安全生产、社会稳定等会议70余次，做到会前周密准备，会中细致服务，会后盯办落实，会务质量明显提高。周密细致做好协调服务工作，发挥联系上下、协调左右的“枢纽”作用，注重处理好政务与事务、参与与参谋、对上服务与对下服务三个关系，推动各项工作的顺利开展。

【办文办会】 2020年，建宁县政府办发挥以文辅政作用，开展调查研究，“参在点子上、谋在关键处”，共撰写领导讲话、汇报、总结、报告等综合性文章20余万字。2020年，共收处各级党委、政府及部门文件1782份，起草印发县政府及办公室文件500余份，全部做到程序严密，格式规范，发放及时，保证政府工作高效运转。围绕全县高质量发展大局和县政府中心工作，开展调查研究，挖掘典型做法和先进经验，形成10篇以上调研报告，服务县领导决策部署，服务各部门、企业发展创新。发挥县政府核心中枢作用，办好文、办好会，推行“无会周”，坚持总量控制，发文办会数量年均下降20%以上。

【信息工作】 2020年，建宁县政府办信息科坚持学习各类省、市及县委、县政府政策文件，掌握重要工作方向，瞄准信息源头，挖掘重点信息及特色信息，扩大信息报送覆盖面，提高信息工作质量，为政府科学决策、落实工作提供全信息服务。全年，采编报送省、市政府办信息共计849条（次），其中长篇9条、短篇496条、媒体信息338条、约稿6条，全年上稿省今日要讯共计8条（其中：长篇专刊1条；短篇正刊7条）。

【督查工作】 2020年，建宁县政府办围绕县政府的中心工作，以县政府领导关注和市民群众关心的热点、难点问题为重点，开展督查督办工作。全年共承办市政府交办督办事项10次，转办承办县人大代表建议、政协提案224件（其中人大代表建议90件、政协提案134件），代表建议、委员提案答复率100%；转办承办市政府领导批示件9件，办结率100%；承办县长重要批示件10期，对454件县长批示件（其中社情民意县长批示件21件）进行跟踪督办，就有关问题的贯彻落实下发刊发《督查反馈》41期。

【后勤保障】 2020年，建宁县政府办高度重视后勤重点工作推进，落实中央“八项规定”，坚持厉行节约、减少开支原则，严把财务支出关和纪律关，加强财务管理、改进财务制度、完善核销程序。在严格公车使用管理方面，县政府办组织工作专班通过查阅台账、查看实物、走访座谈等形式对公务用车领域存在的突出问题进行自查自纠，抓好车辆管理规范，强化法规意识，注重管理实效。

【网站建设】 2020年，建宁县人民政府网站围绕政务公开相关要求，加强栏目建设。以政务公开为主线，下设工作动态、通知公告、财政资金、重大项目建设等栏目，及时发布各类政策法规和规章制度，向公众发布县政府重大决策及所属各部门的办事程序及各项工作进展情况；要求县直各部门和乡（镇）规范并及时保障政府信息公开栏目，确保信息公开栏目及时更新；依托政府门户网站，开展政务公开标准化规范化工作。

【互动交流】 2020年，建宁县人民政府网站设置咨询投诉子栏目，链接三明市12345服务平台，及时答复群众咨询投诉件，为群众投诉、反映情况开辟绿色通道；结合县重点工作，做好在线访谈栏目维护管理工作，在线访谈邀请相关乡（镇）、单位制作4期在线访谈，增强政府部门和公众的互动性；设置调查征集栏目，结合政府重点工作已开展4次不同主题的意见征集和网上调查，并做好意见建议情况公开工作。

【网站管理】 2020年，建宁县政府办加强网站管理。年内安排2.5万元作为网站的运营维护经费，强化对县直各单位、各乡（镇）信息保障情况的督查，督促整改网站更新、互动回应、错字错链等问题；建立完善县政府网站安全管理制度、县政府网站管理暂行办法，实行二级审核办法，规范信息发布管理，以考核制度促进工作落实。

【电子证照工作】 2020年，建宁县电子政务中心、行政服务中心、效能办开展电子证照工作督查4次，并以县效能办名义下发督查通报。并多次通过微信工作群等方式组织相关部门加快电子证照生成工作。截至2020年年底，共在电子证照管理系统中登记证照总数为109184个。

（县政府办供稿）

应急管理

综　述

【概况】 2020年，建宁县深入贯彻落实习近平总书记关于安全生产和消防工作的重要指示，严格执行市委、市政府和市安委会的决策部署，落实《地方党政领导干部安全生产责任制规定》《三明市消防安全责任制实施意见》和《三明市关于〈福建省党政领导干部安全生产责任制实施细则〉落实方案》，推进安全生产领域改革发展任务，抓牢安全生产和消防工作责任落实，紧盯元旦春节、“两会”、汛期、黄花梨采摘季、中秋国庆、年末岁首等重点时段，突出重点行业领域监管，开展安全生产隐患大排查大整治和安全生产专项整治三年行动，健全完善党政领导挂钩重点风险和隐患工作机制，推动应急救援体系建设，推进安全生产和消防知识宣教，有效防范较大以上生产安全和火灾事故发生。2020年，建宁县发生生产安全事故1起，死亡1人；发生火情22起，死亡0人，受伤0人，经济损失57万，与去年同期比，死亡人数下降100%，受伤人员与去年持平，经济损失下降了40.51%。未发生较大以上生产安全和火灾事故，全县安全生产和消防工作形势持续稳定向好。

【应急基础建设】 2020年，建宁县完成森林防灭火、防汛抗旱指挥部办公室转隶工作。1月1日，建宁县森林防灭火指挥部办公室正式转隶至应急管理局。4月29日，建宁县防汛抗旱指挥部办公室正式转隶至应急管理局。强化应急救援水平。成立县综合应急救援大队西部分队，组建蓝天应急救援队、宏晖应急救援队等社会救援队伍，充实完善13支护林兼扑火队伍。制定《建宁县突发公共事件总体应急预案》《建宁县处置森林火灾应急预案》《建宁县防洪防台风应急预案》《建宁县危险化学品生产安全事故应急预案》等预案，形成横向到边、纵向到底的应急预案体系。在应急演练方面，开展2020年城区防洪抢险救灾应急演练、汛期公路抢险应急演练等大型演练20余场，全县各行业结合实际开展防汛、防洪、防泄漏、消防等各类应急演练100余场。

【应急宣传与培训】 2020年，建宁县强化安全宣传教育。组织开展“5·12”全国防灾减灾日宣传、“安全生产月”“八闽安全发展行”“森林防火宣传月”“安康杯”竞赛、“青安岗”等活动，线上主要采取网络课堂培训、网络竞赛、网络考试、微信、抖音宣传，线下主要通过签订安全承诺、专家指导服务、利用“村村通”大喇叭广播、发放宣传资料、悬挂宣传横幅等手段，推进安全宣传“五进”工作。据统计，仅在“安全生产月”期间，本县线上开展宣传活动7场，参与人数5000余人，线下开展宣传活动107场，参与人数3800余人。开展“119消防宣传月”活动，普及“小火亡人”知识，把消防安全知识教育纳入普法教育内容、纳入干部培训必修课程，年内发送消防警示短信15万条，开展消防安全知识讲座10余场，参与人员包括学生、家长和企事业单位3万余人。组织危险化学品、烟花爆竹、非煤矿山、工贸等企业主要负责人和安全管理人员100余人参加安全生产资格培训，每月组织企业主要负责人和安全管理人员，参加三明应急管理公众号考试，全方位提高企业安全生产知识技能。

【压实安全监管职责】 2020年，建宁县先后3次在县委常委会上传达贯彻习近平总书记对安全生产和森林火灾的重要指示批示精神，听取安全生产工作汇报，研究安全生产工作。县政府先后2次召开政府常务会，审议安全生产工作文件，研究解决安全生产工作难题，部署安全生产专项整治工作；先后召开房屋安全隐患排查整治工作专题会、全县安全隐患大排查大整治工作会和防范重特大生产安全事故警示教育视频会，吸取泉州欣佳酒店“3·7”坍塌事故教训，部署推动大排查大整治和房屋结构安全隐患排查整治工作。县党政两套班子成员按照“党政同责、一岗双责”的要求，召开分管领域的安全生产工作专题会，协调解决安全生产和消防安全重点难点问题，带队开展安全生产和消防工作检查。县政府每半年召开一次消防工作联席会议，分析火灾事故发生规律，部署消防工作；在11月25日的消防工作联席会议上，县政府对《三明市消防安全责任制实施意见》进行专题宣传贯彻。层层传导责任落实到位。年初，县政府对9个乡（镇）和县直有关部门下达安全生产和消防工作目标责任书，明确各乡（镇）、各部门的安全生产和消防工作职责，各乡（镇）与各行政村、居委会，各行业主管部门与监管企业签订安全生产和消防工作责任状，实现责任层层传导。风险防控责任落实到位。4月8日，县委、县政府制定《提升完善风险隐患分级分类管控工作机制》，梳理出10条县级安全生产红色隐患和48条县级重点安全风险，县委书记和县长带头挂包，县分管领导挂钩协调督促落实整治。在整治过程中，对风险隐患清单进行滚动管理，做到分级分类管理工作常态化。年内，10条县级红色隐患已全部整改到位，48条县级重点安全风险管控状态均正常。

【应急指挥中心正式投入使用】 2020年11月20日，建宁县应急指挥中心正式投入使用。这是三明市首个正式投入使用的县级应急指挥中心，也是全省前五个正式投入使用的县级应急指挥中心之一。建宁县应急指挥中心占地320平方米，总耗资115万元，包含指挥中心机房核心系统、LED显示系统、音频扩声系统、数字会议讨论系统、网络与安全系统、小会议室设备和空调等系统及设施设备。建宁县应急指挥中心实现防汛抗旱、森林防火、决策指挥、风险防控等应急管理工作的统一指挥调度，提高应急管理的科学化、专业化、智能化、精细化水平。

【组建县综合应急救援大队西部分队暨水尾小型消防站】 2020年2月20日，建宁县综合应急救援大队西部分队暨水尾小型消防站正式组建。水尾小型消防站驻勤人员15人由县消防救援大队负责安排；县综合应急救援大队西部分队共46人，由县应急局、消防救援大队、客坊乡、黄埠乡安排人员，其中执勤管理人员6人由县应急局工作人员兼任；水尾小型消防站驻勤人员15人；客坊乡15人；黄埠乡10人（客坊乡和黄埠乡的人员主要为半专业化森林扑火队伍人员）。水尾小型消防站设置消防车库（车库尺寸长宽高不小于12×4.5×5米/个，共两个），生活区设置独立通向车库的专用楼梯，设立通讯室、会议室、宿舍、办公室、器材库等场所（根据实际情况可合并使用），并进行相应分割及布设相关监控设备。水尾小型消防站所需场所、办公用品及执勤、训练和生活等设施由客坊乡政府负责提供。水尾小型消防站所需车辆、器材（约需资金60万元），由县应急局负责筹措资金并按政府采购要求进行购买；县综合应急救援大队西部分队所需装备（约需资金20万元），由县应急局负责筹措资金并按政府采购要求进行购买；水尾小型消防站日常工作经费由客坊乡、黄埠乡政府共同负责保障。县文旅局向上争取省级文物保护单位的项目资金，共同解决小型消防站工作经费问题。水尾小型消防站主要负责客坊乡、黄埠乡日常消防防火巡查、消防安全知识宣传，承担客坊乡、黄埠乡等周边民房火灾扑救工作。县综合应急救援大队西部分队承担客坊乡、黄埠乡境内突发灾害的抢险救援工作。具体职责由县应急局牵头细化，有关乡镇落实到位。建立值班值守制度，做到全年365天，每天24小时值班，值班地点设在县应急救援指挥中心，值班人员从县综合应急救援大队西部分队中抽调，值班补贴按相关政策执行。

【危险区域群众转移避险演练】 2020年8月25日，建宁县防汛抗旱指挥部组织消防、应急局、卫生等部门联合开展危险区域群众转移避险演练。演练背景为：受强降雨影响，8月25日早晨7时至下午14时，溪口镇局部出现短时强降雨，6小时降雨量达100毫米，河水超警戒水位1米，已发生不同程度灾情，未来6小时降雨量仍在50毫米以上。为防止山洪、滑坡、泥石流等突发险情发生，需提前转移溪口社区船厂低洼地带危险区域群众13户50人、大窠山地灾点危险区域群众5户20人、高陡边坡1户6人、旧危房1户1人。县防汛办接到险情报告后，通过指挥部及时下达救援指令，相关职能部门及时响应，协同配合，及时赶赴船厂将低洼地带和大窠山地质灾害点、高陡边坡隐患点群众转移到居家养老服务中心安置。

【防汛抗旱】 2020年3月，建宁县防汛抗旱指挥部组织水利技术人员组成汛前水利工程安全检查组，对全县9个乡（镇）9座小（一）库、15座小（二）库和部分重点山塘以及在建水利水电工程进行汛前安全大检查，共计检查水利工程46处，检查人次106人。2020年12月，县级防汛部门建立10支300人的防汛抢险应急队伍，有橡皮舟2艘，防汛抢险舟5艘，救生衣300件，救生圈215只，尼龙绳1千米，各类手电筒125个，手摇警报器54个，以及抛绳器、救生杆、救生软梯、头盔、照明灯、手套、雨靴、抽水机等必备的防汛物资，能基本满足常遇洪水的抢险需要。

【防震减灾】 2020年，建宁县利用“5·12”汶川地震纪念日和国际减灾日、“7・28”唐山地震纪念日、科普宣传周等有利时机，开展防震减灾集中宣传教育活动。年内制作防震减灾知识专栏3期，悬挂宣传标语12条，发送防震短信5万条，发放防震宣传资料4000余份，摆放防震减灾宣传展板5次。根据县政府《“十三五”期间全县地震应急避难场所建设工作实施方案》（建政办〔2018〕114号）文件要求，完成本县8处地震应急避难场所建设。

（刘鹭建　陈嘉伟）

安全生产监督管理

【安全生产隐患排查】　2020年，建宁县开展安全生产隐患大排查大整治。泉州“3・17”酒店坍塌事故发生后，建宁县汲取教训，举一反三，迅速下发《关于印发建宁县安全生产隐患大排查大整治工作方案的通知》，之后还根据省、市工作方案，对建宁县工作方案进行补充和完善。各乡（镇）、各部门突出集中医学观察点、复工复产工人集中居住场所和交通运输、工程施工、消防、危险物品、非煤矿山、工业企业、人员密集场所、自然灾害等重点领域，严查、细查安全隐患，对排查出的安全隐患进行分色管理，建立落实监督清单、问题隐患排查整改销号清单、执法清单和问责清单，做到隐患整改责任、措施、资金、时限和预案“五落实”。年内共组织大排查大整治7213人次、832个次执法检查指导服务组参与排查，排查单位和场所2319家次，发现隐患786条，整改隐患783条，责令限期整改136家，停产停业整改3家，取缔关闭2家，处罚33家（人）次，罚款20余万元，重大隐患挂牌督办1家，约谈2家，通报1家。

【房屋结构安全隐患排查与整治】　2020年，建宁县开展房屋结构安全隐患大排查大整治。根据市政府关于房屋结构安全工作部署，建宁县全面部署开展房屋结构安全隐患排查整治工作，按照责任不松、工作不断、力度不减的原则，严格落实行业监管责任、乡镇属地责任、企业或产权人主体责任，通过加强宣传教育、组织服务指导组进行验收等方式，确保不漏一户一房，应查尽查。年内共排查房屋36192幢，其中，六大类房屋2168幢，发现重大安全隐患房屋130幢，已全部处置到位。

【安全生产专项整治三年行动】　2020年，建宁县开展安全生产专项整治三年行动。《全县安全生产专项整治三年行动实施方案》下发后，各乡（镇）、各有关部门主动认领责任，开展动员部署，细化实施方案，结合大排查大整治，对发现的风险隐患进行造册登记，明确整改责任单位和整改要求，制定时间表路线图，整治工作取得初步成效。共排查隐患475条，整改隐患417条，行政处罚38次，罚款11.47万元。

【安全生产隐患专项整治月行动】　2020年，建宁县开展安全生产隐患起底专项整治月行动。8月9日，县政府主要领导亲自部署，根据安全隐患“一抓到底、见底清零”工作机制，要求集中一个月时间，在全县范围内开展安全生产隐患起底专项整治月行动。各乡（镇）、各部门落实工作要求，对风险隐患开展全面排查，对之前还未整改的安全隐患，开展“清零”工作。同时县政府组织人员开展督查，对督查结果实行一周一通报。据统计，专项整治月期间，全县共检查单位和场所480家，参与人数925人（次），发现隐患134条，已整改134条，限期整改33家，罚款3.46万元。

【道路交通安全】　2020年，建宁县深入开展黄花梨采摘季农用三轮车载人、车辆人货混装专项治理，重点开展“乘摩托车不戴头盔”专项整治，开展“两客一危”治理，重点紧盯车辆最密集的城关到均口和城关到里心路段，严密排查桥梁隧道、急弯陡坡、长大下坡等危险路段，严厉打击超速、超载、超限“三超”现象，坚决查处酒驾、醉驾、无证驾驶、非法载客、非法营运、疲劳驾驶、逆行等行为，提高车辆驾驶人安全行驶意识。定期检查物流企业、机动车维修企业和出租汽车安全，发挥农村交通安全劝导站作用。组织开展平安农机“示范乡镇”创建活动，推进公路安全生产防护工作建设，做好路段桥隧、陡坡急弯、临水临崖等事故易发多发路段的防护，在冰冻雨雪等极端天气下，及时对溜方、冰冻、积水等危险路段进行处置，确保车辆行人安全。据统计，2020年，全县共查处各类交通违法行为42942起，查处“五类十项”严重交通违法行为12817起，与去年同期相比，增加21.71%。

【工程施工安全】 2020年，建宁县紧抓县重点项目施工、住宅楼施工、企业厂房施工、道路工程施工、水利工程施工等项目监管，加强高速公路和铁路施工项目检查力度，重点开展起重机械、脚手架、模板体系、基坑等关键工序安全整治，防范公路隧道坍塌、塔吊倒塌、高处坠落等事故发生。是年，在网上共发出责令整改通知书72份，停工通知书2份。全年，根据动态管理办法，对施工企业进行累计扣分1008分，对监理单位累计扣分764分。

（刘鹭建）

消 防

【消防安全】 2020年，建宁县新增市政消火栓7座，在全县范围内部署开展消防安全生产专项整治三年行动，包括打通消防生命通道工程，电气火灾综合治理，电动自行车、文物建筑专项整治，人员密集场所专项整治，今冬明春火灾防控，易燃易爆危险品消防，老旧小区消防安全改造等安全检查，重点排查出租屋、城区农村老旧木房、学校、医院、超市、商场、宾馆、饭店、娱乐场所、生产加工企业等人员密集场所，抓牢抓实消防重点单位火灾隐患整治，挂牌督办重大火灾隐患。年内，共检查社会单位405家，发现火灾隐患156处，下发责令改正通知书114份，督促整改火灾隐患158处，办理行政处罚10次，责令“三停”1家，临时查封2家，罚款12.6万元，挂牌督办重大火灾隐患2处（福城综合市场和富贵世家小区），并按期摘牌。

【危险化学品安全】 2020年，建宁县贯彻落实中共中央办公厅、国务院办公厅《关于全面加强危险化学品安全生产工作的意见》和省《关于全面加强危险化学品安全生产工作的实施方案》，全面加强危险化学品经营、储存、使用、运输和废弃处置全链条安全监管，重点整治危险化学品企业风险隐患，排查“两个导则”不落实，危险物品企业外部安全防护距离不符合标准要求、没有安全风险评估，以及企业主要负责人和安全管理人员未经安全生产知识和管理能力考核合格、未持证上岗等问题。年内，共检查危险化学品企业86家次，发现安全隐患24处、整改24处、处罚1家。

【行业生产安全】 2020年，建宁县重点加强采石场和尾矿库监管，开展尾矿库闭库销号验收工作。年内，建宁县域内的2座尾矿库完成闭库销号。工贸行业方面，开展有限空间、粉尘涉爆、涉氨制冷“三项治理”，紧盯重点工贸企业安全生产情况，按时完成年度执法任务，发现隐患及时督促整改。旅游安全方面，重点开展景区、宾馆、旅行社的专项检查，年内，共检查旅游企业50家次，发现并整改隐患4处。自然灾害方面，落实防汛职责，开展汛前和汛时安全巡查，严格实行24小时领导带班和工作人员值班值守制度，备足防汛物资，开展防汛应急演练，准确进行气象预警，及时上传下达灾情信息，做好危险区域人员转移避险，确保人民群众生命财产安全。根据县域安全生产情况，开展烟花爆竹、燃气、民爆物品、特种设备、农业机械、电力、防雷、水库大坝等行业领域的安全专项整治，排查消除事故隐患，确保全县安全生产形势稳定。

【森林防火】 2020年，建宁县落实森林防火职责，重点检查村镇、风景区、自然保护区、国有林区、林区输配电、高压电、通信等森林火灾隐患，严格用火审批，实现火情“早发现早报告”“打早打小打了”。年内，本县未发生森林火灾。

【避灾点建设与检查】 2020年，建宁县落实防灾减灾避灾职责，对全县125个避灾点进行全覆盖检查，特别是对17个A类避灾点开展重点检查，对发现的问题及时采取措施限期整改，开展乡（镇）、村级避灾点的风险隐患排查整治工作验收，验收率达100%。完成避灾点提升改造项目3个，分别是里心镇上黎村避灾点Ⅰ、黄坊乡避灾中心Ⅱ、濉溪镇避灾中心Ⅰ，下拨资金15万元。完成第二批避灾点提升改造项目2个，分别是溪源乡大岭村避灾点、客坊乡湾坊村避灾点，下拨资金10万元。协调县粮食和物资储备局完成物资采购24万元。

（刘鹭建）

外事侨务

【概况】 2020年，建宁县人民政府外事侨务办公室在省市外事、侨务部门的指导下，围绕县委、县政府的中心工作，主动作为，积极服务于外事侨务各项工作，取得较好成绩。

【外事工作】 2020年，建宁县外事办未办理因公出国（境）人员业务。外事办开展涉外安全管理相关工作，摸排出国留学人员（含未成年留学人员）10人。积极参与疫情联防联控，履行外事职责，累计报送国(境)外入三明人员40人。为福建云杉纺织科技有限公司、福建绿田股份有限公司、建宁莲海玉家等3家企业办理来华邀请业务。

信访工作

【概况】 2020年，建宁县受理群众信访372批、543人次，与去年同期439批、739人次相比，批次减少15.3%，人次减少26.5%。其中集体访（联名信）11批、168人次，与去年同期20批、243人次相比，批次与人次分别减少45%和30.9%；到市上访4批、17人次，赴省上访2批、2人次，与去年同期相比上升较明显。受理率、按期答复率均为100%，群众对信访单位参评率为96%，对责任部门参评率为95%，对信访部门满意率为99.6%，对责任部门满意率为99.2%。网上信访占比达81.5%。2020年4月，建宁县被国家信访局继续保留2019年度信访工作“三无”县（市、区）资格。

【“党建+信访”模式】 2020年，建宁县信访局通过开展“亮灯行动”，在信访接待场所设置党员示范岗、先锋岗，帮助群众解决“急难愁盼”问题。主题党日到基层开展信访宣传、接待信访群众活动，了解信访问题发生根源，把民怨、民难、民忧化解在基层，解决在萌芽状态。全年先后2次收到信访群众送来的锦旗和感谢信，多次接到信访群众电话致谢，得到群众的点赞。

【积案化解】 2020年，建宁县深化“解难题、化积案”9个专项行动，逐一落实领导包案，成立化解工作专班，做好积案化解工作。截至12月底，省、市领导挂包积案5件和县级排查积案2件已全部化解到位。发挥特殊信访问题专项资金化解信访积案作用，推动化解信访积案。全年建宁县上报解决特殊疑难信访问题1件，申请省级特殊疑难信访问题专项补助资金4.22万元。

【“信访评理”机制】 2020年，建宁县共建立县、乡（镇）、村（社区）三级信访评理室110间，聘用信访评理员1200余人，实现信访评理全覆盖，开展信访评理478件，化解468件，化解率达98%。

【“最多投一次”阳光信访】 2020年，建宁县坚持县党政主要领导每月15日接访制度，全年县主要领导共接待群众来访31批、59人次。利用“两微一端”等新媒体，引导群众利用“e三明”、建宁政务网上投诉窗口、县长信箱以及人民网、省长信箱等途径反映问题，鼓励让数据多跑路、群众少跑腿，变“上访”为“上网”。全年共受理网上信访（含省长信箱）293件，占全部信访量的81.5%。

【“三无”县创建】 2020年，建宁县持续开展“三无”县乡村创建活动，将创建工作纳入年度综治、绩效考评内容。4月，建宁县被国家信访局继续保留2019年度信访工作“三无”县(市、区)资格。

（罗玲玲）

行政服务

【概况】 2020年，建宁县行政服务中心管委会全年审批服务办件109986件。其中，周末无休办件5100件，占总办件总量的4.64%；进入中心各类交易129宗，交易总金额91033.69万元。

【行政服务中心建设】 2020年，建宁县行政服务中心管委会从黄舟坊南路46-8号搬迁至闽江源北路5号，2020年12月21日正式对外服务。建宁县行政服务中心新业务用房总面积6980平方米，共8层，一层为24小时自助服务区和周末无休区，二层为社会公共服务区、公共资源交易区，三层为工程建设项目并联审批区，四层为市场准入区、婚姻登记中心，五至八层正在装修装饰和规划设计中。

【政务服务信息化建设】 2020年，建宁县推进政务服务智能化建设，实行窗口五级评价、排队叫号。推进“一件事”集成服务和“一网通办”，让企业群众办一件事，进一个门，交一套材料，就可办成事。设立24小时政务服务自助服务区，推行便民服务事项周末无休，审批服务事项周末预约办理。

【政务服务标准化建设】 2020年，建宁县推进行政服务标准化建设。结合新业务用房搬迁入驻，坚持“应进必进”原则，推进审批服务“三集中”改革，除设立不动产登记、交警大队两个分中心外，已入驻审批服务部门38个、事项962项，设立62个窗口，入驻窗口工作人员114名。全面规范中心的日常运行管理，完善《建宁县行政服务中心运行管理办法》和《建宁县行政服务中心办事窗口工作人员管理制度》。梳理公布第七批“一趟不用跑”和“最多跑一趟”办事清单，“两跑”占比达100%，其中“一趟不用跑”事项占比83.87%、“最多跑一趟”事项占比14.57%，全流程网办占比79.23%，让企业和群众办事像网购一样方便。实行工程建设项目并联审批。设立工程建设项目并联审批大厅，入驻发改、工信、住建、自然资源、水利、交通运输、林业、生态环境、文旅、人防等10个审批服务部门和供水、供电、广电网络、中燃等4个市政公用服务企业，实现全覆盖。印发《建宁县行政服务中心管委会“一窗受理”工作规程（试行）》，由县行政服务中心设立统一收件、出件窗口，按“受审分离”原则，实行“前台综合受理、后台分类审批、统一窗口出件”的服务模式。2020年，通过工改审批系统审批完结项目194个，其中小型低风险项目4个、市政公用服务项目10个。压缩企业开办时间。企业开办时间由15个法定工作日压缩至1.5个工作日，其中工商营业执照、税务登记可当日办结，印章刻制0.5个工作日办结。实行全程代办服务。对县重点项目，仅需业主提供必要的材料和缴纳相关费用后，由业主单位或县行政服务中心全程代办其他业务，提供“保姆式”服务。2020年，在全程代办闽源“金声玉振”生态文旅康养项目的土地“农转用”报批手续时，法定时限为4个月，实际仅用2个月时间就完成耕地征用、林地征用、失地农民社保等“农转用”材料的组卷，大幅度压缩审批时限，提高审批效率，受到项目业主的好评。

【政务服务便民化】 2020年，建宁县行政服务中心优化审批流程，精简审批材料，压缩审批时限。全县审批服务事项的办理承诺时限均已压缩至法定时限的20%以内，压缩率达89.58%；事项平均跑动0.02次；平均材料数3.92个、平均环节2.2个。实行“五办工作法”应对新冠疫情，采取“不见面”办事服务。通过“网上办、掌上办、邮寄办、自助办、预约办”的方式，为群众和企业提供“不见面”服务，助力企业“六稳”工作。对疫情防控急需物资的生产经营许可，开通容缺办理、免费邮寄等“绿色通道”，特事特办，保障防疫物资的生产。建宁县创美口罩贸易有限公司申请仅用12天，就开工生产。全年通过“五办工作法”办件42960件，占办件总量的35.83%，其中容缺办理项目受理85件、免费邮寄送达件252件。设立专门惠企政策兑现窗口，统一编印惠企政策宣传册及申报指南，协调兑现相关惠企政策，打通便民惠企服务“最后一公里”。全年全县办理惠企政策43963件，回复相关咨询5949件，兑现金额1098.30万元。

【互联网+政务服务体系建设】 2020年，福建省网上办事大厅（建宁分厅）已形成“横向覆盖部门、纵向延伸乡镇”的网上办事业务系统。事项全入驻福建省网上办事大厅。按照“应进必进”的原则，对照建宁县人民政府公布的部门权责清单，除保密事项外，全县所有的审批服务事项均入驻网上办事大厅建宁分厅，2020年，全县线上申报受理8106件。创新“一件事”集成套餐服务。在“e三明”上推出15个“一件事”集成套餐服务事项，已办理“一件事”套餐事项64件。加强和规范电子证照应用。完善福建省网上办事大厅与省市电子证照系统对接，将生成电子证照作为审批服务的正式环节，纳入网上办事大厅办事流程，及时生成电子证照，2020年，全县调用证照1830个。推行政务服务“好差评”。建设一体化在线政务服务平台“好差评”管理体系，对窗口进行五级评价，拓宽政务服务“好差评”途径；依托“e三明”公共服务平台，建立网上咨询、网上投诉以及电子邮件、微信、微博等网上政务咨询、投诉、举报通道。

【公共资源交易】 2020年，建宁县行政服务中心管委会围绕县政府重点项目及民生工程，靠前服务，主动服务于业主单位；改进工作方法，推进公共资源交易电子化。2020年，进入中心的各类交易129宗，交易宗数同比增加79.17%，交易总金额91033.69万元，同比增加143.93%，共增收11331.40万元，节支 4354.95 万元。129 宗各类交易中，工程建设 124 宗，中标金额 51687.29 万元，同比增加 83.29%，节支 4354.95 万元；土地招拍挂 2 宗，中标金额 39170 万元，增收 11170 万元；产权交易 3 宗，中标金额 176.40 万元，增收 161.40 万元。根据省、市相关规定，2020 年 9 月 18 日起，取消向中标企业与建设单位收取工程建设交易服务费，每年可减轻企业负担约 40 余万元。

建宁县审批服务便民化数据采集汇总表

表 7

<table>
<tr><td>中心面积</td><td colspan="3">6980 平方米</td></tr>
<tr><td>县级部门保留事项数（按审改文件）</td><td colspan="3">768（行政许可、公共服务事项）</td></tr>
<tr><td rowspan="2">入驻部门情况</td><td rowspan="2">政府部门 18 个，其中入驻中心 18 个；
公共服务部门 13 个，其中入驻中心 13 个；
其他部门 11 个，其中入驻中心 11 个。</td><td>入驻中心事项数</td><td>962（其中：行政许可和公共服务事项 768 项，其他事项 194 项）</td></tr>
<tr><td>入驻网办大厅事项数</td><td>1095</td></tr>
<tr><td>审批办（后台）人员数</td><td>31</td><td>窗口受理（前台）人员数</td><td>83</td></tr>
<tr><td>设立分中心名称（逐一列出完整名称）</td><td colspan="3">建宁县公安局交警大队分中心、建宁县不动产登记分中心，共入驻事项 133 项。（附件：关于设立分中心的县政府常务会议纪要）</td></tr>
</table>

【建宁县中心部门入驻名单】 2020 年，建宁县入驻政府部门（不含入驻综合窗口部门）县发改局（粮储局）、财政局、工信局（商务局、科技局）、自然资源局、住建局（人防办）、水利局、林业局、文旅局、农业农村局（农机中心）、教育局、交通运输局、卫健局、民政局、市场监管局、公安局、人社局。入驻公共服务部门（不含入驻综合窗口部门）城乡居民养老保险、企业社会养老保险、机关养老保险、劳动就业中心、婚姻登记中心、医保中心、住房公积金中心、闽江源水业有限公司、国网电力建宁分公司、福建广电网络建宁分公司、建宁中燃公司、建宁公交公司、建宁邮政速递公司。入驻其他部门（不含入驻综合窗口部门）生态环境局、医保局、税务局、建设银行、薇薇新娘婚纱摄影（人像采集）、三明市中安鑫创信息技术有限公司（印章刻制）。入驻综合窗口部门县司法局、应急管理局、民宗局、烟草局、气象局、消防大队、福建省闽江源国家级自然保护区。

（吴　超）

机关效能建设

【概况】 2020 年，建宁县机关效能建设领导小组办公室（简称建宁县效能办）以开展机关效能建设 20 周年为契机，聚焦重点再发力，完善马上就办机制，推进政务服务优化，提升绩效管理水平，创新改进效能督查，健全效能建设制度体系，把制度优势更好转化为治理效能。开展“五比五晒”重点项目督查 10 次，下发督查通报 7 期。受理案件 4815 件，办结案件 4789，满意率 100%。

【“五比五晒”督查】 2020 年，建宁县效能办围绕“五比五晒”各项指标要求，联合县纪委监委、县委督查室、县政府督查室、重点办等部门定期对各责任单位项目进度进行督查，查内业资料、项目现场，确保开工项目按序时进度顺利推进。全年共开展“五比五晒”重点项目督查 10 次，下发督查通报 7 期，对推进滞后、任务落实不力、服务项目不到位的问题要求作出说明 9 次，约谈 3 人次，促进责任单位如期推进项目实施。

【机关效能监督】 2020年，建宁县效能办以县委、县政府安排和交办的重点工作为主线，推进机关效能建设工作，对重要会议、重点项目、重大政策等情况的落实开展效能专项督查活动，做到严格查岗查事相结合、通报与提醒相结合、激励与鞭策相结合、表扬与批评相结合。全年共组织开展各类督查50余次。

【机关纪律作风督查】 2020年，建宁县效能办运用《条例》等法规，抓好常态化履职督查，重点督查机关工作人员工作作风、办事效率、服务态度、服务质量等情况，开展专项行动，开展明察暗访4次，做到用制度管事、按制度办事。严格按照全省行政服务中心远程视频监督系统管理使用办法，定期开展远程视频在线监督，压实窗口服务责任，全年来共观看视频监控56次，约谈8人，问责2人。

【便民服务】 2020年，建宁县效能办发挥3980253效能投诉电话和12345便民平台集中处置群众诉求的作用，坚持“群众随手拍、政府赶紧办”，完善12345热线标准化管理规范，重点对平台的及时查阅、按时办结、反馈回复、即时解答、转办准确、电话即时接通、群众评价等内容进行监督，推动12345平台及联动单位健全运转机制，实行标准化管理，规范化办理，提升12345便民服务诉求件办理质量和效率。

【数字资源整合】 2020年，建宁县效能办通过了解闽政通、“e三明”、网上办事大厅、12345便民服务平台、行政服务中心远程视频监督系统等数据体现的所思所想，以数据结果倒查各级各部门存在的问题，全年发出行政服务工作督查通报3份，“e三明”“e建宁”共受理案件4815件，办结案件4789，满意率100%。

【效能治理】 2020年，建宁县效能办把群众满意不满意作为衡量机关效能建设成效的最高标准，配合开展办事效率、服务态度、投资环境、民生保障、文化教育、依法行政等绩效调查，形成2020年度建宁县政府公众评议调查报告结果，了解群众关心的热点难点，推动各级各部门联动协同、协办督办，压紧压实效能建设工作。

【绩效管理】 2020年，建宁县实施二级绩效。以二级绩效管理为重要抓手，制定2020年度内部二级绩效考评方案，继续实施激励性绩效奖金发放，对在疫情防控、项目建设、征地拆迁、脱贫攻坚、扫黑除恶、抗洪抢险等一线工作中加班加点的干部予以补助激励，形成激励先进、倾斜一线的绩效考评机制，提升绩效管理的科学性、导向性和权威性。做好“放管服”改革。开展“减证便民”专项行动，清理各类烦琐证明、奇葩证明、循环证明，推进电子证照共享应用，让群众办事更方便。优化“互联网+政务服务”，衔接全国一体化政务服务平台，推行网上办、掌上办、预约办、邮寄办、智能办“五办工作法”，持续深化“最多跑一趟、一趟不用跑”改革，常态化推动“马上办、网上办、就近办、一次办、自助办”，让群众少跑腿。推动督查成果与绩效考评共享。采取督查通报、预警函等形式通报督查情况，督促整改解决问题。将督查过程中发现的机关效能建设典型经验，以及不担当、不作为、乱作为、假作为和整改不到位等效能问题，纳入绩效考评。

（谢建平）

机关事务管理

【概况】 2020年，建宁县机关事务保障中心结合新型冠状病毒感染的肺炎疫情防控，紧扣县委、县政府重点工作，明确工作主要目标，做好公务用车管理、办公用房管理、公务接待、公共机构节能、财务管理以及县政府机关大院后勤保障等各项工作，保障机关事务工作的正常平稳运行。

【公务用车管理】 2020年，建宁县公务用车制度改革的第三年，建宁县机关事务保障中心采取多项措施继续做好全县公务用车的监督和管理工作，公务用车的使用管理逐步规范化、制度化和常态化。公车用车电子派车逐步规范化，截至2020年年底，全县公务用车编制数共173辆，保留公务用车160辆，接入“全省一张网”的公务用车共152辆，全部在“全省一张网”上派单、审批、调度，平台派车单位共121个，全部实行电子派单，坚持做到“先派单，后用车”。抓制度落实，保障公务用车规范管理，督促全县各参改单位认真梳理、查找公务用车使用管理各个环节存在的问题，并结合车改三年来的实际，对已制定的公务用车使用管理制度认真修改、补充和完善。实行公务用车定点停放制度。年初收集各单位公务用车停放地点情况，并将信息向纪检监察机关报备，利用监控系统，每日抽查部分公务用车的停放轨迹。加强对公车监督电话的管理，及时受理群众对违规使用公车的举报，做好调查核实工作，发现违规线索，按照党风廉政建设“1+X”监督机制要求将违规线索移交县纪检监察机关。严格按照核定的编制数配备公务用车，全年全县共新购车辆13辆。其中：政府办1辆；市场监督管理局1辆；平台3辆；企事业单位4辆；省市属单位4辆。报废中巴车1辆。加强车改后公务用车大修管理，对平台提出的闽G222KC车辆大修，进行评估审核并提交小组集体研究，大修完成后，审核完成大修费用。强化日常监督检查，定期对公车使用管理情况进行抽查，对检查发现公车私用、私车公养、违规使用公车等问题进行严肃追责问责。

【公务接待管理】 2020年，建宁县机关事务保障中心规范接待程序，严格执行《建宁县党政机关国内公务接待管理实施办法》，严格遵循“先审批、后接待、再报销”的程序，严管接待人数，严控接待支出，严把吃、住、行关，实行接待“统一管理、统一标准、统一报批”。指导、协调各乡（镇）各部门按照公务接待管理办法开展公务接待活动，提升公务接待规范化管理水平，坚持依法合规，科学合理安排公务接待活动，确保接待程序、经费开支等环节规范操作。

【公共机构节能】 2020年，建宁县机关事务保障中心公共机构节能工作严格落实中央《党政机关厉行节约反对浪费条例》有关规定，全面贯彻执行《中华人民共和国节约能源法》和《公共机构节能条例》，按照市政府办公共机构节能工作安排及建宁县公共机构节能工作要点，通过开展宣传教育、加强能耗统计管理力度，节约型机关创建，提高公共机构节能管理水平。下发《2020年建宁县公共机构节能工作计划》，对全县节能工作进行安排部署。根据全市节能宣传周活动部署要求，开展以“绿水青山节能增效”为主题的公共机构节能宣传周活动。利用电子屏、发放宣传品宣传册、手机短信等形式对节能宣传周活动进行多样化宣传，围绕宣传周主题，开展形式多样的宣传活动。开展节约型公共机构示范单位创建工作，加大对公共机构节能工作的指导和监督检查力度，完善落实各项规章制度，创建节水型单位，做好节约型公共机构示范单位创建申报迎检工作。组织参加全国公共机构节能第七期远程培训，聚焦重点用能单位管理，扩大培训规模，推进公共机构节能管理人才队伍建设，提升业务素质能力、强化生态意识。及时上报数据，规范节能，严格按照省市要求，对全县公共机构每月上报的能源资源消耗统计数据做到仔细审核，严格把关，规范上报程序，确保数据真实、准确。截至2020年年底，全县公共机构汽油消耗、电消耗、水消耗、人均能耗、单位建筑面积能耗均明显下降。

【办公用房管理】 2020年，建宁县机关事务保障中心认真贯彻落实中办国办印发的《党政机关办公用房管理办法》，规范党政机关办公用房管理，推进办公用房资源合理配置和节约集约使用，统筹政府机关大院和旧政府办公用房调配，保障正常办公，降低行政成本，促进党风廉政建设和节约型机关建设。认真履行全面从严治党主体责任，根据县纪委关于“1+X”专项督查工作要求，结合实际工作，严格执行《党政机关办公用房管理办法》和《党政机关办公用房建设标准》。按照国家机关事务管理局和省市有关部门工作部署，对2020年度全县办公用房、技术业务用房进行统计。经统计，建宁县县直机关及乡镇办公用房用地面积共176059平方米，办公用房建筑面积共145813平方米，技术业务用房建筑面积共30246平方米。

【财务管理】 2020年，建宁县机关事务保障中心财务核算工作逐步规范化、合理化，2019年12月底，通过事业单位招聘考试招录两名财务人员，现共有四名会计、一名出纳。严格按照《中华人民共和国会计法》和《政府会计制度》的规定，依法设置会计账簿并保证其真实完整，根据实际发生的会计事项依照有关财务法规进行会计核算、填制会计凭证、登记会计账簿、编制财务报表。在预算上，遵循统筹兼顾、勤俭节约、量力而行和收支平衡的原则，贯彻落实“紧日子”要求；

在安排经费支出上，优化支出结构，严格压缩一般性支出，坚持勤俭办事，量入为出，科学合理安排各项支出，规范政府采购、“三公”经费、培训费等支出。严格执行《建宁县公务接待管理实施办法》《建宁县差旅费管理办法》等相关法规。加强固定资产（包含产权不属于建宁县机关事务保障中心但实际是建宁县机关事务保障中心管理或使用的资产）的规范管理，维护固定资产的日常使用，促进公房、车库的有效使用和防范处置，结合单位实际，制定建宁县机关事务保障中心固定资产管理规定。

【安全保卫】 2020 年，建宁县机关事务保障中心 始终把维护机关安全稳定作为首要任务，落实好安全生产管理责任，坚持集中整治与日常检查相结合的方针，做好上访群众的疏导工作，针对群体性上访事件的特点，制定和实施工作方案，配合信访、公安部门，积极、慎重地疏导和处置群体性上访事件，维护机关大院办公楼正常的工作秩序。加大监督检查力度，对政府机关大院办公楼实行昼夜值班、巡防、查楼和监控，并组织开展各项安全大检查。高度重视消防安全，确保消防设施齐全，安全通道畅通无阻，加强消防设施器材维保检查，增强技术装备保障力。加大投入力度，完善安全设施基础建设，具体做到“四落实”：即落实办公楼物防措施，政府大楼屋面瓦片脱落，委托建宁县城投公司进行屋面修缮，消除安全隐患，目前修缮工作正在进行中；落实公房防护措施，对旧政府公房进行全面的专业检查、维修，加强安全责任落实，与承租户签订安全责任承诺书，明确安全责任；落实办公楼消防设施，每月进行一次消防器材检测、维护工作；落实安全用电设施，更新老化线路，消除安全隐患，添置微型消防站设备和警用设备；对电梯、中央空调等特种设备定期进行维护、保养、检查；做好地下停车场车辆号牌识别器日常维护，加强机关大院地下停车场管理。

【机关后勤管理】 2020 年，建宁县机关事务保障中心提高办公区整体环境，实行分类管理和定时跟踪，加大养护、修剪、补种和提档力度，推进环境绿化长效管理。通过招投标由中标保洁公司负责档案馆及办事服务中心和旧政府机关大院保洁工作，确保垃圾日产日清，创造一个优雅洁净的工作环境。经常对会议室音响、灯光、监控室监控设备等设施进行维护保养，确保正常、安全。加强日常工作检查，确保办公区水、电、空调、电梯使用安全。做好全县大型会议和重大接待任务的后勤保障工作。在接待方式、方法和内容等方面推陈出新，创新服务，提高服务质量和保障水平。

（刘梦琪）

山村秋韵 （陈清元 摄）

综　述

【党的核心领导】 2020年，政协建宁县委员会（简称建宁县政协）牢牢把握人民政协是政治组织的根本属性，坚决做到“两个维护”，严守政治纪律和政治规矩，始终在思想上政治上行动上同以习近平同志为核心的中共中央保持高度一致，全面贯彻落实中共中央决策部署和省委、市委、县委工作要求，确保政协工作始终沿着正确的政治方向前进。坚持把加强理论学习作为思想政治引领的前提，完善理论学习中心组学习制度，发挥党组“头雁效应”，深入学习贯彻习近平总书记关于加强和改进人民政协工作的重要思想以及习近平总书记系列重要指示批示精神，学习贯彻中央和省、市、县委政协工作会议精神。发挥政协党组把方向、管大局、保落实的重要作用，落实中办《关于加强新时代人民政协党的建设工作的若干意见》和省、市、县实施意见，重要工作主动请示、重大事项及时报告、重要精神迅速贯彻。落实党员委员联系党外委员机制，始终与县委、县政府目标同向、责任同担、发展同力。

【服务县委中心工作】 2020年，建宁县政协围绕中心双向发力，专门协商机构作用更加彰显。发挥本县生态优势，开展“加快融合发展打造生态康养休闲旅游名县”专题协商，探索绿水青山转化为金山银山的途径。着眼全方位推动高质量发展超越，开展“建宁县‘十四五’规划编制”专题协商，助力县委、县政府把加强顶层设计和坚持问计于民统一起来，凝聚各方面各阶层智慧力量，齐心协力编制好本县“十四五”规划。着眼推动重要工作，围绕“统筹国土空间布局做大做强城区经济”“深化农村集体产权制度改革”“凝聚乡贤力量助推乡村振兴”等课题开展调研协商。针对精准脱贫攻坚战，开展“持续提升‘两不愁三保障’水平巩固脱贫攻坚成果”调研。针对污染防治攻坚战，开展“城区排污管道截污工作”现场协商。针对统筹疫情防控和经济社会发展攻坚战，开展“社会捐赠工作情况”“加快突发公共卫生事件应急体系建设”等方面调研。关注社会和谐，开展“落实‘谁执法、谁普法’工作机制”界别协商和“加强校园安全工作”对口协商，开展“加强农业机械安全监督管理”视察。关注环境友好，开展“加强野生动物保护革除滥食野生动物陋习”对口协商。关注群众新期盼，开展“优化城区休闲公园健康步道布点布局”现场协商。当年，共提出协商建议62条，达成协商成果25条。

【服务统一战线】 2020年，建宁县政协深化政治引领，服务统一战线。开展中共十九届五中全会精神和习近平在福建等系列采访实录学习宣讲10余场，推动政协委员和社会各界增进“四个认同”。动员全体委员立足岗位，积极参与疫情防控，推动复工复产，疫情发生以来，委员捐款捐物累计超过100万元。围绕夺取疫情防控和实现经济社会发展目标双胜利，发挥协商座谈、提案办理、反映社情民意信息作用，就稳产稳岗、转产转型等工作积极建言，报送情况反映10多条。开展县《政协志》编纂和文史资料征编，弘扬社会主义核心价值观，发挥存史、资政、团结、育人作用。讲好政协故事，在上级媒体报道建宁县政协系统履职情况20多篇。提升提案工作质量，促进“提”“办”双方有效互动，对134件立案提案开展“全覆盖”督办，提案办复率100%，委员满意和基本满意率97.8%。向省、市政协报送社情民意信息6条，向县委、县政府呈报建议案2件，县政府就建议意见开展专题研究和安排落实；编报《建宁政协》68期，报送调研协商视察报告13篇。以“深化精神文明创建”为课题开展民主监督，围绕“公共文化建设”主题开展监督视察，先后听取县政府国民经济和社会发展计划执行、县政府提案办理建议案落实和社情民意领导批示件督办、县党风廉政建设、县法治建设和县法院、县检察院等6个工作情况通报。选聘7名委员担任10条河流“委员河长”，选派30名委员担任28家单位的民主监督员。

【委员履职能力】 2020年，建宁县政协不断提升委员“四种能力”。提升信息化服务水平，严格管理“建宁政协”公众号和微信群，建设省市县三级政协网络议政视频系统。落实委员履职考核办法，严格执行约谈制度，委员履职平均得分较上年提高10%，展现新时代政协委员新样子。依托专委会牵头组织开展协商议政、调研视察、提案督办、联组视察和界别活动，推进政协机构改革，在政协机关设立农业和农村委。首次召开县委政协工作会议，印发实施《关于新时代加强和改进人民政协工作的实施方案》。贯彻县委十二届十一次全会精神，做实“四篇文章”，围绕“1+3”政策，做好“六稳”工作、落实“六保”任务。以“一季一警示”廉政教育为带动，深化党风廉政建设。支持县纪委监委派驻纪检监察组工作。开展“亮灯行动”，严格落实绩效考评，力戒形式主义、官僚主义，机关运转更加高效有序。

重要会议

【县政协十届五次全体会议】 2020年12月27日至12月30日，召开政协第十届建宁县委员会第五次会议，会议审议通过杨宗群代表政协第十届建宁县委员会常务委员会所作的2020年工作报告和陈华秀代表政协第十届建宁县委员会常务委员会所作的2020年提案工作情况报告，通过政协第十届建宁县委员会第五次会议决议，补选政协第十届建宁县委员会主席余传贵、副主席陈炳云。151名委员中，出席开幕会委员144名，出席闭幕会委员142名。会议日程：2020年12月27日下午委员报道、学习培训；12月28日上午举行第一次全体会议（开幕会），下午分组讨论；12月29日上午列席县十七届人大五次会议第一次全体会议，下午分组讨论，晚上召开提案委员会会议；12月30日上午举行选举会和第二次全体会议（闭幕会）。

【县政协十届十七次常委会会议】 2020年3月20日，召开政协第十届建宁县委员会常务委员会第十七次会议。会议分两个阶段，第一阶段开展集中学习省、市“两会”精神；第二阶段县政协主席陈海涛强调贯彻落实省、市“两会”精神意见和部署2020年县政协工作。县政协副主席杨宗群主持会议，县政协主席陈海涛在会上讲话。

【县政协十届十八次常委会会议】 2020年6月24日下午，召开政协第十届建宁县委员会常务委员会第十八次会议第一阶段会议。会议听取县法院、检察院工作情况通报，传达学习全国两会和省委常委会（扩大）会议、市委常委会（扩大）会议、市委政协工作会议精神，协商通过有关人事事项，协商决定部分委员调整和各专门委员会组成人员调整事项，开展委员学习。县政协副主席陈华秀主持会议，县政协党组书记余传贵在会上讲话。7月2日上午召开政协第十届建宁县委员会常务委员会第十八次会议第二阶段会议。开展“加快融合发展·打造生态康养休闲旅游名县”专题协商，县政协党组书记余传贵主持会议，副市长、县委书记郑剑波出席会议并讲话，县政府副县长柯良发在会上作总体协商回应。

【县政协十届十九次常委会会议】 2020年9月27日下午，召开政协第十届建宁县委员会常务委员会第十九次会议第一阶段会议。听取县政府国民经济和社会发展计划执行情况通报、县党风廉政建设工作情况通报，审议通过《政协建宁县委员会提案工作规则（讨论稿）》，开展常委会学习。县政协副主席陈朝利主持会议，县政协党组书记余传贵在会上讲话。9月28日上午召开政协第十届建宁县委员会常务委员会第十九次会议第二阶段会议。围绕“建宁县‘十四五’规划编制”开展专题协商，县政协党组书记余传贵主持会议，县委副书记、县长陈显卿出席会议并讲话，县政府副县长吴锡邦在会上作总体协商回应。

【县政协十届二十次常委会会议】 2020年12月11日，召开政协第十届建宁县委员会常务委员会第二十次会议。会议听取县委全面依法治县委员会办公室法治建设情况通报、县政府提案办理、建议案落实和社情民意领导批示件办理落实情况通报，协商通过有关人事事项，审议通过召开县政协十届五次会议的有关文件，学习党的十九届五中全会精神。县政协副主席杨宗群主持会议，县政协党组书记余传贵讲话。

【县委政协工作会议】 2020年7月28日，建宁县召开县委政协工作会议，这是首次以县委名义召开的政协工作会议。会议深入学习贯彻习近平总书记关于加强和改进人民政协工作的重要思想，贯彻落实中央政协工作会议和省委、市委政协工作会议精神、《中共中央关于新时代加强和改进人民政协工作的意见》及省委、市委、县委的实施意见，研究部署新时代全县政协工作。县长陈显卿主持会议，县政协党组书记余传贵传达中央政协工作会议、省委和市委政协工作会议精神，副市长、县委书记郑剑波出席会议并讲话。

主要活动

【概况】 2020年，建宁县政协召开全体会议1次（县政协十届五次会议），召开常委会会议6次（其中2次在县政协十届五次会议期间召开），召开主席（扩大）会议4次。组织委员开展集中性调研视察活动22次。开展加快推进文旅融合打造生态康养旅游名县和建宁县“十四五”规划编制2场常委会会议政性专题协商，形成建议案2篇。开展城区排污管道截污工作、建宁县社会捐赠工作、建宁县公共文化建设、统筹国土空间布局做大做强城区经济、加强野生动物保护革除滥食野生动物陋习、深化农村集体产权制度改革、持续提升“两不愁三保障”水平巩固脱贫攻坚成果、优化城区休闲公园健康步道布点布局、加强农业机械安全监督管理、深化本县精神文明创建、落实“谁执法、谁普法”工作机制、凝聚乡贤力量助推乡村振兴、县突发公共卫生事件应急体系建设等13个课题的调研视察协商活动，形成报告文章13篇。围绕有关议题，组织委员同各级各部门领导干部、基层

建宁县均口镇梅花岫　　（建宁县融媒体中心供稿）

群众和社会各界代表开展一系列交流协商活动。

【民主监督】 2020年，建宁县政协编发《建宁政协》68期，反映社情民意信息49条，县委县政府领导批示转交有关单位办理落实28条（次）。先后2次组织委员30余人次，就创建省级文明县城工作到将乐县、沙县学习先进管理治理经验，委员对建宁县创建工作提出意见建议20余条次。落实向县直有关单位推荐选派民主监督员工作举措，选派30名委员到28个单位担任民主(行风)监督员，开展司法机关、党政部门、窗口办事单位的民主评议和民主监督活动30多次，评议监督内容和范围包括价格听证、重大项目建设规划论证、廉租房分房、限价房配售、审判活动听证、检察活动听证、行风测评打分、明察暗访、征求意见等多方面多维度。

【建言资政】 2020年，建宁县政协十届五次会议期间，邀请县自然资源局、住建局、文旅局3个单位就政协委员提案办理协商情况作大会报告；组织委员就"关于创新职业教育模式助力建宁县经济高质量发展的建议""关于统筹国土空间布局做大做强城区经济的几点建议""关于加大澜溪窑址保护与开发的建议""关于加快建宁县突发公共卫生事件应急体系建设的建议""关于优化城区休闲公园健康步道布点布局的建议"5个主题作大会发言；组织委员开展分组讨论会10场次，县委、县政府领导和县直有关部门负责人根据列席编组情况分别到会，听取委员意见建议，与委员深入广泛交流，共商发展大计，共谋发展良策；编发《建宁政协》（会议简报）专刊一期。落实"议题共同确立、计划共同制定、人员共同参与、实施共同推进"协商工作机制，县委书记郑剑波、县政府县长陈显卿分别参加"加快推进文融合打造生态康养旅游名县"和"建宁县'十四五'规划编制"常委会会议政性专题协商，听取委员发言，点评协商情况，总结协商成果，并作重要讲话；协商形成的建议案，县政府召开常务会议进行专题研究，吸纳有关意见建议，安排有关部门明确措施全面落实。

【提案工作】 2020年，建宁县政协收到委员提案137件，经审查立案134件，经34个承办单位办理，134件立（并）案提案全部办复。提案所提建议被采纳或部分采纳的125件，占93.2%；所提建议因条件限制一时无法采纳和留作参考的9件，占6.8%。委员对提案办理表示满意或基本满意的占97.8%。开展提案办理情况视察和督办，由县政协领导带队，县政府督查室和政协委室主任、提案人组成视察组，对提案办理情况开展"全覆盖"视察。

【委员活动】 2020年，建宁县政协十届五次会议期间，开展委员学习培训，邀请市委党校陈锦琪到县为委员作题为《奋进新时代 开启新征程——学习贯彻中共十九届五中全会精神》的专题讲座。将全体委员分成14个委员小组，以小组为单位，组织开展学习培训和专题调研、情况视察、工作协商、提案办理督办等活动20多次；开展委员小组联组视察活动5次，向各级各部门提出有关工作意见建议20多条。因疫情影响，2020年度未组织委员外出调研考察，仅在市内周边县开展有关考察调研。

（刘芳敏）

纪律检查

【概况】 2020年，建宁县纪律检查委员会（简称建宁县纪委）贯彻落实中央和省、市纪委全会精神，深化实践“五抓五重”，按照省纪委书记刘学新提出的“争一流、走前头”要求，以党的政治建设为统领，协助党委推进全面从严治党，坚持纪严于法、纪在法前，执纪执法贯通、有效衔接司法，巩固发展反腐败斗争压倒性胜利，一体推进不敢腐、不能腐、不想腐，健全和完善监督体系，打造忠诚干净担当的纪检监察队伍，推动新时代纪检监察工作高质量发展，为坚持高质量发展落实赶超、奋力推进新时代新建宁建设提供坚强纪律保障。

【县纪委十二届五次全会】 2020年1月22日，建宁县纪委召开中共建宁县第十二届纪律检查委员会第五次全体会议。县委书记郑剑波在会上发表讲话，县纪委书记邓军安作《健全完善监督体系 强化权力制约监督为全面建成小康社会提供坚强保障》的工作报告。县副处级以上领导，县纪委委员、县监委委员，各乡（镇）党委书记、纪委书记，县直各单位党组（党委）书记，县直各单位主要负责人参加会议。

【“两个维护”政治监督】 2020年，建宁县纪委强化政治监督，聚焦突如其来的新冠肺炎疫情，疫情发生之后，全县纪检监察干部于1月26日第一时间全员返岗履职尽责，到部门、村（居）、社区（小组）、企业项目等一线开展监督检查，共发现问题304个，下发督查通报20期并督促整改到位；精准处理履职不力和违反疫情防控纪律等问题31起41人，其中党纪处分2人，诫勉谈话7人。督促开展好“抓双防、巧服务、促六稳”和“三进三帮”等活动，保障中央和省市县委“六稳”“六保”工作大局，推动惠企扶企政策措施落地。全年，帮助企业破解“五难”问题128个；108家规模以上工业企业、14个省市在建重点项目和50家限上商贸企业4月底100%复工；督促县住建局、应急管理局等职能部门做好住房安全隐患专项整治，排查整治安全隐患264项，已整改168项。强化政治生态建设，综合运用“七看”撰写形成建宁县政治生态分析报告，并组织各乡镇纪委和派驻监督机构梳理分析监督乡镇、部门的政治生态分析报告，形成政治生态分析报告29份。查处违反政治纪律问题1件。

【党风政风监督】 2020年，建宁县纪委协助县委抓好全面从严治党主体责任落实情况检查，共移交问题98个，问责建议15条，并督促责任单位抓实问题整改；协助县委做好市委移交的2019年度落实全面从严治党主体责任问题清单整改工作，制定58条整改措施并跟进整改；对标市委检查组反馈问责建议，共处理责任人11名，督促党委党组落实管党治党政治责任；严格按照“三个区分开来”，开展党内问责7起7人，容错免责党员干部4人。聚焦关键节点，联合县公安局、机关事务管理局等职能部门，开展“1+X”专项督查61次，检查部门、酒店等单位196个(次);探索“科技+”智慧监督模式，运用税务发票、公车管理“天眼系统”等大数据平台开展公务接待、公务用车跟踪检查，发现并整改问题7个。深化形式主义、官僚主义专项整治，通过县委巡察、全面从严治党主体责任检查、日常监督检查等方式，查找疫情防控、脱贫攻坚、履行责任等方面不作为、慢作为等形式主义官僚主义问题16起19人，给予党纪政务处分4人；查处享乐主义、奢靡之风问题14起15人，给予党纪政务处分9人；查处违反中央八项规定精神问题25起33人，给予党纪政务处分15人，发出通报7期14起。严把选人用人的政治关、品行关、作风关、廉洁关，共回复党风廉政意见2415人次。严格落实《廉政谈话实施细则》，提醒谈话党员干部149名。

【专项治理工作】 2020年，建宁县纪委开展餐饮浪费专项治理，组建18个督查组对公务接待、食堂餐饮、党员干部及公职人员婚丧喜庆宴请等重点内容开展监督检查37次，检查单位83个，发现问题31个，已督促整改30个，正在整改1个。开展文化遗产保护专项监督，采取“飞行式”检查和信访问题线索“大起底”等方式，开展检查6次，发现问题17个。推进扶贫领域专项治理，加强疫情防控期间防止致贫返贫措施落实情况的监督，开展入户访查1074户3438人，入户访查比例达71.05%，收集并协调解决群众诉求37件，通过甲供机制节约资金890余万元，扶贫(惠民)资金在线监管累计达21.11亿元，查处扶贫领域腐败和作风问题3起6人。推进民生领域专项治理，巩固和深化专项整治漠视侵害群众利益问题工作成果，细化分解民生领域损害群众利益问题集中整治任务，突出人防工程、教育、医疗、食品药品安全、农村公共基础设施等重点整治内容，明确牵头单位14个、参与单位27个，共查处群众身边的不正之风和腐败问题12起15人，其中党纪政务处分2人。推进涉黑涉恶专项治理。紧盯“五步工作法”落实，对2014年以来涉黑涉恶案件和立案后多年未结案、一人多次被采取措施却未被执行和一人多次寻衅滋事受到处罚的案件，进行回溯筛查。紧盯执法部门失职失责纵容黑恶势力滋生和利用家族、宗族势力把持基层政权、垄断农村资源、操纵破坏基层选举等问题，深入开展核查，拓展摸排的深度和广度，共查处涉黑涉恶案件3件。推进移风易俗专项治理，深化婚丧喜庆大操大办专项治理和“带彩打牌”专项治理，共查处移风易俗问题19起20人，给予党纪政务处分15人。

【信访举报和案件查处】 2020年，建宁县纪委深入开展“四访”活动(即开门接访、全员接访、带信下访、入户走访)，开展“十百千”“找差距、抓落实、解难题、化积案”专项行动，共受理群众信访举报94件，其中检控类初信初访53件。依规依纪依法开展审查调查，确保审查调查安全，年内新立案件73件，其中自办案25件，科级干部案件5件，党纪政务处分73人。运用“四种形态”处置223人次，第一至第四种形态分别占66.82%、26.46%、2.24%、4.48%。强化“一案一整改”，督促发案单位开好整改会议、民主生活会、警示教育大会，并把案后整改情况纳入整改专项验收检查、日常监督检查、全面从严治党主体责任检查、绩效考评检查内容，推进完善监管制度。2020年共发出纪检监察建议书13份，健全完善制度机制24项；发出巡察建议13条，督促健全完善制度机制92项。

【廉政教育】 2020年，建宁县纪委深化“一季一警示”，实行“一月一报”动态跟踪，督促各级党组织开展警示教育活动455场15735人次，任前廉考4场73人次。深化“一镇一孝廉”，挖掘廉孝素材、“莲”“廉”文化、红色文化，打造“红土地·好客坊”廉政文化展馆、水尾村红色遗址群、上坪村廉孝文化教育基地等廉政教育基地。加大宣传报道力度，在《中国纪检监察报》刊稿12篇，中央纪委国家监委网站刊稿16篇，省纪委监委网站采用43条，福建纪检监察公众号采用29条。

【“乡镇纪委监督执纪提升年”活动的开展】 2020年，建宁县纪委推进“乡镇纪委监督执纪提升年”活动，制定“五强化五提升”活动细化方案，将5方面内容细化为20项重点工作，建立“月调度、季推进、年总结”制度，定期会商“提升年”活动，并以“提升年”活动为契机，将委机关、派驻纪检监察组一体纳入、共同参与，以点带面推动全系统监督执纪能力的提升。强化业务培训，年内共组织培训5期412人次，开展“一周一学”干部讲坛29次1568人次，抽调纪检监察干部跟班（案）锻炼5人次，参与检查、巡察等专项工作46人次。强化管理考评，完善业务量化考评办法，深化落实下乡住村“四访五必”、监督执纪片区协作等有效机制，开好乡镇纪委书记、派驻（出）机构负责人述职述责会议，推动发挥“尖兵”作用，全县乡镇纪委新立案件47件，其中自办案件10件；派驻（出）机构新立案件8件。对基层纪检监察组织工作实绩进行量化考评，表彰考核优秀的乡镇纪委和派驻机构干部8人。

（江代辉　吴玉婷）

巡察工作

【概况】 2020年，建宁县委高度重视巡察工作，坚持把巡察工作与中心工作一体谋划、一体部署、一体推进。县委书记担任县委巡察工作领导小组组长，指导协调巡察工作关键环节重要工作，及时听取县委第十轮、第十一轮巡察工作情况汇报，研究巡察成果运用。年内完成2轮8批次15家县直单位党组织的政治巡察和6个重点村的专项巡察，实现十二届县委任期内巡察全覆盖。

【巡察工作保障有力】 2020年，建宁县委健全县委巡察工作领导小组规则，夯实巡察基础保障。县委制定完善《中共建宁县委巡察工作领导小组工作规则》，由县委书记担任领导小组组长，直接部署、直接参与、直接协调巡察工作，纪委书记担任常务副组长，负责协调巡察日常有关工作，组织部部长担任副组长，协助共同抓好巡察工作。巡察办下发工作建议，推动优化各项工作规程。细化协作配合机制，凝聚巡察监督合力。县委巡察工作领导小组重新印发《关于建立健全巡察机构与纪检监察机关协作配合机制的意见》，从情况通报、人员选派、线索研判、信访处置、信息沟通、成果运用等方面全面细化22条与县纪委监委内部科室、派驻纪检监察组的协作配合意见，建立县纪委监委纪检监察室与巡察组的快速衔接机制。同时，健全巡察与组织、宣传、审计、政法、信访等相关部门的协作配合，优化信息互通、监督协力、成果共享，形成有序衔接、互为补充、协调一致的整改监督链条。抓实问题底稿制度，提升巡察监督质效。从县委第七轮巡察开始，凡是写进报告的问题都要求在底稿中见人见事见数据，确保巡察报告经得起推敲、受得住检验。年初专门制定《巡察报告问题底稿管理办法》，对问题底稿的基本要求、制作标准、审核流程明确进行规范。

【聚焦政治监督】 2020年，建宁县委巡察工作领导小组紧扣被巡察党组织职能职责，对贯彻落实“三个聚焦”要求进行清单细化，明确巡察监督重点，重点聚焦习近平总书记的重要指示批示精神、党中央决策部署及省、市、县委工作要求，紧盯被巡察党组织履行全面从严治党主体责任、监督责任和主责主业不力的问题不放，紧盯制度落实、权力运行、主题教育和巡视巡察、审计发现的重点问题不放，坚持由表及里、由点及面、由下看上，做到精准发现、精准分析、精准报告问题。全年巡察的21家单位共发现各类问题315个，移交问题线索10条，已立案审查5件，推动健全完善规章制度102项，巡察监督保障执行作用充分彰显。结合疫情防控形势，探索创新巡察全覆盖实现路径，围绕县委中心工作，根据具体实际，研究确定巡察方式、巡察时间，量身“定制”个性化的巡察工作方案。上半年主要安排巡察体量较小的县直单位和与疫情防控密切相关的县总医院党委、工信局党委，以巡察全力护航全县疫情防控和复工复产。

【实现全覆盖巡察】 2020年，建宁县委巡察工作领导小组力求实现全覆盖巡察。县委巡察工作坚持围绕中心、服务大局，强化改革创新，实现有形覆盖和有效覆盖相统一。自2016年换届后，县委先行探索开展首轮巡察之始，截至当年年底，县委已完成12轮23批次常规巡察、5批次专项巡察和2批次巡察“回头看”，通过巡察发现问题1605个，移交问题线索185条，立案审查75件，党纪政务处分56人、移送司法机关处理9人，巡察监督真正发展成为基层党内监督的“前哨”、发现问题的“尖兵”、从严治党的“利剑”。推进巡察规范化建设，全面细化县委巡察办与委内设科室、派驻纪检监察组的协作配合，加强巡察与组织、审计、政法、信访等相关部门的协作配合，全面梳理、修订巡察工作措施22

条，全面夯实巡察基础保障。编印“黄红蓝”三本巡察手册，分类别、分层次、分阶段对巡察工作进行指导，确保巡察组在巡察期间有章可循、有规可矩。抓好巡察整改“后半篇文章”，巡察结束后，坚持由县委巡察工作领导小组常务副组长和副组长分头约谈被巡察单位党组织主要负责人，并参加被巡察单位的反馈会议。对巡察中发现的基层党建、农村“三资”管理、工程建设等方面存在的突出问题，及时向县政府有关职能部门发出“巡察建议书”16份，与巡察反馈意见整改双向发力。

【后评估制度的建立】 2020年，建宁县委巡察工作领导小组探索建立后评估制度，扎紧巡察权力“笼子”。县委巡察机构探索建立《巡察后评估暂行管理办法》，强化对巡察组的管理考核。办法明确规定，驻点巡察结束后，对巡察期间巡察组任务完成质量、工作规范、日常管理、纪律作风等情况进行全面评价，并采用巡察组自我评估、领导小组综合点评、被巡察单位问卷测评等方式，让巡察组也被监督，促使巡察组严明纪律规矩，提升发现问题精准度，推动巡察高质量发展。

【编印“蓝红黄”巡察手册】 2020年，建宁县委巡察工作领导小组编印“蓝红黄”巡察手册，为巡察工作导航引路。为充分发挥巡察“利剑”震慑作用，全面推动巡察工作精细化。县委巡察机构在制定完善《巡察组组长负责制实施办法》《关于规范巡察期间立行立改工作的意见（试行）》等一系列规章制度基础上，编印“黄红蓝”三本巡察手册，巡察手册分类别、分层次、分阶段对巡察工作进行指导，方便巡察组在巡察期间有法可依、有章可循、有规可矩。

【巡察过程监督】 2020年，建宁县委巡察工作领导小组强化巡察过程监督，压实整改监督责任。每轮巡察结束后，坚持由县委巡察工作领导小组常务副组长和副组长分头约谈被巡察单位党组织主要负责人，并参加被巡察单位的反馈会议，提出明确的整改任务和要求。巡察反馈前，巡察办将巡察情况抄送被巡察单位分管县领导，并邀请其出席反馈会议，听取巡察反馈意见，促使其在抓好分管业务工作的同时压实被巡察单位落实好巡察整改的任务和要求。

【跟踪督办】 2020年，建宁县委巡察工作领导小组强化跟踪督办，推动巡察整改长效发力。将巡察整改纳入日常监督，开展一线监督和经常性监督，及时了解掌握被巡察党组织的巡察整改经验做法和存在问题，加强指导督导，紧盯整改效果，确保清仓见底。同时，对巡察中发现的基层党建、作风建设、农村“三资”管理、工程项目建设等方面存在的突出问题，县委巡察办及时向县政府有关职能部门发出“巡察建议书”，与巡察反馈意见整改双向发力。

【巡察“回头看”】 2020年，建宁县委巡察工作领导小组精准组织“回头看”。针对第二轮巡察的工信局党委、里心镇党委2个单位党组织开展巡察“回头看”，突出查找巡察整改中存在边改边犯、改后再犯、搞选择性整改以及巡察成果运用差等方面的问题，发现问题32个，移送问题线索3条，强化巡察“杀回马枪”的威力。

【专项巡察】 2020年，建宁县委巡察工作领导小组对重点村专项巡察。根据上级安排部署，10月至12月，县委对均口镇均口村、伊家乡伊家村、溪口镇桐元村、客坊乡严田村、濉溪镇水南村、溪源乡蒋坊村6个村开展专项巡察，发现问题78个，以巡察助推决战决胜脱贫攻坚和助力乡村振兴。

（谢洪丽）

总工会

【概况】 2020年，建宁县委县政府关心建宁县总工会的发展建设，3月31日，县委书记郑剑波主持召开县委常委会（扩大）会议，听取县总工会工作情况汇报。10月26日，县政府与县总工会召开第十五次联席会议。会议听取县总工会2020年工作情况汇报，并研究同意将建宁县工人文化宫建设缺口资金列入2021年新增地方政府一般债券项目，由县财政局统一向省财政厅申报。5月15日，县总工会联合县委组织部等5部门出台《关于加强和规范建宁县机关事业单位工作人员疗休养工作的通知》（建工〔2020〕13号）。7月3日，县总工会党组书记、常务副主席杨建平与艾化国际（香港）有限公司林鑫山总经理在深圳签署《建宁县美邸恒温游泳健康馆项目招商协议》。

【思想引领】 2020年，建宁县总工会学习贯彻习近平新时代中国特色社会主义思想，组织工会干部职工学习《习近平谈治国理政（第三卷）》《习近平在厦门》《习近平在宁德》等采访实录，把习近平总书记关于工人阶级、工会工作的重要论述作为工会事业创新发展的理论指导和行动指南。结合开展中国共产党成立99周年和党的十九届五中全会精神学习宣传活动，延伸“中国梦·劳动美”主题教育内涵，先后组织领导干部、劳模、党校老师开展专题宣讲5次，开展两期“悦读·成长”读书班，联合县妇联等部门举办茶艺公益培训及展演活动。开展“亮灯行动”创建“模范机关”活动，引导机关党员干部主动融入大局、服务大局，提高服务职工群众效率质量。与岩上村、水南社区党支部开展“三结对共建”，通过分享工作资源，交流工作经验，解决实际问题，实现县总工会党的建设与结对村、社区建设良性互动。同时以微信公众号、宣传栏、宣传展板、宣传标语等形式宣传疫情防

2020年12月15日，建宁县住房和城乡建设局开展“亮灯行动”之“服务之星”评选活动　（县住建局供稿）

控、反腐倡廉、社会主义核心价值观、平安建设等内容，弘扬时代新风，组织党员干部进社区开展移风易俗、文明交通劝导、清理环境卫生等志愿服务活动，提升职工群众文化素质和文明素养。大力弘扬劳模精神，组织采写新闻报道，在各级媒体对劳模先进事迹进行宣传，营造学习劳模、尊重劳模，争当劳模的良好氛围。丰富职工精神文化生活，激发基层活力、服务一线职工，举办全县职工气排球赛、羽毛球赛、单身青年职工联谊活动等各类健康文体活动20余场。

【组织建设】 2020年，建宁县总工会加强基层工会组建，创新工会组建模式，在农村经济合作组织、保洁员、快递员、家政服务员等新业态、新群体中组建工会，新组建11家基层工会，入会504人，其中农民工458人。推进基层工会规范化建设和标准化“职工之家”培育。创新机制，培育工会指导员和模范“职工之家”示范点，推进工会规范化建设。县公安局工会委员会、福建源华林业生物科技有限公司工会委员会被授予“福建省模范职工之家”荣誉称号；县税务局第一分局办税服务大厅工会小组被授予“福建省模范职工小家”荣誉称号；县总工会机关工会等六家单位被授予“三明市模范职工之家”荣誉称号；县富强石材有限公司大切车间工会小组等七家单位被授予“三明市模范职工小家”荣誉称号；县审计局等4家工会完成县级“职工之家”规范化建设。

【服务大局】 2020年，建宁县总工会服从县委、县政府工作大局，上半年组织干群投身疫情防控阻击战，成立疫情防控领导小组，发放《致建宁广大职工群众一封信》2000余份，组织动员职工构筑群防群治的严密防线。抽调工作人员参与城区、社区和挂点村网格化疫情防控工作，排查346户1148人，完成275户房屋摸排登记。多措并举，落实“五个有”机制，推动工人文化宫项目顺利复工复产。出台打赢疫情防控阻击战、扶持小微企业共渡难关的11条措施。安排专项资金4万元用于慰问防疫抗疫岗位一线工作人员、走访慰问援鄂医护人员家属、临时慰问因疫情影响造成生活困难的22个职工家庭，发放慰问金1.9万元、减免承租工会店面的个体工商户房租2.8万元、全额返还17家小微企业工会经费2.7万元、组织动员基层工会开展职工疗休养和春秋游活动，为扎实做好“六稳”工作，落实“六保”任务贡献工会力量。

【建功立业】 2020年，建宁县总工会发挥“工人先锋号”“劳模创新工作室”作用。推荐评选省五一劳动奖章1名、省工人先锋号1个、省优秀工会工作者2名。在企事业单位广泛开展技术革新、发明创造，合理化建议等职工技术创新活动，推荐上报福建省兴辉食品有限公司等单位的42个“五小”创新项目，共获得一等奖1个，二等奖1个，三等奖4个。联合县发改局等部门在全县重点工程建设项目中开展以“当好主人翁·建功新时代”为主题的劳动竞赛活动，福建闽江源建设发展有限公司、福建亘联建设有限公司分获一、二等奖。联合团县委、消防救援大队、烟草公司开展青年职工技能暨比武竞赛活动，评选出“建宁县五一劳动标兵”二名。在福鑫莲业有限公司、建宁公主电子商务有限公司新建两个市级劳模工作室。

【帮扶救助】 2020年，建宁县总工会加强困难职工脱困解困工作，通过开展“一对一”结对帮扶活动，在生活、医疗、就学、资金等方面开展精准帮扶，全县建档立卡困难职工8户24人，于2020年4月全部脱困，并通过省总工会组织的第三方评估。在“两节”期间对因病、因灾等原因造成生活困难的106名职工开展慰问，发放补助资金13.6万元；金秋助学11人，发放助学金1.8万元。做好职工医疗互助工作，第十一期职工医疗互助参合单位159家，参合人员6969人，筹集互助金70.95万元；职工医疗互助补助511笔73.3万元，大病补助79人次22.5万元。开展消费扶贫，落实端午节提前发放职工节日慰问品工作，动员基层工会采购建档立卡贫困户农产品200余万元，助力打赢脱贫攻坚战。

【维权服务】 2020年，建宁县总工会联合县委组织部等5部门出台《关于加强和规范建宁县机关事业单位工作人员疗休养工作的通知》，组织开展县级示范性疗休养活动4场。以市级职工疗休养基地为依托，优化康养线路，印制宣传资料、制作宣传片，主动前往福州、龙岩、漳州、泉州等地，宣传推介建宁县旅游康养资源，共吸收14批次700多名职工到本县开展示范疗休养活动。贯彻落实《福建省工会劳动法律监督条例》，开展《保障农民工工资支付条例》宣传，发放宣传资料2400余份。做好安全稳定工作，参与调查处理安全事故2起，接待法律咨询12人次，来信来访2件，调处2件，职工满意率100%。紧紧围绕职工群众关心关切的实际问题，完成2020年度10件为职工群众办好事实事工作：举办一期职工子女暑托班；组织98名在疫情防控期间表现突出，在基层从事艰难险重工作的人员开展县级示范疗休养活动；购买电视、电风扇及防暑降温物品，实现环卫工人微心愿；举办一场青年职工交友活动；在建宁县城区、社区卫生服务中心新建一间医生休息室；在濉溪镇烟草站建立一个省级户外劳动者示范休息室；为60多名家政服务员赠送入会礼包；举办一期家政培训班；组织7名劳模参加省、市总工会组织的疗休养；在建宁县实验小学等5所学校开展课后托管服务试点。

（陈春辉）

共青团建宁县委

【概况】 2020年，共青团建宁县委贯彻落实团中央、团省委会议精神，当好县委县政府的助手，以围绕中心为根本，以服务青年为宗旨，以发挥作用为重点加强本县共青团建设，团的各项工作和组织建设取得新的进展。2020年度市对县综治（平安建设）“预青”专项考评荣获三明市第二名。

【共青团红色历史挖掘】 2020年，共青团建宁县委重点做好建宁县少共国际师史实研究工作，联合县委党史和地方志研究室、县文联、文旅局、黄坊乡、黄埠乡等有关单位，完成邱家隘、将军殿、双江口、吴高群烈士墓等遗址遗存确认工作和相关知情人士入户访谈录资料整理工作，助力团市委完成《“少共国际师”史略》课题初稿和县文化馆《少共国际师》舞台剧编排，唱响“风展红旗，如画三明”品牌，讲好“红色建宁”故事。

【青年典型选树行动】 2020年，共青团建宁县委实施青年典型选树行动，开展青创启航“双百行动”“团团助农”、创新创业大赛、青工技能比武竞赛等活动，注重挖掘和选树一批爱岗敬业、技能精湛的优秀青年职工典型，先后选树出“黄桃小子”陈健、“建宁公主”艾美龄、“绅士农民”王仕福、“团属社工”卢小群以及“优秀干警”刘华贵等5名全市“新时代新三明百名担当作为青年先进”等一批先进青年典型。“黄桃小子”陈健成功入选十三届全国青年委员。

【青春扶贫活动】 2020年，共青团建宁县委青春扶贫活动，依托客坊乡严田村海宏达“青春扶贫”基地，推进国家扶贫改革试验区30万扶贫专项补助资金实施“青春扶贫”项目，举办黑山羊养殖、玉米种植等各类实用技术培训班8场次、培训精准扶贫建档立卡户和贫困青年300余人。

【青年山海协作行动】 2020年，共青团建宁县委实施山海协作行动，推动福州大学、福建农林大学、闽南科技学院等高等院校与建宁县美猴王果业、嘉源食品等青年初创企业开展产学研合作，打造迎合市场需求的冻莲、冻梨、莲子饼、果脯等即食新产品，推动建宁县黄花梨、黄桃、莲子等传统产业转型升级；对接省青创协会3名优秀导师对建宁县创业青年实行“一对多”导师挂钩帮扶，重点开展创业经验指导、银行贷款办理、市场业务拓展、优惠政策咨询、项目前期策划等帮扶内容，助力“草根青年”创业；并联合福建信息职业技术学院开展跨境电商公益培训，培养建宁县跨境电商高端人才，推动建宁电商产业蓬勃发展。

【青年绿色先锋行动】 2020年，共青团建宁县委深化青年绿色先锋行动，先后开展“保护母亲河”、河小禹、河小二、植树造林等环保活动20余次，引导广大青少年牢固树立生态文明理念，踊跃投身生态环保实践，以实际行动爱护建宁的绿水青山。同时，依托本委组建的2个建宁籍返乡大学生微信群（约800人），定期在群内推送建宁县生态环保、绿色资源、文旅康养等各类信息，让他们为家乡代言，向本校师生及时宣传推广；在寒暑假期间，动员他们参加团县委组织的开展“保护母亲河·争当河小禹”等生态环保社会实践活动，以实际行动爱护自己“母亲河”。

【青年普法教育】 2020年，共青团建宁县委聚焦“五类重点青少年”群体，发挥“县预青办”牵头抓的职能作用，完善“预青”组织机构和工作体系，构建“大权益、大预青”工作格局，组织全县13家预青机构和成员单位与村(社区)定点挂钩，50余名干部、社工、志愿者等与重点青少年群体结对帮扶，加强“青少年维权岗”“青少年零犯罪零受害村(社区)”建设，开展青少年法治教育、禁毒教育及“青春自护”等各类主题教育实践活动20余场次，覆盖青少年群体4300余人次，营造良好的青少年健康成长环境，形成整体联动、共治共享、良性互动的良好局面。当年，建宁县2020年度市对县综治(平安建设)“预青”专项考评荣获全市第二名的好成绩。启航社工“雏燕之家”的“六化联动”(法治宣传教育“一体化”、矛盾纠纷调解“前置化”、文明示范教育“窗口化”、重点青少年管理“常态化”、留守儿童关爱“精准化”、家庭教育指导“普及化”)经验，在9月份建宁县承办的全市贫困留守儿童“雏燕”关爱行动工作现场会上作专题发言，得到与会者的充分肯定和高度认可。

【青年志愿服务】 2020年，共青团建宁县委聚焦青年志愿服务，开展“保护母亲河”、河小禹、植树造林等环保活动20余次，开展“创城攻坚‘团队’出列”“春运暖冬行动”“金晖尊老敬老行动”“移风易俗暨农村人居环境整治行动”等各类主题活动30余次。围绕常态化疫情防控“双统筹”工作，组建以青年志愿者、返乡大学生、青少年社工、团干部等为主体的心理疏导、医疗支持、社区防控、企业服务和物质保障等“五支青年疫情防控队伍”，活跃在企业生产、社区生活、联防联控一线，助力打赢疫情防控阻击战。

【“雏燕之家”揭牌】 2020年6月5日上午，团县委在县启航青少年事务社会工作服务中心举行“雏燕之家”揭牌仪式，标志着建宁县首家“雏燕之家”正式挂牌成立。6月6日，团县委联合三明市青少年助学促进会在县启航社工中心“雏燕之家”举行“日行一善”助学金发放仪式，为建宁县11名贫困留守儿童送上8000元助学金和5500元疫情防控助学金，让他们切实感受到社会的温暖。9月，全市贫困留守儿童“雏燕”关爱行动工作现场会在建宁县召开。11月19日至20日，团市委副书记刘娟、建行三明分行副行长易赟峰等一行赴建宁调研指导“青春护雏”工作并为市级“雏燕之家”授牌，团市委学少维权部、建行三明分行运营部、团县委机关等相关负责人陪同调研或参加座谈。

【组建青年突击队】 2020年，共青团建宁县委组建青年突击队。围绕急、难、险、重、新任务，发挥团员青年生力军和突击队作用，全县组建15支青年突击队。6支重点项目青年突击队以项目建设为中心，优质、高效、安全地助推莆炎高速公路建宁西互通连接线、县总医院、里心生态养殖场区、河东棚户区改造、科诺欣LED芯片及照明灯生产、铖盛通用机械设备生产等重点建设项目序时推进，取得较好成效；9支乡镇服务发展青年突击队因地制宜，创造性地开展青年突击队工作，发挥带动作用，高效优质地推进濉溪镇文明创城、溪口镇人居环境整治、客坊乡助力乡村振兴、黄坊乡保护母亲河、伊家乡美丽乡村建设、溪源乡上坪书香水村建设等各项乡镇中心工作任务的完成。

(黄小莉)

妇女联合会

【概况】 2020年，建宁县妇女联合会(简称建宁县妇联)下设办公室、组宣部、发展联络部、权益部(家庭与儿童工作部)4个部门。有工作人员7人，其中行政编4人、事业编2人、聘用人员1人。配妇联主席1名，副主席2名，兼职副主席2名，挂职副主席1名。有9个乡镇妇联，92个村级妇联，2个乡镇片区妇联，7个社区妇联，17个县直机关妇委会。机关下设事业单位妇女儿童活动中心，主管建宁县幸福种子社工机构。

【妇联改革】 2020年，建宁县是省妇联组织改革“破难行动”试点县。当年在均口镇，溪口镇成立片区妇联2个；创建星级村居妇联五星级3个，四星级11个；成立建宁公主电子商务有限公司、建宁县河东社区等5个妇女微家；成立建宁县心语幼儿园、水南社区等3个妇女之家；新成立建宁县幸福启航妇女联合会。构建多层面妇联组织体系，新建县总医院、农信社妇联组织；10月，在新社工组织建宁县幸福启航社工服务中心新建建宁县幸福启航妇联。

【关爱妇女儿童】 2020年，建宁县妇联开展“母亲健康1+1”公益募捐活动，共募捐资金10万元；慰问11名“两癌”贫困妇女，金额3.3万元；开展农村妇女和城市已婚低保妇女“两癌”免费检查项目，3080名妇女参加检查；实施“春蕾计划”，共资助贫困“春蕾”女童17名，发放资助款3.46万元；开展雏燕关爱行动，发放爱心包55个，开展贫困留守儿童关爱行动11场，866人参与；省妇联基层党组织结对帮扶均口镇贫困女大学生，慰问6名女大学生，共放资助人民币9000元。

【妇女儿童权益维护】 2020年，建宁县妇联开展建宁县2011—2020年妇女儿童发展纲要终期评估，启动新一轮“两纲”编制工作。强化预防，多措并举畅通妇女维权渠道。畅通三级妇联信访窗口、家庭纠纷调解委员会、社区（村）妇女维权站、12338维权热线、妇联官网、“一呼百万”微信群等信访诉求渠道，及时了解情况，发现问题，推进解决。各级妇联组织共排查调解婚姻家庭纠纷30件(次)，接待各类信访23件。

【基层妇联执委履职能力的提高】 2020年，建宁县妇联努力提高基层妇联执委履职能力。推动基层妇联执委发挥作用。举办各类执委培训班。共举办执委提升履职培训班5期，280人。同时通过线上线下分层分类培训，达到执委培训全覆盖。壮大妇联组织工作力量。配强县级妇联领导班子，从乡镇优秀妇联主席和工作联系最为密切的有关部门中挑选挂兼职副主席人选，配强专兼挂干部队伍。优化执委结构，县级妇联执委35名，各乡镇妇联执委21名，各村（居）妇联执委11名。通过对执委的政治引领，示范带动，联系服务，选树宣传一批优秀执委，典型引领，激励担当作为，在本县脱贫攻坚、疫情防控、乡村振兴战略中彰显巾帼风采。引领微家长助力脱贫攻坚。开展“巾帼好品e上莲乡”特色农产品网络推介，进行线上营销直播活动。建宁公主妇女微家长艾美龄通过消费扶贫方式，采购贫困户的农产品，建立购销机制常态化，助力农业增产、农民增收。创业带动就业，提供300个工作岗位，让妇女姐妹实现家门口就业。做好省妇联帮扶项目的跟踪管理。做好15个贫困空壳村200万元扶贫资金的跟踪管理。资金投于光伏发电，年创收14万元。

【直播助力脱贫】 2020年7月31日上午，由省妇联主办，建宁县人民政府、三明市妇联、福建省海外妇女联谊会、福建省女企业家协会共同举办的“巾帼有爱·八闽同心”建宁专场公益直播在建宁均口镇修竹村举行。直播现场共推荐12款优质三明农特产品，通过线上线下渠道累计成交5800多单，销售额30万元。

【全国五好家庭】 2020年12月31日，全国妇联在京召开第十二届全国五好家庭暨家庭工作先进集体、先进个人表彰和2020年全国最美家庭揭晓电视电话会。建宁县聂清华、聂荣富家庭被评为2020年度“全国五好家庭”。

【公益茶艺培训】 2020年，建宁县妇联实施生态茶文化宣传，开展建宁县首期茶艺公益培训班，提升建宁“林深水美茶香品牌”，讲好建宁“茶故事”。此次培训对象为机关企事业单位干部职工、社会茶文化爱好者，60余名学员参与此次培训。

【妇女干部培训】 2020年7月13号上午，由建宁县委组织部、县委党校、县妇联联合举办的2020年建宁县妇女干部培训班在县委党校开班。来自乡镇、县直部门和企事业单位40名优秀妇女干部参加为期3周的“党的理论、党性教育、女性素养、惠女精神现场教育”等主题内容的学习培训。

【省妇联领导调研建宁】 2020年6月21日下午，省妇联党组书记、主席徐珊娜到建宁县调研县级妇联改革“破难行动”。调研组一行先后到建宁县幸福种子社工服务中心、建宁公主电子商务有限公司、省级巾帼示范基地——清华家庭农场、濉溪镇金铙山联村妇联开展调研。

（黄红梅）

科学技术协会

【概述】 2020年，建宁县科学技术协会（以下简称建宁县科协）立足科协“四服务”职责定位，加强政治引领，开展科学普及活动，提高全民科学素质，服务脱贫攻坚和乡村振兴，推动科协工作实现新发展。以四大重点人群的科学素质行动带动全民科学素质的整体提高，实施科学教育与培训、科普资源开发与共享、科普载体建设、科普基础设施、科普人才建设五大基础工程。开展创新争先行动，当年获评福建省全国科普日活动优秀组织单位。

【科普基础设施建设】 2020年，建宁县科协加大资金投入，县财政拨付26万元专项资金用于科技助力精准扶贫、科普示范村、示范农技协、科普教育基地、青少年科学工作室等科普载体建设，支持均口镇修竹村和濉溪镇高峰村新时代文明实践中心站所建设，新建水南、河东社区和溪源乡楚尾村、黄坊乡武调村4个科普宣传栏；建立11支、百名志愿者参加的科普志愿服务队，配置队旗和科普志愿者服装；申请县财政拨入科技馆建设专项资金420万元，推进新建科技馆项目土建工程扫尾。

【科普宣传】 2020年，建宁县科协开展新冠肺炎疫情应急科普等科学知识普及，制定下发《关于开展新型冠状病毒感染的肺炎疫情应急科普工作的通知》，动员乡镇科协和广大科技工作者切实担当作为，推送疫情防控科普知识；编印《疫情防护知识手册》4000份，制作科普画廊疫情防控专刊5期，张贴农村科普宣传画1680张。组织参加2020年福建省全民科学素质网络竞赛活动，坚持线上线下“双线”发力，召开全县工作推进会、下发文件，全方位动员；印制“倡议书”、《公民科学素质知识700问》学习读本和宣传扇、宣传笔等宣传品，利用科普画廊、宣传栏、科普e站大屏、LED屏及横幅、海报和微信公众号等媒介进行广泛宣传，推动全民参加科普竞赛。据省科协统计，自7月上旬竞赛启动以来至9月30止，建宁县公民参赛人数达4950人、83845人次。

【科普活动】 2020年，建宁县科协开展各项科普活动。组织县委宣传部、县工信局、农业农村局、教育局等9个牵头部门负责人召开协调会，围绕“决胜全面小康、践行科技为民”科普日主题，制定2020年全国科普日活动方案，各牵头部门进乡镇、社区、学校和企业开展卫生健康、生态环保、应急救援、森林防火等科普讲座和避险演练活动，中小学校组织学生观看科技节目、科普动手实验及制作科普板报等活动，组织科普志愿者开展保护野生动物和防止餐桌浪费、倡导“光盘行动”宣传活动，向居民普及科普知识。全国科普日活动期间全县举办各类活动达20余项，通过网络申报、审核19项，受益群众达3万余人次。县科协荣获2020年福建省全国科普日活动优秀组织单位，县科协举办的“反对餐桌污染、保护野生动物活动”荣获2020年福建省全国科普日活动优秀奖。

【学校科技教育】 2020年，建宁县科协支持学校抓好科技教育，组织科普大篷车进校园（伊家乡中心小学）和科普进校园（建宁二中）活动；新建县第三中学青少年科学工作室，补助购置设备等投入3万元；选送9位中小学教师参加省影像节、科普e站、科技创新大赛等各类科普能力培训班，给予报支培训差旅费5000多元。年内，学校选送学生参加全市科技创新大赛、社会实践创新项目等竞赛，获市一等奖3件、二等奖6件、三等奖6件，选送建宁一中11名师生参加“青少年高校科学营活动”（走进北京化工大学）。

【服务创新创业创造】 2020年，建宁县科协发挥院士专家平台作用，借助上级科协的资源优势，协助邀请中国科学院院士谢华安，中国工程院院士张洪程、陈温福三位院士以及省科协党组成员、副主席史斌，省院士专家交流协会副会长、秘书长沙中然出席2020年福建三明中国稻种基地发展大会，提升三明“中国稻种基地”“建宁国家级杂交水稻制种第一超级大县”等品牌在国内种子行业的知名度和影响力；邀请谢华安院士参加建宁县2020年水稻新品种观摩会，促成禾丰种业公司和谢华安育种团队签订项目合作框架协议，助力禾丰种业做大做强。接长科协手臂，新成立聚源融汇实业投资发展有限公司企业科协，扩大科协基层组织覆盖面。做好人才推优，举荐县农业农村局高级农艺师李忠才为全省最美科技工作者候选人。在2020年度市对县人才工作目标责任制考评中，建宁县科协位列全市第四名。

【服务县委、县政府中心工作】

2020年，建宁县科协同频共振战疫情，按照县委和县疫情防控指挥部的部署，建宁县科协积极参加社区疫情防控党员志愿服务队和服务企业服务队，开展社区入户排查走访、防控值守，自5月以来，常态化做好建宁北站疫情值班，主要负责本县疫情防控医学集中观察点（闽通大酒店）全天候带班值班74天（3月23日—12月15日），做好集中观察人员的健康服务、安全保障、沟通协调工作，确保观察点安全、有序运转。服务好“五比五赛”重点项目，坚持每月一次到企业——盛喜生物公司调研，挂包干部经常性采用电话、微信和项目业主联系，了解情况，协调住建部门牵头有关部门到现场论证，并召开协调会，同意企业在车间二楼楼板凿洞，用以投放原料，促进企业尽快投产。抓实挂村工作，压实挂包责任，精心帮助村里制定“两增收”计划，开展访贫问苦走访送温暖活动，完善贫困户“一卡两册”，帮助贫困户落实村级公益岗位1人，落实县级企业就业2人，自主就业3人，发放贫困户4户慰问金2400元、慰问品800元，送鸡鸭苗80只价值1600元，拨付村扶持金3万元。挂包村有7户贫困户，人年均收入均可实现新增5%以上。抓细创城工作，按照县创城指挥部的部署和测评体系要求，全体动员，全面配合，开展水南金钩山卫生包干区乱搭盖、乱种菜、乱堆放、乱停放、乱张贴和楼道脏乱差整治；开展创城宣传、满意度测评入户调查，常态化开展保洁、人行道值班，做好创城软件材料的收集整理和及时报送，充实完善现场考察点相关内容，确保不丢分。

【县科协五届四次全委（扩大）会】

2020年6月4日，建宁县科协召开县科协五届四次全委（扩大）会，县科协五届委员、常委和乡镇科协分管领导参加，县委常委阴晓萍出席会议。会上，县科协主席郭忠双回顾总结2019年县科协工作，并结合三明市各县（市、区）主席座谈会精神，安排2020年县科协工作；县委常委阴晓萍在会上发言，对2020年科协工作提出要求。

【公民科学素质调查工作推进会】

2020年7月9日，建宁县召开2020年中国公民科学素质调查工作推进会，学习传达全国、省、市科协关于2020年全民科学素质调查工作通知文件和会议精神。县科协与县委组织部、农业农村局沟通，分别联合下发通知文件，组织全县干部职工和广大群众积极参与“两个竞赛”活动。通过建宁县融媒体中心、建宁县科学技术协会等微信公众号发布竞赛信息，并通过微信公众号后台“私信”互动，为群众解疑，引导参赛。县科协主要领导带队到乡镇调查了解全民科学素质纲要实施和“两个竞赛”活动组织参加情况，动员村民参与“两个竞赛”活动，并赠送《公民科学素质知识700问》。

（邱天泉）

2020年7月9日全民科学素质调查工作推进会　（县科协供稿）

文学艺术界联合会

【概况】 2020年，建宁县文学艺术界联合会（简称建宁县文联）下设文学、美术、书法、摄影、音乐、舞蹈、戏剧曲艺、民间文艺、诗歌朗诵、观赏石等10个协会，有会员433人，其中县级会员433人、市级会员154人、省级会员41人、国家级会员7人。当年新增市级会员4人，省级会员1人。

【文艺队伍建设】 2020年，建宁县文联通过组织各文艺家协会学习座谈、专题研讨、辅导报告、集中培训等多种形式，把学习贯彻习近平新时代中国特色社会主义思想、党的十九大精神、十九届四中五中全会精神与贯彻落实习近平总书记关于宣传思想工作、文化文艺工作、群团工作重要论述和指示批示结合起来，深化对习近平新时代中国特色社会主义思想的认识，提升履职能力。开展文化进基层进乡村志愿服务，组织诗人、画家、摄影家和书画家等文艺工作者到美丽乡村高峰村、红军村水尾村和古村落上坪村等乡镇村开展志愿服务，创作诗歌、散文和故事50余首（篇），素描、绘画30余幅、摄影作品200余张，送出书法作品近百幅。

【红色建宁主题文艺创作活动】 2020年，建宁县文联以创作本土特色题材为重点导向，打响“风展红旗·如画三明”城市品牌。8月，县文联组织开展“风展红旗如画《渔家傲·反第二次大围剿》”专题书画创作活动，并向全市书法家征集《渔家傲·反第二次大围剿》专题作品，先后征集到30多幅书画作品，分三期在“莲乡文苑”公众平台进行主题作品展推介刊登。3月中旬县文联联合团县委开展“少共国际师”故事采风创作活动，走访五大阻击战遗址，初步确定“少共国际师”首任师长吴高群烈士墓所在地，组织作家协会骨干力量对“少共国际师”光辉历史进行文艺创作加工，唐朝白云、寒鸦、林晓春、朱美华、丁海兰等五人创作的少共国际师题材文艺作品先后在《三明日报》讲述版发表。

【服务疫情防控文艺创作】 2020年，建宁县文联自新型冠状病毒感染的肺炎疫情出现以来，发挥文艺轻骑兵优势，以“艺”抗“疫”，县文联组织作家协会、书法家协会、美术家协会和摄影家协会等开展文艺抗“疫”创作活动，第一时间以文艺作品的形式表达对同胞的关怀、对医护人员的敬意、对战胜疫情的坚定信心，以强大精神力量凝聚人心，歌颂弘扬伟大的抗疫精神，以优秀的文艺作品记录这场伟大的抗疫斗争。县文联组织力量共创作诗文10余首（篇）、书画作品30余幅、学生手抄报15幅，在莲乡文苑公众平台刊登，帮助热爱艺术的人们度过至暗时刻、走出疫情阴霾。其中唐朝白云诗歌作品《我们是医生（外二首）》在“中诗网”发表，点击率达10万余人次，三明市融媒体中心据此所制作的视频点击率达300余万人次。

【文艺创作出新品】 2020年，建宁县文联文艺创作新品成果斐然。文学协会方面，本土作家在省市报刊上发表文学作品（诗歌、散文、小说）120余篇（首）其中90后网络作家迟暮出版2部小说，与有关出版社签订合约小说7部；《三明日报》杜鹃园版块首次为建宁文学新人开辟专栏，选登迟暮作品《城市灯火》、肖洪文作品《老街》、春天作品《牛哞声声》、清风逸水作品《湖畔人家》。摄影协会方面，陈武昌的《斗牛》等摄影作品参加“大扬杯”第六届“海峡摄影”全国主题赛月赛，分别获三月赛“民风民俗”“春意盎然”和“城市角度”等优秀奖和三等奖；陈武昌等的摄影作品《三明建宁：城市变化看发展》，在“学习强国”福建学习平台主办的“我爱我的祖国”微视频作品征集活动中，荣获一等奖；陈武昌的摄影作品《飞速变迁的时代》，获“大扬杯”2020年4月份城市角度主题摄影赛三等奖，陈武昌登上“大扬杯”第六届“海峡摄影”年度十佳创作摄影师积分排名榜；张建明的摄影作品《秀起东南第一巅》获第27届福建省摄影艺术展风光类金奖，《魅力铙山》获首届“悠然三明”旅游风光风情全国摄影大赛一等奖，《夕照金铙山》获得“清新花香·福源建宁”一等奖。书法协会方面，曾月娥书法作品入选三明市“正义与和平”纪念抗日战争暨反法西斯战争胜利75周年书画作品展；宁明强作品参加2020年厦门市政协办公厅举办同心抗疫翰墨传情作品义捐活动，获“70周年祖国怀抱”第四届福建省迎春画展三等奖；廖光平的书法作品入选省美协“决胜小康”第七届福建省写意大赛及三明市级书法作品展。曾月娥的书法作品，入选三明市文旅局、文联主办的“迎新春”——三明市美术书法作品展。舞蹈协会方面，舞蹈家协会宁萍原创作品群舞《远方的思念》、双人舞《恋》，分获福建省第十四届音乐舞蹈节和三明市选拔赛二等奖。

【文艺交流】 2020年，建宁县文联组织文艺骨干走出去开展采风创作、交流研讨学习，提高建宁文艺界队伍整体素质。年内，利用业余时间组织室内笔会、户外采风创作及与其他县市区交流学习10余人次。当年，文艺队伍人才不断涌现，县美协会员宁民强加入省美协，县作协会员迟暮加入省作协，县文学爱好者肖洪文、黄乐、杨进龙加入市作协。各级文艺家采风创作、交流研讨学习频繁。7月，邀请三明市作协副主席、三明日报副刊部主任绿笙走进建宁，为文学爱好者作“以真实为原点”非虚构写作的专题讲座，并针对报刊写作发表进行针对性指导交流；10月，县文联在均口镇举办“半寮人家”文学题材创作交流研讨会，知名文艺评论家黄莱笙一行出席并对建宁文学发展作指导性讲话；11月，邀请中国作家协会会员、一级作家、福州大学文学院教授施晓宇走进建宁，开展改稿和创作辅导，并在县一中举办“作文的要素”专题文学讲座，一中师生和本县文学爱好者近700人聆听讲座，同时到中央苏区反“围剿”纪念园、西门莲塘、高峰村等地开展采风创作活动；12月，知名文艺评论家黄莱笙一行前往建宁红军无线电总队遗址进行红色文化采风和文学创作交流研讨学习。

（黄　乐）

工商业联合会

【概况】 2020年，建宁县工商联（总商会）学习贯彻习近平总书记在企业家座谈会上讲话精神和对新时代民营经济统战工作的重要指示精神。围绕县委、县政府中心工作，紧扣“两个健康”工作主题，发挥桥梁纽带和助手作用，引导全县民营企业家提振发展信心，自觉做爱国敬业、守法经营、创业创新、回报社会的表率和践行亲清新型政商关系的典范，同时，加快推进商会建设，打造特色工作品牌，促进工商联各项工作再上新台阶。

【思想政治引领】 2020年，建宁县工商联（总商会）通过召开和参加各种会议向非公有制经济人士宣传党的十九大和十九届四中、五中全会精神，党和国家关于发展非公有制经济的方针政策和县委、县政府的工作思路，先后举行工商联轮值主席、执委学习活动4次，参会人员150余人次。深化理想信念教育，开展“守法诚信经营、坚定发展信心”主题理想信念教育活动。结合“文明进商会”活动，在民营企业中广泛倡导“行业自律、文明守信”“诚实做人、诚信经营”，引导企业家自觉做爱国敬业、守法经营、创业创新、回报社会的表率。结合福建省民营企业商会、福州市建宁商会党建共建活动日，组织企业家到建宁县红色根据地旧址客坊乡水尾村、中央苏区反“围剿”纪念园等地开展爱国主义教育活动；特邀福建八闽律师事务所主任现场解答涉企法律问题，宣传企业守法诚信经营理念，营造民营企业合法经营、公平竞争的良好风气。深化教育培训引导。选派商会优秀民营企业家参加全省民营企业家培训班，邀请县委党校高级讲师为民营企业家作专题讲座。

【助力民企复工复产】 2020年，建宁县工商联（总商会）贯彻落实习近平总书记对新冠肺炎疫情作出的重要指示精神，深刻认识疫情防控形势的复杂性、严峻性，帮助企业开展复工复产，鼓励企业开足马力、抢占市场、争创效益。贯彻《建宁县应对新型冠状病毒肺炎疫情扎实做好“六稳”工作的十四条措施》，主动对受疫情影响的企业进行专项摸底调查，及时掌握企业的资金困难和融资需求，针对企业实际情况，加强同金融部门的协调，通过推动延长还款期限，调整还款计划、降低贷款利率、无还本续贷等措施，帮助企业渡过疫情难关。帮助传统线下销售企业对接抖音达人等电商平台，开辟企业线上销售新渠道。

【树立民营企业良好形象】 2020年，建宁县工商联（总商会）坚持宣传正面典型，树立民营企业良好形象。工商联及时做好收集汇总民营企业家捐款捐物情况统计，定时向上汇报。通过美篇发布倡议、实时公布捐款情况、宣传爱心企业正能量讯息 20 余条。通过商会微信群及时发布各级疫情通告和企业复工各类信息，营造疫情防控良好舆论氛围和社会环境。福建省富强石材有限公司、福建省宇通医疗器械有限公司、福建鑫锦宏农牧开发有限公司、福建明一生态营养品有限公司等多家民企受到三明市委颁发的疫情防控期间贡献突出嘉奖。建宁县三泉生态农牧有限公司及广东、厦门、福州等异地商会受到县委县政府表彰。

【招商引资搭桥】 2020 年，建宁县工商联（总商会）开展招商引资搭桥活动。与石狮市工商联缔结友好共建商会，引入石狮市私营企业协会赴建宁开展招商项目考察，县内 14 家企业代表参加座谈会，双方就各自的资源强项和优势进行介绍，尤其是对建宁白莲、白木耳、中药材等特色农副产品进行广泛宣传。协办“为荷而来 · 融情共建”主题活动，邀请林肯车族、福建省电视台车栏目组、那方水土文化研究院等四十多位企业家、媒体人士赴建宁，透过以车为媒、以莲为桥，建立林肯 & 福州企业家与建宁工商界的互联互通平台，促进两地企业家之间的沟通交流。工商联主导引入 3 个招商引资项目，项目总投资额达 1.4 亿元，涉及农副产品深加工、服务业等。

【政银企金融对接】 2020 年，建宁县工商联（总商会）开展政银企金融对接活动。协调工行、建行、邮储银行等金融机构为企业融资贷款 2000 多万元。推广“信易贷”等新型融资贷款新渠道，解决中小微企业融资难、融资贵问题。

【政企对口帮扶】 2020 年，建宁县工商联（总商会）开展政企对口帮扶活动。联合县检察院结对 7 家民营企业，开展“联百企、结百亲、解百难”活动，由检察官定点结对民企，提供“司法体检”服务和法治宣传。开展“服务‘六稳’‘六保’护航民企发展”主题检察开放日活动，加强检企互动，营造“亲清护企”的工作模式，参与检察机关帮助民营企业不诉案件 2 起，督促民企诚实守信、守法经营，在合法合规中提高企业竞争能力，做践行“亲”“清”政商关系的典范。

2020 年 8 月 22—23 日，“为荷而来 融情共建”主题活动（建宁县融媒体中心供稿）

【服务就业】 2020 年，建宁县工商联（总商会）开展就业政策宣传活动。联合县人社局、总工会、工信局等举办以“稳就业政策助力，保就业服务筑桥”为主题的金秋招聘月活动，精选县内 24 家民营企业，提供就业岗位 430 个，现场发放政策宣传资料 1000 多份，帮助企业缓解用工难题，实施政府引导就业。

【建言献策服务大局】 2020 年，建宁县工商联（总商会）围绕党和政府的中心工作开展调研，为经济建设的大局服务。重点对服务民企发展，发挥商会及乡贤作用等重点问题开展深入调研。协同县政协开展“凝聚乡贤力量，助推乡村振兴考察调研”活动，并形成《关于凝聚乡贤力量助推乡村振兴的调研报告》。针对商会和乡贤作用发挥相关议题得到县委、县政府高度重视，工商联所提建议均被采用，经县委县政府会议研究通过《关于进一步发挥异地商会和在外乡贤作用实施方案》（建委办发〔2020〕4 号），重点在支持商会建设及乡贤回归等方面制定专项扶持政策，为下一步加快推进异地商会建设和发挥乡贤作用提供政策支持和保障。配合全国工商联每季度开展民营经济发展情况调研。

【致富思源扶贫济困】 2020年，建宁县工商联（总商会）贯彻中央决策部署和省、市、县委以及上级工商联工作要求，向全县非公经济人士和商会组织发出倡议书，动员民营经济人士参与到为疫情捐款捐物的行动中。疫情防控期间建宁县民营企业家共向县内捐赠物资约100余万元、捐款约90余万元，向县外捐款捐物约830万元，其中通过县总商会账户募集到疫情防控专项捐款34.95万元，均统一交付县红十字会账户调配使用。各异地商会借助各自的人脉资源优势，为家乡购置防疫物资，捐赠物资数额近20万元。县工商联对接客坊中心小学，捐赠1万元，用于购买100多名住校留守儿童生活用品。当年扶贫日，制定《建宁县工商联关于组织开展2020年扶贫日活动方案》，并向全县民营企业家、商会组织发出倡议，号召民营企业家履行社会责任，参与到“扶贫日”系列活动中。主动走访挂包城镇贫困户，送去慰问金的同时，引导商会常委企业建宁公主电子商务有限公司，参与结对帮扶，为贫困户家中添置家用电器并送上粮油等慰问品。凝聚本地非公企业和异地商会乡贤力量，助推建宁县闽江源教育发展非公募基金会成立，厦门市建宁商会会长龚昭彪及富强石材董事长彭宜斌各捐赠100万元，用于支持建宁县教育事业发展。

【“百企帮百村”扶贫结对行动】 2020年，建宁县工商联（总商会）落实“百企帮百村”扶贫结对行动。10家企业、1家商会对接11个贫困村。商会执委企业福建海宏达生态农业有限公司在客坊乡严田村组织召开扶贫日活动，为7户贫困户发放2020年量化折股分红金，签订2021年结对帮扶协议，组织召开精准帮扶培训会。多家企业参与县扶贫增收工程，帮助贫困户脱贫增收。副主席企业华科农业参与县“金种子”扶贫增收工程，帮助贫困户8户，涉及水稻面积120亩，支付种子款40余万元；福建兴荣泰建设发展有限公司、福建省南繁北种瑞丰农业科技有限公司帮扶枧头村贫困户，分别通过“企业+农户”对口产业扶贫项目、捐资助学、劳动就业帮扶等多种形式，基本实现该村建档立卡贫困户兜底保障；厦门市建宁商会通过捐助结对贫困村扶贫基金等方式开展“造血式”扶贫，向里心镇麓山基金会累计捐款10万元。

【异地商会建设】 2020年，建宁县工商联（总商会）加紧成立异地商会。泉州市建宁商会已完成工商联综合评价、党支部建立及民政登记等各项成立手续，办公场所已装修并入驻。泉州建宁商会的成立搭建起建宁与泉州地区的“商贸通道”，也为更多在外乡贤建立起抱团发展的平台。由县委常委、统战部部长带队调研上海地区商会筹建情况。加强与各地商会的联系。协同县政协开展课题调研，对厦门、福州、广东、泉州等各异地商会进行走访调研，了解各商会基础建设、公益事业、党建等各项工作开展情况。疫情防控期间，阶段性召集各商会秘书长进行线上情况交流，保持同各地商会联络，适时参与商会会员活动，加深交往。

【乡镇商会建设】 2020年，建宁县工商联（总商会）加快推进乡镇商会组织建设。全面推进建宁县各乡镇商会组织建设工作，全县9个乡镇全部成立乡镇商会，分别是：建宁县总商会濉溪分会、建宁县总商会溪口分会、建宁县总商会里心分会、建宁县总商会黄埠分会、建宁县总商会客坊分会、建宁县总商会均口分会、建宁县总商会伊家分会、建宁县总商会黄坊分会、建宁县总商会溪源分会。

【县工商联召开十二届四次执委会】 2020年12月30日，建宁县工商联（总商会）召开十二届四次执委会，县委常委、统战部部长黄立辉出席会议并讲话，县总商会执委、乡镇商会会长90余人参会。县委统战部副部长、县工商联党组书记黄渊兴向大会作工作报告。会议选举并通过周新闻等9名同志为县工商联（总商会）十二届执委，其中周新闻、史剑华当选为副主席，薛宁海、杨明海、余美玲为常委，陈芳年、许建明、董贵发、戴建南为执委。同日举办的执委会年会庆典活动上，县委常委、统战部部长黄立辉为9个乡镇商会会长颁发牌匾，县政府副县长李样生为新当选副主席、常执委企业家颁牌。

（孙琳美）

归国华侨联合会

【联络联谊活动】 2020年，建宁县归国华侨联合会（简称建宁县侨联）贯彻落实《中国侨联改革方案》和《福建省侨联改革方案》。坚持“国内国外工作并重”，“新侨老侨工作并重”的工作方针，召开归侨侨眷座谈会，组织侨界群众学习党的侨联政策，引领归侨侨眷、海外侨胞为县域经济发展多作贡献。

在春节、中秋等传统佳节，运用微信平台为海外建宁乡亲写信送上节日祝福，把家乡人民时刻对他们的关注、牵挂、思念和期盼送上，同时感谢他们作出的突出贡献，殷切希望他们常回家看看。

【服务侨胞】 2020年，建宁县侨联做好散居贫困归难侨调查摸底工作，为做好侨界困难群众工作奠定基础。畅通表达渠道，加强对政协侨界委员的联系和服务，倾听和收集侨界群众的呼声，引导侨界群众参政议政，参与社会治理。做好侨界群众来信来访工作，了解侨界群众的困难和诉求，畅通侨界利益诉求渠道，开辟涉侨法律咨询，做好解疑释惑、疏导情绪、化解矛盾工作，做到稳侨心、暖侨心，开展“送温暖、献爱心”和“情暖侨界”走访慰问活动，重点关注散居困难侨界群众的生产、生活，深入基层，走访慰问，扶贫济困，帮他们排忧解难，全年共发放贫困侨慰问金2.3万元，让困难群众感受到侨界的温暖、社会的温暖。

【侨务普法宣传】 2020年，建宁县侨联落实依法治国的要求，与县人民法院共同实施《关于建立涉侨维权工作衔接互动机制的实施意见》。建立诉调对接化解矛盾机制，开辟涉侨纠纷化解绿色通道，妥善处理各类涉侨民商事案件，共同维护侨胞及侨眷合法权益。开展侨法宣传活动，2020年是《中华人民共和国归侨侨眷权益保护法》颁布实施30周年，建宁县侨联与县司法局、水南社区分别举办侨法宣传。

【海外侨胞及入建人员疫情防控】 2020年，建宁县侨联全覆盖、地毯式排查境外入建和本县在境外人员信息，累计建立355人旅居境外人员信息库。强化联防联控，春节过后抽调侨联2人在水南社区做好疫情防控工作两个月；8月份抽调侨联人员带队到厦门机场入境人员分流服务中心及定点酒店做好疫情防控工作1个月，及时掌握境外入建人员信息并报告县应对新冠肺炎疫情工作领导小组（指挥部）。做好宣传引导工作，利用侨联建立的境外乡亲微信群及时向海外传递国内疫情防控的经验做法、政策规定，引导海外侨胞科学防疫。做好人文关怀工作。统战部部长、侨联主席一行赴集中医学观察点对卫生条件、安全状况、合法资质、收费、餐饮、管理、服务等进行检查，为观察对象提供一封海外返乡同胞慰问信，一本新型冠状病毒肺炎防护知识手册，赠送爱心水果、口罩、中药汤剂各一份，累计为海外乡亲寄送口罩10000多个，中药302剂。

【百侨助百村行动】 2020年，建宁县侨联参与脱贫攻坚行动，助推精准扶贫，侨联主席为陈岭村挂包贫困户聂飞明制定帮扶措施，并对其进行产业扶持和介绍务工。配

2020年5月19日，致公党福建省委到里心中心小学开展“爱心助侨”一对一帮扶捐赠仪式（建宁县融媒体中心供稿）

合省侨联做好“百侨帮百村——联村助户”精准帮扶贫困归侨家庭活动，走访慰问9户困难家庭并发放帮扶慰问金1.9万元。配合省侨联开展百侨助百村活动，协助高圳村做好为民办实事项目：争取水利部门项目300万元，修建社院下外油陂护岸，新村阴山渠道；争取环保项目资金140万元，修护社院下护岸200米；财政“一事一议”项目10万元，完成新村公墓道路硬化工程；争取环保项目20万元，完善溪枧公路沿途各平交口及水沟等建设；溪枧公路升级改造全面完成。

（李美兰）

计划生育协会

【概况】 2020年，建宁县计划生育协会（简称建宁县计生协会）开展“四联创”［即创先进县级计生协会、先进乡镇计生协会、一流合格村（居）计生协会、“五好”会员小组］活动，全县85%的村达到一流合格村计生协会标准。

【计生关怀行动】 2020年，建宁县计生协会围绕政府提倡的“诚信计生，幸福家庭”创建活动，发挥计生协会生力军作用，开展生育关怀行动，通过开展计生家庭意外伤害保险、计生困难家庭“安居工程”项目、农村计生家庭“金秋助学”项目、关爱“失独家庭”志愿者活动、对计生家庭开展法律援助等项目，把生育关怀落实到各个方面。完善城关中学、黄埠中学两个青春健康教育基地，为青少年健康成长提供各种心理咨询服务。会同智慧泉儿童早教建立早教基地示范点。

【计生家庭意外伤害保险】 2020年，建宁县计生协会开展计生家庭意外伤害保险工作，投入保费62.2万元，建宁县共有12439户参保，38152人受益。开展“安居工程”项目6户，发放资金36万元。奖励二女户子女考上大学49人，发放慰问金6.95万元，紧急救助及慰问困难计生家庭、失独家庭55户，发放慰问金5万元。

（陈及华）

红十字会

【概况】 2020年，建宁县红十字会发挥红十字会在政府人道领域的助手作用，参与“新冠肺炎”疫情的防控和款物接收，以弘扬“人道、博爱、奉献”的红十字精神为己任，开展救灾、救助、救护及无偿献血、造血干细胞捐献、遗体器官捐献工作，推进红十字各项事业。12月，建宁县红十字会作为县扶贫开发协会新发展会员单位，参加扶贫开发协会第三次会员代表大会。

【疫情接收捐赠款物】 2020年，建宁县红十字会为应对突如其来的新型冠状病毒肺炎（以下简称“新冠肺炎”）疫情，县红十字会接受来自社会各界的捐款捐物，按照中国红十字总会《关于做好新型冠状病毒感染的肺炎疫情防控捐赠款物使用管理的通知》以及疫情防控相关要求，对接受的捐赠款物按照疫情防控需要和捐赠人意愿统筹安排使用。截至2020年8月31日，县红十字会接受新冠肺炎疫情防控捐赠款物价值人民币（以下均为人民币）1987624元，其中捐赠资金1415996元，捐赠物资571628元，捐赠款物均已按照疫情防控需要和捐赠人意愿安排使用。根据县新冠疫情指挥部的安排，使用新冠肺炎疫情捐赠资金1413016元，其中用于县卫健局40万元、疾控中心0.5万元、县总医院40万元、县工信局50万元、本县有关单位6.22万元、转出定向武汉市疫情捐款5.08万元。

【“三救”工作】 2020年，建宁县红十字会扶贫帮困：两节期间，对全县的11户特困群众进行慰问，每户发放慰问金500元；在“99公益日”开展“爱”过年、“救助在身边”募捐活动，全县共募集1.5万元。联合县扶贫开发协会开展“扶贫助困 博爱暖心”活动：为助力建宁县委、县政府脱贫攻坚行动，县红十字会联合县扶贫开发协会、县扶贫办，本着“立足岗位扶贫助困”的工作原则，发挥行业优势，扶贫日期间，对客坊乡、均口镇、伊家乡3个贫困村建档立卡户中患重特大疾病和特殊困难的21户贫困家庭开展送温暖活动，每户发放慰问金1000元和适量的生活物质，力所能及地为贫困家庭解决一些实际困难，此次慰问活动共发放慰问金21000元，慰问物资2520元。开展关爱儿童、救治先心活动：为了造福建宁县的儿童先天性心脏病患者，县红十字会联合厦门市红十字会、厦门大学附属第一医院在县总医院开展“关爱儿童 救治先心”活动。为儿童先天性心脏病患儿义诊，厦门大学附属第一医院知名心外专家舒涛，共诊查儿童先天性心脏病患者7人，适合手术的3人。到厦门大学附属第一医院就诊，视手术情况，家庭贫困的每例得到厦门市红十字基金会给予的1万～3万元不等的救助。并回访复查5名术后患儿。这是县红十字会与厦门市红十字会、厦门大学附属第一医院连续第3年开展的救治先心患儿义诊活动。全县已有6名患儿得到救治并获15万元救助款。

【应急救护“六进”活动】 2020年，建宁县红十字会推进应急救护知识与技能普及培训，先后对战狼回力训练营158名学员、暑托班21名学生、县水南社区及居家养老照料中心的16名工作人员、建宁一中660名高一新生、城关中学600名初一新生、职业中学160多名高一师生、碧桂园全体员工、对96名民兵暨情报信息员、濉溪镇复兴社区党支部、建宁县公安局城关派出所党支部107名党员，开展包括世界红十字运动起源、心肺复苏术、溺水事故防范、气道异物梗阻、创伤包扎等急救技能的培训。联合县教育局在建宁三中开展健康与你同行活动，全县各类学校领导和体育工作者80多人参加。10月10日，应急救护首次列入县委党校主体班的培训课程。9月13日上午，与县蓝天救援防灾减灾中心联合开展水上救援应急演练。全年共开展应急救护培训14场次，培训人员2217人次。

【无偿献血活动】 2020年，建宁县红十字会联合县卫健局开展“世界献血者日”活动：6月14日是第17个世界献血者日，开展题为“安全血液拯救生命”的系列活动。县卫健局、县红十字会领导一同走访慰问建宁县造血干细胞捐献者，并召开无偿献血座谈会，13位建宁县无偿献血志愿者、造血干细胞捐赠者受邀参会，相互畅谈自己的无偿献血经历。联合县卫健局，年内开展2次无偿献血活动，当年全县1882人参与无偿献血，累计献血量376420毫升，发放无偿献血和造血干细胞宣传资料1200多份，4人加入中华骨髓库。

【人道宣传服务】 2020年，建宁县红十字会做好“新冠肺炎”疫情的防控宣传和接收款物的公示：自2020年1月28日发布捐赠公告起，不定期在微信公众号发布8期的捐赠款物公告，被县融媒体采用5篇。并请第三方审计机构龙岩弘业有限责任会计师事务所进行审计，在慈善中国平台和县政府网站公布疫情防控款物接收情况。参加“三下乡”活动，做好红十字人道宣传：参加在黄埠乡举行的2020年文化科技卫生“三下乡”集中服务活动，县红十字会应邀首次在舞台演示心肺复苏，通过学、听、看的形式，让群众树立应急救护的理念，认识掌握心肺复苏的重要性。防灾减灾宣传服务：5月12日，应邀参加县减灾委组织的“提升基层应急能力，筑牢防灾减灾救灾的人民防线”为主题的宣传活动，现场讲解演示心肺复苏、气道异物梗阻急救技能，并发放防灾避险、现场救护、红十字会掌上学堂等宣传手册300多份。协办世界无烟日宣传活动：协办5月31日第33个世界无烟日，题为“保护青少年远离传统烟草产品和电子烟”的宣传活动。

【阵地建设】 2020年，建宁县红十字会建成红十字博爱驿站，并投入使用。6月16日上午，位于建宁县水南社区居家养老照料中心的建宁县红十字博爱驿站正式启用，建宁县政府副县长、县红十字会会长孙元玲为驿站揭牌。揭牌仪式后，举行第一期“红十字救在身边”应急救护培训，为参加仪式的县红十字志愿者、县卫健系统党员、干部职工代表、县水南社区工作人员及居家养老照料中心全体员工等40余人进行心肺复苏、清除气道异物梗阻、AED使用等急救知识与技能培训。开展红十字救护员取证培训考核：先后对县蓝天救援队筹备组的6名学员、国家电投集团福建建宁电力有限公司的6名员工，31名社会人士，经线上线下理论及实操考核合格，43人取得福建省红十字会颁发的救护员证。

【红十字应急救护志愿服务队成立】 2020年，建宁县红十字会成立红十字应急救护志愿服务队，12月20日上午，召开县红十字应急救护志愿服务队成立大会。县委文明办、县卫健局领导和县蓝天救援队、志愿者联谊会、造干宣传服务队、星愿义工联合会等社会团体代表应邀参加大会。该服务队全员拥有红十字救护员证，是专业化的志愿者队伍，接受县红十字会的业务指导和监督管理。

【博爱援建项目】 2020年，建宁县红十字会做好客坊乡水尾村红色文化发展扶贫项目。省机电控股集团资助县客坊乡水尾兵工厂复原项目已全部完工验收，资助资金50万元，已全部拨款到位，又追加资助款118427元。职业中学塑胶运动场建设项目：福建省盐业集团有限责任公司定向捐赠280万元，资助建宁县职业中学塑胶运动场建设，按工程进度首批款196万元已拨付到位，当年完成项目验收工作。经济开发区水源管网工程项目：福建省青山纸业股份有限公司，定向捐赠100万元，用于建宁县经济开发区第二水源建设项目，第一笔款即资助资金总额的70%，计70万元已转到本县。经过项目建设单位组织专家现场评审论证，该项目已作变更，县红十字会对该项目的进展，及时跟踪督查情况，报送省红十字会和福建省青山纸业股份有限公司。

（胡润瑛）

关心下一代工作委员会

【概况】 2020年，建宁县关心下一代工作委员会（以下简称建宁县关工委）于12月9日召开建宁县关工委30周年纪念座谈会暨第八次代表大会。市关工委林纪承主任到会指导并讲话，县委书记廖金辉等四套班子有关领导出席会议。会议由县政府副县长孙元玲主持，县委副书记陈华伟代表县委讲话。会议听取县关工委主任谢冬林工作报告，表彰35个先进单位、110位先进个人。同日，县关工委以建关工委〔2020〕12号文件印发《关于县关工委领导成员工作分工的通知》。当年，王丽娟同学在中国关工委、教育部关工委开展的全国“中华魂”主题教育活动中，荣获三等奖；谢冬林被中国关工委、中央文明办授予“全国关心下一代工作先进工作者”荣誉称号。

【青少年教育】 2020年，建宁县各级关工委协助本县中小学校，组织师生到反“围剿”纪念园、水尾红色教育基地、闽赣游击队司令部、红军医院、红军银行、红军兵工厂、苏维埃政府旧址等地开展“传承红色基因，争做时代新人”的革命传统和爱国主义教育共18次，受教育的青少年2000余人。在溪口职业中学举行赠送发放“中华魂”读书活动启动仪式。向全县中小学校赠送“中华魂”读书活动读本4500册（每册8元），1万多名中小学生参加“中华魂”读书活动。配合县教育局、妇联组织家教讲师团，到学校、幼儿园，开设“家庭教育”公开课，开展“家庭教育如何进行”的家风家训授课培训。

【创建“五好”关工委】 2020年，建宁县关工委把“基层建设提升年”活动与创“五好”关工委活动有机结合。全县各级关工委对照创“五好”关工委活动的要求，以省级“五好”示范点半源村关工委为标准，采取回头看的形式，促进达标关工委组织巩固提高，推动未达标关工委组织在“提升年”活动中争取达标，全县已达标关工委组织99个，占总数的71%。

【关爱贫困留守儿童】 2020年，建宁县关工委突出关爱贫困留守儿童。根据《三明市人民政府办公室关于印发三明市开展贫困留守儿童“雏燕”关爱行动工作方案的通知》文件精神，落实市关工委制定的“五老关爱”计划，全县各级关工委主动配合教育（学校）、民政、妇联等部门，结合当地留守儿童的实际情况，以农村中小学为依托，建立关爱“留守儿童”活动阵地，在校期间依托校园建立关爱“留守儿童”之家，接受本校老师和退休教师及所在乡镇退休老干部“五老”和社会爱心人士的帮扶与关爱。节假日“留守儿童”返村（家）期间，组织本村近邻“五老”结对帮扶，给予亲情关爱，通过“五老”关爱计划的落实，全县困难留守儿童基本得到社会关爱呵护。

【青少年法治教育】 2020年，建宁县关工委强化预防青少年违法犯罪工作。发挥关爱团、法治和德育报告团作用，加强青少年法治教育，预防青少年违法犯罪，组织动员各村（社区）、学校参与“关爱明天、普法先行”和“创建未成年人”零犯罪学校、村（社区）活动。根据2020年三明市为期4年创建“零犯罪学校”、村（社区）活动第二轮申报评审条件，建宁县对照标准，通过自查，符合条件申报“创建未成年人”零犯罪的学校20所、村（社区）90个。

【金秋助学】 2020年，建宁县关工委开展扶贫助学工作。组织关工委老同志到乡镇村、社区、学校、企业，了解情况，动员社会各界扶贫帮困助学献爱心，加大助学资金筹措力度。当年由县关工委牵头筹集助学资金33万元，受资助的困难学生187名。其中：贫困大学生105名；中、小学生82名。各乡镇、企事业关工委发挥各自优势，为当地困难青少年做好事，解难事，扶贫助学工作取得很大成效。

【“种子工程”示范户的培育】 2020年，建宁县关工委打造“种子工程”升级版，助力脱贫攻坚。关工委科技服务团先后4次到农村开展农业实用技术培训活动和调研活动，指导农村青年创业致富、助力脱贫攻坚。各级关工委把“种子工程”建设活动视为农村关心下一代工作的重要抓手，加强与扎根农村创业致富的农村青年的联系，引导他们在农村开展“双带活动”，为农村青年服务，推动农村“双带”活动开展。

（邱红梅）

老区建设促进会与扶贫开发协会

【产业帮扶】 2020年，建宁县老区建设促进会与扶贫开发协会（以下简称建宁县老促会）致力于扶持产业发展，把产业发展的各项政策措施抓紧抓落实，使特色产业做大做强。通过省市协会帮扶和县老促会努力，当年共筹措36万元资金，为海宏达生态农业有限公司、天一油茶专业合作社、春花家庭农场、闽江源国有林场、兴旺家庭农场、高岭水稻种植专业合作社等8家产业扩大种养殖生产、提升产品质量和造林绿化质量提升等项目建设提供资金扶持，协调解决生产、销售等环节中出现的实际问题。8家企业共帮扶53户贫困户发展种植养殖，解决家门口就业130余人。争取20多万元资金，为均口镇修竹村建设河蟹园扶贫项目和客坊乡严田村发展林下经济给予资金扶持。项目建成后将为两村村财增收20余万元，解决贫困户劳力就业30余人。

【巩固脱贫成果】 2020年，建宁县老促会因户制宜精准施策，巩固脱贫成果。通过省市的支持和自筹，共筹措资金23万元（其中5.2吨微肥），帮扶22户贫困户发展生产，免费赠送近1万元的油茶苗供7户贫困户种植33亩油茶林，稳定巩固脱贫成果。在省扶贫“两会”的支持下，与县残联配合，为户主是残疾人的15户建档立卡的困难家庭每户补助1000元计1.5万元。协调挂钩村企工作，助力村企脱贫攻坚。对文鑫莲业和大源村、河东村进行两次调研，落实文鑫莲业对村企合作、产业扶贫计划，创造“田管家”扶贫新模式，在大源村流转土地1000亩，带动农户100户300多人，实现户增5万元，以增加农民和村财双增收。

【聚焦教育扶贫】 2020年，建宁县老促会助推教育扶贫，阻断贫困代际传递。年内通过省市老促会的支持和多方筹措资金，助力教育扶贫，配合县残联，共落实残疾人家庭20名学子，享受扶贫助残大学圆梦行动资助11.67万元，6名贫困户家庭大学生享受翁俊民助学金3万元，购买90种133册、励志书籍（价值4千多元）捐赠县闽江源小学，富强石材为“建宁县闽江源教育发展非公募基金会”捐赠100万元。

【劳动技术培训】 2020年，建宁县老促会抓好科技培训工作，增强农户生产技能。全年举办农村实用技术培训班7期620人次，邀请福州大学等专家教授和市县农业专家讲授食品安全、林下种植多花黄精等中草药技术、高产油茶、黄花菜栽培技术和土鸡土鸭饲养技术等课程。天一油茶专业合作社油茶、黄花菜带动扩大种植面积1000多亩，新增就业岗位30人，间接带动农户80余户。

【抗疫捐赠】 2020年，建宁县老促会抓好新冠疫情防控，助力企业复工复产。年初，新冠肺炎疫情在部分地区突袭而至，遵照省、市协会和县委、县政府的部署，全力投入新冠疫情防控工作，组织理事成员单位做好疫情防控工作和参与捐赠活动，理事单位为防控新冠疫情共捐赠现金及防疫物资折合人民币60多万元。疫情发生后，建宁县政协常委、福建富强石材公司董事长彭宜斌多方筹措防疫物资，向县人民政府、均口镇政府捐赠口罩3.5万个，向建宁县慈善总会捐款10万元。向湖北省黄冈地区捐款10万元。

（陈宝发）

电商企业捐赠防疫口罩　　（建宁县融媒体中心供稿）

客家联谊会

【编辑出版《第二届资料汇编》】2020年，建宁县客家联谊会完成《第二届资料汇编》搜集编纂出版工作。全书约6万字，主要总结反映建宁县客家联谊会自2015年3月12日换届以来所做的主要工作。选录的文章，多数都在省、市客家杂志上发表过。其中会长王登远的三篇论文均发表在2016年至2018年《宁化石壁客家论坛》论文集。

【编辑出版《南安人在建宁》】2020年，建宁县客家联谊会经过两年多时间的资料搜集、整理、论证、编辑，《南安人在建宁》一书终于与读者见面。全书约30万字，主要记录1964—1965年间，南安县3000余户、13000余人口响应国家和福建省委、省政府的号召支援山区建设的历史，反映半个世纪以来，1.3万南安移民和当地群众融为一体、繁衍生息、艰苦创业的经历，颂扬闽南人发挥"爱拼才会赢"的精神，记录他们为建宁县的社会和经济发展作出的不可磨灭的贡献。

【启动《建宁县医院志》《建宁县卫生志》编撰工作】　2020年，建宁县客家联谊会利用退休老文人优势，在做客家研究的同时，开创帮助有需要的乡镇和单位撰编单位史志，当年启动《建宁县医院志》《建宁县卫生志》编撰工作。截至2020年年底，已完成人员召集和组建编撰组；资料收集工作正紧锣密鼓地进行。当年协助桂阳聂氏、里心芦田邓氏续修族谱，两姓族谱均已告竣。

（王登远）

退休干部协会

【为疫情防控尽微薄之力】　2020年，建宁县退干协会全体按照县委、县政府统一部署，做到"五不"，即不出门、不拜年、不办酒、不聚会、不传播谣言。县政府、公安、供销、溪源等分会派出会员协助社区、小区值班一个多月。县供销退休的林意红参加县志愿者联谊会，走街串巷发放口罩和抗疫宣传单；县民政退休的廖惠敏走进社会福利中心，开展为老人健康服务26人次；县国土退休的谢祥安取消为远道归来的孙子办周岁酒席十几桌。县退干协会发动全体会员为建宁医院支援武汉的护士黄兴红点赞投票1300多票，使之荣获"新时代三明百名担当作为先进青年"。同时，会员中党员向支部踊跃捐款，支援一线抗疫。县公安局退休93岁老党员林兰妹主动捐款3000元，成为全县捐款最多的人，《三明日报》夕阳红栏目报道他的感人事迹。进入常态化防控后，有许多老干部还参与负责小区、楼房的管控工作。

【协会常规活动】　2020年下半年，建宁县退休干部协会继续做好疫情的防控工作，不举办大规模的室内聚会，活动室暂不开放，并敦促老同志暂不外出旅游，对从疫情严重的湖北、北京、上海等地返回的老同志在家隔离14天后才能出门。要求举办集体活动要戴好口罩。在此基础上，逐步恢复正常活动。9月18日，组织全体会员到县城西门外参观红色景点，其中包括西门红军莲塘。西门莲子是建宁最好的莲子，原有99口莲塘，当年红军来到建宁，毛泽东在此又挖一口莲塘，留下百口莲塘吐清香的佳话。同时参观近两年新建的红色景点，有重建的青云岭的炮楼、新塑第二次国内革命战争时期到过建宁的周恩来、叶剑英、彭德怀、杨尚昆等九个伟人高大魁梧的铜像，参观红军无线通信纪念馆。内陈列红军最早在建宁使用无线通信发报机、收报机等设备及图片、实物等。老年节举办贺金婚、祝寿诞活动。10月23日上午，为全县退干会员70、80、90寿星共47人、金婚夫妇19对在户外广场举办集体祝寿活动。县人社局领导到场祝贺，并送上礼金，同时为寿星送上生日蛋糕，为金婚夫妇拍照留念。12月22日，组织分会长、小组长参观近几年建宁引进的较大项目建设。其中有投资近10亿元的明一国际乳业公司，在工业园区新建的乳业制品加工现代化厂房。在里心上黎开发的“云上牧歌”奶牛养殖基地和闽赣交界生态旅游休闲度假中心。参观国家投资3.8亿元，在闽赣边界的山顶上新建的39个风力发电塔，种子产业中心，建宁是南方杂交水稻制种大县。畅游建宁工业园区，草鞋岭休闲健身乐园、新建的过境环城公路和正在建设中的火车南站。老年节期间，各分会举办不同形式的座谈慰问活动，县公安局、教育局、卫生局，濉溪镇和里心镇主要领导亲自到会慰问退休老同志。

【增添正能量】 2020年，建宁县退休干部协会荷韵民乐队由爱好音乐的退休干部职工组成，至今有近十年，现发展有三十多人。2020年下半年组织开展的活动：9月份为提升建宁旅游品牌，在万安桥的栈道举办一场演唱会。主要围绕建宁红色精品、绿色生态两大品牌，演出合唱、男女声小组唱、山歌对唱、独唱和器乐演奏等15个节目，其中包括乐队创作的歌曲《莲乡美》《闽江源、幸福泉》《金饶山风情》《当年红军过山来》《建宁三月好风光》和民乐合奏《莲乡建宁欢乐行》。11月份在水南桥头的公园举办一场“庆祝水南大桥维修工程顺利竣工”文艺演出，演出合唱、小组唱、诗朗诵、器乐合奏、舞蹈、柔力球等节目。通过宣传大桥修复通车，赞颂建宁城乡建设日新月异的变化，大合唱《喜看濉城新面貌》把演出推向高潮。老年节期间开展关心一老一少活动。民乐队走进县社会福利院和城关第二实验幼儿园开展演出活动，把悠扬歌声送给福利院的老年朋友和幼儿园的小朋友，为老年朋友送去节日的问候，带给他们欢乐、健康，丰富他们的文化生活。并在幼儿园与小朋友开展互动活动，让幼儿知道什么是老年节，从小培养幼儿尊老爱老的道德情怀。每次演出活动还穿插宣传建宁创建省级文明城的诗朗诵、表演唱等节目。

【学习贯彻中共十九届五中全会精神】 2020年，建宁县退休干部协会通过组织退休老同志收看中央电视台，及时学习了解中共十九届五中全会精神。同时，各分会集中组织会员学习党的十九届五中全会公报，通过微信网络组织收看省委宣传部、老干部局、党校联合举办的学习贯彻党的十九届五中全会精神离退休干部学习报告会。县退干协会常务理事召开学习五中全会座谈会。会员们联系本县实际，畅谈“十三五”以来家乡经济建设和社会发展的辉煌成就，共享建宁县脱贫攻坚建设小康社会的成果。对“十四五”规划及2035年远景目标，建设社会主义现代化国家充满信心，振奋人心。县政府机关、教育、政法分会邀请县委党校老师解读十九届五中全会公报，讲解五中全会精神。

（廖光朗）

政法委和综治

【概况】 2020年，中国共产党建宁县委政法委员会（简称建宁县政法委）坚持以习近平新时代中国特色社会主义思想为指导，严格落实平安建设领导责任制，纵深推进扫黑除恶专项斗争，深入开展公共安全领域突出问题大排查大化解大整治攻坚行动，平安建宁、公正建宁、法治建宁建设能力和社会治理现代化水平明显提高，为全县经济社会持续健康发展营造稳定的社会环境、公平的法治环境和优质的服务环境。当年，建宁县被省平安建设领导小组授予全省第四轮第一批平安县（市、区），建宁县委政法委获全县“五比五晒”党群组考评第一名。

【综治责任的落实】 2020年，建宁县政法委致力于平安建设责任的全面落实。按照“属地管理、分级负责”原则，连续22年签订下达平安建设（综治工作）责任状，督促各级领导干部认真履行“一岗双责”。建立健全平安建设工作议事协调机构，成立以县委书记任组长、县长任第一副组长和县委常委、政法委书记任常务副组长的建宁县平安建设领导小组，完善《建宁县平安建设领导小组及办公室工作规则》和《建宁县平安建设领导小组专门工作组组成方案》，全面统筹政法系统和相关部门的资源力量，推动形成工作联动、平安联创、问题联治的良好局面。抓好抓实突出问题整改，以“两办”名义下发《建宁县2020年党政领导平安建设（综治工作）责任书中突出问题的整改方案》，主动攻坚克难，涉及平安建设的5个突出问题已全部整改到位。

【扫黑除恶专项斗争】 2020年，建宁县政法委扫黑除恶专项斗争纵深推进。扫黑除恶专项斗争开展以来，排查收集到涉黑恶乱问题线索147条，当年已全部办结，办结率100%；全县共打掉涉黑犯罪组织3个（判决11人），打掉涉恶势力犯罪集团2个（判决6人）。破“九类”涉恶案件45起，抓获涉恶类犯罪嫌疑人132名。扣押冻结涉案资金3064.73万余元，一审判决财产刑46.02万元，兑现举报奖励金7000元。共排查收集到党员领导干部涉恶“保护伞”问题线索9条，经核实后转立案7件，认定为扫黑除恶案件6件，给予党纪政务处分5人，诫勉谈话1人。整治乱点乱象396个，发出“三书一函”69份（其中“公安提示函”36份、“检察建议书”16份、“司法建议书”3份、“纪律检查和监察建议书”14份）。

【政治安全】 2020年，建宁县政治安全得到坚决捍卫。县委政法委保持高度的敏锐性，树牢居安思危的国家安全观，筑牢安全屏障。

【社会治安环境】 2020年，建宁县社会治安环境持续向好。刑事犯罪方面，全县共立刑事案件444起、破案247起，破案率55.63%，共抓获269名犯罪嫌疑人，移送起诉犯罪嫌疑人169名，公诉150人。破获侵犯公民个人信息案1起、破获信息网络犯罪活动案3起、网络开设赌场案3起，抓获犯罪嫌疑人9名，扣押涉案资金31万元；破获虚开增值税专用发票案5起、非法经营案1起、信用卡诈骗案1起，办理成品油案件7起、抓获7人，查获成品油67.81吨。2020年县法院审结各类刑事案件99件，同比下降56%；治安管控方面，全县治安部门共受理行政（治安）案件1258起，已办结993起，治安处罚563人，其中查处涉赌行政案件182起、涉黄行政案件9起；交通管理方面，全县共立简易交通事故44起、快处350起，立一般以上交通事故24起，交通事故造成死亡8人、受伤51人，年内未发生死亡2人以上的道路交通事故，共查处各类交通违法行为41756起，其中查处监控类交通违法行为29443起、查处“五类十项”严重交通违法行为12313起。

【社会秩序】 2020年，建宁县社会秩序良好。县政法委以创建法治政府为抓手，加大法治宣传力度，营造更加公开透明、规范有序、公平高效的法治环境。调解工作成效明显，全县共调解案件763件，其中涉及疫情的调解案件10件，企业复工复产纠纷1件，邻里纠纷189件，合同纠纷111件，损害赔偿纠纷141件，其他纠纷322件，最大限度把矛盾吸附在当地、化解在萌芽状态。

【平安根基建设】 2020年，建宁县平安建设根基不断夯实。推动综治中心实战化建设，全县建成县级综治中心1个、乡镇综治中心9个、村级综治中心99个，覆盖率达100%。深化“六无”村（社区）建设，开展以“十佳平安家庭户”评选活动为载体的“六无村（社区）”建设；“微积分”撬动乡村治理新格局，全县被市里确定为“六无”村（社区）52个，占比52.53%。推进雪亮工程项目建设，目前，全县共有车辆卡口27个，联网社会停车场6路；建有人像卡口22路，火车站、汽车站等重点场所出入口均实现人像卡口全覆盖。实施综治视联网建设，已完成1个县级平台、9个乡镇及10个村级平台建设。

【创新水平逐步提升】 2020年，建宁县法治建设创新水平逐步提升。县法院在全市法院首创将VR虚拟全景技术运用于司法拍卖，加强楼盘纠纷处理，打造楼盘处置“建宁样本”；建成全省首个专门“铁路安全教育基地”；县公安局城关派出所老党员调解室结合“三心四勤”工作法解民忧、化民怨；均口派出所被授予全省“枫桥式派出所”；客坊乡探索总结出留守儿童“真爱6+1”关爱模式；社会组织参与市域社会治理现代化“六化联动”的“建宁做法”被中央政法委“长安评论”推广；县财政出资97.4万元为全县实际居住人员办理“平安建宁”意外伤害综合保险，当年为4起交通事故办理意外伤害综合保险理赔32万元；推进“平安进民企”工作，富强石材“六进民企”做法在全县重点企业推广。

【影响群众满意率问题】 2020年，建宁县影响群众满意率问题仍然存在。受新冠疫情影响，全县信访总量出现一定程度下降，但信访基础工作较为薄弱，治重化积工作进度不理想。土地房屋征迁、林权纠纷、劳动社保等历史遗留问题，农民工欠薪、民间借贷等重点领域问题及涉法涉诉信访问题依旧突出，信访矛盾化解攻坚战中摸排出来的重点领域、重点群体、重点问题、重点人员缺乏有效的化解手段。部分信访积案或年代久远，证据缺失，难以取证，或利益诉求明显超出合理范围；或信访要求明显无法律依据、无政策支持，导致无法解决，矛盾化解难度大。此外，社区矫正管理工作存在疏漏，平安建设“三率”出现下滑等问题还需努力解决。

【影响群众安全感问题】 2020年，建宁县影响群众安全感问题仍有发生。在打击电信网络新型违法犯罪方面，全年立电信网络诈骗案119起、破20起，电诈破案率仅16.81%，案件逐年上升，发案率高、破案率低，该类犯罪以电信、互联网等为手段实施犯罪，社会危害性大，群众反映比较强烈，应对措施不够有效；在预防交通事故方面，城区机动车和驾驶人数量增长速度快，道路交通基础设施建设相对滞后，存在农用车交通违法行为突出，交通事故时有发生，醉驾型危险驾驶类刑事案件占比畸高等问题；在乱象整治方面，部分行业主管部门对治乱工作认识不足，堵住行业漏洞的措施不够有力，主动管理和服务不够到位，在推进扫黑除恶治乱与经济建设中心工作衔接方面还不够紧密，与平安建设要求和群众期盼还有差距；在公共安全领域隐患方面，不符合消防安全要求的高层建筑、城中村、城乡接合部、“三合一”场所、群租房等点多面广，存在一定的火灾隐患。寄递物流等新兴行业安全问题不断滋生，发生风险概率增大。

（邹　颖）

城乡网格化服务

【概况】 2020年，建宁县城乡网格化服务中心围绕“多网合一、一网多能、综合利用”的工作目标，通过实行网格化定位、信息化管理、多元化服务等模式，推动社会治理延伸至基层末梢，提升“平安建宁”建设水平。年内，平台受理各系统问题25207起，解决25163起，诉求受理率、及时查阅率、按时办结率、反馈回复率、群众满意率均达100%，其中受理综治网格系统问题15848起，解决15848起；受理“e三明”12345系统问题4228起，解决4215起；受理“e建宁”系统问题557起，解决556起；受理数字城管系统问题3351起，解决3321起；受理智慧河长系统1223起，解决1223起。

【网格平台建设】 2020年，建宁县城乡网格化服务中心做实做细网格平台。硬件方面，投入30多万元对大厅操作台、电脑、机房、视频监控等设施设备进行优化升级、更新换代，提升安防、技防水平。软件方面，实现综治网格、数字城管、智慧河长、环境监管、食药监管等5个系统“一号登录、一端全办”。开发“卫健—疫情防控”和“入建人员登记”等子模块，为全县9个乡（镇）和城区5个社区共57名综治网格化信息管理人员，配备“平安莲乡通App”手持终端，与县关工委、消防大队、启航青少年服务中心实现数据同步、信息共享，与电信云服务达成深度合作，将网格化数据系统迁移至电信云服务平台，保障网格平台信息数据的安全性和系统运行的稳定性，构建“掌上有端（手机终端），地上有格（网格），中间有网（互联网）”的信息体系。

【“e三明”12345便民服务】 2020年，建宁县城乡网格化服务中心强化平台批转、部门受理、现场处置、办结答复等4个流程紧密配合，强化首办负责制、疑难诉求件交办制、“日报告、周汇总、月通报”等三项机制，全年制作疑难诉求交办件5期、发出效能通报6份、表扬优秀办件29起、通报整改问题9个，解决群众“急事、难事、烦事、身边事、不明白事”，提升12345平台办理质量，打造高效运作、优质服务的发展环境。当年，《高效办理诉求件》《线上诉求线下办》《修剪花圃解民忧》《数据“跑”起来，处置“快”起来》等办理群众诉求的做法先后在新华社客户端、《三明日报》、“e三明”宣传报道。

【“e建宁”便民服务】 2020年，建宁县城乡网格化服务中心“e建宁”在主打随手拍、金点子、曝光台、微资讯、整改与反馈等五大功能板块的基础上，新增便民服务、疫情防控和文明创建模块。通过“e建宁”服务号开展预约摇号发放口罩活动，共发放口罩2.3万个，化可能发生的“被动投诉”为“主动服务”，加快完善突发公共事件应急办件扭转版块，提升城市网格化、数字化、精细化管理水平。目前全县关注、使用人数为8787人，让人民群众的获得感成色更足、幸福感更可持续、安全感更有保障。

（建宁县城乡网格化服务中心供稿）

法治政府建设

【概况】 2020年，建宁县人民政府落实党中央、国务院关于依法治国、建设法治政府的各项重大决策部署，按照《中共建宁县委印发〈关于全面推进依法治县建设法治建宁的实施意见〉的通知》要求，统筹推进严格执法、公正司法、全民守法，自觉运用法治思维和法治方式深化改革、推动发展、化解矛盾、维护稳定，完成法治政府建设的各项工作任务。推进党政主要负责人切实履行推进法治建设第一责任人职责，结合建宁实际，贯彻落实党中央和国务院印发的《法治政府建设实施纲要（2015—2020年）》和中共中央办公厅、国务院办公厅印发的《党政主要负责人履行推进法治建设第一责任人职责规定》，明确各级党政机关主要负责人为法治建设第一责任人。

【法规制度建设】 2020年，建宁县人民政府强化党内法规制度建设，党内法规制度执行力增强。建立党政主要负责人履行推进法治建设第一责任人职责考评机制。按照县委对法治政府建设工作的总体要求提前部署，全面提高行政机关负责人依法行政的能力和水平，规范行政机关执法活动。全面推行法律顾问制度和公职律师制度，倡导各单位聘请法律顾问，引导全体干部职工自觉遵守法律法规，督促全体干部依法办事、依法宣传，运用法律武器维护合法权益。县政府充分发挥法律顾问的参谋助手作用，聘请福建建联律师事务所担任建宁县委、县政府法律顾问，负责政府日常涉法涉诉、审核修改经济合同及规范性文件等工作。

【法治宣传教育】 2020年，建宁县人民政府强化法治宣传教育，营造良好法治建设氛围。围绕“谁执法、谁普法”工作要求，建立健全责任机制。完善律师以案释法制度，配齐配强、用好用活“七五”普法宣讲团、“法律六进”宣讲团、“法律六进”宣传队、法律服务小分队、“一村（社区）一法律顾问”等专兼职队伍，通过开展普法讲座、法律咨询等形式，集中开展各类普法宣传活动。年内，开展各类普法宣传活动200余场（次），参与群众1.2万余人（次），调解各类矛盾纠纷763件，办理各类法律援助帮助案件149件。

【依法履行政府职能】 2020年，建宁县人民政府依法履行政府职能，保障经济社会高质量发展。推行权力清单、责任清单、负面清单制度并实行动态管理。在全面梳理、清理、审核确认、优化流程的基础上，将行政执法部门职能、法律依据、实施主体、职责权限、管理流程等事项以权力清单的形式向社会公开，注意厘清与行政权力相对应的责任事项、责任主体、责任方式。保障重大行政决策工作有序推进，县司法局列席县政府常务会议。组织学习《重大行政决策程序暂行条例》，并且严格按照条例规定履行重大行政决策公众参与、专家论证、风险评估、集体研究和合法性初审等法定程序。推行阳光政务。贯彻落实《政府信息公开条例》，设立政务公开栏，定期公开政务信息，健全政务公开制度，全面推行人权、事权、财权、物权的公开，主动公开办事依据、程序、条件、办事时限以及办理过程和结果，保证人民群众享有知情权、参与权和监督权。年内，全县各乡（镇）、64个部门单位（含条管）全面推行政务公开、办事公开制度。

【行政执法】 2020年，建宁县人民政府做好行政执法工作，保障行政执法有序运转。为贯彻落实《福建省人民政府办公厅关于印发〈福建省全面推行行政执法公示制度执法全过程记录制度重大执法决定法制审核制度实施方案〉的通知》，结合建宁县实际，制定下发《建宁县人民政府办公室关于印发〈建宁县全面推行行政执法公示制度执法全过程记录制度重大执法决定法制审核制度贯彻落实方案〉的通知》，严格按照行政执法公示制度、行政执法全过程记录制度、重大行政执法决定法制审核制度，促进规范公正文明执法，营造更加公开透明、规范有序、公平高效的法治环境。推动部门建立执法全过程记录制度、执法公示制度和重大执法决定法制审核制度的落实，开展行政执法“三项制度”专题调研。

【完善监督机制】 2020年，建宁县人民政府完善监督机制，加强重点领域监督。加强审计、监察等专门监督，突出对重点领域、重点部门权力运行的监督和制约。重视人民群众和社会舆论监督，加强县长信箱、县长热线、110联动电话、效能投诉热线等公众诉求处理系统建设，发挥其社情民意“晴雨表”、联系群众“连心桥”、维护稳定“减压器”的作用。重视人大监督和政协民主监督，落实县人大及其常委会的决议、决定，及时向人大及其常委会报告工作，听取政协委员、无党派人士和人民团体的意见建议。

【行政复议与应诉】 2020年，建宁县人民政府提高行政复议与应诉能力，维护人民群众合法权益。畅通行政复议渠道，提高行政复议工作人员素质，组织相关人员观摩法院行政案件庭审，提升行政机关应诉能力。健全行政复议案件审理机制，增强行政复议的专业性、透明度和公信力。年内，各类行政应诉案件共7件，行政复议案件1件。

（吴肖婧）

公 安

【打击犯罪】 2020年，建宁县公安局刑事案件立案444起、破案248起，破案率55.86%。其中：立盗窃案件112起、破53起，盗窃案破案率47.32%；立接触性诈骗案6起，破案6起，接触性诈骗案破案率100%；立电信网络诈骗案123起、破20起，电信网络诈骗案破案率16.26%；立八类暴力案件19起，破19起，八类暴力案件破案率100%。共抓获283名犯罪嫌疑人，移送起诉犯罪嫌疑人169名，公诉158人。

【治安管理】 2020年，建宁县公安局受理行政（治安）案件1258起，办结1049起，治安处罚583人。其中：查处涉赌行政案件198起、涉黄行政案件9起；破获涉赌刑事案件10起、涉黄刑事案件1起、涉枪刑事案件5起、涉爆刑事案件1起、“食药环”案件7起；行政拘留188人。

【交通安全】 2020年，建宁县公安局交通接警1815起，与去年同期1989起相比下降8.74%；立简易事故328起，快处355起；立一般以上道路交通事故25起；死亡8人，受伤52人，经济损失10450元，与去年同期相比，交通事故立案起数（33起）下降24.24%，死亡人数（10人）下降20%，受伤人数（30人）上升73.33%，经济损失（22620元）下降53.8%，没有发生一次死亡2人以上道路交通事故，道路交通安全态势平稳。共查处各类交通违法行为42812起，其中查处监控类交通违法行为29916起［超速行驶3248起、违法停车（含现场）8154起、违反交通信号14971起、其他3543起］。查处“五类十项”严重交通违法行为12896起（酒驾214起、醉驾85起、货车超载195起、客车超员366起、涉牌2721起、涉证2552起、车辆超速226起、摩托车超员458起、未戴头盔6079起）。县交警大队共办理刑事案件67起（危险驾驶案59起、交通肇事案7起、肇事逃逸案1起）。受理各类车管业务10180人次，其中机动车注册登记2677辆（小型汽车648辆，普通摩托车1379辆，轻便摩托车650辆），转移登记963辆（小型汽车874辆，普通摩托车86辆，轻便摩托车3辆），变更登记184辆（小型汽车171辆，摩托车10辆，轻便摩托车3辆），抵押登记1047辆，转入业务426辆（小型汽车415辆，普通摩托车11辆），注销登记236辆（小型汽车182辆，摩托车50辆，大型汽车4辆），补换牌证合格标志240辆（小型汽车218辆，摩托车9辆，大型汽车13辆），补领登记证书124辆（小型汽车33辆，普通摩托车91辆），档案更正7辆（小型汽车3辆，普通摩托车4辆），核发检验标志3906笔（小型汽车1578笔、摩托车2328笔），受托检验266笔（小型汽车204笔、摩托车62笔），锁定业务55辆（小型汽车55辆），其他业务49辆；非机动车登记112辆。举办汽车类驾驶人考试104期3530人（科一2119人、科四1411人、领证1233人），摩托车“放管服”自主考试18期512人，领证367人，驾校培训摩托车考试6期65人。年审学习51期301人。

【监所管理】 2020年，建宁县公安局全面贯彻落实监所疫情防控工作，严把“四关”，从根源上将新冠肺炎疫情阻击在监墙之外，全年无安全事故、无疫情。当年共羁押375人，行政拘留361人，司法拘留3人，拘留审查11人。出所354人，其中期满出所338人，司法拘留出所3人，遣送出境5人，停止执行拘留7人、不予收拘1人。截至12月底，在拘21人，其中行政拘留15人，拘留审查6人。

【森林公安】 2020年，建宁县公安局森林公安受理各类森林案件7起，查处（破）6起。其中森林刑事案件立7起，破6起，取保6人，挽回经济损失6余万元。开展普法教育21次，媒体宣传1次，发放宣传单1200余份。保护野生动物，共巡查重点市场181批次，巡查重点饭店52批次，巡查繁殖场所4个，立破野生动物案件2起，收缴并放生野生动物活体2只，收缴并掩埋野生动物死体1只。

【禁毒】 2020年，建宁县公安局围绕全国、省、市禁毒工作会议精神和福建省《2020年全省禁毒工作要点》，以上级部署的“飓风肃毒2020”“净边行动2020”等行动为契机，全年查处吸毒人员6人，抓获涉毒犯罪嫌疑人1人，刑拘涉毒犯罪嫌疑人1人，逮捕涉毒犯罪嫌疑人1人，起诉涉毒犯罪嫌疑人2人。9月，根据建宁实际，制定《全县吸毒前科人员毛发采集初筛工作的通知》，要求各派出所对本辖区吸毒前科人员开展一次毛发采集及全面摸清辖区吸毒前科人员去向，全县466名在册吸毒前科人员去向已全部摸清，同时完成全县吸毒前科人员毛发采集工作近60%的量，暂未发现有复吸人员。在册易制毒化学用品使用企业13家，其中二类易制毒化学用品使用企业2家、三类易制毒化学用品使用企业11

家，县公安局对这13家易制毒化学用品使用企业严格监管，签订企业责任状，对企业提出购买易制毒化学用品申请在条件符合情况下当日予以办结，同时做好易制毒化学用品管理“放管服”工作，提升行政服务效能。针对禁毒工作存在的问题，县公安局提出强力落实职责、强力日常管控、强力缉毒执法等三项措施。强化情报导侦意识，采取线索深度经营，堵源截流，跨区域侦查协作战果共享等措施，坚持重拳出击，严厉打击毒品违法犯罪。

【扫黑除恶】 2020年，建宁县公安局共收到涉恶线索7条，办结7条，办结率100%；向宁化县纪检监察机关移送线索1条，配合查处公职人员1人，发送“公安提示函”32份；打掉黑社会性质组织2个、涉恶犯罪集团2个，抓获涉恶类犯罪嫌疑人35名。

【信访工作】 2020年，建宁县公安局共接待群众来访48人次，办理信访信息系统信访件17件，省信访局转办信访件7件次；办理12345服务平台群众投诉咨询件202件，办结率100%，群众满意率99%。

【窗口服务】 2020年，建宁县公安局户籍窗口共办理四项变动6207人，其中出生登记892人、死亡注销921人、迁入1567人、迁出2827人；办理身份证7932人，临时身份证190人，居住证80人。出入境窗口办理公民出国（境）证件359人次，其中办理护照171人次，港澳通行证141人次，大陆居民往来台湾通行证46人次，台湾居民来往大陆通行证1人次，办证准确率为100%。交警窗口共受理各类驾管业务4359人次，其中申领、增驾业务536笔，转入、补换证3174本，满分学习教育144人、注销登记33人，转出19人，其他440笔，异地审验13笔。

【队伍建设】 2020年，建宁县公安局深化“12345”党建工作机制，建设党员政治生活馆，为建党100周年献礼，打造实用实效党员教育基地，提高政治能力；强化日常教育训练，完善监督考评机制，在省厅、市局比武考核中法律知识、体能、射击三项测试全部达标，在全市公安机关实战比武考核中，取得民警组第一名、教官组第一名、领导组第三名的好成绩。坚持“把组织大爱送至基层一线、延伸至每个角落”，建立健全关心慰问制度，民警受伤生病由局领导上门探视慰问、民警生日由全局人员共同祝贺；县公安局领导开展“中国人民警察节”走访慰问活动，为退休老干部送上组织的关怀和诚挚的问候。开展“坚持政治建警全面从严治警”教育整顿活动和廉政建设警示教育“五个一”活动，坚持抓早抓小、防微杜渐，帮助提醒各类苗头倾向性问题；狠抓市委巡察问题整改工作，压实整改责任，巡察中发现的4个方面16项52个问题，均已整改完毕；制定全面从严治警十条规定，开通局长热线、局长邮箱，研究建立全局警属微信群，规范执法活动、行政服务、民警作风，强化“八小时”外的监督管理。

（徐永玲）

检　察

【概况】 2020年，建宁县检察院以高度政治自觉、法治自觉、检察自觉为全方位推动建宁高质量发展赶超提供坚强法治保障。当年，有3个集体和4名个人获市级以上表彰，获得国家级“优秀通讯员”、“法治进校园”全省巡讲活动表现突出单位、“全省信息有较大贡献的单位”、“三明市模范职工之家”和新中国成立70周年安保维稳和扫黑除恶专项斗争工作嘉奖等荣誉。

【刑事检察】 2020年，建宁县检察院受理审查逮捕案件22件32人，审查起诉案件122件161人，办理未成年人刑事案件4件13人，不起诉5人，法律援助2人次、社会调查5人次。突出打击影响群众安全感的犯罪，办理涉枪、危险驾驶等危害公共安全犯罪案件71件71人，电信诈骗等网络犯罪案件8件17人。针对轻微刑事犯罪占比高的形势，贯彻少捕慎诉理念，依法不捕7人、不诉20人、不捕不诉率分别为18.9%和11.9%。坚持“可用尽用”，案件适用认罪认罚从宽制度118件153人，适用率达91.1%，促使当事人认罪服判，减少社会对立面。在司法办案中引入“案—件比”质量指标，减少案件环节增加程序空转，刑事检察“案—件比”为1 ∶ 1.28，提升办案质效。

【扫黑除恶】 2020年，建宁县检察院坚决推进扫黑除恶收官战。

紧盯扫黑除恶专项斗争三年为期目标，抓好线索清仓、案件清结、行业清源等工作。加大摸排力度，对2014年以来已审结的寻衅滋事、敲诈勒索等11类案件开展“回头看”，逐案筛查清理线索。院领导包案成立专门办案组，提前介入涉黑恶势力犯罪案件，起诉组织、领导、参加黑社会性质组织犯罪1件13人（市院指定管辖），恶势力集团犯罪1件6人。聚焦重点行业治理，针对工程运输、六合彩赌博等领域监管不到位问题，发出检察建议书14份。1名干警荣获市级扫黑除恶专项斗争“先进个人”嘉奖。

【社会治理】 2020年，建宁县检察院做好检察环节矛盾纠纷化解，践行新时代“枫桥经验”，办实“群众信访件件有回复”，将矛盾纠纷化解在源头。畅通12309检察网、电话热线、检察宣传周等渠道，妥善处理群众咨询30件，来信来访12件，均做到7日内程序回复、3个月内办理过程或结果答复。落实“谁执法谁普法”责任制，加大释法说理、息诉稳控力度，开展领导干部大接访、案件公开听证、下乡服务等活动16次，全年未发生涉检涉法非正常访，促进案结事了人和。落实未成年人司法保护措施，建立未成年人司法保护专区，齐心探索多样化帮教，创新与河南商丘睢阳区、厦门翔安区等地检察院建立异地协作机制，帮教涉案学生5名。热心深化修复性救助，设立未成年被害人“一站式”救助中心，聘请3名心理咨询师，提供心理疏导和教育帮扶。全心推动社会化治理，开展校园周边环境专项整治，监督职能部门依法履职，完善监管机制，清理流动摊点50余个。开展多元化普法，成立“红杜鹃”法治宣讲团，通过线上课堂、校园宣讲等方式，实现县域中小学、幼儿园全覆盖，做法被百度等主流媒体转发报道。

【刑事诉讼监督】 2020年，建宁县检察院加强立案和侦查活动监督，监督立案1件、撤案2件，建议行政机关移送涉嫌犯罪案件1件，书面纠正侦查活动违法2件、刑罚执行违法情形7件。强化财产刑执行检察监督，对2018年以来已生效的400余件涉财产刑案件进行清理核查，提出书面纠正意见3份，采纳率100%。开展服刑人员违规领取养老金专项监督，纠正1名在押人员违规领取基本养老金6375.6元。

【民事行政监督】 2020年，建宁县检察院牢固树立精准监督理念，突出专项带动，促进监督质量整体提升，办理民事检察监督5件，经审查作出不支持监督申请决定1件。加大对“终结本次执行”案件的监督力度，发出执行监督检察建议3件。通过监督纠正超期执行、违法追加被执行人、财产保全适用法律错误等问题；办理行政检察监督案件9件，发出检察建议8件，作出终结审查决定1件，促进依法行政、公正司法。开展协助农民工讨薪专项监督，针对部分在建工程项目存在农民工工资专用账户管理不到位、未按月足额支付工资等问题，督促相关职能部门规范执行规定，保障农民工权益。

【公益诉讼监督】 2020年，建宁县检察院落实双赢多赢共赢理念，办理公益诉讼案件14件，发出诉前检察建议13件，提起刑事附带民事公益诉讼1件。拓展公益诉讼范围，开展销售违法祭祀用品专项监督，督促监管部门在辖区内集中销毁非法使用人民币图样以及伟人肖像的祭祀用品。注重红色文化遗址、文物保护，对县域部分文物保护中存在的年久失修、环境脏乱、火灾隐患等问题，发出诉前检察建议3件，促成相关部门开展专项整治。聚焦国有资产管理，共同解决保障性住房租金欠缴、违规租住等问题，清退不符合条件租户3户，收回租金18.44万元。

【服务大局】 2020年，建宁县检察院主动融入本县发展大局，服务“六稳”“六保”，推动上级重大决策部署落地见效。落实疫情防控措施，紧跟党委政府统一部署，发布《关于违反疫情防控措施行为法律责任的风险提示》《关于疫情防控期间信访接待有关事项的公告》等文件。提前介入利用防疫物资实施诈骗案件2件。突出野生动物资源保护，督促县有关部门在辖区林场、农贸市场、餐饮经营场所开展专项排查，并向县委、县人大、县政府呈送《关于从源头上加强野生动物保护严厉惩治涉野生动物违法犯罪的建议》。围绕金融风险防范，联合县法院、公安局、金融办、人行等17家部门制定《关于落实“三号检察建议”服务防范化解金融风险八条意见》，办理集资诈骗、非法吸收公众存款案件2件2人，涉案金额130余万元。助力苏区脱贫奔小康，用好国家司法救助手段，对辖区重点帮扶对象逐个建档立卡，为2名贫困户被害人亲属申请发放司法救助金7万元。深化闽江正源生态保护，办理生态领域刑事案件6件7人。建立“河（湖）长+检察长”协作机制，运用检察建议监督治理非法采砂、非法养殖牛蛙等问题，促成对均口、里心等地35户牛蛙养殖户进行清理整治。践行“环境有价、损害担责”理念，协助县政府出台《生态环境损害赔偿资金管理规定》，责成赔偿义务人缴纳生态环境损害赔偿资金6万余元用于生态环境修复。落实平等保护，优化法治营商环境。紧扣“六稳”“六保”，打好服务“组合拳”，开通12309检察服务绿色通道，选派检察官挂钩服务重点企业，一对一提供“司法体检”，为企业发展保驾护航。在办理涉民营企业案件时，公开听取各方意见，依法对企业涉案人员作出不起诉决定2件6人，建议撤销案件2件2人。开展保护知识产权、“访企业、解难题、促六稳”等专项行动，办理假冒注册商标案件1件。与县铁办、浦梅铁路项目部共同举办犯罪预防讲座、红色文化宣讲等活动，为重点企业提供法律服务。

（朱晓英）

法 院

【概况】 2020年，建宁县人民法院忠实履行宪法和法律赋予的职责，统筹疫情防控与执法办案，推进服务大局与为民举措，促进诉讼服务与社会治理，为新时代新建宁建设提供有力司法保障。全年受理案件3929件，办结案件3635件，结案率为92.5%。

【刑事审判】 2020年，建宁县人民法院审结各类刑事案件99件，同比下降56%，社会治安大局持续稳定。审结严重危害人民群众生命财产安全犯罪案件19件26人，助力平安建宁建设；审结涉众型经济犯罪案件1件2人，为34名群众挽回经济损失300余万元；高质效审结社会关注度较高的被告人陈某、朱某等15人违法生产伪劣烟草制品案，分别判处一年至十一年不等的有期徒刑。

【民商审判】 2020年，建宁县人民法院审结各类民商事案件1252件，调撤率达58%。构建和睦友好社会关系，审结婚姻家事案件171件，发挥“爱+”法治公益互动基地实质性化纷作用，开展反家暴法治巡回讲座；关注弱势群体权益，农民工讨薪案件优先办理，年内依法为农民工追索劳动报酬200余万元；回应群众对财产权利的关切，注重审查借贷法律关系真实性，审结民间借贷案件358件；以长效执行兑现民利，保持执行攻势，受理执行案件1927件，执结案件1771件，结案率为91.9%，执行到位标的6.6亿余元，判处拒执罪3件3人。健全“保全+救助”保险机制，发放执行保险救助款13万元。创新司法拍卖变卖模式，引入司法拍卖辅助机构，启用网络询价，在全市法院率先将“无人机航拍+VR全景”技术引入司法拍卖，疫情防控期间采用“云摇号”变卖房屋280套，提升司法公信力和执行效率。完善失信被执行人名单信息管理，清理失信、限高名单4631条次，现存失信名单与常住人口数量比例仅0.58%，推进诚信建宁建设。

【护航房地产发展】 2020年，建宁县府院联动，让本县房地产发展更加稳健。坚持善执惠商理念，形成“政策支持为要、盘活生产为本、债权统筹为辅”的执行模式。“福城”“闽赣汽贸”复建楼盘均已验收，并通过变卖、以物抵债等处置方式，解决农贸市场扩容建设、购房户产权证办理等问题；“南方国际”“尚和国际”“万家财富”楼盘的处置已进入债权分配阶段。自楼盘处置以来，累计审执结涉楼盘案件3113件，上缴土地出让金4800余万元、税收5700余万元，保障600余名购房户顺利入住。

【涉黑涉恶案件审判】 2020年，建宁县人民法院重拳出击，让扫黑除恶更有力度。以“六清”行动、“一十百千万”行动为重点，坚决打赢扫黑除恶专项斗争。聚焦线索摸排，常态化开展职业放贷人专项排查、涉警情信访案件专项排查，实施串并分析、筛查甄别；聚焦黑恶案件，坚持以审判为中心，把好事实关、证据关、程序关和法律适用关，先后召开案件研判会议20余次，审理涉黑恶案件2件19人，依法、准确、及时、有力惩处黑恶势力犯罪；聚焦行业清源，发挥类案建议整治作用，向银保监会建宁监管组发出司法建议，得到及时反馈，并取得实效。发挥个案建议预防作用，关于加强校园日常管理的司法建议荣获“全省法院扫黑除恶十佳司法建议”，是全市法院唯一入选的司法建议；同时，该司法建议被市扫黑办评为优秀司法建议书。

【生态环境犯罪审判】 2020年，建宁县人民法院强化生态审判职能，依法严惩破坏生态环境犯罪行为，全面保障自然资源合理开发利用，审结生态环境案件15件，责令补种复绿面积516亩。探索环境公益诉讼保护模式，当年7月，首次组成7人制合议庭公开审理一起刑事附带民事公益诉讼案件，在被告人“复绿补种”的基础上依法判决其承担生态功能损失费，并向社会公众公开道歉。落实诉前判后一站式服务，联合多部门建立“闽江源生态司法保护宣传教育实践基地”“野生动物保护示范基地”，设立生态环境损害赔偿资金账户，邀请林业干部、村干部开展“回头看”活动，为修复性判决的履行创建有利条件。凝聚水资源生态司法保护合力，开展增殖放流、巡河护河等活动，协助市法院在建宁举办闽东北协同发展区五地法院、河长办司法保护闽江、敖江流域联席会，护航闽东北协同发展区高质量一体化绿色发展。

【助力营商环境保护】 2020年，建宁县人民法院守正创新，让营商环境更具活力。聚焦“六稳六保”，制定《关于为优化营商环境提供司法服务的实施意见》，出台《关于应对新冠疫情为企业健康发展提供司法保障的实施意见》，为促进经济社会秩序全面恢复提供精准有力的司法保障。注重利益平衡，审慎认定合同违约，综合研判疫情对合同履行的影响，依法为符合条件的民营企业减免违约金，司法护航复工复产。按照省法院“七个中心建设”部署要求，推进“法治化营商环境促进基地”建设，妥善审结涉企案件422件，联动园区管委会、自然资源局等部门盘活闲置工业用地300余亩。防范金融风险，建立多元化解机制，完善金融审执加速机制，审结各类金融案件254件，涉案标的4569万元，执结各类金融案件195件，执行到位标的6397万元。

【司法服务脱贫攻坚】 2020年，建宁县人民法院制定《关于深入开展司法服务保障精准脱贫工作的实施意见》，细化脱贫工作管理类目、流程、指标等，建立动态考评机制。坚持司法扶贫与精准扶贫相结合，开通涉贫案件绿色通道，审结涉贫领域案件100余件，为贫困当事人缓减免诉讼费41万元，申请到位司法救济金22万元，开展巡回审判、普法宣传18场次；坚持造血扶贫和输血扶贫相结合，先后选派35名干警深入村居、企业挂钩扶贫，引导贫困户从事特色农业项目创收增收，发放困难慰问金5万元，公益募捐2万余元；坚持扶贫与扶智相结合，开展“帮困助残”“爱心家长”等志愿活动20余次，定向资助困难学生3名，协助2名儿童参加“福蕾行动计划”。

【多元联动深化诉源治理】 2020年，建宁县人民法院立足共建共治共享，践行新时代“枫桥经验”，推动诉源治理纳入社会治理共同体。延伸触角，挂牌成立诉非联动中心，联动闽赣边界司法便民服务站、律师法律工作服务站等平台，与23个部门行业建立健全诉非联动工作机制，完善“法官进网格”长效机制，织密全域覆盖的多元解纷网格体系。充实力量，完善“调解前置＋特邀调解”机制，聚合人民调解、劳动仲裁、行政调解、行业调解等多元解纷力量，在大调解中心特邀20名调解员，为当事人提供“菜单式”调解服务，高质效化解纠纷132件。

（陈建新）

行政司法

【概况】 2020年，建宁县司法行政部门做好司法行政各项工作，为平安建宁、法治建宁建设发挥应有作用，并获得多项荣誉和表彰。如：刘明强被司法部授予“全国法律援助工作先进个人”荣誉称号；宁金根被司法部授予“全国模范人民调解员”荣誉称号；刘雯静撰写的《建宁县揭某甲与揭某乙家属道路交通事故纠纷调解案》入选司法部案例库。

【普法宣传】 2020年，建宁县司法局做好“七五”普法规划考核验收工作，制定相应的考核机制，推动全县各普法责任主体落实普法责任。以建宁县法治主题公园、青少年法治教育基地、禁毒教育基地等普法阵地为载体，依托乡镇司法所、法律服务工作站，组织法制副校长、“一村一（社区）法律顾问”的挂钩律师，深入中小学校开展各类法治宣传教育活动，以提高学生知法守法能力。组织市、县14名经验丰富的律师到本县14所中小学校开展“法润童心”律师进校园普法讲座活动。

【人民调解】 2020年，建宁县司法局构建“大调解”格局。发挥人民调解“第一道防线”作用，推进“坚持发展‘枫桥经验’实现矛盾不上交三年行动”，实施大调解“三三”工程。开展“集中排查化解矛盾纠纷‘民转刑’案件发生”专项活动，加大矛盾纠纷排查化解力度，防范“民转刑”案件的发生。强化行业性专业性人民调解委员会和行政调解委员会建设，提高调解工作整体水平。年内共调解案件763件，调解成功率达100%。

【社区矫正】 2020年，建宁县司法局社区矫正和安置帮教工作规范化水平日益提升。实施“124”工作机制，做好刑释人员安置帮教工作。强化对社区矫正工作的监督管理，对各司法所社区矫正工作流程、归档材料进行全面检查，确保各项工作落到实处。深入学习贯彻《中华人民共和国社区矫正法》，加强工作人员业务培训，把握社区矫正工作实施程序细节，特别是牢固掌握新旧法律规定的变化与差异，确保社区矫正工作有序规范开展。截至2020年年底，在矫对象103人，未出现过脱管漏管现象。

【法律服务】 2020年，建宁县司法局法律服务经济社会发展扎实有效。县法律援助中心严格落实值班律师制度，用好12348服务热线做好涉疫法律事务的咨询、服务工作。县公证处主动对接重点项目，运用证据保全、强制执行公证等手段帮助协调解决纠纷；参与司法辅助事务，为县法院司法拍卖房地产开发公司烂尾楼办理摇号公证3场（次），为解决企业债务纠纷问题提供保障。截至2020年年底，共办理各类法律援助案件149件，办结公证事项176件，接待群众法律咨询983人次。全县“一村（居）一法律顾问”覆盖率达100%，全县9个乡镇全面建立公共法律服务工作站。

【创新公证服务】 2020年，建宁县公证处主动对接重点项目，参与司法辅助事务，运用证据保全、强制执行公证等手段，服务保障“五比五晒”重点企业、重点项目解决矛盾纠纷3件，为县法院司法拍卖房地产开发公司烂尾楼办理摇号公证3场（次）。依托12348公共法律服务热线，搭建起法律援助、律师、企业线上沟通平台，为企业解答生产过程中遇到的法律问题。

【闽赣司法联动】 2020年5月，建宁县委常委、政法委书记钟宏华带队前往江西省广昌县，参加闽赣边界平安建设联席会，双方就如何做好边界平安建设工作进行座谈，并签订《闽赣边界矛盾纠纷联防联调协议》。

（吴肖婧）

仲　裁

【概况】 2020年，建宁县劳动人事争议仲裁院共受理投诉86件，涉及人数667人次，共追回农民工工资532万元；检查用人单位186家，劳动合同制度覆盖率达98%，24个规模以上建设项目创建“无欠薪项目部”，创建率达100%；核实处置110讨薪欠薪警情79起。共立案受理劳动人事争议案件25起，调解15起，裁决6起，结案率为95.45%，调解率68.18%，终局裁决率33.33%，共为劳动者挽回经济损失93万余元。

【维护合法权益】 2020年，建宁县人力资源和社会保障局致力于维护劳动者的合法权益。宣传《保障农民工工资支付条例》，通过网页、微信公众号的发布宣传信息18条、通过微信群宣传156次，宣传人次13000余人。开展落实工资支付制度排查。联合各行业主管部门下企业进行检查，参加检查150人次，共拉网式排查在建项目34个。创新调解方式提高调解效能。进工业园区开展“流动仲裁庭”服务活动，指导“互联网+调解”基层调解工作。

军 事

编辑：黄日辉

人民武装

【概况】 2020年，中国人民解放军建宁县人民武装部（简称建宁县人武部）按照“对照补短板、逐步抓规范、全面争先进”的目标和“抓班子强队伍、抓思想铸军魂、抓备战提质效、抓规范夯基础、抓管理促安全”的工作思路，始终聚焦动员备战这个主责主业，以贯彻落实《军队基层建设纲要》和“四个秩序”规范为牵引，抓实年度主题教育，严格落实法纪、安全、战备、保密等经常性教育，在全县武装系统组织开展部训征集活动，凝练“爱武装、强后备、固国防”的部训，确保年度各项工作任务顺利完成。

【军事训练】 2020年，建宁县人武部严格落实每月党委议战议训议动制度，抓好首长机关训练，坚持把岗位当战位、把训练当打仗，领导带头训、带头考，干部全程训、全程考。

【征兵工作】 2020年，建宁县人武部围绕保质保量保廉洁这个核心，完成兵员征集任务，向部队输送优秀青年，兵员学历层次不断提高，兵员整体素质较好，征兵“五率”综合考评排名全市第一。县人民政府征兵办公室、客坊乡武装部分别被省军区、军分区表彰为征兵工作先进单位，建宁县县长陈显卿、客坊乡武装部部长吴东文被省军区表彰为征兵工作先进个人，濉溪镇武装部部长王寒春被市表彰为征兵工作先进个人。

【安全管理】 2020年，建宁县人武部以贯彻《军队基层建设纲要》和“四个秩序”规范建设试点为抓手，保持安全稳定强劲态势，突出抓好11个方面问题，组织保密隐患排查活动，对照标准认真查、分工负责对口查、盯住隐患重点查，督促问题整改到位，提高部队正规化建设水平。建宁县人武部被军分区表彰为安全工作先进单位，黄坊乡武装部被军分区表彰为规范化建设先进单位。

【双拥共建】 2020年，建宁县人武部投入经费，开展帮建社区、帮扶贫困村（户）、助学兴教活动，组织对建宁籍现役基层官兵家庭进行慰问，让军人和军属受到尊崇。协助做好应急处突、抢险救灾和创双拥模范城、文明县城创建等工作。新冠疫情防控期间，组织部机关人员和精干民兵支援地方疫情防控工作，为地方经济建设和社会发展保驾护航，为维护人民群众利益发挥作用。

【后勤保障】 2020年，建宁县人武部严抓疫情防控，新冠肺炎疫情突袭而至后，第一时间成立领导小组。严格落实上级下达的财经、军需能源、采购、卫勤保障等工作部署和要求，加大对本部财经情况自查自纠力度，抓好省军区财经纪律大检查发现问题的整改。在县委议军会的决策部署下，解决了职工多年反映的车补、工会问题，为职工营造了安心履职的良好环境。

（周　锴）

武　警

【概况】 2020年，武警三明支队建宁中队（简称武警建宁中队）主要担负建宁县看守所看守勤务（外围武装警戒）和全县重要活动安全保卫、重大节日和重要时节武装巡逻、参与处置各类突发事件和反恐、抢险救灾及防卫作战等任务。年内，武警建宁中队抓住作风建设不放松，推进“传承红色基因，担当强军重任”和“不忘初心、牢记使命”主题教育，在“为兵、务实、清廉”上狠下功夫。按照“提振精神，筑牢底线，凝神聚力，稳中求进”的总体思路，坚持齐心正风气、精心搞教育、全心促正规、细心保安全，提升建设标准，稳妥推进中队建设全面发展，部队建设呈现良好发展势头。

【教育实践活动】 2020年，武警建宁中队以“五四”“七一”重要节点和参加驻地烈士公祭、国庆节升国旗活动为契机，开展爱国主义教育，组织官兵参观中央苏区反“围剿”纪念园，重温入党（团）誓词，夯实思想基础，激发爱国主义热情。

【军民共建】 2020年，武警建宁中队开展“双拥”工作，春节和国庆期间组织官兵到社区困难群众家中慰问；开展书法进军营、中秋军民联欢等双拥活动，增进军民情谊；结合士兵退役工作，与县法院开展送法进军营活动，并组织退役士兵到驻地优秀退伍老兵创业基地参观。

（林建峰）

2020年1月14日，建宁县战狼兵团户外拓展有限公司慰问枧头村高龄老人
（建宁县融媒体中心供稿）

人民防空

【人防宣传】 2020年，建宁县国防动员委员会人民防空办公室（简称建宁县人防办）与建宁县住建局实行“一个机构、两块牌子”，加挂县城市管理局牌子。是年，建宁县人防办按照上级人防主管部门工作要求，多管齐下搞好人防宣传工作。不定期对全县人防工程及工程责任单位、小区物业管理公司进行走访，宣传人防工程建设、管理的相关法律法规，提高对人防工作的重视。以人防政策、法律法规、国防形势和人防知识为主要内容，结合“10·29”防空警报试鸣日，通过广电公司、通信运营商等媒介单位，采取制作悬挂横幅、播放公告、发送信息等方式，深入宣传普

及人防知识和各项政策法规，增强人民群众的人防意识，提升宣传效果。推进人防宣传进机关、进学校、进企业、进社区、进网络，以人防法、防空防灾知识等宣传为主要内容，提升广大群众对防空事业的认知。

【人防工程】 2020年，建宁县人防办加强人防工程管理，提高人防工程建设质量。抓好人防工程事前、事中质量监督管理，定期对全县在建、已建人防工程进行随机检查，针对检查中发现的问题发出整改通知，并要求管理单位制定整改方案，及时整改到位。配合上级人防主管部门，开展人防工程“双随机”检查，强化人防工程中介机构管理。

【行政审批】 2020年，建宁县人防办根据省、市、县“证照”分离改革工作总体要求，推进人防行政审批改革工作，建立与省、市一致的行政审批和行政许可权力清单，坚决杜绝擅自增加或减少审批、许可事项，优化审批流程，对所有的审批、许可事项建立简洁明了的服务指南，加强政务服务窗口建设，抓好窗口办件工作。

【短波电台】 2020年，建宁县人防办加强短波通信建设，将短波通信作为人民防空远距离指挥通信和应急通信的重要手段之一，县人防办短波电台定期完成与三明市人防办短波电台组网训练。

【防空警报】 2020年，建宁县人防办为贯彻落实国务院办公厅《关于为新冠肺炎疫情牺牲烈士和逝世同胞举行全国性哀悼活动的通知》（国办发明电〔2020〕12号）文件精神，经县政府批准，4月4日，鸣响防空警报，表达对抗击新冠肺炎疫情斗争牺牲烈士和逝世同胞的深切哀悼。10月29日，根据县政府〔2016〕9号常务会议纪要文件精神，为提高群众防空防灾意识，根据《中华人民共和国人民防空法》第四章第三十五条、《福建省人民防空条例》第三十三条规定，县组织人防重点设防镇防空警报试鸣活动，完成防空警报试鸣任务。

（曾凯敏）

山间美景　（江可腾 摄）

综 述

【土地资源】 2020年，建宁县土地面积1716.34平方千米，耕地面积1.93万公顷，基本农田面积1.67万公顷。完成市级验收土地整理项目14个，产生新增耕地80.13公顷，产生新增水田72.33公顷。2020年旧村复垦项目“2016—2017年度”已全部完成市级验收，总规模46.97公顷，新增耕地面积46.97公顷，新增水田20.9公顷。土地开发“2017—2018年项目”已全部完成市级验收共计7个，已完成指标入库项目7个，新增耕地31.29公顷，新增水田28.66公顷。

【环境保护】 2020年，建宁县以实现“水净、河清、天蓝、地绿、居怡”为目标，全面落实“党政同责”“一岗双责”，强化整改、从严监管、狠抓落实，加快打造生态文明建设建宁样板，成功创建第四批国家生态文明建设示范县，全县环境质量总体保持稳定。水、气、声环境始终保持优良，城区环境空气质量在全省县级城市综合排名位列第六。集中式饮用水源地水质各项指标除三月为Ⅲ类外，其余月份均达到或优于Ⅱ类标准。城区区域环境噪声、交通噪声、功能区噪声监测达标率达100%。

（建宁县自然资源局　三明市建宁生态环境局供稿）

国土大规划

【“十四五”项目策划】 2020年，建宁县着眼资源产业化、政策前瞻性及基调服务三大类，策划包括全域土地整治项目、年采五十万吨机制砂、1 ∶ 5万地质灾害调查与风险评价项目、地质灾害排危除险工程包等项目。

【国土空间规划编制】 2020年，建宁县为贯彻落实党的十九大报告和《中共中央 国务院关于建立国土空间规划体系并监督实施的若干意见》（中发〔2019〕18号）、《自然资源部关于全面开展国土空间规划工作的通知》（自然资发〔2019〕87号）的有关要求，根据省市开展市县国土空间规划编制工作的部署，于2020年3月启动国土空间总体规划编制工作，7月份完成招标工作，确定编制单位为福州市规划设计研究院集团有限公司。完成生态保护红线评估调整并上报成果，开展城镇开发边界、永久基本农田划定（三线划定）工作，形成城镇开发边界初划方案和国土空间规划初步成果。指导濉溪、溪口、里心、均口、黄坊等乡镇完成10个乡村振兴试点村村庄规划编制。

【矿产资源规划编制】 2020年，建宁县科学编制第四轮矿规（2021—2025年），摸清矿产资源家底，做好前期筹备工作，争取将矿泉水、地热、稀土、金矿、机制砂、高岭土挤入“盘子”。

（林　萱）

用地供应保障

【用地按需供给】 2020年，建宁县完成用地出让11宗，累计出让面积30.67公顷，累计实现土地出让金收入5.02亿元，供应工业项目用地5宗19.8公顷，保障赶超发展项目用地需求；完成划拨土地12宗26.27公顷，审批重大项目临时用地17宗34.87公顷，确保建宁县汽车检测线北侧地块安置房项目等重大工程及民生项目的用地。共启动17个项目用地报批工作（完成1宗），提前介入编制成片开发建设方案，为项目落地提供用地保障。

【批而未供与闲置土地处置】 2020年，建宁县完成批而未供土地供地43公顷（其中2009年—2017年批而未供处置面积23.4公顷），超额完成省市下达的批而未供土地处置任务；累计完成闲置土地处置7.33公顷。本年度累计产生新增建设用地指标17.33公顷，保障新增建设用地指标需求。

【耕地占补平衡】 2020年，建宁县完成市级验收并指标入库项目共36个（其中土地整理项目14个、旧村复垦项目15个、耕地开发项目7个），补充新增耕地指标158.33公顷，新增水田指标121.89公顷，产生产能178.84万千克。

【农民建房】 2020年，建宁县自然资源局会同县住建局、农业农村局制定农村村民建房规划建设管理制度系列文件，规范农村村民建房规划建设管理。指导里心镇、黄坊乡开展村民集中试点小区选址、规划、建设相关工作，保障项目顺利实施。

【资金统筹】 2020年，建宁县加强保障资金统筹，确保征收（迁）资金及时拨付，及时协调做好农转征报批费用向上支付，缩短用地报批耗时，加快项目落地（供地）速度。做好土地出让资金征收核算工作，保障土地资金及时收取到位；2020年产生的新增耕地，按市场指标交易价格，预计可为县财政创收5.72亿元，建宁县自然资源局按资金管理办法2%可以申请拨付业务经费1144万元。

（林　萱）

耕地开发保护与土地管理

【耕地开发】 2020年，建宁县土地开发2017—2018年项目已全部完成市级验收共计7个，完成指标入库项目7个，新增耕地31.29公顷，新增水田28.66公顷，安排乡镇紧抓2019年县级开发项目进度。

【土地整理】 2020年，建宁县完成市级验收土地整理项目14个，产生新增耕地80.13公顷，产生新增水田72.33公顷，产生产能178.84万千克。

【旧村复垦】 2020年，建宁县旧村复垦项目“2016—2017年度”已全部完成市级验收，总规模46.97公顷，新增耕地面积46.97公顷，新增水田20.9公顷。安排乡镇对2021年项目进行申报工作，截至2020年年底，还剩濉溪镇、均口镇2个旧村复垦项目因生态红线原因无法完成入库。

【地灾防治】 2020年，建宁县重新核定地质灾害点95处（核销地质灾害点24处，新增地质灾害点2处）；完成两个历史遗留省级地灾治理工程（黄坊乡武调村和溪口镇溪口村排子上）的项目验收；里心镇双溪村地灾治理项目已竣工；新争取里心镇上黎村省级地质灾害资金补助313万元。

【土地收储】 2020年，建宁县超额完成河东棚户区改造项目，完成收储公房单位12家，公房住户搬迁83户，私宅征收232户；共征收土地面积13.27公顷，总建筑面积4.2万平方米。拆除林委综合楼、原三中宿舍楼、原建宁化工厂等。出台征收新机制《建宁县城市规划区内国有土地上房屋征收与补偿暂行办法》《建宁县国有土地上房屋征收工作流程》《建宁县城市规划区内集体土地征收工作程序暂行规定》，为黄舟坊棚户区改造项目、溪口船厂下征迁项目、高沙洲地块征收等一批新的征迁项目提供机制保障，建宁县进入大征迁模式。依法依规追缴往年保障性住房欠租46.95万元，探索引入第三方物业公司管理新模式。全年共收储土地约194.53公顷，完成水南邹吴家地块、高峰大源圳头地块、闽江源片区原农机公司地块共9.58公顷土地出让，实现收益39581万元。完成供销储运公司宿舍楼、猕猴桃厂规划路等零星地块征收。解决水南邹吴家地块安置房办证及爱心宾馆结算问题。

（林　萱）

执法监察与矿产资源监管

【执法监察】 2020年，建宁县自然资源局出动自然资源动态巡查1200余人次，制止违法行为19起。完成国家、省厅下发173个土地卫片图斑的上报工作。完成国家、省下发6923个农村乱占耕地建房问题图斑的摸排工作，已纳入摸排的占用耕地建房图斑数量为612个，图斑面积17.27公顷，涉及占用耕地12.27公顷，占用永久基本农田4.04公顷。协调办理行政（民事）案件12件。立案查处自然资源违法行为19件，其中查处侵占土地案件18件，收缴罚款91.4528万元；查处非法采矿案件1件，没收矿产品价值2.75万元。化解信访矛盾8件，处理举报4件，办理12345平台诉求164件、“e建宁”诉求3件。通过县政府办下发《加强重点建设项目弃渣（土）管理的规定（试行）通知》，明确弃渣监管职责。

【矿产管理】 2020年，建宁县推动矿业绿色发展。2020年12月，第一批入选“全国绿色矿业发展示范区”；富强石材（均口镇修竹村半岭饰面用花岗岩矿山）2020年1月进入自然资源部“绿色矿山”名录库，被评为“全国石材行业绿色矿山建设示范单位”；东方石材（均口镇黄岭村三级站饰面用花岗岩矿山）2020年12月被纳入省级绿色矿山名录。保障用矿发展。截至2020年年底，共有在册探矿权6个（有效1个，到期5个），在册采矿权7个（有效4个，到期3个），其中饰面用花岗岩矿2个、建筑石料矿2个。

（林　萱）

不动产登记与地理信息

【不动产登记】 2020年，建宁县不动产登记中心提升工作质量，优化服务品质。截至2020年12月10日，共发放不动产权证书4262本，不动产登记证明3578件。10月起，委托福建建联律师事务所办理不动产非公证继承（受遗赠）律师见证联系单已开具23宗，发布继承公告9宗。直接应用农村地籍与房屋调查成果，以高峰村为试点，启动建宁县农村不动产确权登记试点工作，已颁出第一批材料齐全审核通过的房地一体的农村不动产权证书43本。此次农村不动产登记试点工作应用农村房屋与地籍调查成果是由各乡（镇）人民政府出资完成，省去村民自行委托中介公司调查费用，是建宁县农村不动产登记的尝试和突破，真正实现利民、惠民。做好建宁县烂尾楼盘处置工作。截至2020年年底，完成建宁县烂尾楼盘尚和国际290套、万家财富广场394套、南方国际157套、闽赣汽贸12套的不动产转移登记工作；推进福城7号楼烂尾楼盘登记工作。截至2020年12月11日，农信社不见面抵押已完成登记381宗。全年共计为企业和个人减免不动产登记费92.73万元。华阳林业资产处置项目已基本完成第一轮共576宗转移登记；不动产数据整合（二期）项目于12月7日启动，截至2020年年底，中心已配合完成数据、资料收集等工作。

【不动产登记服务】 2020年，建宁县不动产登记中心对外承诺一般登记时间由15个工作日压缩至5个工作日，抵押登记时间压缩至3个工作日，注销、查封、异议等登记时间压缩至即时办理。据福建自然资源辅助决策系统，截至2020年12月11日，不动产一般登记发证平均用时压缩至0.5天，为企业在1个工作日内办结的不动产抵押44宗，采取“五办工作法”开展登记服务，已网上办7583宗，其中为72个企业，办理716宗业务。从7月1日起，接入省网办“好差评系统”系统，不动产登记群众满意率100%。优化登记服务，为企业群众提供预约办理、周末无休、上门服务、邮政送达证书等便利服务，并针对老、弱、病、残、孕、军、企开通绿色通道。对外实行一次性告知承诺制，办事流程公开、进展情况可查询，群众可在银行一站办结、一次办成不动产抵押登记。

【国土调查】 2020年，建宁县第三次全国国土调查成果已通过市级预检、省级检查，初始库正提交国家三调办进行审查，预计至2021年6月，实现“三调”成果初步应用。

【农房调查】 2020年，建宁县全面完成农村地籍房屋调查任务，并将全部成果汇交省厅。全县九个乡镇农村地籍房屋调查成果已通过三明市自然资源局验收，进入成果质量检查和整改完善阶段。

【地理信息建设】 2020年，建宁县打通数据共享壁垒，规范数图库管理工作，确保数图库系统安全、有序、稳定运行，防范应用风险。建宁县自然资源局和不动产登记中心各安装一个磁盘阵列，将历史数图库整合至磁盘整列，统一管理使用，推进建立自然资源信息数据共享应用。构建地理空间框架，做好一城二镇修补测调查基础数据图库的补测建库工作，完成城区 10.56 平方千米，里心、均口镇区 1∶500 大比例 DLG 数据修补测、地名地址、三维模型、全县域地面 360 全景照片的数据更新。

（林　萱）

环境质量状况

【概况】　2020 年，建宁县环境质量总体较好。地表水水质、集中式饮用水源地水质一直保持良好状态，环境空气质量、声环境质量总体状况良好。

【水环境质量状况】　2020 年，建宁县地表水省控交接断面（金 1）水质达标率保持 100%；地表水水质环境功能区达标率 100%；集中式饮用水源地水质达标率 100%。

【大气环境质量状况】　2020 年，建宁县空气环境质量按功能区划保持在国家Ⅱ级标准以上；城区大气环境质量达到国家 II 级标准，全年城区环境空气质量在全省县级城市综合排名位列第六。

【声环境质量状况】　2020 年，建宁县声环境质量较好，城区以及交通干线噪声达到功能区标准要求。

（刘　笙）

环境综合整治

【概况】　2020 年，建宁县深入实施水污染防治计划，全面实施“河长制”，系统推进水污染防治、水生态保护和水资源管理。推进小流域治理，加强饮用水源地保护。强化施工扬尘治理、加强移动源治理、道路扬尘及挥发性有机物治理。

【饮用水源地保护】　2020 年，建宁县完成乡镇级饮用水水源地专项督查工作，各乡镇水源地基本已完成水源地警示、地理标志牌、水库边坡绿化、设立隔离防护网等环保设施，保障饮用水源安全。全县乡镇集中式饮用水源地一级保护区内均未发现工业、农业、生活等污染源，二级保护区内未发现工业污染，没有规模以上农业、生活污染源。饮用水源地水质达标率为 100%。12 月 10—11 日，建宁县 7 个乡镇集中式饮用水水源保护区勘界定标技术成果顺利通过专家审查。

【农村环境综合整治】　2020 年，建宁县根据住建、卫健、农业等部门研究制定《建宁县 2019 年新建改造三格化粪池实施方案》，2020 年由县卫健局牵头，共完成三格化粪池新建改造任务 80 户，占年度任务的 100%。

【大气污染治理】　2020 年，建宁县全面实施《建宁县大气污染防治行动计划实施细则》，强化施工扬尘治理、加强移动源治理、道路扬尘及挥发性有机物治理。配合县住建局（城管办）完成 370 家餐饮店油烟净化器安装。

【其他污染治理】　2020 年，建宁县加强城区噪声污染防治，对建筑工地施工管理，噪声污染投诉全部妥善解决。加强危险废物管理。加强固体废物处理处置，全县一般工业固体废物综合利用率达 100%，危险废物处置利用率达 100%，无危险废物经验单位，产生单位规范化管理考核达标率达 100%。

【环境污染责任保险】　2020 年，建宁县企业环境污染责任保险实现零的突破。促成三家企业（福建省富强石材有限公司、建宁县均口宏基石材厂、福建腾胜源纸业有限公司）缴纳环境污染强制责任保险，共计 3.2 万元。

（刘　笙）

环境行政管理

【概况】　2020 年，建宁生态环境局以习近平总书记“十九大”报告中关于生态文明建设思想为中心，践行“两山理论”，以改善环境质量为核心，以保障群众环境权益为目标，贯彻落实习近平生态文明思想，以改善环境质量为目标，做好“绿盈乡村”创建、环保宣传、环境监测、环境监察、建设项目环境管理等工作，各项工作目标任务全面完成，全县环境质量持续改善。全年完成 28 个初级版“绿盈乡村”创建。

【“绿盈乡村”创建】　2020 年，建宁县深化国家级生态县建设，在通过国家级生态县验收后，按照生态文明示范区建设要求，开展生态文明示范县创建活动，完成《福建省建宁县国家生态文明建设示范县规划》的编制并颁布实施。推进乡村生态振兴相关工作。严格按照“绿盈乡村”创建工作指南推进 2020 年“绿盈乡村”创建工作，完成 28 个初级版“绿盈乡村”创建，配合完成第一批高级版“绿盈乡村”（濉溪镇高峰村、溪口镇黄岭村）验收。

【环保宣传教育】 2020年，建宁生态环境局加强与县委宣传部、县融媒体中心等宣传单位建立生态环境宣传战略合作机制，鼓励干部职工积极创作投稿，总结本县生态环境方面的工作亮点，发挥新闻媒体的传播途径优势，唱响“清新花香·福源建宁”品牌。全年共制作信息285篇，其中《人民日报》刊登11条、《福建日报》5条、东南网2条、新华网1条、搜狐网1条、《三明日报》刊登9条、“e三明”13条、“学习强国”福建平台6条、三明市生态环境公众号刊登47条、建宁县融媒体中心刊登53条、三明电视台刊播6条、建宁县电视台刊播49条、建宁新闻网5条、建宁生态环境公众号美篇信息87条。5月与建宁县融媒体中心合作，制作“十佳小流域、十佳饮用水源、十佳绿盈乡村”宣传短视频。6月开展“六五”环境日系列宣传活动。组织群众代表参观污水处理厂，与县法院、检察院、闽江源国家级自然保护区、环境友好社区联合开展现场咨询活动，与县科协、河长办、志愿者联谊会共同开展“守护绿色青山、保护母亲河”六五环境日志愿服务活动等。7月组织环保宣传进重点排污企业及牛蛙、鳗鱼养殖场，精准普法促进企业绿色发展。8月25日，三明电视台一套20:05刊播市级十佳饮用水源——王坪栋水库《问渠那得清如许，为有源头活水来》宣传片，并在“e三明”的三明TV同步播放。9月至11月，每月27日为开放日。12月4日开展宪法宣传日活动。12月5日在大源村、高峰村开展新时代文明实践主题志愿服务（生态环境保护志愿宣传）。

【环境监测】 2020年，建宁生态环境局做好水环境质量监测。全年完成十二次的城区饮用水、城区地表水及省控交接断面的水质监测，根据监测结果，县城区地表水、省控交接断面水质、集中式饮用水源地水质及乡镇饮用水源地水质监测的各项指标均符合表水环境质量Ⅱ类标准，水质达标率为100%。做好大气环境质量监测。加强两座环境空气自动监测站监管，全年完成城区大气环境质量监测，根据监测结果，城区大气环境质量达到国家环境空气质量二级标准。做好噪声环境质量监测。完成城区区域噪声和交通干线噪声的监测，区域噪声取102个监测点，测得城区区域昼间噪声平均值为52.3分贝，夜间噪声平均值为46.5分贝；交通干线噪声取10个监测点，测得交通干线环境昼间噪声平均值为62.3分贝；夜间噪声平均值为52.7分贝，声环境质量较好。完成乡镇饮用水源地日常监测及国控企业福建铙山纸业集团有限公司、污水处理厂、垃圾填埋场的污染源监督性监测。高考期间，协同县监察大队加强对建筑工地、“三厅”等娱乐场所的监测和检查。

【环境监察】 2020年，建宁生态环境保护综合执法大队严格履行环境监管职能，强化对污染源的监管，建立台账，制定管理目标，实行动态管理，及时掌握老污染削减和新污染增加动态变化情况。加强中、高考期间环境噪声管理，确保考生安静的考试环境。认真受理群众来信来访来电投诉，保障“12369”环保投诉专线畅通，做到快速反应、及时查处。全年共受理群众环保投诉42件，办结42个，协助其他单位办理举报件25个，办结率100%，避免许多因环境污染引起的群众纠纷。全年全县没有重大环境污染和人为生态破坏事件发生。

【建设项目环境管理】 2020年，三明市建宁生态环境局紧紧围绕经济建设这个中心，坚持绿色发展理念，服务于经济建设大局，严格项目审批，认真贯彻执行《中华人民共和国环境影响评价法》《建设项目环境保护管理条例》等法律法规，为企业服务，从源头上抓好生态环境保护。全年共受理审批环评项目11件，其中环境影响报告书1个、环境影响报告表10个，行政受理办结率100%。环境影响登记备案24个。

【环保专项行动】 2020年，建宁县围绕生态环境保护工作重点，结合日常执法、双随机抽查，开展“清水蓝天”专项执法、环保“大练兵”、大气污染治理专项行动、水电站下泄流量专项执法、扫黑除恶、医疗废物专项整治、突出生态环境问题集中排查等专项执法行动。坚决打好碧水保卫战，打赢蓝天保卫战、推进净土保卫战。全年共出动疫情防控检查、执法检查执法610余人次，检查企业210余家次，下达责令改正环境违法行为通知书22份，查封企业设施8家次，下达处罚决定书21份。

（刘　笙）

市政建设

【概况】 2020年，建宁县城乡建设项目团队全年实施重点项目76个，年度计划投资1.40亿元，全年完成投资约1.54亿元，占年度计划的109.98%。

【市政道路】 2020年，建宁县新建改建市政道路6千米，完成江滨南路、将屯小学周边道路、县总医院周边道路、南站站前道路、将军路二期道路、污水厂进厂路、猕猴桃厂路、建宁县高速西互通（市政段）道路、闽江源路至火车南站道路等市政道路建设。

【地下管网】 2020年，建宁县新建改造城区污水管网约15千米，新建城区燃气主干管网约10千米。其中衙前巷小区污水改造约2.9千米、水南片区至体育场中心2.3千米、青山老菜市场管网改造0.7千米、河东污水管网0.8千米、万星至水南桥底污水改造0.8千米、西互通（市政段）道路项目污水管道预埋3.6千米、将屯小学周边道路配套污水管网3.9千米。

【城区公厕建设管理】 2020年，建宁县新建公厕2座（闽江源片区公厕和溪口菜市场周边公厕）、改造公厕2座（老政府公厕和新华书店对面），实现城区每万人有3—4座公厕、步行15分钟左右一座厕所，实行“一人一厕”星级化管理。

【城区停车设施】 2020年，建宁县建设5个停车场，共计新增停车位300余个。老滩城林委小区、南坑路、溪口幼儿园、溪口农民小区、溪口农贸市场等地块停车场施工完成，城关中学对面停车场已完成场地平整。

【城市品质提升】 2020年，建宁县突出规划理念，坚持“原生态、低成本、有特色”发展理念，注重“五留”，实施“山水城”融合工程。打造城市串珠公园，城市串珠公园已初显格局，以“一河两岸，一轴多点”为总体思路，打造城市串珠公园；市民休闲健身慢道、东山公园栈道、江滨西路沿河步道等一批景观项目已投入使用；西门莲塘附属工程、德悦桥至体育公园滨水步道景观已完成建设。提升建筑物景观风貌，推进老城区立面改造，统一建筑立面、户外广告、店招等设置标准，打造建宁特色建筑风格，实施中山路立面改造工程，完成万安大厦至下坊街等建筑物外立面改造，初步形成沿河建筑外立面统一格局；推进城市慢道系统建设，推进重要节点绿化、花化、彩化、亮化提升工程，建成城区至枫元绿道，实现建成区绿化率达45%以上，基本完成城区至报国寺绿道项目建设，城区至枫源绿道建设项目正在按照实施计划顺利推进。

（丁煌鑫）

房地产业

【概况】 2020年，建宁县房地产业坚持做优增量与盘活存量并举的方式，全年销售商品住房面积9.87万平方米，其中法拍住宅销售面积3.8万平方米。全年新增预售批准面积8.75万平方米，同比增长114.44%。截至2020年年底，尚和国际、万家财富广场已竣工的法拍房尚有库存住宅面积2.42万平方米，新增预售批准面积尚有库存住宅面积3.69万平方米。

【房地产市场调控】 2020年，建宁县坚决贯彻落实十九大“房子是用来住的、不是用来炒的”定位，严格落实精准调控政策，加强预售监管，对照片区控价目标实施预售方案前置管理，建立价格会商调控机制，热点楼盘推行公证摇号，实行智能化监管，以更有效防范商品房预售资金挪作他用。一手房交易资金监管系统已上线运营，二手房交易资金监管系统正在建设中。新开发碧桂园等商品房11.7万平方米1160余套，市场交易保持平稳，商品房价格保持稳定，全县完成房地产投资3.84亿元、同比增长252.3%，商品房销售6.7万平方米、同比增长68.79%。

【物业管理】 2020年，建宁县住房和城乡建设局书面约谈或通知1家物业服务企业对存在问题进行整改，并督促落实。明确今后物业企业承接物业服务流程，避免物业服务企业进行恶性竞争造成劣币驱逐良币现象，促进企业依法规范经营，规范物业企业收费管理。

【棚户区改造征迁】 2020年，建宁县成立河东棚户区改造项目指挥部，坚持每周召开征迁工作例会，协调解决房屋依法征收中遇到的重大困难问题，探索推行“换购＋产权调换”安置方式、“政府＋社会化服务”征收模式和“属地干部＋专业队伍＋县直部门”的“3+”工作机制，实行“先签约、先腾房、先选房”竞争签约模式。河东棚户区改造征地拆迁攻坚项目10个已提前超额完成，收储土地共1234亩，完成82.27公顷，占比100%；征收房屋共181户，完成182户，占比100.5%；征收面积31891平方米，完成32021.75平方米，占比100.4%。

（丁煌鑫）

住房公积金管理

【公积金缴存】 2020年，三明市住房公积金管理中心建宁管理部（简称建宁管理部）执行三明市住房公积金管理委员会关于2020年度住房公积金缴存标准，落实限高保低政策。最高月缴存工资基数21639元，最低月缴存工资基数2163元；单位及其职工住房公积金最高缴存比例上限为各12%，最低缴存比例下限为各5%。在开展年度缴存基数核定时，加强宣传、严把关口、规范缴存。全年实际缴存单位414个，当年新开户单位31个，全年缴存职工9397人，较年初净增294人，覆盖率85%。全年共归集住房公积金15238.34万元，同比增加406.19万元，增长2.74%，完成年归集计划15500万元的98.31%。历年累计归集总额120545.64万元，年末归集余额40935.03万元，比年初净减2709.7万元。

【公积金支取】 2020年，建宁管理部不断加强支取安全防控。对每一笔支取，严格按照规定程序办理，实行审、核分离制度，尤其严格把好二手房购房支取关，必须先查房后复核原则，必要时做好实地调查，以防控和限制频繁交易支取。全年建宁管理部审批提取住房公积金13609人次，提取金额17948.04万元，比上年增加6497.87万元，增幅56.75%，其中住房消费类提取11627.16万元，占提取总额的64.78%；完成年度计划18000万元的99.71%。

【公积金贷款】 2020年，建宁县共发放贷款10341万元，其中“公转商”贷款540万元，完成年度计划10400万元的99.43%，公积金贷款余额28384.44万元，公转商贷款余额9817.73万元。年末住房公积金个贷率69.34%，比上年末增加16.35个百分点（含公转商贷款年末个贷率为93.32%）。2020年年末住房公积金贷款实有户数1330户，比上年末增加122户，年底逾期三期（含三期）以上户数1户，逾期率0.26‰。全年共支付公转商贷款贴息利差154.37万元，历年累计支付358.25万元。2020年1月1日起停止审批公转商贷款。2020年6月18日调整公转商贷款贴息资金列支渠道，自2020年1月1日起贴息资金不再由贷款发放地市（县）政府承担，由住房公积金管理中心从费用列支。

【增值收益分配】 2020年，建宁管理部增值收益分配提取城市廉租住房建设补充资金155.58万元，历年累计提取城市廉租住房建设补充资金 2273.34 万元，促进建宁廉租住房建设。

【行业管理】 2020 年，建宁管理部开展贷后停缴行为整治工作，先后 4 轮对贷后停缴职工逐一拨打电话催缴，对通知后未及时开户缴存的职工寄送律师函合计 1 份。完成对 2017 年 8 月以后 106 户贷款停缴职工催缴工作，共追回汇补缴住房公积金 21.65 万元。寄送不良贷款催收函 2 份，上门催收 3 次，强制扣划住房公积金 5 次。为县民政、房管部门提供申请住房保障职工的住房公积金缴存及贷款数据，全年共协查 2 批次，257 人次。结合扫黑除恶专项斗争，打击套骗取住房公积金不法行为，全年共向异地住房公积金中心（管理部）发函协查购房真实性稽查信息 97 笔；对因撤销购房合同、变更共有权人员导致不符合购房支取条件的人员进行集中排查 4 批次。抓好信访维稳工作，处理三明市 12345 便民服务平台诉求件，2020 年共收到诉求件 11 件，平台及时办理率 100%，未发生逾期件，获满意评价 10 条。

（陈春燕）

城市管理

【概况】 2020 年，建宁县按照“生态立县”发展要求，坚持高起点、高标准、高水平、高层次地发展城市园林绿化工作，做好城区绿化工作技术服务，营造城市最佳人居环境，城市园林绿化工作实现新提升。

【城市管理】 2020 年，建宁县推进城市管理市场化、专业化、智能化，已实现市政夜景、环卫清扫清运、城市园林绿化管护市场化运作，有效解决人手不足、力量匮乏等问题，提高城市管理管护效率和水平，做到监督与管理分离，打破既当运动员又当裁判员的干管一体模式。高效运用数字城管指挥系统。打造 3273333 城管热线一流服务平台，发挥“微城管”的作用，扩大“随手拍”奖励范围，提升平台沟通市民、服务市民功能。全年数字城管指挥系统共立案 3354 件，结案 3291 件。微信随手拍受理案件 194 件。做好市政设施维护工作，全年完成人行道、地面砖修补共计 840 件，更换雨水井盖 120 余个，疏通下水道 60 余次，修复护栏 595 件，安装防撞柱 700 余个，修复路灯 3200 余盏次，新装路灯 48 盏，确保路灯、夜景亮灯率达 95% 以上。补划热熔标线 3199 平方米，新增施划小车位 1040 个，摩托车位 5382 个，在每个斑马线都施划“车让人”组字，共计 180 组，新增标志牌 54 面，辅助标示牌 4 面。

【市场管理】 2020 年，建宁县规范商铺广告牌、科学划分，方便区域内经营户和消费者，安排专人负责现场管理，全部商户实行划线经营、进店经营。市场架设钢结构大棚，改造室外地面，公厕和地下停车场，加大力度在市场周边施划小车位、摩托车位，场外车辆按指定区域进行停放，商场内商户的货运车辆与消费者车辆分开停放，解决车辆停放难的问题。将市场纳入一级环卫，组织环卫力量及时对市场内产生的垃圾清扫清运，确保垃圾不堆积、卫生清理到位。封闭原老旧活禽交易和宰杀点，在黄舟坊建成一个集活禽交易、宰杀为一体的专项市场，20 多名活禽交易屠宰户进场经营，彻底解决困扰多年的活禽交易及宰杀点这个老大难问题。加大环境卫生保洁，继续推进环卫作业市场化运作，对城区 102717 平方米的主次干道清扫保洁市场化运作，做到一天两扫、全天 17 小时保洁，成立快速保洁队伍，购置 13 部电动保洁车巡回保洁，对城区主要街道制定合理的冲洗线路，护栏进行擦洗，保证护栏整洁干净。强化公厕管理，在明显位置安装公厕标志牌、导引牌、温馨提示标识、风香机、地吹机等装置，残疾人专用卫生间等人性化便民设施。抓好生活垃圾收运转运，全部采用压缩式、密闭式转运车辆转运，避免在运输过程中造成二次污染，做好乡镇生活垃圾压缩站的转运工作，解决农村生活垃圾的收集、转运和无害化处理问题。新增 240L 垃圾桶 500 个，果皮箱 25 个，生活垃圾收集箱 25 个。每周对城区生活垃圾桶、收集箱进行冲洗，保持垃圾桶箱的干净整洁。推进建宁县垃圾分类工作。根据《建宁县垃圾分类管理实施方案》开展垃圾分类试点工作，探索试点成功经验，以点带面分层推进生活垃圾分类工作。

【园林绿化】 2020 年，建宁县

新建儿童公园 （建宁县融媒体中心供稿）

及时消除园林绿化管护盲点、薄弱点，对城区内7000多株行道树逐一排，及时清理树上缠绕的各类吊挂物，遮挡公益广告枝条及时修剪。安排专人对绿地内各类公益广告进行扶正、擦洗，修剪一河两岸城墙上的茅草两次，修缮东山公园西大门破损窗户、吊顶、拆除破旧线路、重新布置东山公园垃圾分类果皮箱40个，清除卫生死角两处，对儿童公园、菇园重新刷漆、绘画，针对东山公园内的1000多座景观照明灯，3座公厕、4千米多的步道护栏等配套设施进行全面的检查、整修和冲洗。以城区学校道路路口和交通标识牌为重点，组织人员对道路绿化安全隐患分区域逐段排查。对行道树枝叶茂盛、遮挡交通标识牌、绿化带过高过密，影响行车视线和行人通行的逐一进行整改，先后对城区学府路、杭青西路、水南街、河南西路、荷花西路、青山街、民主街、黄舟坊南路等多条主要道路路口造成视线遮挡的绿化进行压低修剪。增设安全警示标识牌，全年共在东山公园新增游客须知、防火安全、禁止攀爬、文明标识等各类安全标识牌60多块。

【市容秩序整治】 2020年，建宁县开展整治市容“六乱”行动。共清理乱搭建20余处，清理乱摆卖100余处，劝导乱停放200余处，清理乱拉挂60余处，清理乱堆放300余处，清理乱种菜100余次。开展“八个一”城市管理专项治理活动，共规范商户店外店占道经营300余家，劝导清理流动摊贩5000余次，清理破旧帐篷500余个，清理破旧广告横幅600条，清理建筑垃圾1000余次，拆除违章搭盖400余处，发放《致广大经营业主的一封信》2000份，签订“新门前三包责任书”400余份。推进“一巡多功能”执法工作机制，建立街长制，实行“一案四查”和全过程联合执法，发现线索1500余件，现场整改1400余件，现场整改率为95%，立案查处40件。加强校园周边城管监管设备建设。在城区11所学校校园大门附近安装4台云广播，14路监控，实时监控校园周边环境，城监大队执法队员和各学校教师在手机终端下载App后可以通过摄像头实时查看校园周边的环境，发现占道经营等影响校园周边环境的行为可以及时迅速地进行处理。抓好小广告督查。推行小广告市场化、作业现代化和督查常态化工作，广告中队每月实行小广告检查主街道全覆盖，发放整改单10余次，整改问题20余件。抓好弃土扬尘巡查。建宁县渣土办执法队员加大对城区内各建设施工单位以及运输车辆的日常巡查密度并做好巡查记录。采取定点检查与流动检查、定时检查与不定时检查，对工地运输过程中出现滴、撒、漏等情况立即下达责令整改通知书，并要求当事人马上进行清扫保洁，执法人员在执法过程中认真做好材料搜集，取证，事前事后对比照。对于再次出现污染路面行为的，渣土办按相关法律法规给予处罚。

（丁煌鑫）

村镇规划建设

【概况】 2020年，建宁县根据省、市村建工作部署，围绕乡村振兴发展战略要求，按照“产业兴旺、生态宜居、乡风文明、治理有效、生态富裕”的总要求，采取有力措施，全面推进“一革命四行动”计划，实施农村人居环境整治工作，推进建档立卡贫困户住房安全保障，实施乡镇污水垃圾攻坚战役，助推精准扶贫工作，推动城乡文明共同发展。主要开展以下七项工作：农村厕所革命，农村污水理行动，农村垃圾治理行动，农房整治，村容村貌提升行动。

【“两高”沿线整治】 2020年，建宁县坚持属地负责、上下联动、路地互动、突出重点、标本兼治的原则，开展县境内铁路、高速公路沿线村庄环境综合整治工作。截至2020年年底，高速公路沿线村庄9个村庄基本完成整治；完成动车北站及铁路红线内绿化提升12000平方米。

【农村厕所革命】 2020年，建宁县为贯彻落实习近平总书记关于“厕所革命”的重要指示精神，全面提升全县厕所规划建设管理水平，改善城乡人居环境，补齐民生短板。全年完成乡镇公厕新建改造5座，农村公厕新建改造6座。健全和完善公厕运营管理长效机制，将公厕纳入村庄日常保洁范畴。

【农村垃圾治理】 2020年，建宁县农村生活垃圾已基本形成常态化治理机制，在里心镇上黎村、濉溪镇高峰村开展农村生活垃圾分类试点，里心镇垃圾转运系统提升项目已动工建设。

【农村污水治理】 2020年，建宁县继续开展农村生活污水治理行动，落实乡镇及农村生活污水治理PPP项目，里心、均口、黄坊3个乡镇污水厂已投入使用，伊家、客坊、溪源、黄埠4个乡镇污水厂完成厂区及主管网建设。完成36个村庄污水处理设施建设，并着手完善污水收集管网。

【农房整治】 2020年，建宁县开展中心村农房整治，有条件的实施“平改坡”、外墙装饰装修完整、体现地域特色，经济困难的推广“檐口砌筑女儿墙、外墙刷缝嵌缝、勾勒窗框门套”等简易线性工程，改善居住功能，提升建筑风貌，全年完成农房整治550栋，拆除私搭乱建2.6万平方米。

【村容村貌提升】 2020年，建宁县结合美丽乡村建设，开展村庄清洁行动，推进村庄房前屋后整治，整治公共空间和庭院环境，消除私搭乱建、乱堆乱放。截至2020年年底，完成84个行政村整治，占全县行政村总数的91.3%。

【贫困户住房安全保障】 2020年，建宁县完成全县1560户贫困户住房安全鉴定，鉴定结果均达到B级以上，实现全县所有建档立卡贫困户住房安全有保障。

（丁煌鑫）

综 述

【概况】 2020年，建宁县成功创建国家现代农业产业园、全国第四批率先基本实现主要农作物生产全程机械化示范县、全国农民合作社质量提升整县推进试点单位、全国农作物病虫害专业化“统防统治百县”创建推评名单、东部沿海率先基本实现农业农村现代化试点县等一批“国字号”品牌。同时获得国家现代农业产业园奖励资金3000万元（第一批）、畜禽粪污资源化利用整县推进项目1000万元等大额项目资金扶持；当年，袁隆平院士为建宁县国家现代农业产业园题名；连续第四年获全省农业农村系统绩效评估优秀单位，成功举办第三届中国稻种基地发展大会，建宁县万鑫家庭农场获评第二批全国家庭农场典型案例。2020年，全县以莲子、种子、梨子、桃子等“五子”为主的优势特色产业全产业链总产值89.8亿元；农林牧渔业总产值达34.1亿元、增长3.5%；农村居民人均可支配收入达18321元、增长7.3%。

【农业品牌建设】 2020年，建宁县坚持分类指导，支持区域公用品牌、企业品牌、产品品牌的创建和提升，实现品牌共享，做大做强品牌产业链。实施“二品一标”和名牌农产品等品牌发展行动，全县通过“二品一标”认证并有效用标有37家企业（单位）73个产品，建宁通心白莲列为全国首批地理标志农产品保护工程名单，农业农村部充分肯定“建宁水稻种子”品牌，获赞“南建宁，北张掖”。至当年12月，全县有“建宁通心白莲”“建宁黄花梨”等国家地理标志保护产品3个，有机产品31个，绿色食品19个。

【食用菌生产】 2020年，建宁县生产食用菌4541万袋，比2019年4118万袋增加423万袋，增幅达10.27%；产量为12017吨，比2019年产量9840吨增加2177吨，增幅达22.1.0%；产值为12932万元，比2019年产值9307万元增加3625万元，增幅达38.9%，其中珍稀食用菌规模3506万袋、产量7707吨，产值9013万元，代用料生产10455万袋。生产品种分别有真姬菇、香菇、茶树菇、灵芝、竹荪、银耳、滑菇、平菇等8个品种。全县食用菌产业链，第一产业总产值12937万元,初加工品二产产值11354万元。

（廖春平）

种植业

【概况】 2020年,建宁县围绕“五子”产业体系，实施农产品品种改良、品质提升、品牌升级行动，“五子”全产业链产值达89.8亿元。全年农作物播种面积2.25万公顷，粮食作物播种面积1.40万公顷，落实制种面积1.01万公顷，种子产量3500万千克；莲子面积0.33万公顷，莲子产量达3500吨；稳定果子面积0.8万公顷，水果总产量13万吨；全县9个乡（镇）13个行政村新创建粮食产能区示范片14片，面积0.1公顷。全年蔬菜种植面积667公顷(绿叶菜267公顷),

其中露地栽培633.3公顷，设施栽培33.3公顷，生产各类蔬菜约1.5万吨，稳定茶叶生产总面积395. 3公顷，其中新植茶园13.3公顷（里心岩上村），总产600吨。

【强农惠农政策落实】 2020年，建宁县发放耕地地力保护补贴资金合计1778.55万元。其中：全县种粮普惠补贴面积13779.9公顷，每亩补贴金额84.64元，发放金额1749.51万元，受益农户28582户；种粮大户补面积贴322.7公顷，每亩补贴金额60元，发放金额29.04万元，受益农户49户。发放购机补贴资金650.07万元，共有1608台套农机具享受到购机补贴，受益农户1388户。

【水稻种植保险】 2020年，建宁县水稻和杂交水稻制种完成承保面积0.77万公顷（其中水稻承保面积0.12万公顷、杂交水稻制种承保面积0.65万公顷）；参保农户1.82万户；承保金额845.07万元。当年经过灾后查勘定损，水稻（制种）种植受灾损失面积634公顷，涉及受灾农户7559户，理赔金额760.86万元。

【耕种收综合机械化推广】 2020年，建宁县对采用机插作业的示范户，每亩秧田补贴防虫网集中育秧资金1000元，机插补贴每亩60元，机插秧种子补贴每亩40元，示范片机插面积有一定程度的提高，植保无人机病虫害防控以及耕、收综合机械化在产能区示范片中得到全面的应用与推广。

【农作物病虫害防控】 2020年，建宁县抓科学防治，推广太阳能杀虫灯1000多盏，防控面积2000公顷；推广绿色防控技术30513.33公顷次，绿色防控覆盖率34.5%。完成统防统治面积13826.67公顷次，覆盖率47.98%。加大无人机统防统治力度，全县有植保无人机87架，无人机作业面积7173.33公顷次，无人机统防统治占全县统防统治面积51.89%，实现农药使用减量增效。

【高标准农田建设】 2020年，建宁县组织实施高标准农田建设项目，完成投资785万元，建设高标准农田面积400公顷；组织实施黄埠乡高标准农田建设高效节水灌溉项目，完成投资300万元，建设高效节水灌溉项面积133.3公顷。组织实施2020年中央预算内投资高标准农田建设项目，计划投资1457万元，建设高标准农田面积760公顷，完成项目的勘察设计、评审、批复和招标等工作。

【科学施肥推广】 2020年，建宁县推广紫云英等绿肥0.61万公顷，有机肥0.6万公顷，稻草还田0.96万公顷，肥料利用率可达40%，全县化肥使用量控制在8194吨以内，比2019年减少2.03 %。

（廖春平）

莲子产业

【概况】 2020年，建宁县莲子种植初步构建万亩带、千亩片、百亩点，培育种莲大村、大片和大户。产区以濉溪、均口、里心、溪口、黄埠、客坊为重点乡镇。全县完成种莲面积3200公顷。建立标准化示范工程约1167公顷，示范片27片，173公顷。

【品种选育】 2020年，建宁县在继续做好原有莲种质资源整理保存的同时，做好资源圃管理工作，共保存原有资源111份，其中子莲品种78份、花莲品种28份、睡莲品种4份、藕莲品种1份。进行70个单株的比较试验，培育新单株60个，保留单株10个；进行7

紫云英　　（县农业农村局供稿）

种子大收获 （县农业农村局供稿）

个新株系、6个保留株系、12个保留品系，共25个株系进行比较试验；9月4日三明市科协重新认定“建宁莲子种质资源”为绿色三明。

【莲子标准化生产】 2020年5月29日，福建省市场监督管理局在福州召开标准审定会，对《建莲品种》《建莲栽培技术规范》《建莲加工技术规范》三个标准进行审定发布。9月29日，福建省市场监督管理局发布《2020年第6号福建省地方标准批准公告》，于2020年12月29日实施。三个标准文本编号如下：《建莲品种》（DB35/T 826—2020）、《建莲栽培技术规范》（DB35/T 827—2020）、《建莲加工技术规范》（DB35/T 828—2020）。

（廖春平）

种子产业

【概况】 2020年，建宁县落实制种面积1.01万公顷，较上年增加333公顷，亩产大幅度增加，总产商品种子3500万千克，直接经济产值5.36亿元，种子产业为农民直接增收约3000万元。

【国家现代农业产业园创建】 2020年4月，建宁县列入国家现代农业产业园创建名单，当年获国家奖励资金3000万元。国家现代农业产业园位于建宁经济开发区，总投资约18.52亿元，为“一核四区”的空间布局，即产业园核心区、产业融合发展示范区、制种全程机械化示范区、制种高效技术推广示范区和优质稻新品种展示区，规划产业园总面积0.62万公顷。

【种业互联网平台构建】 2020年，建宁县种业互联网平台注册资金5000万元，由建宁县人民政府主导规划、投资建设，是一家“互联网＋种业”为模式的新型种业平台。公司提供覆盖种子产业链全生命周期的7大服务：科研成果转化服务、农机共享服务、生产管理服务、在线交易服务、仓储物流服务、供应链金融服务、种业大数据服务。赋能种子产业链各环节，帮助产业链上用户降本增效，提高产业链生产效率，构建种业综合服务生态圈。年内，平台已经完成种子产业互联网基础平台、门户、在线交易（种子、农产品、农资）、种业大数据展示系统的开发。

【种子储备管理】 2020年，建宁县严格按照《福建省省级救灾备荒种子储备管理暂行办法》《福建省省级粮食安全应急种子储备管理细则》及有关规定，认真履行职责，做好种子入库、保管、调用、转商等工作，并建立种子储备技术档案。年内，建宁县种业科技中心负责储备省级救灾备荒种子65万千克，低温库储藏，种子质量符合国家标准，储备时间：2020年12月1日至2021年11月30日。其中：续储常规早稻（佳辐占）20万千克；新储常规早稻（佳辐占）10万千克；

新储杂交早稻（深优957）27万千克、杂交晚稻（II优907）8万千克。

果子产业

【概况】 2020年，建宁县各类果树种植面积基本稳定0.8万公顷左右，其中梨树面积0.67万公顷、较往年缩减333.3公顷，部分黄花梨改种或失管抛荒；黄桃800公顷、较往年增加133公顷；猕猴桃400公顷、较往年增加66.67公顷；其他水果（葡萄、杨梅、油桃、甜橙、宽皮橘、草莓、樱桃、八月果等）133.33公顷。

【品种结构优化】 2020年，建宁县采取高接换种技术，压缩黄花梨面积，示范推广翠玉、翠冠，新玉面积333公顷，其中濉溪镇、里心镇、溪口镇各建立1个百亩示范片；黄桃在稳定现有锦绣黄桃的基础上，扩大锦香、锦园早熟和锦花、锦硕晚熟品种面积66.7公顷；猕猴桃突出品质调整方向，扩大红阳、金艳、黄金优良品种面积66.7公顷。

【“建宁玉梨”品牌推广】 2020年7月18日，“建宁玉梨”品牌推广大会在建宁大饭店隆重召开，会议主题为推广“建宁玉梨”公共品牌，推行乡村智慧物流新销售模式，推进产销精准对接。推广大会由建宁县农业农村局、工信局、市管局主办，建宁县融媒体中心承办。建宁县果业协会、电商产业协会、果之道供应链有限公司、万果风云会协办。参加会议的有农业专家、企业负责人、全国知名水果经销商30多家、全县水果生产加工经营企业及大户代表、各乡镇分管领导及农技站站长等，会议规模达300余人。

（廖春平）

养殖业

【概况】 2020年，建宁县生猪稳定存栏6.98万头，生猪出栏11.29万头；奶牛存栏0.31万头，肉牛存栏0.28万头，肉牛出栏0.24万头；羊存栏1.43万头，羊出栏1.37万头；家禽存栏75.39万羽，家禽出栏156.23万羽，肉蛋奶总产量15531吨，比2019年增加5162吨，比增49.79%。全县实现水产品产量7570吨，比2019年增加429吨，递增6%。

【“五新”技术推广】 2020年，建宁县做好畜牧“五新”技术推广工作，引进和大足黑山羊、福清山羊、戴云山羊、娟姗牛、荷斯坦奶牛等新品种；推广奶牛人工授精及性控技术、奶牛“结核病和布鲁氏杆菌病”净化、牧草高产栽培与青贮技术。指导养羊户购买青贮设备真空打包机、铡草机等，解决农户养羊冬季饲草短缺的问题。强化技术服务工作，培训相关技术120余人次。

【动物防疫检疫】 2020年，建宁县累计完成家畜口蹄疫免疫15.25万头次、羊小反刍兽疫免疫1.35万头次、家禽禽流感免疫152.3万羽；猪瘟免疫15.25万头，鸡新城免疫65万羽，应免畜禽免疫密度常年保持在90%以上。完成血清学监测4273头次。

【渔政执法】 2020年，建宁县出动渔业执法人员199人次，检查渔船30艘（次）、渔业养殖场76家（次）；制止和驱赶渔业违法违规行为8起，立案查处渔业违法案件2起，处理渔业违法人员3人次，没收收缴电鱼机3台（套），渔网12张，罚款人民币10000元。

【水产品养殖】 2020年，建宁县实现水产品产量7570吨，比2019年增加429吨，递增6%。引进示范养殖名优品种，加快品种改良步伐。在抓好建鲤、彭泽鲫、史氏鲟等品种示范养殖推广的同时，引进黄金鲫10万尾、黄颡鱼10万尾，6月份引进台湾泥鳅350万尾、鲈鱼2万尾、荷包红鲤20万尾、引进福瑞鲤260万尾。推广稻莲田多种养殖模式147公顷（其中养殖田螺40公顷、养殖泥鳅27公顷），养殖荷蟹66.7公顷。

农业机械

【概况】 2020年，建宁县主要农作物耕种收综合机械化率达79.5%，水稻耕种收综合机械化率达80.8%，农机合作社作业服务面积达1.17万公顷，全面完成上级主管部门下达的各项任务指标。2020年1月，被农业农村部认定为全国第四批率先基本实现主要农作物生产全程机械化示范县。

【农业生产机械化全面推进】 2020年，建宁县建立1个服务中心、2个示范基地和2家农机合作社。1个服务中心："全程机械化+综合农事"服务中心。确定溪口镇勤建农机专业合作社为建宁县"全程机械化+综合农事"服务中心示范点，该示范点引进水稻印刷播种机、筑埂机、稻种光选机、智能化平床式烘干机等先进适用新型机具，全年为农户提供农业生产全程机械化服务5333.33公顷次、培训农业技术人员300多人次。2个示范基地：一个水稻生产全程机械化示范基地，确定溪口镇林丰农机专业合作社为建宁县水稻生产全程机械化示范基地，该基地全年完成水稻耕、种、收、防作业面积2313公顷，机烘干2200吨；第二是特色产业示范基地，确定上庄家庭农场为建宁县水果生产全程机械化示范基地，新安装轨道400米及轨道运输机1台套并对其喷药功能进行试验示范，该基地全年完成机械化作业面积70.67公顷次。2家农机合作社：新培育闽西北农机专业合作社、兴禾农机专业社2家"五有"农机合作社，2家合作社农机作业面积全年超过2000公顷次。

【农机惠农补贴发放】 2020年，建宁县农机部门严格按照购机补贴操作程序，做好购机补贴，并在购机补贴办理过程中推广使用"福建农机补贴App"，以方便群众办理手续和了解相关信息。年内，全县共有1608台（套）农机具享受到购机补贴，发放购机补贴资金650.07万元，受益农户1388户。同时制定建宁县农业机械报废更新补贴实施方案，并确定农机报废回收企业，全年建宁县申请受理3台农机报废，共计报废补贴1.86万元。

【新机具新技术示范推广】 2020年3月，建宁县农机部门召集制种经纪人代表、合作社代表、农机农技等相关技术人员参加水稻育秧新机具（水稻印刷播种机、水稻育秧铺盘机）新技术示范演示会，开展试验示范面积达6.7公顷。引进一台型号为6MSXC-256A的稻种光选机，试验示范效果良好，全县共完成光选发芽率不达标种子600吨，为制种户挽回经济损失500万元以上，缓解制种户与种子收购企业的矛盾。

【农机安全生产】 2020年，建宁县农机部门全面落实农机安全生产责任制，层层签订农机安全生产责任书，分别与各乡镇农机站、各农机合作社以及县农机服务培训公司签订"农机安全生产责任书"13份，与农机手签订"农机安全生产责任书"132份。同时与县交警部门密切配合，开展多功能拖拉机联合专项整治活动，重点对拖拉机无牌无证驾驶、超速、超载行驶和人货混装、私自改装等违法行为进行查处。严格按照有关法律法规开展牌证发放和驾驶人考试发证工作，全年联合收割机注册登记105台，年检上道路拖拉机7台，检验联合收割机134台，核发履带式拖拉机驾驶证（L）55本，轮式拖拉机（G1）36本，换发拖拉机驾驶证40本。开展平安农机示范乡（镇）创建工作，完成均口镇"平安农机"示范乡（镇）创建工作并通过验收，共创建"平安农机"示范乡（镇）1个，示范村5个，示范户30个。

（廖春平）

水利建设

【概况】 2020年，建宁县水利局围绕"美丽闽江源"的总体目标，全面做好水系连通及农村水系综合整治、水土流失治理、移民后扶等水利建设，抓好水资源管理与保护，落实防汛抗旱工作机制，推进河长制建设，推动建宁水利工作实现跨越式发展。当年，全县水利投资任务2.69亿元，实际完成投资2.73亿元，占年度计划的101.56%。其中重大项目计划投资14803万元，实际完成投资15203万元，占年度计划的102.7%；面上项目计划投资152094万元，实际完成投资12114万元，占年度计划的100.2%。

【农村水利设施建设】 2020年，建宁县以县域为单元开展水系连通及农村水系综合整治试点，突出系统治理，统筹水系连通、河道清障、清淤疏浚、岸坡整治、水源涵养与水土保持、河湖管护等多项水利措施，以河流水系为脉络、以村庄为节点，集中连片统筹规划，与相关部门形成合力，水域岸线并治，打造特色的县域综合治水示范样板，建设河畅、水清、岸绿、景美的水美乡村；同时推动建宁县城乡供水一体化建设工作，与福建省水利投资开发集团水务有限公司签订"建宁县城乡供水一体化项目合作协议”，促进城乡供水融合发展，解决城乡供水发展不平衡不充分问题。

【水系连通及农村水系综合整治】 2020年4月，建宁县通过竞争性立项入选水利部2020—2021年水系连通及农村水系综合整治试点县，筹措涉水资金4.8亿元，主要用于安全生态水系、水土流失治理、水污染防治和水资源保护等项目建设，实施建宁县濉溪支流川坳溪综合整治工程、建宁县里心镇里沙溪水系综合整治工程等水利项目12个，建宁防污控污建设项目、建宁县均口镇修竹溪水环境综合治理项目等地方配套项目8个。建宁县获水利部2020年度水系连通及水美乡村建设评估考核优秀等次。

均口镇修竹溪水环境综合治理项目 （县融媒体中心供稿）

【水土流失治理】 2020年，建宁县水土流失治理面积3482.89平方米，完成投资2260.47万元。依法完成里心镇下靖线、十字排矿区、康养中心、碧桂园、莲海玉家、空心砖厂、水岸嘉园、鑫珑公馆、汽车检测线北侧地块安置房9个项目水土保持方案的审查审批（2个报告书，7个报告表），并监督实施；完成事中、事后监管规范生产建设项目水土保持设施自主验收1个；开展县级监督检查7次，省市级联合检查5次；征收水土保持补偿费82.19万元。开展水土保持法律法规宣传活动，发放宣传资料600余份。

【移民后扶资金发放】 2020年，建宁县移民项目共11个，其中生产开发及配套项目8个，总投资1374万元，后扶资金521.94万元；美丽家园建设项目2个，后扶资金80万元；监测评估项目1个，后扶资金8万元。全年完成后扶项目补助资金共计722.55万元，直补资金57万元，中央项目资金436.94万元，结余资金55.63万元，地方资金100万元。同时在做好移民人口自然增减工作的基础上，按省、市政策规定，大中型水库移民每人每年发放直补资金600元，直补移民943人，一次性及时发放全年度的移民直补资金56.58万元。

【防汛抗旱】 2020年3月，建宁县防汛抗旱指挥部组织水利技术人员组成汛前水利工程安全检查组，对全县9个乡（镇）9座小（一）库、15座小（二）库和部分重点山塘以及在建水利水电工程进行汛前安全大检查，共计检查水利工程46处，检查人次106人。2020年12月，县级防汛部门建立10支300人的防汛抢险应急队伍，有橡皮舟2艘，防汛抢险舟5艘，救生衣300件，救生圈215只，尼龙绳1千米，各类手电筒125个，手摇警报器54个，以及抛绳器、救生杆、救生软梯、头盔、照明灯、手套、雨靴、抽水机等必备的防汛物资，能基本满足常遇洪水的抢险需要。

【河长制模式创新】 2020年，建宁县河长办推进“河长制＋生态脱贫”的模式，将河长制工作与扶贫脱贫相结合，通过聘用“建档立卡”贫困户担任河道专管员、设立公益性岗位等措施，让众多贫困户在家门口就收获“生态红利”，既保护河湖生态环境，又助推精准扶贫工作。同时深入推进“河长制＋信息化”的模式，通过指挥平台对全县30名河长、93名河道专管员履职情况进行监督及量化考核，实现一体化、全覆盖、动态式管理。通过全县重要流域节点的92路高清视频探头，将全境29条1000多千米大小河流均纳入平台监测管理；并利用乡（镇）及县域交接断面安装的10套河道水质在线监测设备，确保水环境安全。

【水资源管护】 2020年，建宁县万元国内生产总值用水量、万元工业增加值用水量分别降到96.0立方米/万元、25.8立方米/万元，规模以上工业用水重复利用率达到70%以上，农田灌溉水有效利用系数提高到0.56以上，全县公共供水管网漏损率9.7%，达到控制率10%以内的要求。全县工业、服务业（宾馆、医院、学校）年度用水计划根据国民经济行业分类及行业用水额定额指标均未超出定额要求。全县共有61家取水企业均完成节水评价及节水评价登记台账管理。完成7座节水型校园建设，均完成节水设施安装改造、节水宣传标识上墙。当年，建宁县县域节水型社会达标建设以97分的好成绩通过省水利厅省节水办的考核，与漳平市、南安市并列全省第二名。

（肖清华）

农村工作

【概况】 2020年，建宁县认真贯彻中央和省、市、县农村工作会精神，贯彻落实中央、省、市、县实施乡村振兴战略工作会及省、市、县实施乡村振兴战略现场推进会精神，以推进农业供给侧结构改革为主线，打好现代农业提升发展和精准扶贫两大攻坚战，全县农业农村经济社会发展保持稳中有进的良好发展态势，农村产权、农村改革、农村产业融合等工作扎实推进。当年，全县农林牧渔业总产值达34.1亿元、增长3.5%；农村居民人均可支配收入达18321元、增长7.3%。

【产权制度改革】 2020年，建宁县共确认村集体经济组织股权户31995户136201人，92个村合作经济股份合作社全部完成登记赋码，并建立资产资源管理、股权管理等配套制度，已完成股权证书打印及发放3.2万份；推进农村“三票制”改革，确定濉溪镇为试点乡镇，高峰、圳头、水尾、上坪为房票、地票改革试点村，制定改革实施意见，明确改革步骤。

【经营主体培育】 2020年，建宁县探索合作社规范运行制度，选择40家县级以上合作社示范社，确定每社1人的挂包服务，指导规范办社，建立起“三会一章”制度、盈余分配等规范化管理制度；完成推荐申报国家农民合作社示范社4家、省级示范社4家、市级示范社3家，家庭农场省级示范场3家、市级示范场5家。完成22个家庭农场项目储备和8个项目实施，2750家录入国家家庭农场名录平台，建宁县万鑫入选全国第二批家庭农场发展典型案例（全省共2家）。

【农业安全监管】 2020年，建宁县开展“春雷”行动，制定农资打假专项治理行动实施方案，共出动执法人182人次，检查农资生产经营企业76个，签订各类责任书85份，发放各类宣传资料3000余份，悬挂横幅60条，接受群众咨询500余人次，结案4起，移送建宁县市场管理局肥料不合格产品案1起。出动渔业执法人员199人次，检查渔船30艘(次)、渔业养殖场76家(次)；及时制止和驱赶渔业违法违规行为8起，立案查处渔业违法案件2起，处理渔业违法人员3人次，没收收缴电鱼机3台(套)，渔网12张，罚款人民币10000元；完成农产品快速检测5607个，完成率101%，合格率99.31%；对232家农产品生产主体进行“一品一码”可追溯管理，产品赋码出证16407批次；完成农药标签抽查78个，合格率100%；完成肥料标签抽查33个，合格率100%；完成种子标签抽查15个，合格率100%。

【农村产业融合】 2020年，建宁县制定《建宁县推进“一县一业”产业发展工作方案》，福建鑫锦宏农牧开发有限公司被列入省级重点企业“一企一策”，福建禾丰种业股份有限公司为全国农业产业化龙头企业典型案例；建宁县禾丰种业产业联合体、绿源果业产业化联合体等2家被评为省级示范联合体。新增濉溪镇圳头村、里心镇上黎村、花排村、黄坊武调村4个省级“一村一品”示范村。新建100吨组装式冷藏库设施10座，果蔬、粮食、茶叶等初加工中心6个。濉溪镇高峰村被评为2020年福建省最美休闲乡村。建宁县现代农业产业园被

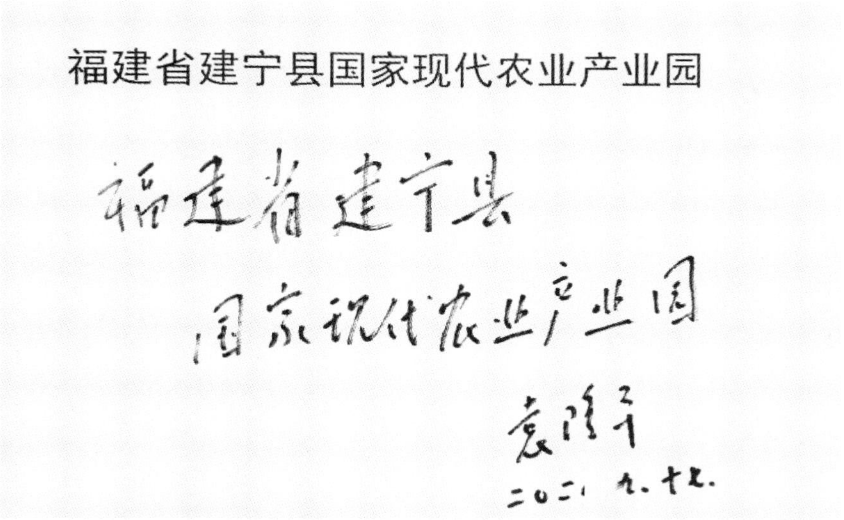

袁隆平为福建省建宁县国家现代农业产业园题名　　（县农业农村局供图）

列入国家现代农业产业园创建名单，袁隆平院士为建宁县国家现代农业产业园题名。全年新认证绿色食品3个，新增有机产品9个，全县累计二品一标有效用标达70个。全县增补省级龙头企业3家累计达10家，新增市级32家，新增县级7家，累计达60家。

（廖春平）

脱贫攻坚

【概况】 2020年，建宁县按照“四不摘”要求，深化量化折股等扶贫模式，实施好五大扶贫增收工程，增强脱贫攻坚内生动力，脱贫攻坚与乡村振兴战略得到有效衔接。完善致贫返贫动态监测机制，全年自然增加48人，自然减少105人（其中整户减少15户15人），无整户新增及返贫贫困户，2020年，有建档立卡贫困户1554户4808人。全年投入专项扶贫资金1926.08万元，比2019年度县级投入专项扶贫资金1738万元增10.8个百分点。录入扶贫资金4448.63万元，涉及建档立卡贫困人员844.99万元。落实贫困户发展产业1452户，产业扶贫资金覆盖率达到全县贫困户93.4%。

【扶贫政策出台】 2020年，建宁县出台《建宁县应对新冠肺炎疫情巩固提升脱贫成效十条措施》《建宁县应对新冠肺炎疫情打通“五难”操作链实施方案》《建宁县人民政府办公室关于积极应对新冠肺炎疫情影响决战决胜脱贫攻坚五大扶贫增收工程实施方案的通知》等措施，筹集“猪宝宝”扶贫基金40万元，每户贫困户发放20只鸡鸭苗，发展杂交水稻制种255户221.8公顷，建莲种植226户78.3公顷，落实477户小额信贷“户贷企用”措施，适当延长受疫情影响出现还款困难贫困户的还款期限，并按基准利率给予贴息。

【“两不愁”“三保障”】 2020年，建宁县九年义务教育巩固率99.92%；城乡居民基本医疗保险参保率99.92%；农村居民最低生活保障标准提高到每人每年7680元。42个建档立卡贫困村村均集体经济收入达到24.9万元。所有通村公路全部硬化；广播电视、宽带、供电网络实现全覆盖。当年贫困户年人均纯收入达到16544元，其中监测对象2020年度家庭人均纯收入（18289万元）达到全县建档立卡贫困户平均水平（16544万元）的110.55%，贫困发生率为0%。建档立卡贫困人口家庭医生签约率100%；农村居民安全饮用水率100%；农村贫困户厕所改造率100%。

【扶贫动态管理】 2020年，建宁县共开展3次建档立卡贫困户动态管理，全年自然增加48人，自然减少105人（其中整户减少15户15人），无整户新增及返贫贫困户，全县有建档立卡贫困户1554户4808人；将66户200人列为脱贫监测户，实行单列管理、重点帮扶。并及时受理“一键报贫”农户申请，严把数据质量，清理国扶系统中存在问题数据，确保全国扶贫开发信息系统数据的真实性和可靠性。

【扶贫资金发放】 2020年，建宁县县级投入专项扶贫资金1926.08万元，比2019年度县级投入专项扶贫资金1738万元增10.8个百分点。录入扶贫资金4448.63万元，涉及建档立卡贫困人员844.99万元。落实贫困户发展产业1452户，产业扶贫资金覆盖率达到全县贫困户93.4%。累计发放扶贫小额信贷939户5137.4万元，累计发放贴息资金349.3万元，全县没有逾期贷款。2017年省市纪委监委和“5+1”帮扶协作单位对口帮扶建宁县以来，实施民生事业、基础设施、旅游文化、产业发展等项目48个，协调资金约23.5亿元。先后派出13名干部挂职驻村，给予帮扶建宁贫困家庭学生累计达567人次、128.37万元，阻断贫困代际传递；台江区累计安排对口帮扶资金4950万元，共建闽赣省际电商产业园。

（廖春平）

乡村振兴战略

【概况】 2020年，建宁县农业农村部门牵头，相关职能部门专项主抓、具体负责、协调推进的乡村振兴战略推进机制得到衔接。“一革命四行动”、村庄清洁行动、“四拆三改两清一整”工作得到全面落实。开展“一镇十村”省级乡村振兴示范建设，建成美丽乡村77个，覆盖面达82%，高峰村荣获“2020中国最美村镇最美康养小镇”称号。

【健全乡村振兴机制】 2020年，建宁县制定《建宁县乡村振兴试点示范创建工作方案》（建振组〔2020〕3号）、《建宁县发展农村庭院经济创建美丽庭院的实施意见》（建振组〔2020〕4号），重点推进10个省级试点村人居环境整治，打造“试点先行、串点连线成片”的新气象；根据《建宁县市级美丽乡村精品示范村创建工作方案》的要求，推进均口镇修竹村、里心镇上黎村美丽乡村精品示范村创建工作，制定《均口镇修竹村美丽乡村精品示范村创建工作方案》《里心镇上黎村美丽乡村精品示范村创建工作方案》，通过县级成立工作专班，乡镇成立对应领导小组的做法，保障各项措施落到实处，形成可复制、可推广的经验。

【乡村振兴项目建设】 2020年，建宁县严格实行村申报、乡（镇）把关、挂包处级领导审核程序。全年有88个项目完成投资8823.3万元，占年度计划89.85%，有46个项目建成投入使用；使用乡村振兴统筹资金的项目30个，完成投资2304.5万元，占年度计划77.07%，有18个项目建成投入使用。全年共计拨付10个省级试点村建设资金1522.01万元。

【乡村宜居环境整治】 2020年，建宁县完成农房整治550栋。结合美丽乡村建设，开展村庄清洁行动，推进村庄房前屋后整治，整治公共空间和庭院环境，消除私搭乱建、乱堆乱放。全年完成84个行政村整治，占全县行政村总数的91.3%，拆除私搭乱建约2.6万平方米。完成乡镇公厕新建改造5座，农村公厕新建改造6座，完成公厕“一长两员”联系方式及管理制度上墙。农村生活垃圾已基本形成常态化治理机制，在里心镇上黎村、濉溪镇高峰村开展农村生活垃圾分类试点，里心镇垃圾转运系统提升项目建设完成。实施建宁县乡镇及农村生活污水治理PPP项目，里心、均口、黄坊3个乡镇污水厂已投入使用，伊家、客坊、溪源、黄埠4个乡镇污水厂已通水，完成36个村庄污水处理设施建设，20个村庄已运行。成功争取2020年畜禽粪污资源化利用项目，获得2020年中央农业资源及生态保护补助资金1000万元，全县规模化生猪养殖场畜禽粪污综合利用率将达100%以上，粪污处理设施装备配套率达100%。完成牛蛙清退取缔36家；摸排养鳗养殖场8家，已送达“建宁县鳗鱼养殖污染专项整治告知书”8家。

（廖春平）

林业与闽江源自然保护区

编辑：罗瑞忠

综　述

【概况】　2020年，建宁县完成规模以上林业工业总产值69亿元，占任务69亿元的100%。森林覆盖率77.7%，森林蓄积量1155万立方米，同比2019年增加123.7万立方米。林业自然保护区（含保护小区点）14561公顷，林地和湿地保有量分别达137145公顷、1915.2公顷。全县完成植树造林650.4公顷，占省、市下达造林绿化任务601.33公顷的108.1%；完成森林抚育3936.2公顷，占任务3592公顷的109.6%，完成封山育林1655公顷，占任务的103.4%。完成商品材产量2.5万立方米，商品材销售量2.4万立方米，生产毛竹900万根，锯材产量1.3万立方米，人造板产量1.6万立方米，纸及纸板产量10.03万吨。县林业部门有事业单位24个（含参公单位、基层林业站），岗位核编数121个，实际在编在岗总人数87人，县局机关事业单位15个（含参公1个）在编在岗人员共计63人，乡镇基层林业站9个在编在岗人员共计24人。2020年12月，县林业部门有高级专业技术职称11人，中级专业技术职称20人；技师11人，高级工18人。

【林业品牌创建】　2020年，建宁县黄埠乡山下村、溪源乡东溪村获评“省级森林村庄”称号，并获得省绿化委员会和省林业和草原局命名。建宁高峰森林康养基地成功获评市级森林康养基地。县林业局获闽浙赣毗连地区护林联防委员会第五联防区授予的2020年度护林联防先进单位。

【闽江源国家湿地公园项目建设】福建建宁闽江源国家湿地公园建设项目位于建宁县均口镇，地理坐标位于东经116°42′35″～116°43′47″，北纬26°36′02″～26°44′54″。规划总面积395.30公顷，其中湿地面积241.48公顷，湿地率为61.09%。根据《福建建宁闽江源国家湿地公园总体规划》项目建设期限为5年（2017—2021年），共分两期进行建设，总投资

全民植树　　（县林业局供稿）

为 10549 万元，工程主要包括保护恢复工程、科普宣教工程、科研监测工程、合理利用工程、防御灾害工程、保护管理设施工程和基础设施工程。2020 年，一期建设工程已投入使用，二期植被恢复建设项目已基本完工。

【三明林博会参展】 2020 年，建宁县组织 9 家企业参展三明市第十六届林博会，参展产品 50 余种，一楼广场展位以林产品销售为主、二楼展馆以展示和宣传林产品成果为主。共邀请客商 100 余人，现场销售各类林产品 3.23 万件，销售额 307.05 万元；贸易订单 38.5 万件，订单销售额 3400.2 万元。上台签约项目 1 个，即建宁县人民政府和福建天马科技集团股份有限公司对接的生态养鳗项目，该项目总投资 5.2 亿元。在由福建农林大教授、药学博士后魏道智在现场发布的三明道地药材“明八味”评选结果中，建宁莲子名列“明八味”评选结果首位，建莲、黄精荷叶茶等系列产品也亮相三明道地药材“明八味”展馆。

（福建闽江源国家级自然保护区 县林业局供稿）

森林资源培育与保护

【造林绿化】 2020 年，建宁县共完成植树造林 650.4 公顷，占省、市下达造林绿化任务 601.33 公顷的 108.1%；完成森林抚育 3936.2 公顷，占任务 3592 公顷的 109.6%，完成封山育林 1655 公顷，占任务的 103.4%，全面完成春季绿建各项目标任务。

【森林生态景观】 2020 年，建宁县生态景观改造完成森林景观带建设 6 公顷，绿美示范片 23.33 公顷，珍贵树种造林 170.4 公顷，其他造林更新 147 公顷，完成林分修复 107.33 公顷。

【禁柴改燃】 2020 年底，建宁县已完成溪口、濉溪、溪源、里心、黄坊、均口、伊家等 7 个乡镇 12 个村 30 个村民小组共计 1297 户 6106 人口的禁柴改燃工作。对已完成第一轮 3 年试点的村继续按照 10 元 / 人、月的标准补助，对还未完成第一轮 3 年试点的村继续按照 20 元 / 人、月的标准补助发放，年内发放补助资金 100 余万元。

【森林防火】 2020 年，建宁县通过广播、短信、标语、宣传车等多种形式，多层次开展护林防火工作。据统计，全年共发放护林防火资料 8500 余份，利用广播、电视、报刊宣传 70 次，出动森林防火宣传车到边远山村、火灾重点区域宣传 385 车次。在林区、进山路口、旅游景点等重要地段刷新宣传牌 16 块。全年共发生森林火灾 2 起，过火面积 16.67 公顷。

【森林病虫害防治】 2020 年，建宁县林业局组织开展松材线虫病秋季普查，发现松材线虫病疫情发生面积 584.93 公顷（其中保护区

禁柴后的大源村（县融媒体中心供稿）

面积494.87公顷），疫情分布在保护区，濉溪、溪口、均口、伊家、溪源5个乡镇。全县共投入500余万元开展松材线虫病防控，松材线虫病得到有效控制。

【野生动植物保护】 2020年，建宁县林业局坚持每日对农贸市场、餐馆及野生动物养殖场所巡查，全年共出动执法人员640人次，开展宣传活动58次，发放宣传手册5000余份、张贴野生动物保护法摘要6000余张，悬挂条幅30余条。收缴非法架设的捕鸟网35张，没收并销毁猎捕夹18个，放生收缴的野生动物35只。同时，全面完成20家人工驯养野生动物的退养工作，其中退养转产4家，移交管理15家，转为药用、观赏1家。

【林业执法】 2020年，建宁县林业局开展打击破坏森林资源违法犯罪行为专项行动，全县共查处滥伐林木案件5起，违法占用林地案件15起，非法运输木材案件1起，收购木材无合法来源案件4起，非法猎捕、违反野生动植物保护法1起，共没收木材31.9立方米，挽回经济损失86.56万元。2月10日，对非法猎捕国家重点保护动物的当事人黄某做出罚款30000元的行政处罚，为建宁县史上最大的猎捕野生动物的行政罚单。

（周　周）

森林资源利用

【林产工业经济】 2020年，建宁县完成商品材产量2.5万立方米，商品材销售量2.4万立方米，生产毛竹900万根，锯材产量1.3万立方米，人造板产量1.6万立方米，纸及纸板产量10.03万吨，全县完成规模以上林业工业总产值69亿元，占任务69亿元的100%。

【林下经济产业】 2020年，建宁县累计发展林下经营面积14666.67公顷，实现产值7.4亿元。其中：完成林下种植产值0.3亿元；发展林下养殖产值0.65亿元；发展森林景观产值0.15亿元；发展林下采集加工产值6.3亿元。

【林业特色产业】 2020年，建宁县笋竹产业完成丰产竹林基地建设333.33公顷，完成毛竹低改1333.33公顷，竹林抚育10000公顷，竹林生态化改造466.67公顷，实现笋竹总产值8亿元；油茶产业完成新造油茶6.67公顷，完成抚育333.34公顷，油茶低改466.67公顷，实现油茶产值1.3亿元；无患子产业完成手工皂、机制皂液态洗涤用品产值0.9亿元；全县有花卉苗木生产企业18家，完成花卉种植面积481.5公顷，年产值5.1亿元。

【森林康养政策出台】 2020年，建宁县出台《建宁县发展全域森林康养产业三年行动计划（2019—2021年）》，并委托省农林大学完成《三明市建宁县全域森林康养规划》（2020—2025）。组织基地相关人员接受系统培训，有4人已取得国家疗养师证。同时，依托“森林人家”“桃梨观赏园”“湿地公园”等景观，发展森林旅游业，年内接待旅游人数8.67万人，增加旅游收入1800余万元。

（周　周）

林业管理制度改革

【林票改革】 2020年，建宁县通过完善和拓展林票的价值属性、交易属性、金融属性，促进资源变资产、资产变股份、农民变股东，为加快乡村振兴提供服务。全县已完成发行3批林票，涉山场面积1064.53公顷（主要位于大源村、里心镇大南村和芦田村），票面价值1644.84万元。

【林权制度改革】 2020年，建宁县引导组建成立家庭林场、股份林场、林业专业合作社等新型经营主体，全县累计成立林业新型经营组织207家，经营面积48466.67公顷，林地规模经营覆盖面达57%。做好森林综合保险投保工作，年内完成投保面积86747.39公顷，其中生态公益林投保面积44424.86公顷、商品林投保面积42322.53公顷，总保费195.84万元。

【重点区位商品林赎买】 2020年，建宁县按照《建宁县人民政府办公室关于印发建宁县重点区位商品林赎买实施方案（2018—2020）的通知》（建政办〔2018〕158号）文件精神，至2020年年底，已累计完成重点生态区位商品林赎买面积1200公顷，赎买资金共4200万元。其中2020年完成重点生态区位商品林赎买 380 公顷。

国有林场

【概况】 2020 年 11 月 19 日，建宁国有林场通过建宁县公共资源交易中心公开投标，以 2293 万元人民币竞拍价取得建宁县闽江源国有林场有限公司大源分场山场的经营权，林权证全部为乙种证，行政划拨地，山场面积为 727.80 公顷，经调查总蓄积为 60416 立方米，其中杉木 34550 立方米、马尾松 10053 立方米、阔叶树 15813 立方米。现有林木产权 100% 归建宁国有林场所有，二代林采取双方合作造林模式，经营年限为 50 年。

【科研项目】 2020 年，建宁国有林场完成枫香彩叶生态优良品种选育及 ISSR 分子标记体系研究项目验收以及后期数据调查。完成多穗柯甜茶叶用林经营技术研究项目试验林内香椿病虫害防治（具体为香椿树干涂白，蛀干害虫毒杀）、春秋季抚育以及数据调查工作。完成基于冰冻干扰的造林树种选择与经营技术研究项目试验林抚育施肥工作。

【林场建设】 2020 年，建宁国有林场按照市林业主管部门批复的“四个林场”项目建设方案推进林场建设工作。特色林场建设，珍贵树种示范基地原规划面积为 40 公顷，累计新建珍贵树种基地面积已达 129 公顷。新造林地已完成春、秋季抚育，新造林成活率合格，针阔混交林示范基地 87.87 公顷已经全部完成劈草等春、秋季抚育；品牌林建设，根据《福建省财政厅 福建省林业厅关于下达 2018 年省级财政林业专项资金的通知》（闽财农指〔2018〕33 号）等文件精神，已将品牌林场建设项目纳入省级林业科研项目。该试验地春季完成补植、培土、全锄等抚育措施，对 0.67 公顷多穗柯甜茶基地内香椿树种进行涂白防治病虫害，资金投入 0.5 万元；制度林场建设，完善制定并实施《建宁国有林场经营管理实施细则》《建宁国有林场二级绩效考评办法》《二级绩效考评方案（暨绩效管理表单信息化试行方案）》《场务会会议制度》；平安林场建设，重点抓好疫情防控、廉政风险防控、八小时以外、经营区稳定、资源保护、场村关系、安全生产、综治平安等方面工作。

【造林抚育】 2020 年，建宁国有林场完成大田育苗 0.67 公顷，占计划 0.67 公顷的 100%。其中：杉木 0.47 公顷，阔叶树 0.2 公顷；完成造林更新 87.87 公顷，占计划 66.67 公顷的 131.8%，主要造林树种为杉木、木荷、香樟、枫香等树种；完成抚育面积 775.67 公顷，占计划 720 公顷的 107.7%，其中中央财政森林抚育 414.67 公顷、国家储备林基地建设 74.80 公顷、林分修复 74.87 公顷、森林质量精准提升 37.60 公顷、其他抚育 173.73 公顷。完成造林整地 63.33 公顷。

【木材产销】 2020 年，建宁国有林场办理采伐证 33 份、面积 310.73 公顷，其中抚育间伐 26 份、面积 257.13 公顷，占全年计划 213.33 公顷的 120%；主伐皆伐 7 份、面积 53.60 公顷，完成木材生产 4883 立方米，占全年计划 4300 立方米的 113%；完成木材销售 6178 立方米占全年计划 4300 立方米的 144%。

【林票发放】 2020 年 5 月，建宁国有林场完成林票制发工作，与芦田林业大户签订林票合作协议，合作面积为 55 公顷，发放“股权型林票”239755 元，占计划任务 20 公顷的 275%。

【资源管理】 2020 年 7 月，建宁国有林场完成“十四五” 森林经营方案编制工作，上报三明市林业局专家组评审通过，并批复执行。完成自然保护地（省级森林公园）优化整合，配合自然保护地优化整合工作承包方，对小溪源省级森林公园进行边界确认、地类调查，将森林公园内涉及的 1.58 公顷基本农田从公园内调出，其他林地未进行调整，整合后森林公园面积为 135.80 公顷。完成生态公益林重新界定工作，通过外业现场调查，对逐个小班进行核实，主要调查小班边界、树种组成、平均胸径、平均树高、每亩株数等因子。

【安全生产】 2020 年，建宁国有林场举办以风险辨识、作业规范、安全防护、紧急避险为重点的岗位“安全知识” 培训，培训覆盖率达 100%。同时开展安全检查，到管护站、伐区、施工现场，对“三违”现象进行检查。对检查中发现“装车跳板不符合安全规定”等问题立即发出隐患告知书，隐患整改率达 100%，及时消除安全隐患，全年零安全事故。

（樊 锦）

福建闽江源国家级自然保护区

【概况】 福建闽江源国家级自然保护区地处武夷山脉中段的建宁县东南部，地跨三镇（均口镇、濉溪镇、溪口镇）、一乡（伊家乡）、十四个建制村，属森林生态类型的自然保护区，总面积为 13022 公顷。主要保护对象为：武夷山脉中段重要的生物区系组份、大面积的钟萼木和南方红豆杉原生种群、独特的生物群落类型和福建闽江正源头森林植被。福建闽江源国家级自然保护区管理局（以下简称闽江源保护区管理局）内设 6 个职能科室、4 个管理站、1 个生态监测站（加挂闽江源国家级野生动物疫源疫病监测站）和 1 个闽江源森林派出所（归口建宁县森林公安分局）。2020 年 7 月闽江源森林派出所转隶建宁县公安局，不再受理闽江源国家级自然保护区的林业行政案件。2020 年 11 月，中共建宁县委撤销中共福建闽江源国家级自然保护区管理局委员会，设立中共福建闽江源国家级自然保护区管理局党组和管理局总支部委员会。截至 2020 年 12 月底，管理局共有工作人员 37 人，党组党员 47 人（包括退休党员）。

【资源管护】 2020 年，闽江源保护区管理局开展区内野生动物调查监测，年内正式启用 53 台红外相机，对区内野生动物的活动情况和动态变化进行全天候的监测，陆续拍摄到国家一级保护动物白颈长尾雉，还有山麂、猪獾、豹猫、白鹇等动物，丰富保护区野生动物影像资料，为保护区生物多样性保护提供可靠的科学依据。实施保护区信息化远程监控管理二期建设项目，购买 1 架六旋翼及 2 架四旋翼无人机，选派 3 名干部参加无人机驾驶培训，探索无人机空中护林和农药喷洒新技能，同时利用省林业局开发的巡护 App 系统对护林员进行巡山护林管理，通过遥感监测 + 视频监控 + 无人机监测 + 日常地面巡护监管等手段，推进自然保护区管理信息化。落实森林病虫害防治工作，针对在保护区内发现有部分松木陆续枯死的情况，坚持防治与预防并举的防控思路，实施 2020 年 1 月编制完成并通过省级专家评审的《2020 年松材线虫病防控年度实施方案》，全面常态化开展松材线虫病监测预警，确保第一时间发现疫情。

【宣教科研场所改造】 2020 年 1 月，闽江源保护区管理局实施坪岗酒店二期改造项目，对原酒店主楼和副楼进行全面改造，将原酒店的棋牌娱乐室改造为自然保护区法律法规宣教室，原酒店闲置的接待室小会议室改造为保护区自然教育视频播放室暨学术交流室，原酒店多功能厅改造为教学培训大教室；主楼二至四层房间改为每间置放 4 个床位的学生双层木架床，作为保护区开展与合作高校、党校教学实践、现场教学、自然教育、研学科考等活动学员学生宿舍；两层附楼一层为坪岗上管理点、野生动物疫源疫病监测站、生态环境监测站、水文监测站等办公室，二层为保护区管理局相关人员住宿房；实施五栋单层小楼拆除，完成场地平整和复绿工作。年内基本完成坪岗酒店改造成具有生态监测、教学实践、生态培训及生态科普等功能的保护区自用设施。

【生态旅游项目建设】 2020 年，闽江源保护区管理局完成闽江源生态旅游区内部提升修缮项目和修竹荷苑景区提升项目的策划与申报，争取闽江源生态区专项债 2000 万元；办理九县石乡村旅游游客中心建设项目建设用地审批和项目基本建设许可手续，争取项目建设资金 880 万元；实施“建宁县旅游基础设施综合开发 PPP 项目闽江源生态景区景观提升改造”项目建设，其中景区入口处至坪岗上公路安保工程、闽江源山地休闲运动基地生态停车场、闽江源头拜水溯源旅游基础设施已竣工验收。

【生态恢复】 2020 年，闽江源保护区管理局针对生态环境部挂号的疑似问题，实施坪岗上五栋小楼拆除和复绿工作，全年共拆除面积 763.5 平方米，种植树苗 3050 株，复绿面积 1500 平方米，建宁县顺利获批“第四批国家生态文明建设示范县”。6 月底，保护区 20 个生态环保问题的最后一个问题（部分旅游设施补办手续问题）已整改到位，8 月底福建省生态环境厅销号。

（郑志英）

综 述

【概况】 2020年，建宁县工信局做足做实工业文章，深化“五比五晒”抓实“六保六稳”；推进企业复工复产复商复市的同时，围绕“3+1”产业发展目标，促进产业转型升级，全面推进工贸经济稳步发展。获2020年度建宁县“五比五晒”先进单位。当年全县工业经济运行态势良好。全县规模以上工业企业116家，年内新增规上工业企业6家；全县规模以上工业企业累计完成产值208.7亿元，比增7.01%；全县规模以上工业增加值净增6.43亿元，同比增长8.6%；规模以上工业产销率99.7%，同比下降0.07个百分点；全县规模工业经济效益综合指数为451.14%，较上年提升43.64个百分点；全社会工业用电2.3亿千瓦时，比上年增长6.9%。全县规模以上工业企业完成税金总额1801.21万元，比增4.01%。

【分行业规模以上工业主要经济指标】 2020年，建宁县规模以上工业企业116家，规模以上工业企业累计完成产值208.7亿元，比增7.01%；其中：非金属矿采选业7个，工业总产值25.49亿元；农副产品加工业24个，工业总产值27.80亿元；食品制造业7个，工业总产值9.20亿元；酒、饮料和精制茶叶制造业6个，工业总产值12.98亿元；纺织服装业3个，工业总产值3.38亿元；木材加工业等20个，工业总产值26.41亿元；造纸和纸制品业9个，工业总产值30.18亿元；化学原料和化学制品制造业3个，工业总产值10.05亿元；医药制造业5个，工业总产值7.25亿元；非金属矿物制品业13个，工业总产值37.45亿元；金属制品业3个，工业总产值2.66亿元。

【工业投资】 2020年，建宁县工信局实施工业技改项目87个，完成投资24.45亿元，比增19.1%。组织实施县级“五个一批”重点项目43个，完成投资16.39亿元，投资12亿元的云杉年产40万锭多功能差异化纱线混纺生产建设、投资5亿元的建浦机床年产8000台高端数控机床全产业链项目落地开工，世代液态奶、铖盛通用机械设备生产（一期）等项目竣工投产，

第四季度项目建设开竣工仪式 （县融媒体中心供稿）

建宁县标准化经济开发区配套设施建设进展顺利。组织实施工业新增长点项目10个，新增产值4.2亿元。

【项目建设】 2020年，建宁县共实施“五个一批”项目254个，其中含省市重点工业项目5个，总投资达13亿元，当年完成投资4.25亿元。世代液态奶（一期）竣工投产；科诺欣LED芯片及照明灯生产项目已完成2幢厂房一层主体建设；泽方食品农副产品深加工、PFM再生植物纤维生物降解材料产业化示范基地先后开工并有序推进。河东棚户区改造等101个项目开工，莆炎高速公路建宁段等96个项目建成投入使用，浦梅铁路、康养中心、国家级种子产业园、云杉纺织等项目加快推进。全年共策划储备项目115个，总投资107亿元，向上申报项目71个，总投资63亿元；共争取地方政府专项债、中央和省级预算内项目31个，总投资37.4亿元。百川数控机床生产、半亩方塘莲系列饮品生产、和骏卫浴产品生产加工、柏艺丰包装生产线技改提升、建浦高端数控机床生产、云杉集团年产40万锭多功能差异化混纺纱线等计划开工项目如期开工。

【规模以上工业生产与销售】 2020年，建宁县规模以上工业总产值208.7亿元，其中：轻工业107.27亿元，重工业101.44亿元；股份制合作企业总产值173.25亿元，外商及港澳台商投资企业17.65亿元。工业销售产值总计208.1亿元，出口交货值5.09亿元。工业产品销售率99.7％。

（汤 俊）

产业转型升级

【概况】 2020年，建宁县着力破解企业融资难。用好融资担保和企业“白名单”制度，发挥政府性融资担保（建宁县闽江源融资担保有限公司）增信作用，常态化开展政银企对接会，年内举办产融合作政企银对接会2场，签约金额1.11亿元，为企业发展注入源头活水。发挥县企业应急转贷专项资金作用，为企业转贷提供“过桥”服务，当年累计发放应急转贷专项资金3126万元，帮助企业解决短期资金周转问题。指导企业用好省中小微企业纾困专项资金，纾解中小企业面临的资金流动困难，帮助本县企业获得纾困专项资金贷款累计23笔4467万元。

【一企一策】 2020年，建宁县抓龙头企业，累计签订“一企一策”扶持政策企业12家，兑现奖补资金1184.32万元，发挥明一乳业、富强石材等龙头企业引领作用，带动全县105家规模以上工业企业完成产值208.7亿元。抓平台建设，制定工业园区标准化建设推动制造业高质量发展三年行动计划，与和骏卫浴等企业签订打造产业园合作协议。抓创新发展，培育国家高新技术企业3家，全社会研发投入增长43.96%。实施新一轮技改提升行动计划，全县技改投资增长15.86%。

【做实产业基础】 2020年，建宁县工信局聚力产业优化升级，做实产业基础。突出“五子”产业转型升级，重点打造三个“百亿”产业集群，培育明一“百亿”龙头新标杆、“五子”百亿全产业链新动力以及新兴产业“百亿”新引擎。突出龙头企业培育，实施产业龙头培育计划，兑现“一企一策”“一业一策”扶持措施，培育明一国际、云杉纺织、文鑫莲业、半亩方塘、源容生物等企业，形成一批税性贡献大、带动能力强的龙头企业。突出产业融合发展，组织实施一批试点示范工程，促进一二三产融合发展，以明一集团为标杆，打造“农牧＋制造＋文旅”三产合一的明一国际田园综合体；以文鑫莲业、绿田食品、半亩方塘等龙头企业为主体，加快基地建设，加大新产品研发力度，拓展线上销售，发展观光旅游，建设建莲全产业链体系；推进富强石材绿色矿山建设和源容生物无患子绿色全产业链基地建设。突出电商物流优化提升。加快国家电子商务进农村综合示范县（升级版）建设，实施农产品供应链示范和电商云仓储配送中心项目，做大做强闽赣省际电子商务产业园，全县电商交易额突破30亿元。

【科技创新】 2020年，建宁县工信局聚力科技创新，加速动能转换。重人才，落实《三明市进一步加快人才集聚若干措施》及其配套政策，完善更具吸引力和竞争力的人才政策体系和服务体系。深化院企合作、校企合作，打造科特派员制度升级版，落实“人才编制池”做法，促进高校毕业生在建宁创新创业。优机制，建立完善研发投入激励、关键技术联合攻关、科技成果孵化转化等机制，实施企业技改专项行动，推动新兴科技与传统产业有机融合，实现规模以上工业企业研发活动全覆盖。促融合，落实研发费用加计扣除、所得税减免等惠企政策措施，完善财政科技投入稳定增长机制，推动创新链、产业链、资金链、政策链“四链融合”。当年全高技术产业增加值为0.86亿，增速6.2%，四小县排名第三；全县规模以上工业R&D经费投入1.31亿元（错年值），增幅43.96%，全市排名第六，四小县排名第三。新增高新技术企业3家，全县有效高新技术企业数9家，居全市中上。

（汤　俊）

特色主导产业

【概况】 2020年，建宁县规模以上工业企业116家，其中：造纸产业集群9家，食品加工产业36家，林产加工产业24家，非金属矿产业14家，劳动密集型及其他产业23家，其他行业企业10家。

【造纸及纸制品产业】 2020年，建宁县有规模以上造纸及纸制品企业9家，造纸产业累计完成产值30.18亿元，占全县规模以上工业总产值的14.46%，龙头企业为福建铙山纸业集团有限公司，年产机制纸及纸制品5.6万吨，完成产值12.78亿元。

【食品加工产业】 2020年，建宁县有食品加工企业36家，主要以福建省闽江源绿田实业公司、福建文鑫莲业公司、福建华新食品、福建孟宗笋业等为龙头企业。食品产业主要分为建莲加工、果蔬加工、笋制品加工和粮食加工等行业，当年完成产值51.42亿元，比增7.94%，占规模以上企业产值的24.64%。

【林产加工产业】 2020年，建宁县有家具、木材及林产加工企业24家，龙头企业为福建爱心木业公司、建宁县鹏程竹业公司等企业。当年，林产累计完成产值30.40亿元，比增–2.41%，占规模以上工业产值14.57%。

【非金属矿建材加工产业】 2020年，建宁县有非金属矿采选和建材加工企业14家，龙头企业为福建富强石材有限公司、鑫晟矿业有限公司等企业，累计完成产值44.49亿元，比增11.92%，占规模以上工业产值21.32%。

（汤　俊）

建筑业

【概况】 2020年，建宁县有施工总承包建筑业企业55家，其中一级1家、二级5家、三级46家、施工劳务资质企业3家。2020年1—12月份完成建筑业总产值87.4亿元，同比增长12.5%。建筑业入库税收7321万元，同比增长19.9%。

【监督管理】 2020年，建宁县依据《中华人民共和国招标投标法》及其《实施条例》对建设工程招标投标活动实施监督管理，2020年房建与市政工程招标备案14个项目，造价约3.2亿元，并完成招标网上备案审查。落实《三明市建筑市场专项行动工作方案的通知》《全市住建行业行风整治专项行动方案的通知》等文件，对县内的所有在建项目、招标代理行业进行排查、整治。

【绿色建筑】 2020年，建宁县全面实行新的《福建省绿色建筑设计标准》。全县绿色建筑竣工项目7个共计4.19万平方米。全县公共建筑节能改造9.92万平方米，居住建筑节能立面改造4.18万平方米，推广可再生能源利用建筑应用面积5.74万平方米。全县装配式建筑（含钢结构）已开工面积达0.71万平方米，累计投资总额超过0.19亿元。

【安全生产】 2020年，建宁县全面推进“双随机一公开”监管工作，加强事中事后监管。对工程实行质量动态监管。全年全县房屋市政备案项目共43个，其中41个房建工程、2个市政道路工程。建宁县住房和城乡建设局开展季度打分工作，发出整改通知单72份，整改反馈率100%。开展3次建设工程质量安全大检查，对全县在建项目工程进行质量安全巡查，下发7份整改通知单。对搅拌站进行专项检查，下发整改通知书2份，要求企业增强质量意识，规范质量行为，从源头上确保建设工程质量。做好消防设计审查验收工作。截至2020年年底，共完成建宁县伊家乡综合运输服务站、建宁县第二实验幼儿园、建宁县公安局黄坊派出所及民警周转房项目等13个项目设计审查。全年全县在建工程质量安全事故发生0起。

（丁煌鑫）

城镇集体工业

【概况】 2020年，建宁县二轻联社组织企业参展，助力发展工艺美术，精心培育亮点产业。抓好下属企业厂房店面等固定资产的修缮管护，提高固定资产的增值空间。强化工艺美术行业服务，抓实工艺美术人才培训。协调解决改制企业历史遗留问题，落实职工安置和社会保障及职工权益的保护。

【做大工艺美术产业】 2020年，建宁县二轻联社做好项目策划和招商引资工作。与文改办、农业等部门一起策划打造工艺美术创意产业园项目，加快工艺美术产业集聚。引进澜溪古窑瓷工艺品生产项目，开发出具有建宁特色的瓷器产品。9月组织10家工艺美术企业15件工艺美术作品参加“我爱建宁”网络原创作品大赛；10月份组织11家工艺美术企业26件作品参加2020“风展红旗如画—三明”文化旅游创意设计大赛，组织工艺美术企业、大师参展参赛，成效显著。

【提高集体资产经济效益】 2020年，建宁县二轻联社确保集体资产不流失，确保资产保值增值。3家下属企业（机修厂、二印厂、宏跃木制品厂）充分利用空置厂房设备和地段优势条件对外招租，每年可创收10万元以上。

（张　晶）

国网供电

【概况】 2020年，国网建宁县供电公司在职员工206人(其中员工109人、农电工91人、供服直签工6人)。职能部门7个，即办公室（党委办公室）、党建工作部、财务部、党委组织部(人力资源部)、安全监察部、发展建设部、调控中心。生产部门3个，即营销部、运检部、农电管理中心（下辖7个供电所）。公司党委下设15个党支部，中共党员81人。

【供电情况】 2020年，国网建宁县供电公司完成售电量3.98亿千瓦时，同比增长2.5%，营业总收入18912.32万元，资产总额38238.4万元。截至2020年年底，建宁县供用客户67233户，全社会用电量4.25亿千瓦时。全社会工业用电2.3亿千瓦时，比上年增长6.9%。

【电网建设】 2020年，国网建宁县供电公司担负着建宁县城区及9个乡镇、92个行政村的供电，有高低压用电客户67233户。当年，公司深化电网规划，创新思路，围绕全县打造“清新花乡·福源建宁”发展战略部署，为县域经济快速发展当好先行官。公司继续加快主网基建和改造工程、农网升级改造工程、配电网改造工程“三大工程建设”步伐，形成以220千伏为骨干、110千伏、35千伏为主体的电网网架。截至2020年年底，辖有变电站10座。其中：220千伏变电站1座，主变1台，总容量180兆伏安；110千伏变电站3座，主变5台，总容量146兆伏安；35千伏变电站6座、主变9台，总容量51.9兆伏安。220千伏输电线路83.50千米、110千伏输电线路182.78千米，35千伏输电线路130.23千米，10千伏配电线路1245.01千米。

（建宁县供电公司供稿）

闽源电力

【概况】 2020年，建宁县全年降雨量少，水库干涸，导致公司全年发电量下降，闽源电力公司全年发电总量为4269万千瓦时，电费收入1212万元，发电量比去年同期下降25%。闽源光伏能源公司三个光伏电站（枫元光伏、王坪栋光伏、合水口光伏）全年发电量为495万千瓦时。

【安全生产】 2020年，建宁县闽源电力有限公司加大安全检查力度，以安全隐患整改为突破口。2020年1月—12月安监科到各电站安全检查21次，查出安全隐患4点，查出隐患后立即作出相关整改，已整改3处，还有一处合水口大坝坝体渗水未整改到位，公司已经找专业人员实地察看，请有关设计单位对大坝灌浆加固项目进行预算与设计。在当年的“6·1”洪灾中，罗坊电站被山洪水冲灌受淹，受灾情况相当严重，为防止再次受淹，公司在厂区门口及时兴建一条防洪渠道，彻底解决山洪水排涝问题。

【防灾抗灾】 2020年，建宁县闽源电力有限公司上下一心抗灾情。6月1日受暴雨天气影响，公司罗坊电站进水受灾，导致4台发电机组及厂房、职工宿舍楼、材料仓库等被淹，受灾情况相当严重，直接经济损失达180万元，公司投入大量人力、物力生产自救，全公司人员同心协力、加班加点抢修，6月23日所有机组维修完成，实现并网发电。公司以“6·1”罗坊电站机组抢修为契机，先后对合水口电站、王坪栋4个梯级电站的机组进行全面检修，确保所有机组安全正常运行。

【降本增效】 2020年，建宁县闽源电力有限公司致力降本增效。通过引进竞争机制和多方询价，降低维修成本，2019年公司的维修费是274402元(其中管理费用29085元、生产成本245317元)，2020年维修费是211392元(其中管理费用14651元、生产成本196741元)，同比减少23%；2019年接待费用67790万元，2020年招待费用为9049万元，同比减少86.7%。公司在比去年同期减收近500万元的情况下，保证公司的正常运转，偿还部分历年欠款。

【工程清理】 2020年，建宁县闽源电力有限公司着力开展各项工程的清理工作。推进光伏电站工程建设的结算审计工作。公司在对合水口和王坪栋光伏项目的送审过程中，发现结算书中的工程量与实际不符，后经公司、监理单位、施工单位三家现场再核实，核减200多万元，去除水分，为审计工作奠定良好基础。同时，公司在对已经结算审计过的枫元光伏项目资料整理过程中，也发现诸多问题：有些是资料缺项、有些是程序不符合逻辑、有些关系到工程款的单价确定，这些都直接影响结算数字的准确性和严密性。因此，公司对广厦公司出具的《建设工程结算审核确认表》存在疑问，公司于2020年6月22日对枫元分布式光伏项目申请项目重鉴。推进王坪栋饮用水管道改造工程、浦梅铁路（建宁段）杆线迁改工程、莆炎高速之35千伏罗坊支线杆线迁改工程的结算审计。理清一些债权债务问题，对富强、东方、东煌三家石材公司欠公司水源改造款及水资源补偿款未归还一事提起诉讼。

（闽源电力公司供稿）

水　业

【概况】 2020年，建宁县闽江源水业有限公司内设营销部、工程部、财务部、办公室、工会、制水车间、水质检测中心、供水监察、安保部9个部门，有在职员工69人。当年主要经济指标完成情况：当年公司完成总收入1387.6万元，比去年同期1136万元增251.6万元。其中水费收入约535万元，比去年508万元，增加27万元，水费回收率100%；供水安装工程收入842.1万元，比去年同期604万元增加238.1万元；其他收入10.5万元。全年公司总支出1382.8万元，比去年同期1131万元增加251.8万元。其中：管理费用139万元，比去年同期159万元减少20万元；生产费用581.77万元，工程成本707万元；其他费用18.03万元（18.03万元均为水资源费）。完成税收45.47万元，其中增值税39.46万元、其他税收6.01万元。公司盈利4.8万元。

【供水情况】 2020年，建宁县闽江源水业有限公司城区新安装、老旧管网改造、改装供水管道总计30144.1米，全年供水量433.45万吨，比2019年411.2万吨增22.25万吨，增长5.41%，日均供水1.19万吨；当年售水量361.21万吨，比2019年342.67万吨增长18.54万吨，增长5.41%，日均售水0.99万吨，比2019年日均0.94万吨增0.05万吨；供水漏损率9.47%，较2019年漏损率9.95%降低0.48个百分点；产销差率16.59%，较2019年产销差率16%上升0.59个百分点；全年新装用水户1447户，水表过户472户，出户改造332户，报停7户，现场勘察220次，管网维修508次，更换故障表124架。出厂水、管网水水质共检测1098次，合格率100%。

【管网建设】 2020年，闽江源水业有限公司完成枧头村二期、枫元村二期给水管网安装工程，为下一步城乡供水一体化建设积累宝贵的经验及打下坚实的基础；同时加快城区老旧管网改造，圆满完成溪口莲乡农舍二期工程、衙前巷老旧管网改造工程、南街弄老旧管网改造工程、城背巷老旧管网改造工程；农业局水表分户改造工程、尚和国际A区管网改造、尚和国际B区管网新建安装工程、老市场给水管网改造、邹吴家源水管道改造等工程，逐步减少漏失率。全年新安装、老旧管网改造、改装供水管道合计30144.1米。其中，新安装供水管道：De200PE管、DN 200钢管6543.1米，DN 150镀锌管、De160PE管685.9米，DN100镀锌管、De110PE管9850.3米，De63(50)PPR管9411.1米，共计26490.4米；老旧管网改造：De200PE管、DN200钢管541.8米，De110PE管651米，De63（50）PPR管1989.4米，De160PE441.5米，共计3623.7米。

【备用水源】 2020年，闽江源水业有限公司为确保供水安全，在原有王坪栋水库及坑井水库的基础上建设山口应急水源工程，提升水资源调配、供水保障和防御水旱灾害的能力，保障全县源水调度安全。

【水质检测】 2020年，建宁闽江源水业公司严格饮用水的检测，按照国家《生活饮用水卫生标准》（GB 5749—2006），对源水（王坪栋水库、坑井水库）出厂水、管网水均按项目进行检测并做好记录和存档工作。年内水质检测合格率达100%。

（黄慧红）

2020年闽江源水业有限公司水质检测合格率统计表

表8

项目 \ 名称		出厂	管网	累计
浑浊度 NTU	总检次数	366	732	1098
	合格次数	366	732	1098
	合格率	100%	100%	100%
二氧化氯 mg/L	总检次数	366	732	1098
	合格次数	366	732	1098
	合格率	100%	100%	100%
细菌总数 CFU/mL	总检次数	366	732	1098
	合格次数	366	732	1098
	合格率	100%	100%	100%
总大肠菌群数 CFU/100mL	总检次数	366	732	1098
	合格次数	366	732	1098
	合格率	100%	100%	100%
pH值	总检次数	366	732	1098
	合格次数	366	732	1098
	合格率	100%	100%	100%
色度	总检次数	366	732	1098
	合格次数	366	732	1098
	合格率	100%	100%	100%

续表 8

项目 \ 名称		出厂	管网	累计
臭和味	总检次数	366	732	1098
	合格次数	366	732	1098
	合格率	100%	100%	100%
肉眼可见物	总检次数	366	732	1098
	合格次数	366	732	1098
	合格率	100%	100%	100%
耐热大肠菌群 CFU/100mL	总检次数	366	732	1098
	合格次数	366	732	1098
	合格率	100%	100%	100%
耗氧量 mL	总检次数	366	732	1098
	合格次数	366	732	1098
	合格率	100%	100%	100%
当年水质合格率		100%	100%	100%
当年水质综合合格率		100%		

福建建宁经济开发区

【概况】 2020年，建宁经济开发区范围包括从塔下到渡头沿濉溪两岸地块，北起渡头水库，南至塔下，西至寒坡岭，东至韩家园，总规划面积为15.27平方千米。当年，经济开发区抓住国家大力推进生态经济区建设的重大战略机遇，以产业集群、项目集聚、土地集约、增加经济总量为主线，以加快赶超发展、提速进位为目标，以加大招商引资工作力度和提升招商引资质量为手段，以体制创新、机制创新、科技创新和管理创新为动力，完善合理布局、配套服务和投资环境。

【园区发展】 2020年，建宁经济开发区园区有入驻企业44家，规模以上企业32家。完成工业总产值55.45亿元，同比增长12.84%；企业固定资产投资7.6亿元，同比增长8.41%；基础设施投资1.03亿元，同比增长5.1%；税收0.58亿元，同比增长2.61%；新开发用地350亩。

【项目建设】 2020年，建宁经济开发区实施基础设施建设项目3项（新建项目1个、续建项目2个），计划总投资10000万元，完成投资10340万元，占计划总投资103.4%。当年实施企业生产性项目12项（其中新建项目6个），计划总投资33.95亿元，完成投资7.6亿元，占计划总投资22.39%。12个项目分别是：云杉纺织40万锭多功能差异化混纺纱线生产项目；和骏工业二期年产1000万件卫浴产品生产项目；明一液态奶生产项目；柏艺丰年产5万吨铝塑复合包装材料项目；建浦机床年产5000台高端数控机床建设项目；泽方食品年产8000吨果脯、糕点、散装食品等农副产品加工建设项目；科诺欣年产量1100万套LED芯片及LED照明灯生产建设项目；佰意达年产15万吨铝合金新材生产建设项目；味蕾跳动年产3万吨农副产品系列深加工生产项目；柏瑞基年产100万套竹木家居用品等系列产品生产项目；古窑陶瓷年产250万件青瓷及工艺品等系列产品生产项目；建达建材年产15万立方米装配式建筑预构件及50万立方米商品混凝土产品加工项目。

【招商引资】 2020年，建宁经济开发区有入园企业44家，其中规模以上企业32家，投产企业38家，在建企业6家；投资亿元以上企业10家。有意向入园企业10个，当年已签约7个，分别是：5G智能装备制造产业园建设项目，占地33.33公顷，总投资20亿元；味蕾跳动食品项目，占地3.33公顷，计划投资1.3亿元；和骏工业建宁产业园，占地13.33公顷，计划投资2.15亿元；世代液态奶二期建设项目，占地10公顷，计划总投资4.1亿元；天马科技集团全产业链及饲料加工项目，占地6.67公顷，计划总投资5亿元；建浦机床项目，占地13.33公顷，计划总投资5亿元；云杉纺织项目，占地29.33公顷，计划总投资12亿元。洽谈有意向投资项目3个：中粮集团建宁产业园（三期），占地100公顷，计划投资100亿元；年产3000台CNC高端数控机床项目，占地6.67公顷，计划投资3亿元；年组装5000辆扫地、喷水、垃圾清运等车辆项目，占地3.33公顷，计划总投资1.5亿元。

【管理与服务】 2020年，建宁经济开发区做好各项经济指标调度与疫情防控工作。结合开发区企业实际，科学有序落实疫情防控及复工复产各项举措，压实疫情防控领导责任，所有挂包企业干部全部下沉一线，指导企业“外防输入、内防扩散”，通过把好“组织、政策、输入、管理和帮扶”五大关，协调解决企业防疫物资和生产要素，共帮助企业解决防疫物资口罩2万个，体温枪16把；及时掌握企业招工难、融资难情况，联合县人社局搭建用工企业和求职者信息平台，帮助企业解决用工人数170余人；实行租赁企业的房租减免，对园区内铖盛通用机械等8家企业减免疫情3个月房租达15万余元。按照生态文明建设的要求做好招商引资、环保安全等服务工作。为企业提供“妈妈式”服务，做好项目手续办理及服务跟踪；抓好挂钩联系企业服务机制，加大政策引领和企业扶持力度，为企业想办法、出思路、解难题，提升企业发展信心；抓好技改服务，帮助企业更好发展，促进企业增产增效。

（鄢梦昕）

交通　邮政　通信

编辑：黄日辉

综　述

【概况】　2020年，建宁县境内铁路里程66.52千米，其中向莆铁路19.23千米，浦梅铁路（在建）47.29千米。年内经停建宁县北站的列车共40趟次。全县公路里程突破1400千米，高速公路1条43千米（莆炎高速公路84.5千米通车在即），国道1条64.93千米，省道2条109.4千米，县道8条101.74千米，乡道69条415.79千米，村道576条657.26千米，100%的通乡（镇）县道达到三级以上公路标准，100%行政村实现公路硬化。国省干线纵八线建宁福新至长吉公路PPP项目建成通车；莆炎高速公路建宁西互通连接线项目主体工程完工，并具备通车条件；完成农村公路晋级改造35.25千米，里双线、清石线等5个农村公路单改双（含晋级）项目建成通车；完成农村公路安全生命防护工程106千米，危桥改造7座。全县拥有客运企业2家、公交企业1家、出租车企业3家、二类维修企业3家、驾培企业3家。全县开通公交线路17条（其中旅游专线3条），公交站点78个（其中新型公交电子站牌20个）。

【交通运输局概况】　2020年，建宁县交通运输局有人员编制62人。其中行政6人、所属副科级事业单位运输发展中心（参公）编制15人、交通运输综合执法大队编制20人、股级事业单位农村公路服务中心编制7人、交通工程站（含基础交通建设质量监督站）编制14人。年底全局在编人员45人，其中行政5人、运输发展中心14人、交通运输综合执法大队9人、农村公路服务中心5人、交通工程站（含质监站）12人。单位编制外人员（驾驶员、打字员、卫生员）9人。交通运输局职能主要是：公路工程建设与管理，客、货运输管理，交通运输综合行政执法，农村公路养护。当年，县交通运输局获评“2016—2019年全省交通运输系统先进集体”，全市各县（市、区）交通运输局绩效管理考评第一名，顺利通过第十四届（2018—2020年度）省级文明单位复评验收。

【“六稳”“六保”工作的落实】　2020年，建宁县交通运输局打好疫情防控阻击战，扎实做好“六稳”工作落实“六保”任务。全面做好联防检疫点的布点设置、现场工作安排、后勤协调保障等工作，2个入闽检疫点从设置到撤销期间累计完成检查车辆4.43万辆，完成检测人员12.98万人，劝返疫情重点地区车辆93辆、人员192人。多措并举推动运输企业及在建项目企业复工复产，开通物流绿色通道、提供“点对点”包车接送服务；仅莆炎高速建宁段、西互通连接线、纵八线等项目接驳贵州、江苏等省份务工人员就达242人/9趟次。

【交通项目建设】　2020年，建宁县全力推进重点交通项目。国省干线纵八线建宁福新至长吉公路PPP项目建成通车。莆炎高速公路建宁西互通连接线项目主体工程完工。完成农村公路提级改造35.25千米。交通投资稳步增长，前三季度完成交通建设投资总额达13.86

亿元。其中：莆炎高速建宁段完成投资11.69亿元；国省干线纵八线建宁福新至长吉公路项目完成投资3695万元；莆炎高速公路建宁西互通连接线项目完成投资5780万元；农村公路提升改造项目完成投资4836万元；交通运输现代服务业项目完成投资7399万元。做好闽赣省际（建宁）交通运输产业园至国道G528公路新建工程项目、建宁县广昌界（尖峰）经里心镇放柏源至莆炎高速建宁西互通连接线公路、建宁县闽赣省际交通运输产业园（含公铁联运）项目地方政府债券需求申报工作，总投资约3.7亿元。

【“四好农村路”建设】 2020年，建宁县加大农村公路养护投入，完成城高线、黄客线等公路绿化提升，完善黄溪线、黄河线等水沟修缮及破板修复，实施快速通道、城关至报国寺等清罐缝及标线，全年农村公路养护投入资金约1250万元。开展全县农村公路路域环境整治，年内出动执法人员2000余人次、执法车辆400余辆次，查处各类违法违规运输行为131起，查处各类侵占路产行为211起，清除违章堆积52起，计4909平方米，纠正制止违章58起，发放整改通知书30份，查处“滴洒漏”污染公路29起。

【交通运输服务水平的提高】 2020年，建宁县交通运输服务水平不断提高。推进“城乡客运一体化”“村村通客车”工程，在全县未通农村客运的行政村共投放4辆七座预约客车，农村客运班车通村率提高至100%。全县建有综合交通运输服务站1所、二级客运站1所、四级客运站1所、五级客运站5所、港湾式客运站1所。公共交通运输服务体系逐步完善，城区公交实现全覆盖，至当年年底，全县共开通公交线路17条（其中旅游专线3条），公交站点78个（其中新型公交电子站牌20个）。

（黄　凌）

公路建设与运输

【公路建设】 2020年，建宁县境内公路通车里程突破1400千米。其中：高速公路1条43千米（莆炎高速公路84.5千米通车在即）；国道1条64.93千米，省道2条109.4千米；县道8条101.74千米；乡道69条415.79千米；村道576条657.26千米。100%的通乡（镇）县道达到三级以上公路标准，100%行政村实现公路硬化。国省干线纵八线建宁福新至长吉公路PPP项目建成通车；莆炎高速公路建宁西互通连接线项目主体工程完工，并具备通车条件；完成农村公路晋级改造35.25千米，里双线、清石线等5个农村公路单改双（含晋级）项目建成通车；完成农村公路安全生命防护工程106千米，危桥改造7座。

【莆炎高速建宁段建设进入收尾阶段】 2020年12月，莆炎高速建宁段完成通车前的手续办理。莆炎高速YB2段位于三明市明溪县、宁化县及建宁县境内，总体走向为自南向北，路线起点接YB1合同段的终点，位于明溪县华山村黄家地，终点位于建宁县里心镇大南村董家坊里心枢纽互通，与建泰高速公路相接，合同段路线全长约46.5千米，设计车速均为100km/h。10月底完成全部路基、房建及YA7合同段局部段落涉及的路面、机电工程；11月10日前完成YA7合同段台田隧道、九县石隧道、台田大桥涉及的工程；11月20日前完成缺陷修复、复检、整改等交工前所有准备工作；建宁南互通、金铙山互通11月底全部完工，具备通车条件。

莆炎高速建宁南互通　（县融媒体中心）

莆炎高速建宁均口收费站 （建宁新闻网）

【新设两处高速公路收费站】 2020年，建宁新设两处高速公路收费站。经福建省政府研究，同意设置部分高速公路收费站，其中包括莆炎高速三明境内的11处，建宁有两处在列，分别为建宁均口收费站、建宁西收费站。两处收费站均于当年11月底建成并具备通车条件。

【客货运输】 2020年，建宁县客货运输情况如下：全县拥有客运企业2家、公交企业1家、出租车企业3家、二类维修企业3家、驾培企业3家。营运客车46辆1123座位，公交汽车43辆1105座位，出租汽车40辆220座位，客运总座位2428座，全年更新新能源农村客车5辆47座位。货运企业10家，货运车辆317辆，货车总吨位4454吨，全年共新增货运车97辆1797吨。已开通省际线路3条，市际线路2条，县际线路5条，县境内线路17条。全年完成营业性公路客运量20.36万人，旅客周转量1291.21万人千米；货运量186.10万吨，货物周转量17380.31万吨千米，完成客货运周转量17509.431万吨千米。

【交通运输综合执法】 2020年，建宁县交通运输综合执法大队开展行业“打非治违”“安全生产月”、路政宣传月、水上安全进校园等各项活动，加强路政执法监管，确保公路安全畅通。年内大队出动执法人员2000余人次、执法车辆400余辆次，检查各类客货运企业141家次、客货运车辆5000余辆次、采砂船舶119艘次，查处各类违法违规运输行为145起，其中处罚112起，移送交警处罚的超限运输案件33起，卸载货物1304.7吨，依法罚款15.79万元。

（黄　凌）

公路养护

【概况】 2020年，根据三明市委机构编制委员会《关于三明市公路养护中心更名的批复》（明委编办〔2020〕206号）要求，“三明市公路养护中心建宁分中心”更名为“三明市公路事业发展中心建宁分中心”（以下简称建宁分中心）。当年12月，建宁分中心有事业编在职职工50人，退休职工55人，党员25人（其中退休党员8人），所属建宁县兴莲公路有限责任公司有职工14人。机关设6个股室，下设5个公路站，承担境内176.9千米国省道（其中国道59.79千米、省道117.11千米）专养公路的日常养护任务。当年，建宁分中心陈学华获“福建省五一劳动奖章”荣

莆炎高速建宁西收费站 （建宁新闻网）

四好农村公路　　（县交通运输局供）

誉，并获“全省交通运输系统先进工作者”荣誉。

【国省道公路养护】　2020年，建宁分中心专养公路总里程为176.9千米，全年公路养护总支出2382万元，其中小修支出736万元，专案工程投资1120万元，实现路面技术状况PQI值90.48%，优良路率100%，专项工程质量合格率100%。

【农村公路养护】　2020年，建宁县列养农村公路896.8千米，列养率100%，好路率92.2%，养护考评连续10年全市排名前三，保持“四好农村路”省级示范县。建宁分中心探索“政府+社会力量+农民群众”的多元化养护，按照县道县养、乡道乡养、村道村养的原则，推动“路长制”工作，设立县、乡农村公路服务中心，落实养护专职人员，聘用农村道路专管员26人；制定落实常态化养护标准，加快养护应急基地建设，落实建养并重方针，确保农村公路养护全覆盖和日常管养到位，养护水平逐年提升，优良中等路的比例达90%以上；爱路护路的乡规民约、村规民约家喻户晓，形成人人爱路、护路的良好氛围。推动“四好农村路”示范乡、示范村创建，实现“乡乡都有示范路”。

2020年“迎国评”G528线公路整治工程（建宁段）　　（县公路局供稿）

【主要工程项目建设】　2020年，建宁分中心公路建设主要工程项目有：1. 投入112万元，完成当年“迎国评”G528线公路整治工程（建宁段），建设地点位于G528线全线路段。2. 投入145万元，用于国省道隧道提质升级工程（闽江源隧道、伊家隧道）建设。3. 投入约10万元，对修竹荷苑停车区、闽江源停车区绿化等特殊景点苗木更换品种。4. 投入7.35万元，用于年内水毁修复工程，建设地点位于S221线K33+380。5. 代建县道（X774）城高线（铺前至高峰）段四好农村公路提升工程，造价约355万元。6. 代建县道（X768）黄埠至客坊段绿化提升工程，造价约134万元。7. 代建里心集镇道路改造提升工程，工程造价约332万元。

（黎秋艳）

铁路建设

【浦梅铁路（建宁段）项目概况】 浦梅铁路（建宁段）自向莆铁路建宁县北站引出，线路经黄坊乡、濉溪镇和均口镇的14个村（场），终至均口莲花山隧道，线路全长47.29千米（正线42.99千米，疏解线4.3千米）。该线路设计时速160千米，规划运输能力为客车16对/日、货运1400万吨/年，建设工期4.5年。沿途在县城南侧设建宁南站、在黄岭村东侧设黄岭会让站、在隆下村西侧设均口会让站。估算总投资约35亿元。

【浦梅铁路（建宁段）项目进展】 2020年，浦梅铁路（建宁段）项目进展顺利。

1.站前工程。线下工程全面完工。建宁段53段路基、38座桥梁、14.5座隧道、85座涵洞已全部完成。线上工程圆满结束。1月7日建宁段T梁架设全部结束，10月30日建宁段500米长轨（正式轨）圆满铺设完成。4月11日至6月30日，中铁十一局共投入2000人（次）和12台机械挖机，6辆装载机、3台大型铁路捣固机，利用5次330分钟的“天窗期”和60余次的“天窗点”完成建宁县北站的站改工程，总投入约3500万元，此次站改吸引中央电视台、新华社、人民网等多家权威媒体的关注和报道。

2.站后工程。“四电”工程方面。四电房屋已全部完成主体结构施工，全面进入装修阶段；电力隧道照明施工已基本完成进入调试阶段；变配电工程已完成建宁南配电所施工，具备受电条件，其余变配电所正在进行设备安装；已完成外电源线路施工并且已完成送电3个所；接触网正在进行支柱装配和承导线架设施工，承力索架设完成50%，接触线架设完成30%。

【建宁南站及站前道路建设】 2020年，建宁南站综合楼由中铁五局承建，位于濉溪镇水南村，距离县中心城区约2千米，站房建筑面积4908平方米，总投资约7000万元，其中地方出资扩容2000平方米，投资约2400万元。C区主体结构已封顶，A区一层顶板模板安装已完成，钢筋绑扎完成10%，公安派出所主体结构已完成；维修工区储油间主体结构已完成，综合宿舍楼四层模板完成90%。建宁南站广场配套设施建设：建宁南站广场配套设施项目是建宁县“五个一批”重点建设项目，该项目占地约3.33公顷，总投资约4100万元。县林业局已补办林地87M2的公示，现场已完成雨污水管道埋设，两个连廊的主体建筑工程已开工。站前道路工程：建宁县站前路道路工程包含站前路（长418米，宽度25米）、建新路（长180米，宽25米）和新站路（长203米，宽16米），总投资约3000万元。建新路土方回填已经完成，新站路土方着手实施回填。

【公铁联运物流园项目】 2020年，建宁县公铁联运物流园项目建设情况：公铁联运物流园占地约33.33公顷，总投资约4.3亿元。通过前期的招商引资，建宁县与江西省盛洋泰实业投资有限公司达成初步合作框架协议。建宁县南站北路项目：建宁南站北路始于闽江源南路与浦梅铁路立交，全长1.2千米，是建宁南站通往铁路货场的唯一通道，也是建宁县“公铁联运物流园”与外界衔接的交通要道。

（建宁县铁办）

邮　政

【概况】 2020年，建宁县邮政分公司（简称建宁县邮政）累计完成收支差465.25万元，完成预算的104.55%，累计完成总收入2316.53万元，比增8.1%，完成预算的98.29%，营业总成本完成2075.56万元，完成预算99.64%，比增5.9%。各专业认真组织落实省市公司的统一部署，取得较好成效。

【金融业务】 2020年，建宁县邮政受疫情因素的影响，代理金融的发展遇到较大困难，尤其是对首季开门红的抢收工作造成巨大影响，使得全年保险收入同比缺口较大。全年累计实现金融收入1434.63万元，完成计划的95.8%，收入进度完成率居全区第七位，金融总收入增幅实现正增长，同比增幅2.2%，列全区第八位。其中，利差收入完成1083.78万元，增幅为6.1%；保险收入完成242.76万元，增幅为-14.7%；其他收入累计实现108.3万元，同比增幅为9.8%，列全区第二位。

【寄递业务】 2020年，建宁县邮政寄递事业部严格落实省、市公司关于寄递业务高质量发展的要求，结合地方实际，精耕地方市场，夯实基础工作，寄递业务保持健康快速的发展。全年累计实现寄递收入375万元，完成进度的111.8%，增幅33.8%，进度及增幅均位列全区第一。其中：实现国内特快收入88万元，进度达112%，增幅达38.2%，进度及增幅均位列全区第一位；实现快递包裹收入266万元，完成进度119%，增幅51.7%，进度列全区第二位，增幅列全区第四位；实现国际业务收入1.89万，增幅为1004.7%。

【邮务业务】 2020年，建宁县邮政邮务类收入累计实现417万元，完成计划102%。其中：函件专业完成收入77万元，完成进度的102%，列全市第5位；报刊完成120万元，完成进度100%，列全市第8位；集邮完成71万元，完成进度97.7%，列全市第6位；分销完成145万元，完成进度115%，列全市第1位，增值完成3万元，完成进度21.3%。

【惠农工作】 2020年，建宁县邮政作为全省惠农合作试点县，紧紧围绕“八个一”的惠农项目推进模式，打造政府+企业+合作社三方的惠农平台，帮助农民合作社、家庭农场、龙头企业等农业经营主体解决融资难、销售难、寄递难的痛点问题。2020年5月8日，建宁县邮政促成建宁县人民政府与三明邮政分公司签订《关于加强农业产业化领域合作助推实施乡村振兴战略框架协议》。在与县政府的协议签订后，建宁县邮政以惠农合作为契机，扩大朋友圈，先后与县交通运输局、电力、烟草、县供销社、县电商协会、文鑫莲业有限公司、福源建莲有限公司、闽地之母农业开发公司、建宁公主、黄桃小子、邱家铺子等签订惠农合作协议，在电商、寄递、金融、品牌推广等各方面进行深入合作。金融方面：累计开发16个信用村，发放贷款2231万元，其中种子行业1034万元，莲子行业490万元，果子行业355万元，电商行业230万元。协同发展公司账户3个，公司存款资金进账850万元，累计揽收个人农户存款6432万元。电商方面：通过线上线下营销拓展，累计助农销售莲子、翠冠、黄桃等农产品38万元。寄递方面：为解决农产品寄递难的问题，与各类合作社紧密合作，提供最优寄递资费，累计寄递各类农产品超20万件，实现寄递收入超150万元。基地建设方面：围绕与合作社基地共建的思路，建宁县邮政与文鑫莲业合作建立通心白莲种植基地，与鸿鑫果业合作社建立黄桃种植基地。通过与合作社基地共建的模式，实现仓储物流能力的提升，形成农资农机服务体系和农产品产销对接体系。

（建宁县邮政分公司供稿）

中国电信建宁分公司

【概况】 2020年，中国电信建宁分公司（简称建宁电信）贯彻落实网络强国，把握“数字福建”“互联网+”建设的新机遇，按照建宁县委、县政府的工作部署，勇于担当，乘势而上，打造新一代信息基础设施，通过三张精品网即光纤宽带网、4G通信网、窄带物联网（NB-IOT）优化维护和云平台推出。建宁电信落实“一岗双责”要求。围绕企业中心任务，开展“抓早抓小”谈话、“1+X”检查，对新上任CEO、管理人员开展任前谈话，对存在较大风险的相关人员进行抓早抓小谈心谈话、批评教育，对存在问题明确整改责任人及整改时间，同时，针对党员干部要求其在民主生活会上进行批评与自我批评。持之以恒地反对“四风”、落实中央八项规定精神，加强作风建设。加强廉政教育学习。通过讲座、观看警示教育片、节假日及时开展廉洁提醒，警示所有人员廉洁从业。树立正确的选人用人观。对前端、后端的8位CEO均通过公开竞标选拔，竞标过程由纪检干事全程监督，做好公示征求群众意见，防止“带病提拔”。

【业务情况】 2020年，建宁电信因固定电话用户数2万户，普及率为19.1%，移动（天翼）电话用户4.0万户，普及率为36.73%，其中农村用户2万户；宽带用户数2.5户，普及率为23.86%，其中农村1.2万户；ITV用户数1.8万户，普及率为16.36%，宽带300M兆以上用户数1.2万户，5G终端用户数0.4万户，翼支付活跃商户数715户。业务收入3400万元，完成率102.53%。

【网络情况】 2020年，建宁电信新建5G基站25个。已建成并持续完善三张精品网即光纤宽带网、4G通信网、窄带物联网（NB-IOT）、云平台。截至2020年12月底，电信光缆网络已覆盖全县所有行政村，光缆进一步延伸自然村，至2020年光缆总长达4983皮长千米，行政村宽带覆盖率达100%，FTTH光端口总数58104个，并对全县光网络进行升级改造，新建设100G OTN骨干传输设备，宽带出口带宽达160G,用户端口速率提升到1000Mb/s。同时，开展提升光纤网络健壮性工作，完成本县E-200应急卫星通信系统升级改造工作，建宁县城到所有乡镇的光纤网络均实现物理双路由，已具备较强的防灾抗灾能力。2020年对无线网络进一步优化，新建4G室外基站12个，完善本县高速公路、铁路沿线、动车站快速通道等高流量区域的网络覆盖，经过近七年的4G网络建设和网络优化，全县92个行政村已实现4G网络信号全覆盖，基站总数达到336个，本县所有的高速、高铁、国道、省道、县乡主干道以及金铙山景区等重点区域实现4G网络全覆盖。2020年年底完成5G无线基站网络建设25个，同时对浦梅铁路基站建设做好前期准备。

【智慧网络的应用】 2020年，建宁电信充分发挥“智慧音箱”物联网优势助力疫情防控。疫情防控期间，建宁分公司向县、乡政府部门和卫健委等抗疫防疫主要单位推出品“6+1”项重点信息化服务，助力抗击疫情，先后签约均口镇、客坊乡、伊家乡兰溪村共计93台智慧音箱，以播音方式传播疫情宣传知识，打通防疫宣传“最后一公里”；免费发送疫情防控宣传彩信4万余条。推动互联网、大数据、人工智能同实体经济深度融合并高质量发展，唱响“风展红旗如画”红色三明品牌，4月22日建宁县人民政府与中国电信股份有限公司三明分公司签订《共同推动“5G+智慧建宁”建设暨加快互联网经济高质量发展战略合作框架协议》协议签订后，建宁分公司与建宁县政府就加快5G产业发展、信息通信基础设施升级换代、壮大互联网经济、推动“互联网+”应用、培育信息服务新业态等领域开展全面合作，重点实施“互联网+现代农业”“互联网+民生”“互联网+政务服务”等七大工程和十个深化战略合作重点项目，助力老区苏区脱贫攻坚和乡村振兴，携手实现共赢发展。2020年期间信息化投资1000万元，配合主管部门提升智慧城市、智慧农业、智慧教育、智慧医疗、智慧社区、乡村振兴等信息化方面的应用水平。

（林南芳）

中国移动建宁分公司

【概况】 2020年，中国移动福建公司建宁分公司（以下简称建宁移动）贯彻落实县委县政府和上级公司的决策部署，以“价值+满意度”为高质量发展工作主线，坚持争先进位、主动进攻，落实“五个领先、四个发展”总体要求，以“5G+”计划为牵引，以“1+1+N”体系和“云+网+DICT”体系为两翼，统筹推动CHBN全向发力，努力实现区域全面领先的高质量发展。全年运营收入超4900万元，年纳税金额超20万元。

【5G建设】 2020年，建宁移动发挥网络强国、数字中国、智慧社会建设主力军作用。加快5G建设，2020年100%完成本期立项16个站点开通，进度居全市前列，基本实现城区核心街区、政府大楼等关键区域5G网络覆盖。

【社会责任的落实】 2020年，建宁移动践行“以人民为中心”的服务理念，当年低成本高效益解决黄埠山下、富强石材厂、里心靖安村等长期弱覆盖问题点，实现村级信息化，打造美丽乡村建设，推动公司高质量发展。同时以“做优秀企业公民，促和谐社会构建”为主线，坚持责任意识，争当优秀企业公民，促进社会和谐共成，先后组织60余人次志愿者进学校、进社区、进农村、进社会福利院，开展文明交通督导、无偿献血、义务植树、金秋助学、见义勇为募捐、关注留守儿童、“城乡结对 共建共享”帮扶、手机免费清洗、移动业务义务咨询等志愿者活动，被市委、市政府授予“2017—2020”年市级文明单位荣誉称号。

【助力复工复产】 2020年，建宁移动将保障疫情防控作为首要政治任务，发挥企业优势，主动作为，快速部署应急通信网络和信息化产品服务，全力以赴助力地方政府疫情防控及社会复工复产，得到县委县政府的肯定。第一时间启动“公共卫生事件应急通信保障专项预案”，全力抓好疫情防控工作，坚决打赢疫情防控阻击战。成立工作小组，在疫情防控期间有力有序推动员工返岗复工。疫情防控期间，市网协同党员小分队做好政府单位、医院、防护用品生产企业等涉及疫情防控相关单位网络通信保障。政企攻关党员小分队保障县教育系统新型冠状病毒感染肺炎防控工作推进会的顺利召开和全县11所学校的云视讯安装调测工作，产品效果得到集团领导的高度赞扬。开通云视讯软终端992户、云广播4套、公职人员防疫宣传视频彩铃和集团彩铃共计6000多户，发送疫情公益短信119多万条。

（陈爱珠）

中国联通建宁县分公司

【综述】 2020年，中国联合网络通信有限公司建宁县分公司（简称建宁联通）坚定聚焦创新合作战略，纵深建设“五新”联通，体系化推进全面数字化转型迈出坚实步伐，企业政治生态持续向好，公司品牌、客户满意度和员工获得感不断提升，公司生产经营稳步发展。

【党建与企业文化建设】 2020年，建宁联通依托中心组学习、“三会一课”“主题党日”，利用互联网手段，发挥“学习强国”“联通先锋”等平台作用，开展党员教育管理。决战脱贫攻坚，推进2019—2021年党建工作三年规划，党建与中心工作、全生产场景得到融合。依托“1+2+X”攻坚机制，完善支部统领的“网格联席会”制度，开展作风提升活动，纠治形式主义、官僚主义，改革创新实现新突破，短板问题得到破解。围绕职工队伍建设“20条”的细化举措开展各项工作。组织各类文体活动，丰富职工业余生活；加快实施办公场所整治工作。做好职工关爱工作，开展节假日等各类慰问活动、困难职工送温暖活动；通过组织健康讲座、员工子女暑期托管，安排新分配异地大学生、交流干部的住宿问题，解决员工的实际困难。通过围绕“服务企业、服务员工”为主线，增强员工的向心力和凝聚力。

【网络覆盖建设】 2020年，建宁联通共有移动网4G站点132个，3G站点148个和5G站点28个，人口覆盖率达到78%。城区、镇区、景区的3G/4G网络已基本完善覆盖，覆盖率达到88%。4G网络城区覆盖率达90%，行政村覆盖率75%。

【“携号转网”政策落实】 2020年，建宁联通依照有关规定，落实携号转网政策。严格遵守相关法律法规，共同维护健康有序的市场环境；相互配合，确保用户携号转网服务正常办理和携号转网后的通信服务质量。营业厅方面开设携入专席，规范用户告知、业务受理、业务办理等服务流程，做好携转用户的主动服务工作，以携号转网为契机，提升公司的服务品质，以工匠精神打造“中国联通匠心服务”。

【“断卡”行动】 2020年，建宁联通与建宁县公安局反诈中心协同开展防范打击电信网络诈骗专项整治工作，共同打击治理倒卖手机卡等违法犯罪行为。开展高压专项治理，提升信息安全，由县分公司主要领导挂帅、部署，级级夯实责任，层层传导压力。建立与县公安局、派出所三级联动机制，提升诈骚垃治理能力。加强与属地公安机关的联动与合作，各基层营业网点发现的疑似开卡、倒卡团伙信息及时向当地公安反馈，遏制三明联通诈骗电话频发态势，诈骚垃治理成效显著。梳理异常线索，上报省通信管理局和市反诈中心。规范新入网号卡管理，推进电话用户入网实人认证，严格执行实名制规定，加强入网实名实人管控。完善实名制管理要求，细化实名登记核验规范，开展全县营业人员标准动作等技能培训和实名稽核检查，建立实名登记风险用户清单，定期组织核查，依据《电话用户实名登记违规问题处罚办法》对实名违规单位管理人员及员工进行通报、处罚问责。提高技术反制能力，利用总部、省公司已构建的诈骚垃风险防控平台的各类持续不断迭代不断完善的监测预警模型及结合本地诈骚垃用户特征的本地预警模型，加强日常常态监测，及时发现违规号卡，提高涉诈号码分析的准确率。

（中国联通建宁县分公司供稿）

商业　贸易

编辑：黄日辉

贸易流通

【概况】　2020年，建宁县社会消费品零售总额35.99亿元，增幅-0.3%，排名全市第六，四小县第二；限上批发业销售额完成46.95亿元，增幅19%，全市排名第五，四小县第三；住宿业销售额1.42亿元，增幅11.2%，全市排名第一，四小县第一；餐饮业销售额2.51亿元，增幅14.9%，全市排名第一，四小县第一，全年新增限上商贸企业19家；外贸出口1732万美元；电商交易额27.39亿元，同比增长17.69%，网络零售额20.07亿元，同比增长20.45%，电商企业425家，从业人员6560人。当年加大力度狠抓商贸流通领域安全生产工作，加强引导企业安全生产主体责任的落实，通过强化引导和督导工作，增强责任意识和主动意识，形成企业全面负责，群众广泛参与，社会监督支持的安全管理格局，本年度商贸流通领域安全生产事故发生率为0。

【商贸流通】　2020年，建宁县根据实际情况制定本县中小企业发展措施，下发《建宁县人民政府关于印发〈建宁县中小企业发展专项资金管理办法〉通知》，优化县域商贸流通发展环境，健全消费政策体系，推动居民消费扩大升级，加强商贸流通建设。通过国家、省市优惠政策，落实商贸发展优惠政策，拓展市场，推动商贸流通企业转型升级。当年帮助企业申报内贸项目8个，其中申报省级城市副食品调控基地3个（福建省兴源农牧开发有限公司、建宁县马元大棚蔬菜专业合作社、福建鑫锦宏农牧开发有限公司）、物流标准化项目2个（福建省明一生态营养品有限公司、福建省建宁县孙龙物流有限公司两家企业）、冷链物流项目1个（福建省世代生态营养品有限公司）、重点副食品调控基地1个（福建鑫锦宏农牧开发有限公司）、省级商务特色镇1个（里心镇），共争取上级商务发展项目补助资金272.46万元（其中物流标准化项目获得资金补助222.07万元、冷链物流项目资金补助25.39万元、重点副食品调控基地补助资金25万元）。

【成品油市场监管】　2020年，建宁县强化成品油市场监督管理。抓好2020年加油站年检工作，年检加油站21个（年审合格18个、正在办理迁建手续3个）；完成加油站油气回收设施设备改造21家；完成三油并轨工作，油品质量全部提升为国Ⅵ，推进加油站建设，保障成品油市场供应。

【校园周边乱象专项整治】　2020年，建宁县开展校园周边乱象专项整治。重点检查全县校园及周边食品经营单位、供校食品生产企业主体资质，检查索证索票、台账记录、从业人员持证以及生产经营场所卫生状况，严厉查处无证无照经营、销售不合格食品等违法违规行为，严厉打击向中小学生等未成年人售卖烟草制品和无证经营烟草制品等违法行为。年内与公安、烟草等部门开展联合执法6次，共检查校园及周边食品经营单位106家次、食品生产企业3家次，抽检20批次，责令整改21家次，立案查处2起，与校园周边经营户签订“禁止向中小学生等未成年人售烟承诺书”24份，发放“禁止向未成年人销售烟酒”等宣传资料120余份。

【医疗机构专项整治】 2020年，建宁县开展医疗机构专项整治。对全县范围内的医院、卫生院、社区诊所进行全面检查，重点整治医疗机构证照是否合法、药品储存管理是否规范以及近效期药品、过期失效药品和中药饮片使用管理是否安全到位，严厉打击损害人民群众切身利益的违法违规行为，规范医疗秩序，保障辖区药品、医疗器械质量安全。年内检查县总医院、乡镇卫生院、社区诊所等医疗机构35家，下发限期整改通知书4份，立案查处6件，结案3件，罚没1.1万元。

住宿餐饮

【食品安全专项整治】 2020年，建宁县开展食品安全专项整治。强化食品生产、流通环节风险排查整治，开展固体饮料、压片糖果、代用茶等食品专项整治工作，加大对商场超市、冻品冻库、农贸市场、旅游景区、餐饮饭店等经营主体的全面排查，严厉打击食品各类违法行为，确保老百姓“舌尖上的安全”。年内检查食品生产经营单位1000余家次，冻库68家次，采取核酸样本870个，下达责令整改通知45份，开展监督抽检161批次，立案查处食品案件9件，罚没14.3万元。

【衙前食府重启繁华】 2020年，建宁县投资千万元重启衙前巷的繁华。衙前食府，前位于建宁城区老县政府（旧县衙）南面的建宁特色小吃一条街。衙前巷，原名南街弄，是建宁古城历史风貌的精华所在。它曾经保留不同时期的传统建筑，青砖灰瓦、麻条石板、明代古井……，承载着厚重的历史，印刻着独特的韵味。重建后衙前食府，美食荟萃，聚焦建宁县的传统美食。主要传统美食有：蘑菇蛋，俗称灌肠（称为蛋鼓、蛋菇或蛋箍），为县内城乡筵席常见之菜，历史悠久，富有地方特色。状似蘑菇，外红内黄，嫩滑可口，营养丰富，色味俱佳。鸡莲肚，相传，乾隆下江南时，想到盛产“贡莲”之地一游。当乾隆辗转来到金铙山下的金铙寺时，中暑发痧，被住持济空长老用一贴草药治好。而后，乾隆感到体力亏空，向济空讨要良方妙药，济空说：“若要补，鸡莲肚。”红菇煮蛋，甄选上等野生红菇，经历多道烦琐处理工序，以山野珍品的天然风味点化手工蛋饺，多种食材的巧妙相逢让味道与营养相互成就、相得益彰。蜜汁建莲，建莲外观粒大饱满，圆润洁白，色如凝脂，具有补脾、养心益肾、壮阳、固精等功效。成菜造型独特，晶莹剔透，香糯可口。黄元粿，黄元粿历史悠久，细选大米和槐米为主要原料，风味独特，清香四溢，Q弹爽滑，柔韧劲道，是客家人十分喜爱的食品和送礼待客的上等佳品。还有藏在老街的传统味道辣肠粉、米豆腐、暖菇糍、笋饼、油饼、豆腐乳、仙草，精彩纷呈。

【主要酒店】 2020年，建宁县主要酒店有：建宁旅游大酒店，坐落于建宁县荷花东路，酒店设有可同时承接45桌宴席的大、中、小宴会厅。另设有别致的豪华包厢5个。酒店设有大、中、小会议室，可承接260人大型会议。配备有高清LED屏、多媒体影音等会议设备，可为会议活动提供打印、传真、上网、茶水等便捷服务。地址：建宁县濉溪镇荷花东路3号。建宁闽源财富酒店，位于荷花东路4号，环境舒适。客房数量68间。建宁荷花酒店，位于建宁县濉溪镇黄舟坊南路葫芦坑2号，毗邻县政府，酒店占地面积一万多平方米，使用面积七千多平方米，可接纳百人会议，拥有客房六十余间，房内设施齐全。建宁港湾大酒店，位于建宁县荷花东路与河东路交叉路口往北约100米地处，建宁县主干道迎宾大道，连接高速、高铁，是进入县城的必经之路。酒店设有客房、餐饮、KTV、足浴、会议室、棋牌室、大型停车场。建宁大饭店，位于建宁黄舟坊南路，毗邻莲花公园，临近江滨公园景点。

【特色民宿】 2020年，建宁县特色民宿有：建宁清华民宿，位于

意大利风情庄园——托斯卡纳庄园 （县融媒体中心供稿）

春花家庭农场民宿 （县融媒体中心供稿）

建宁县濉溪镇高峰村33号，距离建宁县城中心12千米。清华民宿拥有农场30余亩，提供农家住宿、餐饮，餐饮食材皆为当地生产纯天然绿色食品。现有房间12间。意大利风情庄园——托斯卡纳庄园，坐落于国家森林公园桃梨观赏园景区。庄园内建有民宿客房总数7间，床位总数12个（其中单人房2间、双人房5间、会客商务室各1间），可容纳餐位100人。春花家庭农场，位于三明建宁县溪口镇高圳村。民宿主要以果园为依托，融入田园的自然风光。民宿房间装饰保留建筑原色，以简洁的艺术灯搭配，形成清新自然温馨的小居室。设有厨房，餐桌、客厅可供游客短住。斗埕助家井野庐树屋民宿，位于建宁斗埕助家井33号。

对外贸易

【概况】 2020年，建宁县鼓励符合条件的企业申办自营进出口经营权，挖掘外贸进出口潜力，鼓励各类企业国内国际两个市场共同发展。当年，实际利用外资740万美元，实现外贸出口1.66亿元。建宁是农业县，可供出口产品主要依赖农副产品，产品附加值低，企业自营出口量较小，创汇能力不强；生产型出口企业少，结构不均衡。

【引进外资取得重大突破】 2020年，建宁县引进外资工作取得重大突破。11月26日，建宁县招引的福建祥屿供应链管理有限公司成功办理外资资本金汇入业务，汇入金额510万美元，这是建宁县自2018年以来引进的首笔外资，实现引进外资工作的重大突破。福建祥屿供应链管理有限公司注册资金510万美元，为港澳台法人独资企业，主要从事供应链管理服务、畜牧渔业饲料销售、国内贸易代理等业务。

【电商助力外贸企业】 2020年，建宁县电商助力外贸企业实现双循环。建宁县龙威生物科技有限公司通过电商渠道，实现国内国际双循环相互促进的新发展模式。龙威生物科技有限公司是以生产莲子、银耳为主的外向型农业生产企业，产品主要出口市场为日本、东南亚和欧盟。2020年，企业在外销市场基本保持的情况下，调整产品结构和销售策略，加大适应国内市场的产品生产和开发，加强与国内大型商超合作，开设企业天猫店、阿里巴巴1688店，并与罗永浩等明星合作利用抖音短视频、直播平台开展直播带货，实现产品内销2800多万元。企业也由一家以面向国际市场出口为主的企业，转变为以国内国际两个市场共同发展的企业。

（陈 婧）

招商引资

【概况】 2020年，建宁县招商服务中心根据《2020年度建宁县“五比五晒”推进高质量发展活动方案》（建委〔2020〕25号）文件，以“六最”（审批最少、流程最优、体制最顺、机制最活、效率最高、服务最好）营商环境对标活动为抓手，打响“满意在建宁”品牌，打造最优营商环境。围绕本县主导产业强链扩链补链，发挥“6·18”“9·8”“11·6”平台及中粮集团的作用，加大招商引资力度，参与专场招商10余场次。各招商团队、招商小分队围绕福州、厦漳泉、长三角、珠三角等重点区域开展招商对接活动62场次。全县开展各类线上线下招商推介活动89场(次)，落地项目136个，累计总投资154.807亿元，完成固定资产投资65.89亿元，引进外资510万美元。

【招商服务】 2020年，建宁县梳理本县产业发展情况，重新编制《2020年建宁县招商画册》，上线建宁县招商服务小程序、招商电子指南，梳理修订建宁县招商引资优惠政策并汇编成册，定期发布招商项目，推动招商推介便利化。采取“一对一、点对点”的精准服务。走企业、访客商，帮助企业解决落地开工、生产经营过程中遇到的困难。通过提升服务水平，强化服务意识，为企业落地提供全程“保姆式”跟踪服务，成功实现引进外资工作的重大突破。

【康养项目签约落地】 2020年8月14日，建宁县委常委、副县长陈华伟一行赴泉州考察对接招商引资项目、拜访乡贤，促康养项目签约落地。溪口镇人民政府与晋江彦泓投资有限公司举行金玛康养山庄项目的签约仪式。项目计划总投资约1亿元，分4期实施，第1期建设于2020年12月前完成，资2000万元。该项目围绕“一核、一带、一园、二区”布局，建设集养生养老、会议度假、农业休闲、山地运动、亲水游乐等于一身，以“野体验“为核心，立足并融入建宁全域旅游市场，开拓福建、江西等客源市场，打造生态旅游度假综合体——醉野休闲谷。8月15日，陈华伟一行考察斯维登集团泉州在建项目，就大源采育场闽江源森林康养项目合作事项进行洽谈，邀请集团人员到建宁实地察看、调研项目，促进双方后续合作。

（陈 婧）

建宁开展“四个专项整治” （建宁新闻网）

电子商务

【概况】 2020年，建宁县农村电商发展提速。发挥示范资金的引领和撬动作用，围绕电商强县的打造，策划生成一批电商产业链、供应链和云仓建设项目。已建设完成几禾食品、优之然食品、七彩祥云电商云仓等项目。拓展对接渠道，主动和中粮集团“我买网”对接，上线“福源建宁”专卖店，开展“抗疫助农，县长直播”“首届乐购三明乐购建宁”和广东电视台好物优选推介“福源建宁”等线上直播十余场，组织企业参加红色苏区、食尚三明“8·16”“9·8”“9·19”、全闽乐购等线下展示展销会。一批有建宁特色的产品通过线上、线下渠道走出建宁、走向全国。

【电子商务进农村综合示范县升级版项目】 2020年，建宁县国家电子商务进农村综合示范县升级版项目，获批2000万元建设资金。建宁县分析电商物流发展存在的短板和不足，谋划实施农村流通基础设施、社会化公共服务培育、电商人才培育、农村产品上行、精准扶贫和乡村振兴等五个示范项目，采取企业投入为主，政府购买服务、项目申报、先建后补、以奖代补相结合，发挥示范资金的撬动作用，做到精准施策、靶向发力。年内修改《闽赣（省际）电子商务产业园管理办法》，建设电商产业园，助力企业发展；出台《建宁县电商培训管理办法》，加强对电商培训与监管。

【电商物流协同发展】 2020年，建宁县加大物流体系建设投入，推动七彩祥云快递物流企业投资200万元建设2000平方米物流云仓储项目，配套货物传输设备、运输设备、ERP系统，仓储物流项目的建设，能有效降低县域电商企业运营成本，发挥电商产业园产业集聚效应；推动快递企业下沉乡村，建设城乡快递配送体系建设，支持邮政三级物流体系项目建设，改造县级物流仓配集散中心2个、乡镇中转仓14个、村级服务网点65个；推动流通企业在乡村建设农产品供应链项目，扶持建宁公主在里心双溪村建设1800平方米水果供应链仓储分拣项目，扶持春花农场在枧头建设果脯冷藏及水果深加工项目建设。

【“电商物流协同发展助力乡村振兴”论坛在建宁县召开】 2020年7月31日，“电商物流协同发展助力乡村振兴”论坛在建宁县电子商务产业园召开。论坛由闽江学院经济与管理学院、县工业和信息化局与均口镇主办。此次论坛的举办旨在为与会专家、学校、政府、企业及社会各界人士提供充分交流的平台，通过发挥校、政、企、协的资源优势帮助当地农产品电商项目落地，贯彻落实乡村振兴战略，以电商物流协同发展为乡村振兴注入新动能，推动实现“产业兴旺、生态宜居、乡风文明、治理有效、生活富裕”的乡村振兴美丽画卷。论坛期间，同时举办“建宁地标农产品，e路优选”直播带货宣传推广活动。

【农产品上行流通渠道拓展】 2020年，建宁县农产品上行流通渠道不断拓展。出台政策对疫情防控期间企业拓展市场销售产品进行奖补，明一获得县级奖补6万元；组织企业参加和开展各类线上营销活动和线下渠道对接，组织筹办、参加三明四县抖音直播带货、省发改建宁专场直播带货、省妇联扶贫直播带货、与闽江学院合作修竹乡村振兴直播带货、全闽乐购直播活动、乐购三明庆丰收直播活动、福源建宁年货节等活动。通过扶持企业开展全渠道营销，拓展企业线上、线下对接销售渠道，结合电商公共品牌“福源建宁”的推广，扩大与中粮我买网、盒马、永辉、朴朴、建行、农信社、拼多多、字节跳动等大型线上线下平台进行对接，与中粮“我买网”达成入驻协议，20余款福源建宁公共品牌产品入驻中粮建宁专营店。同时多次组织企业参加“全闽乐购”展会、海峡农订会、三明万达展销会提升企业产品知名度。设立闽赣农产品网货中心，推动农特产品标准、文创、包装、美工、设计，改造县域特色农产品73款，统一包装、统一文创、统一设计，把一批地域特色农产品改造成为适合网销的产品。截至2020年12月月底，全县电商交易额27.39亿元，增长17.69%，网络零售额20.07亿元，增幅20.45%。

【电商与乡村振兴结合】 2020年，建宁县电商与乡村振兴结合紧密有效。聚集本县农业主导产业，结合乡村振兴、产业振兴抓好电商供应链项目在乡村落地。建宁公主、春花农场投资300多万元，建设标准化水果服务综合体，完成水果标准化预冷、冷藏、分选、打包和果干粗加工设施设备采购安装，建设完成水果公共交易大厅，助力乡村水果产业供应链提升；龙威生物、大川菌业投资400多万元，实施食用

大川菌业喜获丰收 （龚琪生 摄）

菌生产标准化改造，对厂房、分选、清洗、包装等设施设备的采购安装；伊家村笋制品供应链仓储项目，建设烤房、冷库、清洁池等设施设备建设，支持杨林村建设种子水果冷链仓储项目，配套冷库、供应链仓储建设；推动乡村旅游项目建设，依托高峰村梯田莲海、枫元村田园综合体，支持新建及改造清华农场、善水园、托斯卡纳民宿、梨花食府建设项目，助推乡村旅游纵深发展。

（陈　婧）

供销合作

【农业社会化服务】 2020年，建宁县供销合作社组织实施农业社会化服务惠农工程，开展“保姆式”“菜单式”土地托管服务，年内新建供销惠农服务中心2个，全系统共开展农机作业面积3266.67公顷、统防统治面积4200公顷、测土配方施肥613.33公顷、土地全托管半托管面积1400公顷。按照省级示范庄稼医院标准新建庄稼医院1个，新建农资连锁经营网点1个。疫情防控期间，供销社系统农资企业主动扛起农资春耕保供稳价政治责任，为广大农户送去春耕生产农业生产资料4000多吨。伊家供销社与县交通运输局、建宁邮政建立战略合作伙伴关系，全年中转快递1752件，配送农药化肥1632吨、购销伊家生态特色农产品5万多元。

【农产品流通服务】 2020年，建宁县供销合作社助推莲蓉集团与福建半亩方塘食品公司和福建满山红茶业发展公司合作，开展特色农产品深加工，年销售额约11263万元、利润总额378万元。福源建莲开发有限公司实行订单生产、保护价收购，与全县九个乡（镇）1700多户莲农签订建莲保护价收购合同，既保护莲农的利益又促进建莲产业的稳步发展。组织社属和开放办社企业拓展销售渠道，为4家企业和合作社销售滞销农产品200多吨，销售金额达300多万元。

【供销合作社农村电商】 2020年，建宁县供销合作社建设里心供销农产品网货供应集散地和溪源供销农产品初加工中心，设立仓储设施并开展冷链物流服务。在线上，通过打造供销e家建宁县电子商务运营服务中心，改造提升信息网点5个、新建枧头村电子综合服务站，全系统实现电商线上线下销售额2.41亿元。引进福建匠为上电子商务有限公司，为居民打造鹄啾到家互联网购物平台。

【基层组织建设】 2020年，建宁县供销合作社加强基层供销社建设。打造“中村”模式基层供销社，基层供销社吸纳村“两委”、专业合作社负责人及能人入社，当年吸收聘请19人作为基层供销社主任或副主任，基层社经营业务得到逐步恢复和拓展。推进基层社分类改造，年内实施薄弱基层社改造项目2个，获得惠农工程项目资金扶持10万元。领办农民专业合作社及联合社，注重发展一二三产业融合发展的合作社；全年领办创办农民专业合作社7家，组建农民专业合作社联合社1家。

（邹立忠）

粮食流通

【概况】 2020年，建宁县发展和改革局围绕“六稳”“六保”、全面推进依法管粮、完善粮食调控和监管体系，推动粮食产业经济稳步发展等方面开展工作。全年收购粮食2600吨。

【粮食安全省长责任制考核】 2020年，建宁县发展和改革局履行牵头单位职责，与各成员单位协调合作，通过市粮安考核现场核查组对建宁县的考核。按照省、市下发的2020年粮安考核实施方案要求，制定切实可行的工作措施，并将工作任务分解落实到各责任部门。定期召开粮安考核工作推进会，补缺补差，督促各相关部门及时汇总考核资料，保障考核工作高效推进。2020年，建宁县粮安考核获得全市第三名。

【粮食物资应急保障】 2020年，建宁县发展和改革局认真贯彻落实疫情联防联控要求，保障应急时期市场粮油供应稳定。密切关注粮油市场动态，强化跟踪监测预警，每天通过县10个应急供应网点对县粮食市场价格、储备、销售情况进行摸底，及时跟踪掌握粮油市场供求变化和价格变化情况；深入各应急网点开展监督检查，检查督促各应急供应网点守法诚信经营，防止发生哄抬物价、以次充好等行为发生，维护粮油流通秩序。协助县应急加工企业、应急供应网点全面复工复产，4月份为县应急加工厂争取到3.9万元的补贴。认真贯彻落实中央“六稳六保”工作精神，保障县粮食安全。经县政府同意，2020年增加县级储备粮1500吨。认真履行主体责任，完善救灾物资管理相关工作制度。对救灾物资进行分类登记，专人管理，做到账实相符，完善物资进出口手续，使物资进出库更加规范。增加和补充应急救灾物资。2020年4月，根据县内实际情况，对应急物资储备进行补充，投入19万元资金补充购买一批应急救灾物资，为县防灾抗灾工作做好充分准备。在新冠肺炎疫情防控期间加班加点紧急调拨各项物资130件套给各防范疫情值守点。全年共调拨各项物资1857件套。

【粮食收购】 2020年，建宁县发展和改革局为保质保量完成收购任务，做好粮食收购的各项工作，2020年9月25日开始敞开收购。截至2020年年底，全年收购粮食2600吨，收购期间未发现“卖粮难”“打白条”等侵害群众利益情况。

【粮食储备管理】 2020年，建宁县发展和改革局确保各级储备粮油安全，在日常管理中认真贯彻执行“一规定两守则”，定期开展监督检查，排查安全隐患。推陈出新，将2017年入库的县级储备粮严格按照有关程序进行轮换，轮换的粮食已经全部入库完毕。全年各级储备粮全部符合“一符四无”粮仓标准，储存的粮油数量真实、质量完好、账实相符，没有发生一起粮食安全事故，保证储得进、管得住、调得动、用得上。

【粮食行业安全生产监管】 2020年，建宁县发展和改革局聚焦粮食储存、出库、销售各环节，以国有粮食企业、应急成品粮油承储企业、粮食加工企业为重点对象，开展春季粮油安全普查、百日安全专项整治行动、重大节假日及疫情防控期间粮食市场检查、应急成品粮库存检查、安全生产等专项检查，对问题企业通报、限期整改，全年共开展粮食流通市场综合监督检查40余次，维护全县粮食流通秩序和粮食行业安全生产平稳发展。

【粮食宣传】 2020年，建宁县发展和改革局组织食品安全宣传周、世界粮食日和爱粮节粮等宣传活动。通过悬挂条幅、摆放展板、发放材料等方式，宣传国家粮食政策和粮食安全知识，引导粮食经营者依法诚信经营，倡导城乡居民树立科学健康的消费理念，营造爱粮节粮的浓厚氛围。活动期间，累计发放宣传材料300余份，解答市民咨询200余人次。

【“两个安全”保障】 2020年，建宁县发展和改革局严格落实安全监管责任。定期召开安全生产会议，全覆盖排查隐患、全方位防范风险，确保全县粮食行业安全生产形势持续稳定。组织开展安全培训。通过多种形式对广大干部职工进行安全培训，增强广大干部职工安全责任、强化防患意识。密切防范安全生产风险。根据省、市局和安委会文件要求，结合县粮食实际，印发《建宁县粮储局今冬明春火灾防控工作实施方案》《建宁县粮储局关于安全生产隐患大排查大整治实施方案的通知》《建宁县粮储局安全生产专项整治三年行动实施方案》等文件，开展粮食和物资储备系统消防安全综合治理，全力防范化解重大安全风险，坚决遏制群死群伤火灾事故。截至2020年年底，全县粮食行业继续保持安全储粮、安全生产零事故的良好态势。

（吴　江）

烟草专卖

【概况】 2020年，建宁县烟草专卖局（三明市烟草公司建宁分公司）[简称建宁县烟草局(分公司)]牢牢把握稳中求进工作总基调，统筹推进疫情防控与复产复工，顺利完成各项工作，企业经济运行整体呈现良好态势。全县落实烟叶种植面积1986.67公顷，收购烟叶7.13万担；完成卷烟销售4879箱，销售额达1.49亿元；查处卷烟案件69起，案值达73.55万元。当年，被三明市总工会授予“三明市模范职工之家”荣誉称号。

【烟叶生产】 2020年，建宁县烟草局（分公司）紧紧围绕高质量发展目标，按照“稳控结合、紧盯市场、以质取胜”的工作思路，从稳规模、优结构、提质量、推现代、强管理、优服务入手，做好建宁烟叶高质量发展文章。全县签订烟叶种植合同1395份，种植烟叶面积1986.67公顷。在遭受多重自然灾害的不利影响下，早部署、早预判、强管理、促增效，全县收购烟叶7.13万担（含杂色），实现烟农售烟收入（含补贴）12794.58万元，同比增加3305万；上等烟比例78.48%（含杂色），同比提高8.01%；担均价1794.47元，同比提高144元；亩产值4293元，同比增加976元；户均收入9.17万元（含补贴），完成烟叶税2584万元，同比增加659万元。

【卷烟销售】 2020年，建宁县烟草局（分公司）坚持“五保”卷烟经营指导思想，加强市场调控，推动卷烟销售稳健提升。全年销售卷烟共4879箱，销售额达1.49亿元，比增700万，增幅4.67%；条均价达121.95元，比增3.45元，增幅2.91%。省产烟销售3020箱，占比62%，高于全区平均水平，尤其是省产一、二类烟比增16.38%，增幅排名全区第一。

【专卖管理】 2020年，建宁县烟草局紧扣年度目标任务清单，坚持问题导向、效果导向，多措并举推动完成各项工作。全年共查处涉烟案件69起，查获涉案卷烟37.384万支，涉案金额73.55万元，罚没款金额达7.268万元。落实部门联合执法及联合办案机制，会同市场监督管理部门查处无证经营烟草制品案件10起，查处违法经营卷烟2.396万支，案值1.7095万元；联合公安部门成功破获“7·30”非法经营案、“8·19”非法经营案、“10·12”非法经营案及“12·29”非法经营案，案值金额达100万余元。

【烟基项目】 2020年，建宁县烟草局（分公司）投入扶持资金540.3万元，完成密集烤房技改1760项次、育苗中棚30座、覆膜机49台，完善烘烤、育苗等基础设施。2019年度建宁县烟田基础设施建设新建项目共涉及2个乡镇3个村，建设3个项目，烟草投入建设资金44.19万元；水毁修复项目共涉及3个乡镇4个村、5个项目，烟草投入修复资金48.48万元，烟田基础设施得到完善。2020年12月，烟草援建的里心镇“九华山水源工程”下闸蓄水。水库建成后，将为建宁县里心镇宁源、芦田两个行政村的汪家源、芦田、邓家三个片区共计5540亩农田提供灌溉用水，并作为里心镇宁源、芦田村3223人的生活饮用水水源。

（赖李振）

财 政

【概况】 2020年，建宁县一般公共预算总收入4.85亿元，比上年增长0.07%，其中，地方一般公共预算收入3.40亿元，比上年增长2.45%。全县一般公共预算支出18.70亿元，比上年增长5.4%。

【收入征管工作】 2020年，建宁县积极研究财税政策，拓宽增收渠道；抓好重点行业、重点项目、重点税源的分析和监管，全面掌握重点税源的综合性经济指标；科学预测税收走势，落实各项征管措施，挖掘财税潜力，争取税源回归；强化非税收入征缴，做到依法征收，应收尽收。

【支持企业发展】 2020年，建宁县财政局指导企业做好各类项目的申报工作，争取更多上级资金支持全县企业发展。全年全县11家企业获得纾困贷款，贷款总额2140万元，贴息16.4万元；根据中央、省市县出台的支持企业发展的各类奖补政策，核准、拨付总部经济企业奖励资金413.61万元，减免小微企业和个体工商户房租金金额246.57万元，涉及中小微企业102家、个体工商户431家；减免企业养老金200万元、工伤保险16万元、企业失业金3.7万元；同时用足上级金融优惠政策的帮扶措施，掌握各中小微企业经营情况和资金需求，采取措施，帮助企业生产发展；发放贷款资金2874万元，财政配套40%贴息资金131.51万元，支持各类创业人员、小微企业创业。

【保障民生支出】 2020年，建宁县优化支出结构，压缩一般性支出，重点保障民生，全县财政民生支出达153981万元，较上年增长2.55%。优先保障教育事业发展。投入教育资金27437万元，主要用于完善义务教育经费保障机制，提高中小学生经费保障水平以及乡村教师待遇等；投入建设资金5858万元，推进闽江源幼儿园、溪口中心幼儿园、将屯小学等三个学校续建以及城中宿舍楼建设、特殊学校综合楼建设。全力做好疫情防控经费保障。全年财政累计安排疫情防控资金2238.84万元。主要用于为全县群众免费提供中药预防汤剂；紧急采购防护服、红外线体温枪、医用口罩等防疫物资，确保防疫一线工作人员防护措施落实到位；按照县委疫情防控指挥部的安排，为疫情防控一线医护人员落实临时性补助政策。为防控疫情提供紧缺急需物资保障的企业发放一次性稳就业奖补58.38万元，涉及企业11家；发放价格临时补贴71.3万元，主要为城乡低保对象、城乡特困、孤儿、事实无人抚养儿童、革命五老对象以及优抚对象；发放社保保险补贴189.62万元，惠及842人；发放失业保险金69.79万元，惠及667人。统筹推动城乡协调发展。全年累计拨付城乡基础设施建设资金26028万元。其中投入19017万元支持纵八线建宁福新至长吉公路以及农村公路建设；投入2500万元支持农贸市场扩建。保障“三农”投入。农林水投入37971.24万元，其中农业（含扶贫资金）16020.19万元、林业4530.18万元、水利17420.87万元，保障县委、县政府重点支农项目资金需要。投入

1175.01万元用于乡村振兴试点村的产业发展、公共服务建设等。支持生态建和环境整治。全年财政共投入7151万元，重点支持生猪养殖场规模化建设及养殖清理、农村垃圾常态化治理、三格化粪池、公厕建设以及农村环境整治，城市园林绿化和城市环境整治等。在福建省财政厅对环境质量提升的23个实施县考核中建宁县获环境质量提升奖励1500万元。

【财政管理】 2020年，建宁县强化预算管理机制。健全预算安排与绩效目标、资金使用效果挂钩的奖励与约束机制，形成预算编制有目标、目标执行有跟踪、执行结束有评价、评价结果有应用的全过程管理机制；促进项目单位做好绩效自评，做好全县财政预决算公开和部门预决算公开工作。加强财政资金监管。突出专项资金监督检查，规范部门和乡镇两级财务管理，确保财政资金安全高效；配合审计部门对专项资金、直达资金的审计，保证财政资金安全运行；开展清理和规范专项资金，盘活结余资金，提高资金使用效益；牢固树立过“紧日子”的思想，严格控制“三公”经费，年初部门预算公用经费和业务费等按照不低于10%的幅度，压减一般性支出。加强政府投资资金管理。全年进行财政投资评审项目67个，预算80828.47万元，审核后控制金额为75561.14万元，节约资金5267.33万元；政府采购预算10687.05万元，实际采购10062.11万元，节约资金624.94万元，资金节约率为5.85%。

（王玲桂）

税 务

【概况】 2020年，国家税务总局建宁县税务局（简称建宁县税务局）围绕县委县政府及国家税务总局三明市税务局党委的工作部署，围绕税收主业，突出党建统领，依法治税，落实主体责任，履行“一岗双责”，抓改革、抓服务、抓落实，带领全局干部职工履行职责，组织收入、减税降费、疫情防控等各项重点工作均取得良好成效。

【税收数据】 2020年，建宁县税务局受减税降费政策力度继续扩大及新冠疫情持续的双重影响，经济整体形势不容乐观，建宁局组织收入工作面临巨大挑战。年初，三明市税务局下达给建宁县税务局税收计划为38000万元，增幅为1.57%，建宁县政府初步下达给县税务局的县本级税收任务为21945万元，增幅为3.77%。截至2020年12月31日，建宁局全年累计组织税收收入40528万元，同比增加3116万元，增幅8.33%；其中：中央级税收14740万元，同比减少1043万元，减幅6.61%；省级税收1046万元，同比增加565万元，增幅117.46%；县本级税收24742万元，同比增加3594万元，增幅16.99%。

【助力企业复工复产】 2020年，建宁县税务局秉承“税企同心、共渡难关”的原则，成立由“一把手”任组长的支持企业复工复产领导小组，严格落实市局及县委县政府关于落实税收优惠政策、支持企业复工复产的工作部署，并借助第29个税收宣传月，联合相关部门通过新闻媒体等渠道，多维度、多角度解读政策，截至12月31日已在《福建日报》《三明日报》、人民网、新华网、东南网、中国新闻报道县税务局举措共计183篇（含相同文章在不同媒体推送），利用微信群、纳税服务大厅、入户宣传等方式累计推送优惠政策3017次，辅导纳税人1045余户。

【减税降费】 2020年，建宁县税务局抓好疫情防控税费优惠政策落实，3月份开始，根据上级要求，每日报送涉税信息和税费政策推进情况，了解上报纳税人的典型诉求。市局下发疑点数据后，及时组织相关股室、分局开展疑点核查，督促做好疑点问题的整改，确保疫情防控税费优惠政策落实到位。4月21日，上级开展支持疫情防控和社会发展税费优惠政策落实“回头看”，建宁县税务局及时制定工作方案，按要求做好各项工作落实，抓好整改，确保纳税人税费优惠政策应享尽享。当年累计新增减税降费共计5723万元。其中，2020年出台的支持疫情防控和经济社会发展税费优惠政策新增减税降费3707万元；2019年年中出台政策在2020年翘尾新增减税降费2016万元。

【“三项制度”的落实】 2020年，建宁县税务局做好“三项制度”（行政执法公示制度、执法全过程记录制度、重大执法决定法制审核制度）的落实。1月1日起，通过省局门户网站信息公开栏，做好各类税收执法信息公示。6月1日，税收执法信息公示平台启动上线，建宁县税务局及时组织开展动员培训，做好税收执法信息采集录入、审核审批及信息发布工作。7月5日，建宁县税务局主动报名参加省局的音像记录平台试点工作，并对县局音像资料经办岗人员开展操作培训，指导相关人员上机操作练习，掌握基本操作技能。截至12月31日，已有33条音像记录上传至音像信息管理平台。开展重大税收执法决定法制审核工作，先后6次对分局的重大税收执法决定开展法制审核，涉及税费金额3014.36万元，促进基层税务分局税收执法工作的规范开展。

【执法督察】 2020年，建宁县税务局抓好2020年执法督察审计配合整改工作。9月16日，三明市税务局组织对建宁县税务局分别开展专项督察、专项审计、2020年税收执法督察和审计工作，并下达相关督察审计意见。建宁县税务局及时召开整改工作部署会，将问题逐一分解到责任单位，抓好整改工作落实，截至2020年年底，专项审计3类7个问题、专项督察2类3个问题，税收执法方面2类4个问题和内部财务管理方面5类7个问题已全部完成整改，建宁县税务局对相关的财务管理和资产管理制度进行完善和修订，规范内部行政管理工作。

【纳税服务】 2020年，建宁县税务局贯彻《优化营商环境条例》，开展纳税人办税缴费与疫情防控涉税需求调查，采用引导纳税人扫描二维填写问卷的调查方式对200余户企业问需求，收集响应纳税人涉税诉求6条。畅通投诉渠道，2020年已接收12366纳税服务平台转办4件，其中纳税人未按规定开具发票类3件、其他轻微税收违法行为类1件，服务态度类投诉无，已按要求按时限逐一上报处理情况，并向举报人反馈处理结果，保障纳税人合法权益。

建宁县税务局各项收入完成情况表

表9　　单位：万元

项　目	计划	累计情况				完成率
		本年	上年同期	增长额	增长率	
一、各项收入合计		64067	62663	1404	2.24%	
（一）税收收入	38000	40528	37412	3116	8.33%	106.65%
1. 中央级税收	143000	14740	15783	−1043	−6.61%	
2. 省级税收		1046	481	565	117.46%	
3. 县级收入	23158	24742	21148	3594	16.99%	106.84%
（二）社会保险费收入		20544	22278	−1734	−7.78%	
（三）非税收入		2995	2973	22	0.74%	
另：出口退税		−740	−653	−87	13.32%	

建宁县税务局分税种收入情况表

表10　　单位：万元

项　目	本期	增长额	增幅（%）
一、税收收入合计	40528	3,116	8.33
1. 增值税收入	18877	890	4.95
2. 消费税收入	3	0	0.00

续表 10

项　目	本期	增长额	增幅（%）
3．企业所得税	6063	-2105	-25.77
4．个人所得税	1538	77	5.27
5．资源税	37	-29	-43.94
6．城镇土地使用税	95	-100	-51.28
7．城市维护建设税	747	76	11.33
8．印花税	278	77	38.31
9．土地增值税	3961	1752	79.31
10．房产税	561	23	4.28
11．车船税	439	45	11.42
12．车辆购置税	738	-197	-21.07
13．烟叶税	2584	659	34.23
14．耕地占用税	671	-239	-26.26
15．契税	3919	2334	147.26
其中：土地契税	1323	1229	1307.45
房屋契税	2596	1105	74.11
16．环境保护税	17	2	13.33
17．其他税收（营业税）	0	-149	-100.00
二、出口退税合计	-740	-87	13.32

建宁县税务局分行业税收收入表

表 11　　单位：万元

序号	项　目	本年累计	上期	增长额	增幅(%)	原因
1	一、第一产业	80	88	-8	-9.09	
2	二、第二产业	13656	11978	1678	14.01	
3	1. 采矿业	680	375	305	81.33	
4	2. 制造业	5722	3520	2202	62.56	
5	（1）农副食品加工业	77	119	-42	-35.29	
6	（2）食品制造业	-577	-62	-515	-830.65	今年增量留抵退税
7	（3）木材加工和木竹藤棕草制品业	877	66	811	1228.79	南方林业企业整体出让形成的税收
8	（4）造纸和纸制品业	811	735	76	10.34	

续表 11

序号	项　目	本年累计	上期	增长额	增幅(%)	原因
9	（5）非金属矿物制品业	2394	1917	477	24.88	
10	其中：石材	1659	1625	34	2.09	
11	（6）其他制造业	1547	503	1044	207.55	
12	3. 电力生产和供应业	-137	1860	-1997	-107.37	
13	（1）电力生产	-829	269	-1098	-408.18	今年增量留抵退税
14	（2）电力供应	673	1582	-909	-57.46	预征率调低
15	4. 建筑业	7321	6104	1217	19.94	
16	三、第三产业	26792	25346	1446	5.71	
17	1. 批发和零售业	7594	7164	430	6.00	烟叶税增收、闽赣汽贸整体拍卖增收
18	2. 住宿和餐饮业	276	103	173	167.96	
19	3. 金融业	3652	5076	-1424	-28.05	信用社、刺桐红银行均下降
20	4. 房地产业	8124	5648	2476	43.84	
21	5. 公共设施管理业	1411	1886	-475	-25.19	
22	6. 公共管理、社会保障和社会组织	3103	2376	727	30.60	

市政府考核税收增长点项目表

表 12　　　　单位：万元

序号	企业名称	2019 年		2020 年税收				2020 年县本级税收			
		税收	县本级	本年	上年	增长额	增幅(%)	本年	上年	增减	增幅(%)
1	三明市烟草公司建宁分公司	1985	1967	2636	1992	645	32.38	2620	1970	650	33.02
2	建宁县城市建设投资经营有限公司	1146	878	1625	1146	479	41.81	1236	871	365	41.93
3	福建尚和置业有限公司	1687	1098	2012	1687	325	19.26	1239	1098	141	12.88
4	福建省中木建设集团有限公司	902	401	1254	917	337	36.79	592	407	185	45.36
5	福建省富强民盛新型材料有限公司	357	180	1040	357	683	191.28	526	180	345	191.51
6	福建鸿源辉建设工程有限公司	120	52	109	120	-11	-9.05	50	52	-2	-3.65
合　计		6197	4576	8677	6219	2458	39.53	6262	4578	1685	36.80

2020 年分政策分地区减税降费情况表

表 13　　统计期：2020 年 1—11 月　　单位：万元

收入种类	合计
	减免金额
增值税	9033.71
消费税	0
企业所得税	3144.61
个人所得税	2165
资源税	1.09
城市维护建设税	303.44
房产税	90.56
印花税	69.25
城镇土地使用税	18.12
土地增值税	0
车船税	5.81
车辆购置税	43.08
耕地占用税	156.11
契税	913.81
环境保护税	9.28
企业职工基本养老保险费	2048.43
失业保险费	50.33
基本医疗保险费	0
工伤保险费	140.19
农网还贷资金收入	0
大中型水库移民后期扶持基金	0
国家重大水利工程建设基金收入	0
可再生能源发展基金	0
教育费附加	217.91
地方教育附加	145.29
文化事业建设费	26.43
残疾人就业保障金	263.09
水利建设专项收入	62.94
其他收入	0
小计	18908.48

（张　强）

综 述

【概况】 2020年，建宁县有农行、建行、农村信用联社、工行、中行、邮储银行、刺桐红村镇银行等银行分支机构7家，保险公司分支机构5家，小额贷款公司1家，融资性担保公司3家。截至当年12月31日，全县本外币存款余额983552万元，比年初增加104411万元，同比增长11.88%，存款总量和增幅均居四县第一。全县本外币贷款余额565553万元，比年初增加94134万元，同比增长19.97%，贷款总量和增幅均居四县第一。存贷比为57.50%，居四县第二，比年初（55.27%）增长2.23个百分点。

【金融风险化解】 2020年，建宁县着力化解不良贷款。当年全县处置不良贷款14592万元，其中现金清收3825万元，核销4025万元，其他6742万元。同时，通过实施超前预警，强化形势研判，沟通协调，9月末将建宁县绿田农业综合开发有限公司在中行建宁支行的1220万元贷款上划给中行三明市分行，避免在县劣变成为不良贷款。截至12月31日，不良贷款余额6304万元，比年初减少425万元，不良率为1.11%，比年初下降0.32个百分点。

【"六稳""六保"工作】 2020年，建宁县着力落实"六稳""六保"工作。梳理中央、省、市、县出台的优惠政策，汇编《建宁县疫情防控期间金融机构服务指南》，成立专班小组，到受困企业实地走访，做好金融政策文件的宣传推介和解释工作，做到政策宣传全覆盖。主动对企业受疫情影响情况进行专项摸底调查，梳理出114家受困企业，针对企业融资需求清单，组织银行对接。落实"一难一策""一事一策""一企一策"，联合辖内7家金融机构开辟"绿色通道"，研究制定企业金融服务方案，"点对点"精准对接。截至2020年12月31日，建宁县金融支持疫情防控和复工复产惠及企业及个体工商户4030家98683万元，其中：减免利息34家85.88万元；投放新增贷款3829笔48501元；办理无还本续贷45笔4947万元、借新还旧347笔共6816万元、展期13笔1752万元、调整付息方式49笔28552万元。

【中小微企业纾困专项贷款政策的落实】 2020年，建宁县金融办向全县银行和有融资需求的企业详细解读《关于中小微企业纾困专项资金贷款有关工作的通知》（闽财金〔2020〕20号）文件精神，宣传申请条件、审批、放贷流程等内容。第一时间将涉及建宁县的中小微企业纾困专项贷款申请企业名单推送给各银行，并要求银行积极对接企业。8月25日，建宁经济开发区和金融办联合召开纾困专项资金贷款工作落实推进会，针对普遍存在的问题，协调企业与银行沟通解决。截至12月14日，全省两期纾困专项贷款资金200亿元已全部投放到位，本县23家企业获得4467万元纾困贷款，全市排名第八，四小县第一。

【政银企对接】 2020年，建宁县金融办按照“企业出题，银行答题”的方式，针对不同类型企业需求，适时组织不同类型的政银企专场对接会，全县70多家受疫情影响企业与7家银行机构对接，银行机构现场同25家企业签约授信11110万元，发放贷款4930万元，解决中小企业融资问题，保证金融精准“浇灌”实体经济，促进信贷有效投放，实现银企共赢。

（县金融办供稿）

货币政策与金融服务

【概况】 2020年，中国人民银行建宁县支行（以下简称人行建宁县支行）坚持稳中求进工作总基调，贯彻执行好稳健中性的货币政策，维护金融稳定，完善金融服务，推进金融改革，金融总体保持稳健运行的态势。全县金融机构人民币各项存款余额878562万元，比年初增加27008万元、上升3.17个百分点；各项贷款余额471419万元，比年初增加63283万元、上升15.51个百分点。

【稳企保就“三精准”】 2020年，人行建宁县支行强化责任担当，主动作为，确保稳企保就“三精准”：即精准帮扶，为防疫重点保障企业“解难”，针对辖内全国性疫情防控重点保障企业名单，建宁人行会同金融机构深入调查了解企业经营困难及融资需求，指导金融机构为名单内企业共发放2.05%利率的专项再贷款2笔、300万元；精准发力，为重点领域“赋能”，快速落实人民银行增加5000亿元再贷款专用额度政策，加大对有序复工复产、脱贫攻坚、春耕备耕、禽畜养殖、外贸行业等重点领域的金融支持力度，累计发放5000亿支农、支小再贷款专用额度8笔、3800万元，发放量及发放效率均在三明地区前列，引导辖内法人机构发放年利率4.55%的优惠利率贷款265笔、3875万元；精准对接，强化稳企业保就业支持政策，指导两家法人机构发放1万亿再贷款政策资金13笔，7000万元；累计已延期的普惠小微企业贷款52笔，4656.65万元，为433人提供稳岗就业保障，发放普惠小微信用贷款1096.35万元，为640人提供稳岗就业保障。

【维护地方金融稳定】 2020年，人行建宁县支行于5月底召开全县金融工作联席会，实现基层央行、银保监组、金融办及财政等多部门的联合协作、互通资源、形成工作合力，共同促进地方经济金融稳健安全运行。截至12月末，全县不良贷款6303万元，比5月末下降3147万元，不良贷款率1.11%，比5月末下降0.76个百分点。贯彻党中央打好防范化解重大风险攻坚战的决策部署，人行建宁县支行牵头联合公检法部门、各金融监管部门及银行业、保险业机构等17家单位召开防范化解金融风险联席会议，并研究制定《建宁县检察院关于落实“三号检察建议”，服务防范化解金融风险八条意见》。根据对建宁农信社开展的质量真实性现场核查情况，结合央行金融机构评级以及日常非现场监测情况，对建宁农信社下发评级意见书提示存在的风险，要求按时上报整改报告。截至11月末，建宁农信社经营管理有所好转，利润总额3610.23万元，较二季度末增加2513.53万元、资本利润率7.90%，较二季度末上升5.12个百分点，资产利润率0.62%，比二季度上升0.39个百分点，成本收入比30.50%，较二季度降低0.2个百分点。做好跨周期财务安排，加大贷款损失准备计提，当年共计提4200万元损失准备，同比增加1200万元，增强应对风险抵抗能力。

【金融助力脱贫攻坚】 2020年，人行建宁县支行加大扶贫力度、金融助力，巩固脱贫攻坚成果。提高扶贫再贷款使用率。截至10月末，人行建宁县支行发放扶贫再贷款5334万元。加强金融扶贫领域的作风治理工作，高度重视扶贫小额贷款风险。密切关注扶贫小额信贷风险，防止风险堆积和因贷致贫的现象，提高扶贫小额信贷贷款质量，至10月末关注类贷款仅1笔2.9万元，占比0.53%。稳妥处理扶贫小额信贷存量“户贷企用”问题，做好存量“户贷企用”类扶贫小额信贷清收工作，逐步消耗存量“户贷企用”类贷款余额，降低“户贷企用”类贷款占比。至11月末县域扶贫小额信贷贷款余额118.02万元，带动35户贫困户自主创业和帮扶就业，其中“户贷企用”均已正常到期回收。加强合作，推广农村相对贫困家庭精准帮扶工作，与财政、扶贫办等政府部门沟通，协商创新扶贫小额信贷基金担保方式，成立农村相对贫困小额信贷担保基金，增强相对贫困家庭信贷资金的可获得力度。

【国库业务管理】 2020年，人行建宁县支行加强国库业务管理，落实中央财政直达资金拨付工作。做好个人所得税汇算清缴退税工作，通过退税电子化提高个人所得税汇算清缴退库效率，共办理个人所得税汇算清缴退库3324笔，金额117万元，个人所得税代征代缴手续费退库126笔，金额13.48万元。拓展国库三项便民服务，依托和增强普惠金融服务点功能，推进标准化建设，开展国库知识宣传、税费缴纳、农村居民社保医保缴存国库三项服务工作，至11月底县便民服务点办理医保缴费16377笔、金额458万元，农村社保缴费7587笔、金额581万元，领取社保金18202笔、金额1474万元，笔数金额同比都有增长。落实同中央财政直达资金点对点拨付工作，和财政协调资金拨付方式，通过实拨资金或集中支付尽快将直接资金拨付到最终收款人，推动中央抗疫资金政策落地，使企业个人能尽快收到资金缓解资金困难，共拨付中央直达资金43笔，金额1.1亿元。

【支付结算管理】 2020年，人行建宁县支行改善便民支付服务环境。打击涉赌涉诈银行账户黑灰产业，开展2019年以来所有金融机构对公结算账户和法人机构个人结算账户的排查工作，经排查法人489户单位结算账户和10155户个人账户，共发现7户对公账户和32户个人银行结算账户存在异常，对存在异常的账户采取暂停非柜面业务和不收不付等措施。提升“一县一策”品牌，通过建行“裕农通”品牌发展普惠金融，助力乡村振兴，共签约账户657户，交易2347笔，金额218.6万元。推进移动支付便民工程工作，至11月末云闪付超额完成全年拉新任务，超额650户，居辖区县域排名第一。

【外汇管理】 2020年，人行建宁县支行提升外汇政务服务水平。建立健全外汇局“互联网+政务服务”网上办理体系，建宁支局于5月25日成功办理三明市首笔数字外管平台网上名录登记。助力外资企业“引进来”，支局为新设外商投资公司注册路径和外汇账户开立设立“绿色通道”，面对面指导商业银行开立资本账户，成功办理金额510万美元的外资资本金汇入业务。

【人民币流通管理】 2020年，人行建宁县支行提高人民币流通管理服务水平，做好疫情防控的现金检查督导工作。加强联合执法，维护人民币“权威”。清明节前携手检察院、市场监督管理局打击违规使用人民币图案行为，没收销毁违规使用人民币图案冥币3箱185捆，约谈3家商户，提高流动中人民币整洁度，彰显人民币法定货币权威。根据强化金融支持防疫相关要求，做好涉及现金供应、流通中现金管理方面的疫情防控措施，通过现场指导督促金融机构尽快购买配备现金消杀机具，并要求各金融机构网点严格按照文件要求进行现金收付和消毒，确保群众使用现金的安全。开展爱护人民币和反假货币宣传工作；加强农贸市场周边销售祭祀用品商店相关经营业主的法规宣传教育，向其发出不应买卖、使用带有人民币图样商品的倡议；深入农贸市场、乡镇、社区开展人民币知识进社区活动以及2020年版第五套人民币5元纸币发行宣传，提升社会公众防范假币能力，营造良好的人民币流通环境。

【反洗钱工作】 2020年，人行建宁县支行贯彻落实扫黑除恶工作部署，提升反洗钱工作成效。开展扫黑除恶专项斗争，对辖内金融机构开展金融放贷行业专项整治工作，未发生金融非法放贷行为；对辖内金融机构近年的可疑交易进行排查，未发现涉黑涉恶线索。对辖内14家义务机构开展分类评级工作，覆盖率达100%，对评级较差的金融机构开展高管约谈监管措施；对两家法人银行机构开展洗钱和恐怖融资自评估工作，并对两家法人银行机构自评估工作进行现场走访，了解法人自评估工作中存在问题，掌握了解辖内法人机构反洗钱履职情况。打击治理跨境赌博专项工作，年内支行共收到3份金融机构上报的重点可疑交易，研判后其中2份可疑交易涉嫌网络赌博，经与当地公安机关会商，1份已报案。开展线上特色宣传，联合县公安局、村镇银行通过播放电视开机广告方式开展远离跨境赌博宣传，加强风险警示教育，提升广大人民群众防赌反赌、防范电信诈骗意识，抵制跨境赌博，为危险行为敲响警钟。

【金融知识宣传】 2020年，人行建宁县支行加强金融知识宣传力度，创新金融知识宣传方式。配合福州中行、三明市中支在建宁开展“阳光1+1”牵手行动暨送民法典和金融知识进苏区宣传活动，传承红色精神，履行社会责任，发挥金融资源禀赋，加强金融知识宣传普及教育，提升苏区金融服务水平；联合公、检、法、金融机构到农村、社区、校园、农贸市场、服务中心等地，先后开展10次金融知识宣传；指导信用社以“党建＋金融助理”为平台，开展送金融知识下乡活动5次、村主干金融知识培训2次。借力“云通讯”“云课堂”，通过来电名片、网络课堂、电视开机广告等媒介，将金融知识隔空送到民众身边；利用微信平台发布宣传微刊、动漫视频，组织辖内金融机构深入社区、村委会、普惠金融服务点等地开展宣传，扩大宣传覆盖面。

（伊毅青）

银行业监管

【概况】 2020年，建宁银保监管组牢固树立为民监管意识，努力构建“亲”“清”监管生态。特别在疫情防控期间监管组干部主动到乡镇、企业和辖内银行保险机构调研金融服务情况，维护辖区金融秩序稳定。年末全县各项存款余额95.46亿元、各项贷款余额56.56亿元，分别比年初增10.17亿元、增幅11.92%和增9.41亿元、增幅19.97%，信用风险实现“双降”，金融整体运行平稳。

【强化监管】 2020年，建宁银保监管组做好市场及高管准入初审备案工作。受分局委托，全年共受理机构高管初审2人、备案3人、任前谈话1人、迁址初审3家；做好非现场监管工作。及时准确上报各类报表报告，及时对两家法人机构开展风险评估、监管评级、高管履职评价、消保评价、大型银行安保检查工作，组织召开“三方”及审慎监管会谈会议，对非现场监管中发现问题及时发出1份风险提示单，完成上报8份非现场监管报告，回复“三书一函”2份、投诉件4份；参加上级现场检查工作。监管组派人参加省局和分局现场检查项目各1个，投入71个工作日；做好信息调研工作。全年完成调研课题1篇，参与扫黑除恶专项斗争工作，并与打击电信网络诈骗、防范网贷风险、禁毒等工作有机结合。

【助力复工复产】 2020年，建宁银保监管组通过四种形式推动政策落地、落实，助力企业复工复产。1. 会议推动。先后3次组织召开辖内银行保险机构负责人会议，及时传导银保监会系统关于金融支持疫情防控及复工复产相关文件精神和政策要求；2. 督导推动。监管组围绕降低企业融资成本，对疫情影响企业贷款采取改变结息方式、展期、无还本续贷，到辖内银行业保险业机构开展金融支持疫情防控工作督导16家次；3. 调研推动。疫情稳定后，监管组先后到7个乡镇、3家制种大户、2家民生企业（大米加工厂）调研，了解疫情防控期间春耕备耕、复工复产金融服务情况，协调解决制种大户、粮食加工企业资金需求；4. 协同推动。会同县金融办召开政银企对接会2次，7家银行机构分别与25家企业签约贷款11110万元，及时为企业注入流动资金；会同工信、人行召开邮储银行与电商城对接会，解决电商融资难问题，签约授信3600万元。通过监管推动，至12月末县辖银行业机构支持疫情防控和企业复工复产，惠及企业及个体工商户3325家、涉及贷款89985万元。其中：通过降低利率帮扶困难企业34家，企业减少利息支出金额85.88万元；为困难企业办理无还本续贷45笔、涉及贷款4947万元、办理到期贷款展期13笔、涉及贷款1752万元、借新还旧260笔、涉及贷款4040万元、调整付息方式48笔、涉及贷款28448万元；通过增加授信方式，新增小微企业和个人贷款3283笔、金额37148万元。

【风险防控】 2020年，建宁银保监管组按照“摸清底数、做实分类、加快处置”的风险化解总体监管要求，督促各银行机构切实落实风险防控主体责任。要求各行社按季对存量不良和潜在风险贷款进行逐户风险研判，制定一户一策的化险措施，列出时间表，实行清单式管理；抓好政策落实的督导。按加快处置的监管要求，要求两家法人机构将降低拨备覆盖率指标所释放的资源全部用于处置不良贷款，分支机构要向上争取核销、转让的指标和资源，确保全年不良贷款处置比率不低于上年水平（不含锈纸）；加强督导沟通。监管组按月掌握各机构风险变动情况，并对主要风险机构进行督导，推动化险进度，全年召开信用风险防控分析会议6次，年度监管会谈4次，走访机构15家次，约谈高管7人次，发出风险提示书1份。至12月末，全县不良贷款6303万元，不良率1.11%，分别比年初净减425万元和下降0.4个百分点。

（鄢福生）

银　行

中国农业银行建宁县支行

【概况】 2020年，中国农业银行股份有限公司建宁县支行（简称建宁县农行），内设风险管理部、运营管理部、综合管理部、工会工作部、纪委办公室、个人金融部、农户金融部、公司业务部、三农对公业务部9个部门，辖属支行营业室、濉城支行、人和支行3个营业网点，共有在职员工55人。年内，县农行致力于建设“面向‘三农’、服务城乡、回报股东、成就员工”的国有商业银行，推进经营创新，提升管理水平。截至2020年年末，各项存款余额11.9亿元，各项贷款5.45亿元，不良贷款余额297.5万元，比年初下降28.91万元，不良贷款率0.55%，比年初下降0.26个百分点，实现不良贷款“双下降”。

【业务发展】 2020年，建宁县农行发挥服务“三农”的优势，加大金融支持实体经济力度，推进老区、苏区乡村振兴、助力农村产业发展，通过信贷倾斜加大金融支持力度，助力打赢脱贫及疫情防控战，推进农户脱贫致富。为更好地为农村集体经济组织和农村居民提供便捷的金融服务，县农行与县农业农村局签订全省农行首个县级农村集体“三资”管理平台建设项目协议，并紧密结合建宁农业特色资源丰富的特点，依托“惠农e贷”产品优势，推进“三农”事业发展。至12月末，“惠农e贷”惠及农户1393户，授信1.66亿元，比年初增加5813万元；用信1.43亿元，比年初增加2348万元。县农行落实金融支持促进生猪稳产保供要求，完善信贷措施，加大投放力度，支持生猪贷款相关授信3305万元。开展金融服务助力脱贫攻坚工作，对建档立卡贫困户发放贷款67.6万元，对纾困企业贷款新增800万元，对贫困地区农产品加大消费扶贫力度，累计购买12万元。疫情防控期间，全面助力企业复工复产，结合信贷企业实际情况对其进行复工复产帮扶。

【经营管理】 2020年，建宁县农行紧紧围绕“服务优、质量优、效益优”的可持续发展目标，强化队伍建设，推进案防风控，建设家园文化，全行上下牢记信念、夯实基础，改进作风，集聚人心，以深化老区苏区金融服务，持续做好“创服务品牌”、“惠农e贷”、小微企业金融服务等一系列重点工作，全力服务县域经济发展。以发展为第一要务，将“客户立行、服务优行、风控护行、管理强行、人才兴行”工作思路贯彻全年，贯彻到底。

（李文华）

中国建设银行建宁县支行

【概况】 2020年，中国建设银行股份有限公司三明建宁支行（简称建行建宁支行）有在职员工26人，设附行式自助区一个，离行式智慧银行一个。建宁建行营业环境优良，服务大厅面积412平方米，个贷营业厅面积210平方米。配备多台存取款机及终端设备和自助机具，服务设施先进，电子化水平不断提高。全行上下坚持党建引领，立足价值创造，为地方经济和社会事业发展提供全方位的金融服务，各项工作取得成效并保持良好的发展态势。总量规模、综合竞争能力、价值创造能力和持续发展能力稳步提升，支持当地重点项目重点企业特别是小微企业发展，为当地社会发展事业提供全方位的金融服务。致力于打造“当地最好、系统领先，客户首选、员工满意”的山区精品银行。

【经营情况】 2020年年末，建行建宁支行存贷款总量208697万元，首次突破20亿元大关。其中存款余额123370万元，当年新增16812万元，日均余额117640万元，当年新增12172万元。其中企业存款余额76789万元，当年新增12443万元，日均余额71850万元，新增8412万元；储蓄存款余额46582万元，当年新增4370万元，日均余额45790万元，新增3759万元。贷款余额85327万元，当年新增20166万元。其中：公司贷款48496万元，当年新增15754万元，个人类贷款余额36831万元，当年新增4412万元，个人信用卡余额6889万元，当年新增329万元。按照五级分类，正常贷款85130万元，不良贷款额197万元，不良率0.23%，资产质量优良。全年实现净利润2830万元，比上年增长1336万元，增长率89%；实现中间业务净收入1090万元，比上年增加441万元，增长率68%，经营效益达到历史最好水平。国际业务方面，当地外资招商引资市场占比100%，外汇资本金结售汇业务市场占比100%。

【业务发展】 2020年，建行建宁支行始终把发展放在首位，坚持做大做强，增强发展意识，树立必胜信心，敢于创优争先，寻找和创造加快发展的各种有利条件。强化金融服务，营造和谐的内外部环境。通过服务地方经济建设争取当地县委、县政府支持，加强与监管部门的联络沟通，走访服务财政、国土、公路、水利、发改、工信、工业园区等机构及客户，了解项目信息、资金信息、服务需求。通过接触走访，营造和谐外部环境，为业务发展打下良好的外部环境基础。同时做好系统内条线沟通，取得上级行对建行建宁支行有关工作的理解和支持。调动全行资源，做强做大基础业务。对公方面首先做好稳定存量工作，提升存量账户存款量，其次明确维护责任，对全行重点客户进行筛选，细分，明确维护服务人员的目标和责任，再次，积极营销产品，通过产品维系和服务客户，为客户开通网银、结算卡、回单柜、短信通等，同时做好上门安装、示范指导，提高对公账户产品覆盖度，通过产品维系客户，提高客户贡献度和忠诚度。个人业务方面，一方面在全行营造抓存款的氛围，夯实个人存款基础；另一方面全面强化服务，提升服务现代化水平和能力。

（谢忠付）

中国工商银行股份有限公司建宁县支行

【概况】 2020年，中国工商银行股份有限公司建宁支行（简称建宁工行）有员工17人，其中行长1名、副行长及行长助理各1名。当年建宁工行紧盯关键业绩指标，贯彻落实上级行工作要求，以存款、中收、拓户工作为核心，剖析支行经营实际，完善激励措施，调动全员工作积极性，克难制胜，促进各项工作稳健发展。

【经营情况】 2020年，建宁工行各项存款余额4.68亿元，其中对公存款余额1.89亿元，较年初减少0.1亿元，储蓄存款余额2.79亿元，较年初新增1.37亿元。建宁支行本外币各项贷款时点余额5.3亿元，较年初增加2.18亿元，增量同业排名第一。

【业务发展】 2020年，建宁工行加强外拓营销团队管理。组建外拓营销团队，通过片区包干、责任到人，实现乡镇市场拓展全覆盖。要求每位外拓团队成员认领各自负责乡镇，细化到村，落实到人，针对性开展乡镇精准营销。线上依托存钱宝利率上浮起存金额低的优势、线下运用“八闽振兴灵通卡”专属权益、商户费率优惠、分期付款利率低等拳头产品优势，加快空白乡镇市场拓展，服务实体经济，推动县域经济发展，助力乡镇市场拓展，提升综合服务能力。

【企业管理】 2020年，建宁工行按照从严治党新要求，始终牢记和履行党建工作职责，建立形成“一把手负总责、分管领导各负其责、谁主管谁负责”的工作格局，继续贯彻落实行之有效的党风廉政建设、防范案件分析会、员工行为动态排查、内控评价、晨会等各项工作制度，及时发现内控外防工作的不足，营造内控外防工作的良好氛围。重点解决员工安防观念和自我保护意识不强、执行规章制度力度不够、落实整改方面不到位、屡查屡犯和重营销轻安防的问题。加强反洗钱履职管理，提高反洗钱工作质量。配合人行现场检查、严格落实问题整改。连续多年获得“县级文明单位”。

（万舒丽）

建宁县农村信用合作联社

【概况】 2020年，建宁县农村信用合作联社（简称建宁县农信社）内设综合、党群工作、人事教育、业务、财务会计、合规风险、稽核监察、保安、电子科技、资产保全部和基建办等11个部门，在城区及各乡镇下设12个营业网点（1个营业部、11个信用社），从业人员131人，在全县乡村布设82家小额支付便民点，基本实现金融服务“村村全覆盖”。建宁县农信社秉承“信用为本、合作共赢”的核心价值理念，履行社会责任，服务县域经济发展，当好乡村振兴的金融主力军，被建宁县委、县政府授予“企业纳税贡献奖”“文明单位”等荣誉称号。

【经营业绩】 2020年年末，建

宁县农信社各项存款余额41.17亿元，比年初增加1.86亿元，增幅8.58%，还原核销贷款3535.22万元，实际增量达2.21亿元，实际增幅为9.38%。贷款市场占有率41.67%。存贷款市场份额稳居全县金融机构第一名。不良贷款余额4598.19万元，比年初增加227.53万元，不良贷款占比1.95%，比年初下降0.06个百分点。全年各项收入2.21亿元，同比增加238.75万元，增幅1.09%；各项支出1.81亿元，同比增加1850.51万元，增幅11.41%；利润总额4004.33万元，同比减少1611.76万元，减幅28.7%；净利润2941.58万元，同比减少1265.83万元，减幅30.09%；实际考核利润8616.16万元，比上年末增加1593.55万元，增幅22.69%。

【信贷投放】 2020年，建宁县农信社做实“支农支小”，加快转型创新步伐，拓展各项业务。紧盯信贷投放。当年末，涉农贷款余额为21.36亿元，占各项贷款余额的90.66%，咬定“农”字不放松，累计发放普惠小微企业贷款1800户，贷款金额62521.49万元，其中发放普惠小微企业归还再贷类贷款户数453户，贷款金额9156.53万元。创新产品服务。年内，推广“战疫同心贷”“战疫支农贷”等专项产品，以低成本资金全力支持企业复工复产；紧跟新兴消费热点，推广“福摊贷”等产品，助力地摊经济和促进消费回暖提速，截至12月末，运用人行再贷款发放战疫支农贷2930万元，优惠让利金额约101万元。强化政银合作。与县委组织部联合开展“星级党员创业贷”，发挥农村党员在脱贫攻坚、乡村振兴等工作中的先锋模范作用，与县农业农村局、县供销社以及县工信局等部门签订战略合作协议，以长期合作助力建宁县“乡村振兴战略”为目标，共同推动强农惠农政策落实。加大融资纾困。截至12月末，通过落实中小微企业延期还本付息政策支持贷款户数140户，贷款金额7833.3万元；落实普惠小微信用贷款支持政策支持贷款户数194户，贷款金额974.72万元；对32户受疫情影响严重的企业和个体工商户的贷款给予利率优惠，涉及贷款金额12699.92万元，优惠让利金额71.81万元；通过调整结息方式措施支持贷款户数55户，涉及贷款金额22320万元；通过“金服云”平台受理发放78户，贷款金额10859.4万元，其中受理发放纾困企业贷款14户，贷款金额1600万元。

【企业管理】 2020年，建宁县农信社严格财务管理。建立费用支出管理制度，严格控制费用增长。对部分费用实行限额控制和包干使用的办法，审核各项费用支出，为基层解决合理必需的费用，财务管理更加精细化。提升资金营运水平，全年金融机构往来收入达5289.69万元。创新非现场疑点滚动排查审计方式。通过对审计系统产生的疑点定期开展分类、归纳、分析并行文通报典型性、重点性、累犯性问题或风险隐患苗头，达到抓早抓小，把各种风险消灭在萌芽状态。抓好案件防控。以防诈骗、防抢劫、防盗窃、防计算机作案、防洗钱、防火、防自然灾害事故为重点，执行“预防为主，群防群治，突出重点，保障安全”的方针，落实安保责任，抓好安全教育和演练、安全设施维护，加强监督检查，全面提升安全防范能力，确保全年安全经营无事故。提升企业文化。推进信贷文化建设工作；以深化整治银行业市场乱象、合规管理年等活动为契机，抓好企业合规文化建设；开展“送金融知识下乡”等活动，提高社会影响力，打造好“建宁人民自己的银行”品牌。

（付珊惠）

建宁刺桐红村镇银行

【财务收支与资产负债】 2020年，建宁刺桐红村镇银行有限公司（简称建宁村镇银行）截至12月末，实现财务总收入4923.57万元，较去年同期增加448.69万元，增长10.03%，实现净利润833.30万元。资产负债情况：资产总额102386.23万元，较年初增加13052.33万元，增幅14.61%；负债总额86825.16万元，较年初增加13246.36万元，增幅18.00%；所有者权益15561.07万元，较年初减少194.03万元（当年分红1000万元），降幅1.23%。

【各项存款】 截至2020年12月末，建宁村镇银行存款余额83705.28万元，较年初增加11695.38万元，增幅16.24%，完成全年目标任务的130.01%。其中：对公存款59045.49万元，较年初增加7829.17万元，增幅15.29%；储蓄存款24659.78万元，较年初增加3866.20万元，增幅18.59%。建宁村镇银行存款总额位居全县七家金融机构第5位，存款市场份额占有率为8.78%，较年初上升0.59个百分点。

【各项贷款】 截至2020年12月末，建宁村镇银行各项贷款余额57321万元，较年初增加3923万元，增幅7.35%，完成年初设置目标任务的85.23%。贷款户数2477户，较年初增加179户，增幅7.79%；户均贷款23.14万元，较年初降低0.1万元。该行各项贷款余额位居全县七家金融机构第3位，市场份额占有率为10.14%，较年初下降1.19个百分点。

【主要风险】 截至2020年12月末，建宁村镇银行不良贷款余额295万元，不良率0.51%，不良贷款较年初减少46.09万元，不良率减少0.13%。逾期贷款700.9万元，较年初减少275.44万元，降幅28.21%。当年向法院提请诉讼16笔，诉讼金额212.67万元，全年累计处置收回不良贷款374.89万元。收回表外不良331.73万元。截至12月末，该行欠息类贷款612.84万元，较年初减少347.79万元，降幅36.20%；关注类贷款2782.43万元，较年初减少788.24万元，降幅22.08%。

【经营情况】 2020年年末，建宁村镇银行存款客户数18362户，较年初增加2619户，增幅16.64%。其中：对公存款户数615户，较年初增加149户，增幅31.97%；个人存款户数17747户，较年初增加2470户，增幅16.17%。有余额贷款户数为2477户，较年初增加179户。电子银行业务发展情况。截至12月末，共发行借记卡15881张，较年初增加2272张，增幅16.69%；开通手机银行9158户，较年初增加1872户，增幅25.69%；网上银行7838户，较年初增加1889户，增幅31.75%；短信通7724户，较年初增加851户，增幅12.38%；电子银行替代率86.07%。当年共实现授信1213笔，金额27419.3万元，其中存量续授信525笔，金额14232.6万元，新增授信688笔，金额13186.7万元。截至12月末，涉农贷款余额47393.94万元，占比各项贷款的82.68%，较年初增加3320.39万元，增长7.53%；至12月末，实现“小水滴”业务营销627笔，通过476笔，授信金额6368万元，出账461笔，金额6361万元，用信249户，金额2114.38万元。

（程维福）

中国银行三明建宁支行

【概况】 2020年，中国银行三明建宁支行面对严峻的疫情防控形势和外部经济环境，贯彻落实上级战略部署，围绕“强化执行年”“文化建设年”定位，激发活力、敏捷反应、重点突破，响应党中央、国务院以及监管部门支持实体经济的号召，落实措施、争取优惠政策，支持重点企业、小微企业融资需求，强化提供优质高效服务，积极参与创建青年文明号活动，荣获“三明市青年文明号”荣誉称号。

【经营情况】 2020年，中国银行三明建宁支行年末各项存款余额为43528万元，较上年末增加11151万元；其中公司存款余额22721万元，较上年末增加7738万元；储蓄存款余额20807万元，较上年末增加3413万元。支行各项贷款余额33709万元，同比去年末增加9306万元；其中公司贷款余额23906万元，较上年末增加4120万元；个人贷款余额5730万元，较上年末增加5009万元；存贷款市场占有率均实现双提升。不良贷款余额为78万元，较上年末减少30万元，不良率0.2%。

【特色业务】 2020年，中国银行三明建宁支行为满足不同层次客户的理财需求，推出多品种高收益理财产品；主要推出优客分期、中银E贷等消费贷款产品，利息低、额度高、用途广，满足广大客户的资金需求；创新本外币投资品种，推出基金、外汇宝、黄金宝、白银宝、积利金、积存金、贵金属代理等投资产品。

【支持实体经济】 2020年，中国银行三明建宁支行支持实体经济的发展，用好用足上级行服务小微企业的优惠政策，围绕当地重点产业，筛选行业企业清单，推广中银信贷工厂产品，满足小微企业融资需求。支行本年度支持各类小微企业8户，融资金额合计2600万元。转变经营理念。利用创新产品，破解“融资难”的问题，为解决小微企业融资过程抵押物缺乏问题，推广“中银流水贷”“银税通”“外贸通宝”等产品；利用企业自身的银行资金流水、缴税记录、外贸订单等作为增信依据，实现银行融资，禾丰种业等一批无抵押物的企业因此获得该行授信支持。减费降利，降低企业融资成本。在国家全面降低企业负担的政策引导下，全面执行上级政策，减少资产评估费、敞口承诺费等原先由企业负担的收费项目。

（中国银行三明建宁支行供稿）

保 险

中国人民财产保险股份有限公司建宁支公司

【概况】 2020 年，中国人民财产保险股份有限公司建宁支公司（简称财险建宁支公司）全年实现保费 3643.98 万元。其中交强险及车辆保险保费 1490.19 万元，非车保险保费 355.29 万元，农险水稻及水稻制种、林木保险保费达 1511.3 万元。获得 2020 年经营管理先进单位二等奖和 2020 年度县区支公司综合经营管理三等奖。公司续保团队在岗人员 10 人，车商团队 3 人，农险团队 8 人，里心营销服务部 2 人。

【经营情况】 2020 年，财险建宁支公司上半年因疫情遭受到较大影响，保费直线下降。下半年，公司采取“洞悉市场行情，紧跟市场脚步”的策略，动员员工深入一线，如到车辆修理厂、房地产等企业扩展业务，业绩得到回升。全年看，建宁保险市场的状况存在资源匮乏，主体争抢激烈的态势。车险方面，新车将继续上演费用投放与监管要求的攻防战，续保车方面也竞争激烈。

【存在问题】 2020 年，财险建宁支公司存在问题：1. 建宁县经济总量不大，产业结构不优，经济社会发展水平相对滞后，许多人对保险的重要性认识不足，缺乏风险防范意识，这导致对保险的正确需求不足，难以形成新的业务增长点。2. 行业内的恶性竞争成为普遍现象，很多保险公司都或多或少地通过高返还高手续费、赠送礼品、保养券等手段在市场上争揽客户。这种不计后果的竞争行为不仅导致公司经营成本不断上升而且破坏正常的市场秩序。面对强大的市场竞争压力，有的员工出现畏难情绪，少部分员工出现一定程度的思想惰性。 3. 把握市场、应对市场的能力还有欠缺，对市场的敏感度、对全局的掌控能力、综合素质还有欠缺。

（丁绍莉）

中国人寿保险股份有限公司建宁县支公司

【概况】 2020 年，中国人寿保险股份有限公司建宁县支公司（简称人寿建宁县支公司）年末从业人员 264 人（其中劳动合同人员 17 人、劳务派遣 1 人、代理合同人员 155 人）。下设七个职能部门：经理室；综合管理部；机构业务部(包括团体业务部、银行保险部）；营销发展部；收展发展部；个险培训部；客户服务中心。五个营销服务部（第一营销服务部，负责城区业务；第二营销服务部，负责里心镇业务；第四营销服务部，负责黄坊乡业务；第五营销服务部，负责溪源乡业务；第六营销服务部，负责均口镇业务）。主要经营人寿保险、健康保险、人身意外伤害保险等各类人身保险业务，人身保险的再保险业务，各类人身保险服务咨询和代理业务。

【业务收入】 2020 年年末，人寿建宁县支公司总保费 7719.35 万元，占建宁保险行业总保费 13373.16 万元的 57.72%；长险首年标保完成 542.62 万元，完成预算目标 822.3 万元的 64.87%；首年期交保费完成 1393.35 万元，完成预算 1607.8 万元的 86.1%；10 年期首年期交保费达成 619.43 万元，完成预算目标 824.2 万元的 74.19%；保障型业务达成 357.08 万元，完成预算 616 万元的 56.8%；短期险保费完成 717.16 万元，完成预算目标 825 万元的 86.93%, 短险简单赔付率 66.63%.

【业务支出】 2020 年，人寿建宁县支公司业务支出 37456048.23 元，其中赔付支出 16759287.3 元；退保金 4408263.03 元，保单红利支出 2930174.51 元，税金及管理费用 4027347.34 元，其他业务支出 1508571.33 元。

（宋黎新）

宏观经济管理

【概况】 2020年，建宁县发展和改革局（简称建宁县发改局）以项目工作为抓手，履行部门职责。组织编制《建宁县国民经济和社会发展第十四个五年规划和二〇三五年远景目标纲要》，抓好规划、计划及专项规划实施情况的检测分析，确保“十三五”规划的顺利实施。依法依规做好项目立项审批工作，推进行政审批制度改革，加大减权放权力度，完善权责清单管理，规范投资项目审批材料清单，推进投资项目审批制度改革，推进“互联网+监管”，优化营商环境，提升政务服务水平。以项目为核心，开展“五比五晒”，推进重点项目建设管理，加强向上争取项目资金等重点工作。争取老区苏区政策，争取项目资金支持、研究对接政策举措、争创试点示范建设。全年共争取地方政府专项债、中央和省级预算内项目31个，总投资37.4亿元，资金3.82亿元。

【“五比五晒”】 2020年，建宁县在市对县考核中，由建宁县发改局牵头的20项指标得分总分排名四小县第一位，建宁县获市对县2020年度“五比五晒”活动考评一等奖。全年建宁县共实施“五个一批”项目254个，其中含省市重点项目19个，累计完成投资85.1亿元，占年度计划的107.5%。河东棚户区改造等101个项目开工，莆炎高速公路建宁段等96个建成投入使用，浦梅铁路、康养中心、国家级种子产业园、云杉纺织等项目加快推进。2020年，全县固定资产投资增长5.8%，位居四小县第一。

【“十四五”规划编制】 2020年，建宁县发改局于2020年中旬启动编制《“十四五”规划纲要（草案）》工作，纲要起草过程中，通过多种渠道开展“我为建宁规划献一策”意见征集活动，把社会期盼、群众智慧、基层经验吸收到规划中来。通过召开座谈会、部门调研、信函邮寄等形式征求各县直单位、各乡镇，以及部分人大代表、政协委员的意见建议，并根据各方意见进行修改完善。同时衔接省、市规划纲要文本，将部分重点任务、重点工作吸纳进县规划中去，最终形成完善建宁县国民经济和社会发展第十四个年规划和2035年远景目标纲要。编制过程中共征集“十四五”重大项目312个，总投资106.5亿元，涉及农林水利、工业、服务业、社会事业、交通能源、城乡建设等。

【项目策划储备】 2020年，建宁县发改局着眼于全局和长远谋划重大投资项目，认真研究国家和省级政策投向，用好用足老区苏区和省级扶贫开发工作重点县相关扶持政策，争取地方政府专项债券、中央和省级预算内资金。全年共策划储备项目115个，总投资107亿元，共向上申报项目71个，总投资63亿元；共争取地方政府专项债、中央和省级预算内项目31个，总投资37.4亿元，资金3.82亿元。

【争取政策支持】 2020年，建宁县立足区位特点，加强与国家和省、市部门对接沟通，及时掌握政策导向、支持的重点领域和具体工作要求，研究对接政策举措，投入新时代支持原中央苏区高质量发展政策举措研究工作中，最终在省发改委上报国家发改委的全省政策举措研究报告中初步体现建宁县的建莲、种业、奶业和无线电等四项个性内容，铁路、高速等共性内容以全市的名义体现。成功争取纳入中央国家机关和央企对口支援范围，中粮集团下派干部到建宁县挂职，推动对口支援工作。围绕建宁县特色优势、工作亮点，在各类试点示范创建中打好苏区牌，成功入选全国率先基本实现农业农村现代示范县、入选全国第四批率先基本实现主要农作物生产全程机械化示范县、列入2020年国家现代农业产业园创建名单、入选2020—2021年水系连通及农村水系综合整治试点县以及获得第四批国家生态文明建设示范县称号等多项试点示范荣誉。

【社会信用体系建设】 2020年，建宁县发改局完善县公共信用信息平台，健全社会信用信息基础数据库，依法加强信用信息归集与共享，逐步建立信用承诺、信用信息自愿注册机制，拓展省、市信用网站信用服务功能和以“信易贷”为重点的守信激励应用场景，推进信用监管信息公开公示，规范信息公示标准，推动行政强制、行政确认、行政裁决、行政奖励和行政监督检查等其他行政行为信息7个工作日内上网公开。全面梳理行政许可和行政处罚事项目录，落实“双公示”制度，全年在“信用中国”网站双公示的信息条数共14997条。开展联合奖惩工作，加强失信惩戒力度。全年联合奖惩219例、市场主体信用承诺报送1046条、信用风险提示140条，推动市场主体自我约束、诚信营商。

【营商环境优化】 2020年，建宁县提升政务服务水平，推动县行政服务中心牵头优化线上线下服务，推进“一事一次办”改革，推进电子证照库运用。加大减权放权力度，根据法律、法规修订情况和上级简政放权要求，做好上级取消、下放、调整审批事项的衔接落实工作，降低制度性交易成本，营造更具吸引力的营商环境。实行工程建设项目审批制度改革，简化各个阶段审批手续，缩短审批时限。加强和规范事中事后监管，推进“双随机、一公开”监管，提升重点监管能力水平。深化“互联网＋监管”系统应用，推动相关执法单位提升监管执法规范性和透明度。优化公共服务，协调各部门继续扩大优质公共服务供给，贯彻实施《优化营商环境条例》，结合实际开展差异化探索，推出具有本地特色的营商环境创新政策和改革举措。多渠道广泛收集营商环境堵点难点问题，认真梳理推动解决。

（吴　江）

统　计

【概况】 2020年，建宁县统计系统按照全国、全省、全市统计工作会议要求，紧扣全面建成小康社会目标和高质量发展，坚持稳中求进工作总基调，坚持新发展理念，围绕做实“四篇文章”，推进“四个着力”，深化“五比五晒”，推进统计方法制度改革，深化依法统计依法治统，发挥统计服务职能，提高统计数据质量和统计公信力，为建宁经济高质量发展提供坚实统计保障。全年围绕全县经济发展目标，组织实施投资、消费、服务业、工业、农业等领域常规统计调查，高质量开展城乡住户收支调查，做好企业创新、“四众”（即众创、众包、众扶、众筹）等专项调查；衔接做好GDP统一核算改革工作、编制自然资源资产负债表、推进绿色发展评价等各项涉及统计改革的工作任务。根据全国、全省的统一部署和安排，第七次全国人口普查工作有序推进。2020年，建宁县统计局被评为“第十四届市级文明单位”、全县“五比五晒”和综治平安先进单位荣誉称号。

【统计服务】 2020年，建宁县统计局围绕推进统计基层基础建设、防范和惩治统计造假、提高统计数据质量和统计服务水平。强化经济运行预警，做好对现有专业的月报、季报数据的质量控制和评估分析，做到事前预测事后分析，特别是对GDP、固投、工业、贸易、服务业等重要指标进行分析，按时撰写全县经济运行预计分析、完成情况通报，发现趋势性苗头性问题，做到早报告、早预警。加强统计数据分析。通过走访调研县内重点行业、企业及特色产业，及时掌握第一手资料，增强分析研究的深度和广度，做优、做精、做强重点分析，增强对经济走势判断和预测的准确性与及时性。全年编写专业简析4篇，经济运行分析4篇。做好统计资料提供，当好县域经济社会发展的参谋助手，做好《建宁统计年鉴》《建宁统计摘要》《企业（项目）纳规入统操作手册》等统计数据资料的提供工作，让社会公众走进统计、认识统计、支持统计。

【依法统计】 2020年，建宁县统计局结合第七次全国人口普查、中国统计开放日、宪法宣传日、统计法颁布纪念日以及通过政府网站、手机短信等媒介广泛向社会宣传统计法律法规，营造依法统计良好的社会氛围。印发《建宁县统计局关于印发贯彻落实防惩统计造假弄虚作假责任制专项工作任务清单和责任清单实施意见的通知》《建宁县统计局全面落实防范和惩治统计造假弄虚作假责任制实施办法》，推进统计监督检查，全年共检查2个乡镇和县属4个单位（项目）共14个单位（项目），其中检查乡（镇）政府统计站2个、劳动工资统计4个、规模以上工业企业4家、固定资产投资项目4个。全年共立案查处3起，行政处罚0.58万元，警告并限期整改单位3个。通过统计监督检查，规范统计行为、杜绝数据造假，防止虚报、瞒报、伪造、篡改等统计违法行为的发生，提高统计数据质量和依法统计工作水平。

【人口普查】 2020年，建宁县按照"统一领导、分工协作、分级负责、共同参与"工作原则，推进建宁县第七次全国人口普查工作。成立普查机构，组建建宁县第七次全国人口普查领导小组及其办公室，各乡（镇）各村均成立普查小组，明确人口普查成员单位和职责分工。做好普查要素保障。建宁县委、县政府高度重视，及时下拨普查经费、落实办公场所及专职普查人员。建宁县人普办采购全新PAD设备202台，为正式普查开展奠定坚实基础。开展普查宣传工作，联合建宁县委宣传部下发《建宁县第七次全国人口普查宣传工作方案》，采取在人流密集区域制作大型户外广告、在城区悬挂宣传横幅标语、在建宁新闻网、建宁融媒体公众号发布人普讯息，以及通过微社区联盟等自媒体定期推送人普知识等多项措施做好人口普查宣传工作。完成"两员"选聘与培训工作。严格按照《第七次全国人口普查方案》和《第七次全国人口普查指导员和普查员选聘、培训和管理工作细则》的要求，选聘普查指导员和普查员784名，开展10期综合业务培训，实现辖区内"两员"全部参训。开展普查登记工作。建宁县人普办精心组织，周密筹划，11月1日，启动县第七次人口普查登记工作，建宁县政府主要领导、县人普领导小组组长深入人口普查一线，视察指导人口普查现场登记工作并慰问普查员与普查指导员。通过对普查小区内建筑物、住房单元、住户的逐一摸排，全县共完成短表登记人口206596人次。完成长表入户登记14866人次。

（何　俊）

审　计

【概况】 2020年，建宁县审计局全年共完成审计项目16个。其中：预算执行审计项目3个；专项审计项目4个；任期经济责任审计3个；重大政策措施落实情况跟踪审计3个；领导干部自然资源资产离任审计2个；固定资产投资跟踪审计调查1个。完成三明市审计局下达的异地交叉审计项目1个，配合三明市审计局完成审计项目2个。审计查出管理不规范资金12376万元，提出审计建议59条。

【重大政策措施落实情况跟踪审计】 2020年，建宁县审计局围绕做好"六稳"工作，落实"六保"任务，以推动上级党委政府的决策部署和重大政策措施在建宁县的贯彻落实、资金到位、项目落地、政策生效为目标，重点关注"三促进"、财力财源挖掘等政策措施落实情况以及重大投资项目推进情况，促进经济健康发展。完成新冠肺炎疫情防控资金和捐赠款物专项审计调查和1—3季度贯彻落实国家重大政策措施落实情况跟踪审计。在重大政策措施落实情况跟踪审计中，先后开展应对疫情防控资金和"六稳"措施落实、"三促进"、挖掘财力财源等三个专题的审计调查。

【精准扶贫和乡村振兴相关政策及资金审计】 2020年，建宁县审计局以推动涉农资金预算绩效管理，加快农业供给侧结构性改革，促进农民增收和乡村振兴为目标，把握当前脱贫攻坚和乡村振兴的新形势新任务新要求，围绕高标准农田建设、帮扶政策落实、贫困群众"两不愁三保障"和饮水安全突出问题，以"精准、安全、绩效"为主线，聚焦解决绝对贫困问题，推动精准脱贫长效机制的建立和乡村振兴战略有序推进。完成市局下达的“两不愁三保障”落实情况异地交叉审计，配合市局完成乡村振兴战略相关政策和资金专项审计调查。

【财政审计】 2020年，建宁县审计局以促进国家重大决策部署和县委、县政府重点工作贯彻落实，推动建立现代财政制度，促进财政经济安全和财政资金规范高效运行为目标，重点关注财政政策提质增效和政府过“紧日子”情况、中央八项规定及其实施细则精神贯彻落实情况、预算分配、资金安全和绩效情况，以及地方政府债券、部门决算草案编制、地方财政收支等方面情况。完成县财政局2019年度组织本级预算执行、决算草案和其他财政收支情况审计以及县委党校、县残联2个部门单位2019年度预算执行情况审计。以推动加快建宁县建立多主体供给、多渠道保障、租购并举的住房制度，更好地保障人民群众住有所居为目标，重点关注安居工程资金分配管理情况、安居工程保障效果情况、安居工程计划落实情况、安居工程相关减税降费政策落实情况、城镇老旧小区改造及住房租赁等政策落实情况等内容。完成2019年度保障性安居工程资金投入和使用绩效审计。

【领导干部经济责任审计】 2020年，建宁县审计局以促进领导干部推动部门科学发展和领导干部守法、守纪、守规、尽责为目标，重点关注领导干部贯彻落实有关经济法律法规、贯彻县委县政府的工作方针政策和决策部署情况，重大经济决策制定、执行及其效果，预算执行和财务管理、资产管理、工程项目管理情况，贯彻落实中央八项规定精神及领导人员遵守有关廉政规定等方面情况。完成县残联理事长鄢泽良、黄埠乡党委原书记胡宽华、黄埠乡政府乡长余道勇、九县石乡村旅游有限公司经理黎晓英任职期间经济责任审计。

【干部自然资源资产和生态环境保护审计】 2020年，建宁县审计局以促进全面节约和高效利用资源、加快改善生态环境为目标，推动领导干部牢固树立绿水青山就是金山银山的理念，促进加快生态文明建设，重点关注领导干部履行自然资源资产管理和环境保护责任情况，关注土地、森林、水、矿山和大气等资源环境情况，检查国家相关法律法规及省、市、县相关配套政策措施贯彻执行情况，自然资源资产相关决策制度和规划任务落实完成情况，助推建宁生态文明建设。完成黄埠乡自然资源资产管理和生态环境保护专项审计、县水利局局长柯国华同志任职期间自然资源资产任中审计。

（郭　锐）

工商行政管理

【概况】 2020年，建宁县新设企业529户，新增注册资本25.07亿元，新增雇工人数4545人；新增个体工商户10238户，新增资金数额3.56亿元，新增从业人数15338人。截至2020年年底，全县共有企业3014户，注册资本169.08亿元，雇工人数37976人；共有个体工商户18737户，资金数额14.37亿元，从业人数30932人。内资企业年报率96.53%，个体工商户年报率22.55%，农民专业合作社年报率99.07%，总体位居全市第二；新申报各项专利112件，全县有效发明专利量26件；有效商标注册总量达到1800多件。开展地理标志品牌推广及保护工作，“建宁水稻种子”评选为2019年度福建省优秀地理标志推广示范单位。全年共受理消费者申诉、举报、咨询共429件，为消费者挽回经济损失11.67万元。执法工作取得新成效，查处案件数181件（含简易案件31件、专利案件31件），罚没入库84.24万元。2020年，建宁县市场监督管理局《助力明一生态营养品有限公司复工复产》案例入选“全省加强疫情防控统筹推进企业和项目复工复产先进典型案例”。

【商事制度改革】 2020年，建宁县立足经济发展实际，深化商事制度改革，推进证照分离改革、名称便利化改革、注销登记改革，推进全程电子化登记。打造一流营商环境，解决营商环境“最后一公里”问题，缩短企业开办时限，行政审批的办理时限从至少15个工作日压缩到材料齐全即时办结，同时与县公安、税务、社保等部门协调，将企业开办时限压缩至1日，行政审批效能大幅提升。全县新设企业529户，新增注册资本250658.71万元，新增雇工人数4545人；新增个体工商户10238户，新增资金数额35628.8万元，新增从业人数15338人。截至2020年年底，全县共有企业3014户，注册资本

169.08亿元，雇工人数37976人；共有个体工商户18737户，资金数额14.37亿元，从业人数30932人。推进全程电子化登记。指导企业通过电子营业执照进行年报、网上登记预审、发布信息公告等自主申报操作，全年全县共颁发电子营业执照2550户，发放率达97.8%。推进注销登记改革，注销公司可直接至“国家企业信用信息公示系统（福建）”进行清算组成员备案，无需再到窗口办理。将城区的个体营业执照、农民专业合作社执照、食品药品等许可事项整合至新行政服务中心窗口，实现一个窗口对外办理、一站式办理，最大限度地提高审批效率，方便群众办事。

【商标品牌战略实施】 2020年，建宁县市场监督管理局坚持标准引领，推动质量强县，依托《建宁县实施工业园区标准化建设推动制造业高质量发展三年行动计划》，服务工业园区标准化建设，指导禾丰种业股份公司申报省级农业标准化示范区工作，助力本县优质杂交水稻制种标准化示范区高质量建设。第9批农业标准化瓜蒌种植标准示范区（福建冠瑞生物科技有限公司）通过省市专家验收。推进知识产权、商标品牌战略。发挥职能作用，加大对企业知识产权方面的工作指导和跟踪服务，鼓励企业及时将新技术、新工艺、新产品申请专利保护。全年新申报各项专利112件，全县有效发明专利量26件。开展地理标志品牌推广及保护工作，“建宁水稻种子”评选为2019年度福建省优秀地理标志推广示范单位。指导企业开展商标注册工作，全县有效商标注册总量达到1800多件，为商标强县发展战略提供强大基础。

【消费维权服务】 2020年，建宁县市场监督管理局开展纪念2020年“3·15国际消费者权益日”线上宣传咨询系列活动。在各乡镇、各大超市、酒楼、商铺等主要商场滚动播放“凝聚你我力量”国际消费者权益日宣传标语，并通过电信、移动电话短信发送“3·15”宣传标语5万多条，加大疫情防控期间的宣传力度及覆盖面。加强消费举报投诉和信访处理，全年共受理消费者申诉、举报、咨询429件，为消费者挽回经济损失11.67万元。办结咨询96件，均已答复。

【助力复工复产】 2020年，建宁县市场监督管理局推行“五办工作法”（即网上办、掌上办、邮寄办、预约办、智能办），高质量高效率服务群众。疫情防控期间全面推行“网上办、掌上办、邮寄办、预约办、智能办”审批服务模式，并公示窗口咨询电话。尽量采取“不见面”方式高质量高效服务群众，最大可能较少人员聚集，共梳理出包含企业登记注册、食品生产许可证等网上办、预约办、邮寄办等办理内容24条。对于保障疫情防控工作需要的紧急业务，特事特办、急事急办，打通抗“疫”审批最后一公里。助推市场主体有序有效复工，编制《建宁县市场监督管理局关于新冠肺炎疫情防控期间市场主体开业复市的防控工作手册》，通过监管对象微信群、逐户上门宣传、食品网格员宣传等形式宣传到每户开业的市场主体手中，共发放宣传手册1500余份。强化计量服务保障企业复工复产，对疫情防控需要和企业复工复产的强制计量器具实行免费检定，全年共强检器具5000余台件，为企业减免费用19.8万元。主动跟踪明一企业动态，服务重点企业复工复产，为协助明一乳业东北公司三个婴幼儿配方乳粉系列九个配方的婴幼儿配方乳粉基粉生产许可增项扩能到建宁县，建宁县市场监督管理局成立工作专班，向上沟通省市场监管局相关处室，推动公司于2020年2月26日通过许可审批取证，于2020年3月4日开始正式投产生产婴配基粉，最高日产量可达40吨左右，解决东北公司无法复工生产带来的困境，助力企业恢复产能，保障企业的市场占有份额。

【企业年报】 2020年，建宁县市场监管局加大信用监管力度，严格落实企业信息公示、经营异常名录、严重违法企业名单等制度，截至2020年12月10日，全县累计有1864户内资企业（年报率96.53%）、1934户个体工商户（年报率22.55%）、530户农民专业合作社（年报率99.07%），排名位居全市第二。通过福建省工商系统市场主体信用信息公示平台成功申报并公示2019年度年报息公示，因未年报列入经营异常名录的企业及农民专业合作社138户，对连续2年以上（含两年）未年报被列入经营异常名录和严重违法失信的56户企业开展集中批量吊销。

【扫黑除恶】 2020年，建宁县市场监督管理局继续主动探索建立扫黑除恶专项斗争工作中的线索摸排和行业乱象治理等方面的长效机制，围绕重点、难点、乱点问题制定完善工作方案，形成“源头治理、系统防治”的长效机制。突出民生领域专项治理，开展市场整治乱象行动，加大市场流通行业欺行霸市、传销、价格欺诈、虚假广告、成品油等行业乱象的整治工作力度，全年与县交通、工信、公安、林业、教育等部门开展协作执法6次，核实县扫黑办转办线索1条，向县扫黑办移送涉黑涉恶线索1条。

（黄贵春　杨　威）

价格管理

【平稳市场物价】 2020年，建宁县重点监测群众反映强烈、突发性民生价格问题，尤其是年初新冠疫情以来，做好疫情防控期间的每日35种商品采价报价，整理并及时上报上级主管部门，为上级了解掌握价格动态提供参考。做好每周23种主要商品“价比三家”民生信息的采集，通过政府网站平台发布。组织商品尤其是农副产品货源，增加商品供应，保证本县市场的消费需求，稳定市场价格水平。

【价格联运机制】 2020年，建宁县适时启动价格联运机制。按照全市统一部署对低保、特困、优抚等对象发放临时价格补贴，全年共发放价格临时补贴金额112.54万元，受益人员31148人次。保障困难群体的基本生活需求不会因CPI指数上涨因素而影响生活质量。

（吴　江）

质量技术监督

【概况】 2020年，建宁县市场监督管理局落实疫情防控期间特种设备安全保障工作，突出特种设备隐患排查和专项整治，出动安全监察人员152人次，检查使用单位68家次，发现安全隐患25条，均已完成治理，立案2起，罚没3.2万元。全县特种设备安全形势平稳，未发生特种设备安全事故。组织开展2次成品油质量监督检查专项行动，确保全县加油站抽检率达100%，共抽检成品油15批次，其中6批次不合格，立案6起，罚没金额15.13万元。开展强检器具检定5000余台件，为企业减免费用19.8万元，查处计量案件2起，罚没金额28512.5元。

【隐患排查和专项整治】 2020年，建宁县市场监督管理局加强特种设备隐患排查和专项整治工作，强化重点使用单位、重点部位、重点企业的特种设备监察。先后开展移动式及快开门式压力容器、公用燃气管道安装隐患治理、液化石油气瓶和瓶装液化石油气整治、大型游乐设施、客运索道隐患排查治理等专项治理，共出动安全监察人员152人次，检查使用单位68家，发现安全隐患25条，均已完成治理，立案2起，罚没金额3.2万元。全县特种设备安全形势平稳，未发生特种设备安全事故。

【产品质量安全】 2020年，建宁县市场监督管理局聚焦与人民群众生产生活密切相关的重点产品，围绕“用得舒心”“穿得称心”“吃得放心”，加强重点消费品、食品相关产品、重点工业品质量安全监管。全年重点加强细木工板生产企业、食品相关企业、非医用口罩企业的监督检查，加大成品油质量监督抽检力度和覆盖面，组织开展2次成品油质量监督检查专项行动，确保全县加油站抽检率达100%。2020年，共抽检成品油15批次，其中6批次不合格，立案6起，罚没金额15.13万元。

【计量检定服务】 2020年，建宁县市场监督管理局强化计量检定服务，保障企业复工复产，对疫情防控需要和企业复工复产的强制计量器具实行免费检定，开展强检器具检定5000余台件，为企业减免费用19.8万元。查处计量案件2起，罚没金额28512.5元。助力学校筑牢抗“疫”防线，为全县18所学校校准、核查红外额温计、红外筛检仪等测体温类计量器具382台（件），服务学校安全复课。

（黄贵春　杨　威）

食品药品监管

【概况】 2020年，建宁县市场监督管理局坚持监管提效，打造市场环境新秩序，守住安全“底线”。发挥综合执法大队执法主力军作用，强化股所队联动执法，对严重扰乱市场秩序的违法行为加大打击力度，深化各类专项整治。全年开展食品生产流通环节监督抽检共246批次，其中食品生产环节

70 批次，流通环节预包装食品 53 批次，食用农产品 123 批次，未发现不合格批次。开展餐饮环节监督抽检 22 批次，发现不合格 1 批次，已立案查处。共查办食品案件 16 起，罚没 15.53 万元。全年共对全县 12 家医疗机构、1 家医疗器械批发企业、42 家零售药店开展专项检查，并对 9 个品种药械物质开展疫情防控重点抽查，检查医疗机构 35 家次，药品经营企业 253 家次，药品使用单位 156 家次；检查医疗器械经营企业 41 家次，检查医疗器械使用单位 67 家次。日常监管检查覆盖率 100%。

【日常监管】 2020 年，建宁县市场监督管理局将日常检查与“双随机、一公开”检查相结合，摸清全县食品经营单位底子，规范经营企业行为。截至 2020 年 12 月 31 日，全县共有食品生产企业 40 家、食品销售单位 969 户，餐饮服务单位 538 户。紧盯重点时段食品安全监管，加强春节、五一、国庆等节假日以及疫情防控期间的食品安全监管力度。对所有食品生产企业、餐饮服务提供者开展风险等级评定，实施分类建档管理，加大市场监管执法力度，保障民生根本，共查办食品案件 16 起，罚没金额 15.53 万元。

【食品安全重点整治】 2020 年，建宁县市场监督管理局以创建省级食品安全社会共治示范县为契机，推进“餐桌污染”治理、建设“食品放心工程”工作，开展校园及周边食品安全、农村假冒伪劣食品、流通环节食品安全风险排查、保健食品、固体饮料、餐饮环节食品添加剂等专整治项等 10 余次。紧盯风险程度高、合格率较低以及消费量大的重点品种，瞄准校园周边、城乡接合部等重点区域，加大抽检力度。全年共开展食品生产流通环节监督抽检 246 批次，其中生产环节 70 批次、流通环节预包装食品 53 批次、食用农产品 123 批次，未发现不合格批次。开展餐饮环节监督抽检 22 批次，发现 1 批次不合格，抽检信息与结果均已通过建宁政府网向社会公布。查办食品案件 16 起，罚没金额 15.53 万元。

【疫情防控】 2020 年，建宁县市场监督管理局坚持疫情防控与食品药品监管齐头并进，加强常态化疫情防控工作，防范新冠肺炎疫情通过食品流通环节输入、扩散。疫情防控期间，加强各小吃店、酒店、餐馆的劝停及监管工作，共劝导酒店退订酒席 201 场次，劝停农村集体聚餐 600 场次，约谈或引导农村集体聚餐厨师团队 10 次。开展进口冷链食品专项整治，对进口冷链食品经营单位开展集体约谈，督促经营单位落实主体责任，开展进口冷链食品检查、协助卫健部门开展核酸检测工作，共出动执法检查人员 156 人次，检查进口冷链食品经营单位 264 家次，协助对进口冷链食品经营单位开展冷链食品、经营环境、从业人员核酸检测 1658 批次。建立每日巡查制度，对全县 42 家药店疫情防控所需的药品和医疗器械实施价格重点监管，重点巡查抗病毒药品、退热止咳药品和医用口罩等防疫药械价格公示、哄抬物价行为。针对防疫物资紧缺，供应价格波动的问题，制定防疫物资进、销价格报备制度，监督指导各药店相应调整销售价格。对购买发热、感冒、咳嗽药品的消费者进行测量体温并做好实名登记，建立日报告制度，采取现场督导、明察暗访等形式督促各药店严格落实。保障疫情防控物质市场供应，协调解决各药店医用口罩、药品及防疫消毒物资供应紧缺问题，组织调运防护口罩、抗病毒药物、消毒用品等防护物品，保障市场供给。共协调各药店向市场供应口罩 25100 个，84 消毒液 273 瓶，医用酒精 455 瓶，温度计 1460 支。

【药械市场监管】 2020 年，建宁县市场监督管理局围绕药械化安全这一中心任务，开展药品、医疗器械、化妆品安全监管工作，确保全县人民用药、用械、用化安全。组织开展中药饮片质量集中整治、药品网络销售违法违规专项整治行动、无证无照经营医疗器械综合治理、无菌和植入性医疗器械监督检查、医疗器械“清网”行动、医疗美容乱象整治等各类专项整治行动。全年共对全县 12 家医疗机构、1 家医疗器械批发企业、42 家零售药店开展专项检查，并对 9 个品种药械物质开展疫情防控重点抽查，检查医疗机构 35 家次，药品经营企业 253 家次，药品使用单位 156 家次；检查医疗器械经营企业 41 家次，检查医疗器械使用单位 67 家次。日常监管检查覆盖率达 100%。完成药品不良反应报告数量 121 例，其中新的、一般的不良反应报告 13 例，占报告总数的 10.74%；严重的不良反应报告 5 例，占报告总数的 4.13%。

（黄贵春　杨　威）

教育 科技

综 述

【概况】 2020年，建宁县共有各级各类学校45所，其中：高级中学1所，职业中学1所，初级中学7所，完全小学12所，教学点7个，特教学校1所，幼儿园15所（其中民办园3所），教师进修学校1所；全县教职工1591人（其中民办园教职工81人）。在校生19872人［其中：普高在校生1848人；职高在校生429人（其中非全日制36人）；初中在校生4157人；小学在校生9200人；幼儿在校生4142人；特教在校生96人］。年内教育投入不断加大，教育改革不断深化，教学质量不断提升，教育布局不断合理，教师队伍不断完善，教育民生不断改善，建宁县基础教育高质量发展各项工作成绩较为显著。年内义务教育阶段学校公用经费下拨1385.73万元；学前教育公用经费下拨249.6万元；普通高中教育学校公用经费下拨302.94万元。中职教育学校公用经费下拨147.42万元。当年全县企业研发经费投入1.31亿元，GDP比重1%；新增省级和国家级高新技术企业各3家。

【全面从严治党】 2020年，建宁县教育局重视党建工作，坚持党要管党，全面从严治党。党委班子成员落实“一岗双责”，主动推进联系学校、分管股室从严治党，全面推动落实党风廉政建设“两个责任”。落实党风廉政建设责任制，层层传导压力，深入推进全面从严治党主体责任落到实处；建立健全党内监督机制，定期召开全县教育系统党风廉政建设会议，对教育系统反腐倡廉形势作专题研究分析，对党风廉政建设工作进行安排部署。严格用中小学教师职业道德规范、新时代教师职业行为十项准则等从严管理教师队伍；做好县委巡察一组对县教育局巡察整改工作，制定并完善制度7项，开展诫勉谈话4人，批评教育7人，提醒谈话10人，责令退回违规资金20余万元，在全县教育系统范围内形成有效的警示教育作用。

【落实意识形态工作】 2020年，建宁县教育局党委把意识形态工作与党建工作、教育教学中心工作同部署、同考核，明确各党支部书记、校（园）长为意识形态工作第一责任人，抓好分管股室、校园的意识形态工作，对职责范围内的意识形态工作负领导责任；开启建宁教育一周要闻栏目，宣传报道建宁教育各类重大信息，让广大群众更加了解建宁教育、关心建宁教育。守住讲台、校园、乡村少年宫和学校留守儿童之家等作为意识形态工作开展的主阵地，狠抓学校干部队伍、教师队伍和学生队伍的意识形态建设管理，打造红色校园。局党委纪委定期或不定期开展专项督查，结合开展“中小学教师师德师风建设提高年”活动，强调有权必有责、有责要担当、失责必追究，营造风清气正的教育改革环境。

【多所新校投入使用】 2020年，建宁县教育局坚持以“办人民满意的教育”为宗旨，围绕“教育强县”建设目标，全力推动各类教育事业发展。坚持问题导向、找准教育短

新建建宁县闽江源小学　　（县融媒体中心供稿）

板，科学规划布局、优化教育结构，统筹解决城区、中心集镇中小学、幼儿园学位不足问题，补齐教育短板。8月，建宁县新建闽江源小学、闽江源幼儿园、第三实验幼儿园等三所校（园）举行揭牌仪式并正式交付使用。解决城区小学、幼儿园大班额，缓解入园入学压力等问题，改善办学条件。闽江源小学、闽江源幼儿园和第三实验幼儿园项目是县重中之重民生事业项目。闽江源小学占地面积21773平方米，建筑面积18543平方米，按36个班设计，可容纳1620名学龄儿童就读；闽江源幼儿园占地面积5826平方米，建筑面积5300平方米，按15个班设计，可容纳450名学前幼儿就读；建宁县第三实验幼儿园占地面积6136平方米，建筑面积5000平方米，按15个班设计，可容纳450名学前幼儿就读。

基础教育

【概况】 2020年，建宁县共有各级各类学校49所，其中普通高中1所、职业中学1所、初级中学7所、完全小学11所、教学点11个、特教学校1所、幼儿园16所幼儿园（县直属幼儿园4所，乡镇中心幼儿园8所，民办园4所），村级幼儿班21个，在园幼儿4142人（其中民办园884人）。10所小学被评为“省义务教育管理标准化学校”，4所小学被评为“省义务教育教改示范性建设学校”。新建并投入使用的闽江源小学招收一年级新生193人，接收暂寄城关小学和实验小学的2019年一年级新生150人回归闽江源小学二年级就读。实际增加城区小学学位200个。特殊教育学校被评为“省特殊教育标准化学校”，2020年全县6—14周岁残疾儿童共173人，其中三类残疾153人、肢体残疾13人、精神残疾7人。三类残疾153人中，视力残疾16人（入学率100%）、听力言语残疾20人（入学率100%）、智力残疾117人（入学率98.3%）、未入学2人（占三残总数的1.3%），2020年建宁县三类残疾入学率为98.7%。全年共招聘86名教师，城乡岗位交流75人，校级领导交流22人。深化“县管校聘”管理体制改革，为近年新招教师确认初级职称52人，协调县人社局为符合晋级条件教师37人。评选省优秀教师3人，市局“师德标兵”“教学能手”8人，县委县政府表彰“优秀教师”“先进教育工作者”80人。

【学前教育】 2020年，建宁县教育局推动学前教育健康发展，强化保教常规管理，加强保教质量，学前三年入园率98.26%。全县公办园在园幼儿数占比为78.66%，县域内在各级示范幼儿园就读幼儿比率为65.16%，普惠性幼儿园覆盖率达100%，全市学前教育工作会议在建宁县成功召开，各项指标均提前实现省、市既定的学前教育发展目标任务；加快学前教育优质资源建设步伐，闽江源幼儿园、第三实验幼儿园今年9月份顺利投入使用。落实学前教育经费保障，制定公办幼儿园生均公用经费财政拨款标准。深化学前教育“片区管理”改革，发挥实验幼儿园、城关幼儿园的引领辐射作用，带动乡镇中心幼儿园。实验幼儿园、城关幼儿园通过第二批省保教改革建设幼儿园中期评价，县第二实验幼儿园被认定为“县级示范性幼儿园”。

【义务教育】 2020年，建宁县教育局提升义务教育优质均衡发展。提升义务教育质量，做好省市县质量监测，完成学籍处理2420起，稳固小学100%入学率，完成近2万人各类教材教辅的征订、核算工作。闽江源小学9月份投入使用，城区布局更加合理；中高考成绩再创新高，中考700分以上有31人，比上一年增加25人；600分以上有362人，比上一年增加115人，与上一年相比高分学段增加140人，及格率和优秀率分别提高2.88%、2.96%；从秋季开学起，在县城区义务教育阶段学校启动课后“四点半”服务工作，帮助家长解决好正常放学后接送孩子上下学、假日监管难等困难。

【温馨校园建设】 2020年，建宁客坊中心小学入选教育部首批“乡村温馨校园”建设典型案例学校。这是由各个学校自荐，再经过各个地州市和省教育部门层层考核、评选和推荐出来的。全国共有100所学校入选，福建地区仅三所入选。客坊乡中心小学位于县城西南部50千米的客坊乡，是建宁县最边远的一所农村寄宿制学校，在校生276人，其中留守儿童170名，占学生总数的61.6%。通过不断探索和积淀，该校走出一条以“师生幸福、家长放心、社会认可”为总体办学目标；走“小而精、小而优、小而特”的边远农村小学办学思路；依托客坊本土文化和红色文化，打造以“耕读”为主题的校园文化；树“真爱6+1”关爱农村留守儿童举措的特色发展之路，学校实现跨越式发展。学校先后被评为市级“普法先进单位”、市级“标准化学校”、市级“书香校园”、县级“先进单位”“平安校园”“关心下一代工作先进单位”“文明学校”等荣誉称号。校园内修建供孩子们增长知识的“善读园”“开放书吧”“心天地互动阅读教室”，让留守儿童不再孤单的“亲情室”“心愿廊”，给孩子们实践锻炼的“善知园”“耕读园”。该校每月都会举办“留守儿童集体生日庆祝会”，“爱心爸爸”“爱心妈妈”们准备生日蛋糕、精美礼物，精心编排节目，为留守儿童们送上生日的祝福。

【特色校园】 2020年，建宁县教育系统推进特色校园建设。利用重要时间节点开展主题教育，在清明、五一、六一、七一、国庆等重要时间节点开展主题教育，各项活动参与师生达3.5万余人次。开展红色故事宣讲活动，紧紧围绕风展红旗如画这一主题，结合建宁得天独厚的红色文化教育资源，通过讲红色故事、唱红歌、演红色剧、重走红军路等活动，培养学生的爱国主义情怀。10月下旬至11月上旬，协同县委宣传部开展红色故事进校园宣讲活动，先后在建宁一中等13所学校开展红色故事宣讲活动，近5000余名师生参与活动。实验幼儿园开展“庆国庆、唱红歌”比赛。10月，城关小学开展“传承红色基因、争做新时代好少年”读红色故事演讲比赛。全年各学校开展红色故事宣讲50余场次，参与人数达20000余人次。

客坊乡中心小学入选“乡村温馨校园建设典型案例学校”名单。
（县融媒体中心供稿）

【民办、特殊教育】 2020年，建宁县教育局推动终身教育、家庭教育、特殊教育更全面发展。推进终身教育、社区教育创新发展，构建服务社会治理、增进百姓福祉的终身教育体系。成立水南社区等12个社区学习中心、里心镇花牌村学习网点等47个学习中心、网点。各社区、乡镇学习中心及村级学习网点开展一系列的培训及主题活动，城区社区教育参与率达100%，农村社区教育参与率达75%；家庭教育活动主要采取线上线下相结合的方式，其中，线上讲座、沙龙等活动26场次，18463人次参与；实施特殊教育三年提升计划，加强特殊教育师资补充，提高设施设备水平，加强特殊教育学校建设和残疾少年儿童随班就读工作，加快推进建设集教学、功能室于一体的教学综合楼，整合资源，提高特殊教育学校综合办学效益。

【真爱“6+1”品牌建设】 2020年，建宁县教育系统推动真爱“6+1”扶贫新模式，创建扶贫品牌项目。按照扶贫先扶志、扶贫必扶智和精准扶贫的扶贫精神，扎根教育扶贫各项工作。推动各校学习拓展创新客坊中心小学真爱“6+1”模式，让每位贫困学生、留守儿童沐浴在爱的阳光下，茁壮健康幸福地成长。全年在全面实施三明市中小学生幸福成长工程的基础上，用心用情做好贫困留守儿童关爱保护工作。各个学校制定贫困留守儿童关爱工作方案，为贫困留守儿童解决学习和生活中遇到的问题。其中：客坊中小的“真爱6+1”关爱留守孩关爱和管理模式，得到省市县领导的高度赞赏，全市贫困留守儿童“雏燕”关爱行动现场会在建宁县客坊乡召开，为各县（市区）提供一个学习平台。县教育局将客坊中小“真爱6+1”关爱留守儿童的典型案例推荐到省教育厅，省教育厅将其拟推荐为教育部乡村温馨校园建设典型案例，当年全省只有3所学校获此殊荣；组织参加青少年影像节、省科技论文评选、省市青少年科技创新大赛、省市青少年机器人大赛、青少年信息学奥林匹克竞赛等活动，获省级荣誉2项、市级荣誉31项。

【体育艺术教育】 2020年，建宁县教育局全面推进学生阳光体育运动，落实中小学生每天运动一小时实效性。开展中小学校园足球联赛，推动青少年校园足球运动，加大校园足球普及力度。抓好近视防控，下发工作方案，综合防控儿童青少年近视；加强艺术教育，实行中小学生艺术素质评价制度，推进“书香墨香”特色学校建设，使每一所学校都充满浓郁书卷气息，全县1所学校被评为新时代特色学校、2所学校被评为特色项目学校，1所学校被评为“书香墨香校园”示范校、4所学校被评为“书香校园”特色学校、6所学校被评为“墨香校园”特色学校；加强学校食品安全和传染病防控，实施中小学食堂“明厨亮灶”工程，发挥“小手拉大手”的作用，在中小学（幼儿园）中以“垃圾分类、厉行节约”等内容进课堂活动。健全学生体质健康监测体系，做好《国家学生体质健康标准》测试工作，建立预警制度，全县31所中小学校（幼儿园）创建健康促进学校。强化科技创新教育，推进科普教育工作，提高学校国防教育质量。

【“墨香校园”建设培训班开班】 2020年，建宁县教育局在建宁三中举办中小学校长及书法骨干教师“墨香校园”建设培训班。省语言文字专家库成员、省教育学会书法教育委员会副秘书长武良弼，全国优秀书法教师、省书委会常务理事、宁化县书法名师工作室领衔名师陈建智，省书委会常务理事、晋安区书协主席、福州市新店中心小学校长赵时斌等出席开班仪式并授课。县教育局领导、全县中小学校（园）长、部分进修学校教研员、中小学语文、书法骨干教师，2020年新入职教师等200余人参加开班式和聆听讲座。开班仪式后，各位书法专家分别以创建“墨香校园”的举措、从农村小学到全国书法教育示范校的蜕变、从书法特色校到从书法示范校、粉笔、硬笔字书写训练指导等方面举办讲座授课。专家与老师们面对面交流，“零距离”的沟通，激发老师们对书法的兴趣，推动县书法教学活动的开展，助力本县“墨香校园”的开展，建设更多的“书法特色校”“书法示范校”，培育壮大能书会写善教的墨香教师队伍。

普高教育

【概况】 2020年，建宁县第一中学（简称建宁一中）连续九届被评为省级文明学校，先后获得省教育先进单位、省整顿校园治安秩序先进单位、省校园综合治理先进单位、省推行《国家体育锻炼标准施行办法》先进单位、省基层学校民主管理先进单位、省先进教工之家、省绿色学校、省德育先进学校等多项荣誉称号。2020年，建宁一中共设有36个教学班，在校学生1848人，寄宿生708人，教职工164人，专任教师158人。

【教育教学成绩】 2020年，建宁一中高考再创佳绩：总分600分以上19人，创历史纪录，全省理科总分前2000名6人，其中曾玉佳同学以理科总分675分（全省343名）佳绩，勇夺三明市五小县总分第一；谢俊理科总分668分（全省580名），夺得三明市五小县总分第三。卓鸿毅同学在全省艺术联考中获得第二名，被福州大学录取。段玮同学通过高水平足球考试被苏州大学单招录取。985工程院校录取13人，“211”工程院校以上录取33人。

【教师技能提升】 2020年，建宁一中重视教师技能培训，组织参加各级各类培训（省市新教材新课标培训、省市学科会、兄弟学校教学开放周等）共计500多人次。加强校际交流与合作，与尤溪一中、福州第十五中学等学校开展共建。参加各级各类教学研讨培训会并组织参训教师回校后进行学校教师二级培训，提升全体教师业务水平；抓实名师工作室工作，督促各工作室开展形式多样的讲座、授课、课题研究、论文发表。开展各项教研活动，学校落实教研活动的签到管理，教研组长、备课组长合理安排每周教研、备课组活动；与进修学校合作顺利完成学校首届优质课比赛，同时组织各教研组安排人员参加市优质课评比。以本校教研组为龙头，组织建宁一中总校城关中学校区、建宁三中校区相关教师参加总校教研活动，响应上级“引智工程”，先后完成省级课题开题报告会、省市化学学科会、李似麒名师工作室送教等几场大型活动。做好“送教下乡”“下乡支教”等校际交流活动。2020年，学校共安排10位老师分别到均口中学、建宁二中支教，实现教学资源共享，同时加强管理，与支教学校多次沟通，互通有无，及时了解和掌握下乡教师实际情况，做到真下乡，真支教。教研室还分别带队到均口中学等开展送教下乡活动，把工作做实做细。指导助推课题研究工作。当年共有三项省级课题、一项市级课题立项，多项县级课题有序推进，教研室适时进行指导和检查，使课题研究工作切实推动教育教学改革进程。

【省教学研讨会在建宁召开】 2020年12月8日，福建省高中化学学科教学研讨活动在建宁县第一中学召开，建宁县政府副县长孙元玲，福建省普教室理科原主任、特级教师陈启新，福建省普教室化学教研员、正高级教师、特级教师黄丹青，三明教育学院化学教研员、正高级教师、特级教师林文兴，县教育局、建宁县第一中学领导及来自全省各地市高中化学教研员和各中学高三化学老师，共一百余人参加本次会议。活动中，惠安第一中学苏育波老师、漳浦一中余小耿老师、霞浦六中戴文清老师充分展现自己的说播课。展示的课型各具特色，精美的课件、翔实的内容，新颖的教学方法，体现教师的教学新理念、新思路，显示良好的教师素质和教育教研能力，受到与会老师们的一致好评。

【饶山教育发展基金会成立】 2020年，饶山教育发展基金会成立。教育发展基金会是搭建学校和社会有识之士之间的纽带和桥梁，是组织动员社会力量支持教育的重要平台，是高级中学办学、发展资金来源的重要补充。建宁一中作为该基金会的业务主管单位，依照相关法律、章程，建立良好的治理结构体系，并承担相应的管理职责，社会各界人士积极发扬社会公益、慈善之心，力所能及地支持建宁县教育发展事业。

【学校群团活动】 2020年，建宁一中召开十一届二次教师代表大会。大会审议通过《2020—2023年度教师岗位职称竞聘细则》，体现代表们民主决策，发挥民主管理作用。加强基层工会的活动场所及文化阵地建设。利用劳动节、教师节、国庆节、元旦等节假日开展丰富多彩、形式多样的文化活动。当年科技体育艺术节设置丰富的教工比赛项目（男教职工1500米跑、女教职工800米跑、男教职工篮球比赛、女教职工跳绳比赛、10×300米男女混合接力赛等活动），增强教职工的向心力、凝聚力、集体荣誉感和归属感，激发广大教职工的工作热情。利用课余时间看望在县城生病退休教师，春节前上门慰问在本地的退休老师。九九重阳节时，学校工会召开退休教师座谈会，组织登东山公园等户外活动。

【80周年校庆】 2020年，建宁一中迎来80周年华诞。为传承中

2021年1月3日，建宁一中80周年校庆晚会　（涂逢燕 摄）

华优秀传统文化，弘扬尊师重教的精神理念，激发学子迎考备战的凌云壮志和坚定信心，县委县政府大力支持、学校积极组织、精心筹备校庆活动。活动以“总结成就，激励后学，共创未来，再铸辉煌”为主题。回顾办学历程、展示教学成果，营造崇学重教氛围，校庆活动精彩纷呈，先后举办升旗仪式、祭孔仪式、跑操比赛、拔河比赛、教师履带战车、猜灯谜、书画比赛、摸石头过河及“庆祝80周年校庆”文艺演出等活动。通过线上晚会直播和线下校内活动两种方式进行，获得国内外校友的一致好评。师生们通过一系列的活动表达对知识与教育的崇敬和对高考的祈福。

【校园扶贫帮困】 2020年，建宁一中立足校园、服务社区，开展青年志愿者服务活动和扶贫帮困献爱心活动。以形式多样的青年志愿者活动为载体，组织团员青年定期组织开展“重阳节慰问”“保护母亲河”“社区卫生清理”志愿者服务活动等志愿活动，参与社区文明创建活动。建宁一中积极联系凌云助学金、供电公司助学金、黄仲咸奖（助）学金、因交通事故造成困难的学生助学金等多方面社会慈善基金会捐助在校贫困生，共资助在校学生三百余人，资助款项约24万元。

（林炳娟）

职业教育

【概况】 2020年，建宁职业中学（简称建宁职中）促进职业教育产教融合发展，贯彻落实《国家职业教育改革实施方案》，落实立德树人根本任务，突出职业素养、创新创业教育，提高学生综合素质。推进职业教育现代化工程，启动实施中等职业学校“领航计划”创建工作，扩大优质职业教育资源供给。建宁职中是一所公办性质的中等职业学校，是三明市中小学心理健康教育特色学校，是福建省第一批（2015—2017年）文明校园，是全国计算机等级考试考点，是福建信息职业技术学院教学点。学校占地面积43905平方米，建筑面积13940平方米，总资产2802.8万元。学校开设园林技术、计算机应用（与福建船政交通职业学院联办的五年专）、会计电算化、高星级饭店运营与管理、旅游服务与管理（3+2学制）、工艺美术、民族音乐与舞蹈等专业。2020年，建宁职中在校生总人数429人，其中全日制393人、非全日制36人。教职工54人（其中专任教师48人），“双师型”教师14人，本科以上学历45人，硕士1人，副高级职称14人。已聘中级职称28人。全年培训经费3.08万元，专任教师省级以上培训12人次，市级培训21人次，县级培训43人次，总数达76人次。

【教育教学成绩】 2020年，建宁职中应届毕业生165人，全日制在校生112人全员参加实习，培训规模达100%，学年巩固率达88%，专科上线率94.5%。其中高考本科2人，2020年毕业生（含升学）就业率为97%。学生基本能找到对口岗位就业，对口就业率达61%。2020年组织学生参加省级技能竞赛，酒店服务项目获得三等奖。

【学生职业道德教育】 2020年，建宁职中常态化开展德育活动，开设德育课程，开展2020年春季开学疫情防控演练，举行2020级新生国防教育军事拓展训，开展“制止餐饮浪费 培养节约习惯”活动，举办“匠心杯”文体系列活动，组织毕业班学生和思想政治课教师赴泰宁县寨下大峡谷和耕读李家开展实践教育活动。开展夜间应急疏散、消防演练活动，开展主题为“人人出彩·技能强国”的职业教育活动周活动，开展红色故事宣讲比赛和“宪法晨读”活动，常态化开展学生志愿活动，举行“十八岁成人礼”“我们的节日”等活动。通过活动，培育和践行社会主义核心价值观，在活动中立德树人。

（邓冬华）

成人教育

【概况】 2020年，建宁县成人教育以电大工作站、教师进修学校及各个社区学校为依托，开展学历教育和非学历教育活动，通过开展成人教育，推进终身教育，填补教育体系中的一些薄弱环节，满足建宁县人民多样化的学习需要，建立全民学习、终身学习的学习型社会、促进人的全面发展。逐步建立并完善社区学院、社区教育学校和社区教育学习点三位一体的社区教育网络，完善各级社区教育办学实体组织机构，为实现建设特色突出、文明和谐、高质量发展的现代化新建宁奠定基础。

【电大工作站】 2020年，建宁电大以习近平新时代中国特色社会主义思想为指导，深入贯彻国家开放大学与省、市电大工作精神，以办人民满意的教育为宗旨，以提高电大教学质量和办学效益为中心，开展学历教育。坚持以市场人才需求为导向，做好招生工作，全年共招生87人。电大始终把教学管理放在首位，提高教学水平，取得良好的成绩，学员的及格率达到100%。根据《福建广播电视大学关于开展系统办学评估工作的通知》（闽电大〔2020〕60号）文件精神，工作站做好迎评工作，12月经福建省教育评估研究中心组织实地考评，获得较高评分，得到良好等级。

【教师培训】 2020年，建宁县进修学校继续做好教师培训工作，全年共举办各类教师培训42余期，培训中小学教师2800余人次。4月，组织全县202名小学语文老师参加网络直播线上培训活动，特邀请全国小学语文名师、福州教育研究院语文教研员、福建省教育学院语文课程与教学研究所研究员何捷作《统编教材课例解读与设计指导》专题讲座。5月，组织进修学校小学语数教研员、全县小学六年级毕业班语数教师共七十余人参加小学毕业班教学指导研训活动，并邀请三明市三元区教师进修学校陈彩虹老师、建宁县教师进修学校陈文泰副校长作专题讲座。6月，聘请三明市语文、数学、化学中考学科专家、名师进行毕业班教学专题讲座，上观摩课，指导初中毕业班总复习教学工作。8月，由福建省教育厅主办，福建教育学院承办的高中音乐新教材培训在建宁县举办，参加本次活动的有来自全市音乐教研员及高中音乐教师70余人。利用暑假时间，进行"2020年建宁县小学语文教师暑期全员培训"，全县近200名小学语文教师参加。11月，邀请泉州市幼儿高等专科学校7位福建省名师、园长进行学前教育"送培下乡"活动。培训多形式、多途径地开展课例示范、现场答疑解惑、专题讲座等。12月，31位教师通过考核被认定为建宁县首届学科带头人。举行"中央苏区、革命老区中学数学教师培训"活动，中国教育学会中学数学教学专业委员会理事长、原人民教育出版社中学数学室主任、人教版普通高中教科书数学（A版）主编章建跃博士，福建省教育学会中学数学教学专业委员会秘书长、福州一中正高级教师陈德燕，福建省电化教育馆馆长滑文革到现场指导。三明市各县（市、区）初中数学教研员，初中、高中数学教师代表150多人参加培训，福建省电化教育馆对本次活动进行全程直播，人民网等相关媒体进行专题报道，全国范围有3万多人观看现场直播。12月，福州十五中、鳌峰学校、台江区进修学校骨干教师来建宁一中、建宁城中、建宁二中开展送教下乡活动。

【社区学院】 2020年，成立水南社区等12个社区学习中心、里心镇花排村学习网点等47个学习中心、网点。各社区、乡镇学习中心及村级学习网点开展一系列的培训及主题活动，城区社区教育参与率达100%，农村社区教育参与率达75%。通过一系列活动，促进家庭、学校、社会的和谐。社区学院稳步推进家庭教育。将家庭教育工作列入学校年度考核，各校、园按常规有特色地开展各类家庭教育活动。建宁社区学院福源家长成长中心本年度由于疫情因素，家庭教育活动主要采取线上线下相结合的方式，其中线上讲座、沙龙等26场次，18463人次参与；线下开展幼儿中班《阅读，让家庭教育更美丽》、小学一年级《如何教孩子写作业》、中学八年级《沟通从心开始》等特色家庭教育公益讲座，1000人次家长参加学习。"社区学院幸福种子学习中心"举办"星光——家校社共创"项目，共33654人次家长参与活动。

【心理健康辅导】 2020年，建宁县未成年人心理健康辅导站秉承"加强学生心理健康教育和培养学生坚韧不拔的意志、艰苦奋斗的精神，增强青少年适应社会生活的能力"的工作目标，通过校园讲座、团体辅导、个案辅导、家庭教育指导、运用网络媒体、咨询热线电话等多种形式开展未成年人心理健康教育活动，推动未成年人心理健康成长。全年开展各类讲座32场，成功辅导个案43例，"留守儿童心理介入健康""疫情防控期间各种心理调适"等团体心理辅导11场次，"快乐魔法、自信成长"等心理健康教育讲座5场次，成功介入5例危机干预并成功化解危机，干预23名问题学生，并通过跟踪辅导，心理问题得以明显好转，回归正常学习生活。当年暑假期间通过开展为期一周的全县心理健康教师能力提升培训，培养63名一线教师参与心理健康教育普及。将心理健康教育融入日常的学科教学及管理中，大范围普及心理健康教育理念，提升整体心理健康认知。

教育管理

【概况】 2020年，建宁县教育局深入贯彻落实各级教育大会精神，站在抗疫第一线，全县教育系统扎实统筹做好常态化疫情防控和教育教学工作。当年教育投入不断加大，教育改革不断深化，教学质量不断提升，教育布局不断合理，教师队伍不断完善，教育民生不断改善，基础教育高质量发展各项工作成绩较为显著。同时，县教育局开展简政放权，优化服务工作，12月在建宁县服务大厅开设服务窗口，窗口主要办理“教师资格证认定”“县（区）管干部学历更改”等32项业务。完善师德师风长效机制，围绕《深化新时代教育评价改革总体方案》，将思想政治工作贯穿师德建设全过程，将师德表现作为教师考核评价、职称晋升的首要条件。科学制定“十四五”教育事业规划发展。坚持“科学规划、因地制宜、分步推进、注重实效”的指导方针，加快推进学校建设，编制建宁县“十四五”教育事业发展规划，确定今后五年发展蓝图。

【教育改革创新】 2020年，建宁县教育局推进特色校园建设创新。贯彻落实《国家职业教育改革实施方案》，落实立德树人根本任务，突出职业素养、创新创业教育，提高学生综合素质。推进职业教育现代化工程，启动实施中等职业学校“领航计划”创建工作，扩大优质职业教育资源供给。强化职业教育质量体系建设，完善“规范有序、全程监控、自我诊改”的职业学校教学质量管理体系。做好与福建信息职业技术学院试点项目工作，推动校企融合，有效运行校企协同育人机制。推进终身教育、社区教育创新发展，构建服务社会治理、增进百姓福祉的终身教育体系。成立水南社区等12个社区学习中心、里心镇花排村学习网点等47个学习中心、网点。各社区、乡镇学习中心及村级学习网点开展一系列的培训及主题活动，城区社区教育参与率达100%，农村社区教育参与率达75%。家庭教育活动主要采取线上线下相结合的方式，其中线上讲座、沙龙等26场次，18463人次参与；加强特殊教育学校建设和残疾少年儿童随班就读工作，加快推进建设集教学、功能室于一体的教学综合楼，整合资源，提高特殊教育学校综合办学效益。

【教师队伍建设】 2020年，建宁县教育局多举措提升教师队伍建设。深化教师管理体制改革，贯彻落实中共中央、国务院《关于全面深化新时代教师队伍建设改革的意见》和省委、省政府《关于全面深化新时代教师队伍建设改革的实施意见》。优化教师招考聘工作，扩大校园招聘规模，加大乡村教师支持力度。年内共招聘新教师86人，城乡岗位交流75人，校级领导交流22人。深化“县管校聘”管理体制改革，为近年新招教师确认初级职称52人，协调县人社局为符合晋级条件教师37人。提升教师队伍综合素质，强化教师培训技术平台建设，提升培训工作实效。当年，共开展县级及以上各类培训24场，邀请67位市级以上名师专家来县授课，参训教师达到3660人次，参训率达100%。名师工作室、学科指导组送培送教活动达到28场次。赴省、市优质学校跟岗学习教师17人，援疆教师2人，选送4名校长赴台江区宁化小学跟岗学习。完善师德师风长效机制，围绕《深化新时代教育评价改革总体方案》，将思想政治工作贯穿师德建设全过程，将师德表现作为教师考核评价、职称晋升的首要条件。引导教师规范实施教育惩戒，从严处理中小学教师有偿补课，营造风清气正的教育环境。落实新入职教师签订拒绝有偿补课承诺书，实施精准激励制度，激活校长教师办学从教活力。开展第36个教师节庆祝系列活动。做好建宁教育优秀教育

2020年第36个教师节建宁县教师表彰大会 （县教育局供稿）

工作者评选工作，评选省优秀教师3人，市局“师德标兵”“教学能手”8人，县委县政府表彰“优秀教师”“先进教育工作者”80人。做好非98代课教师工作，全县符合补偿条件人员962人一次性补偿已发放到位，已到法定退休年龄人员养老补助金按时正常发放。

【立德树人】 2020年，建宁县教育局全面推进素质教育，落实立德树人根本任务。构建以社会主义核心价值观为引领的一体化德育体系，加强理想信念教育，加强爱国主义教育，加强中华优秀传统文化教育、推进家庭教育。加强中小学校思想政治理论课教师队伍建设，配齐配足思政课教师，完善激励保障机制，打造专职为主、专兼结合、数量充足、素质优良的中小学校思政课教师队伍。开设红色教育课程，开展“风展红旗如画”红色故事宣讲活动30余场次，参与师生3.5万余人次，三明红色文化教育、建宁红色文化教育纳入思政教育课程。各校积极开展省级文明创建活动，营造文明创建的良好氛围，建宁县三所学校被评为省级文明学校；建宁县中小学生实践基地成功入选福建省第三批中小学生研学实践教育营地。促进学生身心健康全面发展，各个学校制定贫困留守儿童关爱工作方案，为贫困留守儿童解决学习和生活方面的困难。组织参加青少年影像节、省科技论文评选、省市青少年科技创新大赛、省市青少年机器人大赛、青少年信息学奥林匹克竞赛等活动。获省级荣誉2项、市级荣誉31项。

【校外教育】 2020年，建宁县青少年活动中心全年接待学生10000余人次。7月，6名志愿服务老师带队组织4—6年级贫困青少年学生参加“重走革命之路，传承红色基因”研学夏令营活动。每周三免费接待全县各中小学校学生开展参观科技制作、学习拼装机器人、陶艺体验等活动1000余人次；坚持每日16:30—18:00开放活动，共接待学生4000余人次。推进与县城关中学共建社团活动，城关小学共建科技园活动，黄埠中学共建学农基地，全年参加活动师生达3万余人次，为兴趣爱好和专业水平不同的学生提供实践舞台，丰富各校师生的课后活动，浓厚艺术、科技、体育等氛围，做到校内教育和校外教育的有机结合。“建宁社区学院福源家长成长中心”举办一系列的家庭教育活动，开展“孩子不该输在家庭教育上”“学习家庭教育，做智慧家长”等12场家庭教育讲座及读书沙龙，家长参加学习达2600余人次。

办学条件

【概况】 2020年，建宁县加大教育结构布局调整力度，加快推进新建幼儿园、中小学基础设施项目建设，着力解决进城务工随迁就读子女逐年增多和二孩政策实施城区学位容量日趋紧张问题。同时缓解城区幼儿教育“入园难”和班级人数多的问题，改善城区学前教育教学条件。教育经费得到保障。整体推进义务教育经费保障机制，确保各项补助资金按时到位。义务教育阶段学校公用经费下拨1373.32万元；学前教育公用经费下拨202.89万元；普通高中教育学校公用经费下拨279.25万元。中职教育学校公用经费下拨163.80万元。

【教育项目建设】 2020年，建宁县教育局根据规划要求，完善中小学、幼儿园布局规划，推动教育“十四五”整体规划。将屯小学、闽江源幼儿园、溪口中心幼儿园等项目，于8月竣工验收并交付使用；建宁二中教师周转房项目主体建设、内装修已完成，正在附属设施建设；城关中学学生宿舍楼、特殊教育学校教学综合楼、建宁三中教学综合实验楼等项目，已完成选址、可研、立项、用地预审、勘探、图审、预算等前期工作，12月开工建设。

【教育装备】 2020年，建宁县教育装备得到改善。县教育局积极筹集经费，加大投入，改善办学条件。逐年加快教育信息化建设步伐，设备购置与机制构建同步发展，全年共投入2539.13余万元资金用于建设学校运动场及添置、更新中小学的教学仪器设备，其中：全年县、乡（镇）、校累计新建塑胶操场6个，演艺厅2个、学校录播教室6套，新建开放式图书馆3个，添置图书55421册，添置“班班通”221套。装备条件持续改善，奠定高质量教育发展基础，改善学校办学条件，助推学校教育管理现代化，促进城乡教育均衡发展。

（陈学辉）

科 技

【概况】 2020年，建宁县科技工作围绕县委、县政府提出的持续做实“四篇文章”，推进“四个着力”，发挥“三大优势”，深化“五比五晒”以及疫情防控和促“六稳”等工作大局，立足部门职责，强化服务能力，为打造县域经济升级版提供有力技术支撑。全年高技术产业增加值0.86亿元，全县企业研发费用投入（错年值）1.31亿元，占GDP比重1%；新增省级高新技术企业3家，国家级高新技术企业3家。

【主体创新】 2020年，建宁县科技局兑现2019年度新上的国高、省高等高新企业出入库奖励资金140万元，新培育同越管件、华信生物、鹏程竹业等3家企业申报2020年度国家、省级高新技术企业并全部通过。

【项目工作】 2020年，建宁县科技局围绕农产品深加工及生物技术产业、乳制品产业等主导产业，支持企业开展新产品和重要工艺技术攻关，培育一批具有影响力的科技项目，全年共申报省、市级科技项目9项，立项4项（其中明一乳业与农林大食品科学院合作的“婴幼儿配方奶粉生产关键技术研究与产业化应用”获得2020年度省区域重大项目立项；绿源果业与省农科院合作的“梨新品种‘浙梨6号’山地栽培关键技术集成与示范”、禾丰种业的“优质杂交稻野香优676制种关键技术熟化与示范”获得2020年度省科技星火项目立项；溪源都团生态农业旅游专业合作社的“优质稻新品种‘野香优676’有机高产栽培技术集成与示范推广”获2020年度市科技特派员后补助项目，补助资金167万元）。

【科技特派员】 2020年，建宁县持续推进科技特派员制度。通过省级扶贫重点县科技人才专项支持计划，先后引进省农林大、农科院等专业人才10名；借助三明市政府与北京技术对接会，引进北京工商大学等高等级人才2名。坚持“双向选择、按需选认”原则，精准对接省级科技特派员33人（含三区人才10人）、市级科技特派员8人，县级科技特派员32人，共为全县70多家企业、专业合作社、家庭农场等主体提供技术服务，共带动服务单位实施科技项目26个，推广新品种、新技术60余项，以“特派”为手段、以“服务”为核心，以“创新”为方向的目标得到落实。

【创新平台搭建】 2020年，建宁县突出“政策引领，企业主体，市场导向”，以高校、科研院所等技术依托，鼓励企业建设众创空间、星创天地、科技企业孵化器等产学研合作创新平台，重点支持福鑫莲业组建星创天地并通过省级认定，加大对明一乳业以乳制品产品研发与检测为主、聚源融汇以生物医药产业为主的新型研发机构的培育力度，打好平台的科研能力、成果储备、科技服务等基础。

（陈嘉伟）

文化 旅游 体育

编辑：孔 玲

综 述

【概况】 2020年，建宁县文旅局在编人员（含下属单位）59人，党员25人，内设办公室（财务股）、文物遗产股、文化艺术股（体育股）、旅游管理股、市场管理股（“扫黄打非”办公室）、广播影视股（新闻出版股）等部门。下属事业单位有中央苏区反“围剿”纪念馆、文化馆、图书馆、体育中心。建宁县文旅局主要职责是贯彻执行国家、省、市有关文化艺术、体育、旅游、文物保护等工作的法律法规和方针政策，拟订并组织实施全县文化艺术、体育、旅游、文物保护的规范性文件。当年，建宁县文旅局贯彻落实习近平新时代中国特色社会主义思想和党的十九大精神，加快构建现代公共文化服务体系，推进建宁县体育工作，加强文化旅游体育事业管理；立足实际，发挥优势，创建建宁县旅游品牌；推进非物质文化遗产修护传承工作。

【文旅康养项目】 2020年，建宁县文旅康养团队“五个一批”重点项目39个，全年计划投资6.99亿元，其中计划开工项目26个，已全部开工，年内已完成投资1.64亿元，续建项目13个，年内已完成投资3.74亿元。谋划招商项目15个，新签约项目6个：尚翔体育项目、闽源金声玉振生态文旅康养项目、建宁县溪源60MW（林光互补）光伏发电项目、年产1000万件系列卫浴产品生产项目、建宁县金玛康养山庄项目、尾矿综合利用项目，总投资24.6亿元。其中年产1000万件系列卫浴产品生产项目已落地开工项目，完成投资2400万元。同时文旅康养团队通过“走部门、下乡镇、进景区、看规划、听专家”等多种方式，新增谋划储备文旅重大项目40个，主动对接省市县相关部门，争取更多的政策倾斜，当年新建、改建6座旅游公厕争取到省级旅游专项资金41万元、闽江源旅游区基础配套设施提升建设项目争取专项资金2000万元。

公共文化

【概况】 2020年，建宁县文旅局为完善建宁县公共文化服务体系，加快推进县文旅局公共文化服务体系，满足广大人民群众的基本文化需求，保障人民群众基本文化权益，文化馆在广场举办多场“莲乡之夜”文艺晚会以及各乡镇“圩日快乐行”文化下乡品牌活动，图书馆不定期开展线上推文服务、打造“清新花乡·书香建宁”惠民工程以及创建书香机关、书香乡镇、书香村（社区）等工作。做好村村响升级改造工程，村村响广播已完成80个行政村及9个乡镇政府云收扩机及喇叭安装并开通运行。向上申报非物质文化遗产项目，梳理非遗线索，推进溪源傩舞、里心米豆腐制作工艺、客坊中畲“过半年”习俗、高岭外家拳等9个非遗项目申报第七批市级非物质文化遗产代表性项目，筹划建设非遗展示馆。

【文艺演出】 2020年，建宁县

文化馆为丰富群众文化生活，继续承办、协办各类文化艺术活动，脚踏实地做好群众文化工作，加强政治学习，强化内部管理，提高自身素质，开展丰富多彩的群众文化活动，在广场举办“莲乡之夜”文艺晚会15场，各乡镇举办“圩日快乐行”文化三下乡品牌活动7场。开展书法、电吉他、小组唱、葫芦丝、竹笛、绘画、少儿舞蹈等10多项公益培训班。为毛主席诗词《渔家傲·反第二次大“围剿”》《如梦令·元旦》进行谱曲传唱。开展辅导培训工作，加强对农村文化的业务辅导，树立服务人民的良好形象，非遗文化送入校园3场。

【图书馆服务延展】 2020年，建宁县图书馆为延展服务范围，营造全县全民阅读氛围，打造“清新花乡·书香建宁”惠民工程，加强书香机关建设，引领干部阅读风尚，创建书香机关、书香乡镇、书香村（社区）等工作。推进基层综合文化服务中心建设，实施农家书屋和全民健身工程，已完成58个行政村集图书阅读、广播影视、宣传教育、科学普及、休闲娱乐等功能于一体的村级文化服务中心提升建设。4月，新建中共建宁县纪委书香机关图书流通点、精心配送党政、文史等精品书籍600余册；7月，2020年建宁县女干部培训班全体学员在老师的带领下现场研学——《走进建宁县图书馆，了解县图书馆》。第三季度，新建县人大书香机关图书流通点，精心配送党政、经济、文史类图书300余册；与县法院图书流通点进行图书流通。

【图书阅读渠道拓展】 2020年，建宁县图书馆举办迎新春·送春联系列读书活动，因疫情影响，取消部分线下活动，改为通过微信公众平台，结合传统节假日不定期开展线上推文服务。陆续举办“庆元宵之邀您一起猜灯谜”、“4·23”世界读书日、“书香悦读·智赢战疫”红包答题、“为爱献声——致敬最美逆行者”朗读大赛、“五四青年节·论斜杠青年的自我修养”“扣好人生第一粒扣子”“世界很大·我想书里看”等丰富多彩的活动。同时，在全国科普日活动开展以“决胜全面小康，践行科技为民”为主题的线上推文和《把读者健康安全、疫情防控工作放在首位》等网络推文系列线上悦读分享活动，与文化馆联合开展“第十六届福建省讲故事大王比赛建宁选拔赛”线上评选活动。在线下开展“2020年建宁县城市名片宣讲大赛暨导游、讲解员培训会议”“兰溪古窑址考古挖掘”讲座、“书香进基层、进校园”等系列活动，巩固“每周一书”、《莲乡简讯》等文化服务品牌，通过品牌服务增强县图书馆社会知晓度，提升社会影响力，发挥县图书馆社会服务效益。

【电影三下乡】 2020年，建宁县文化馆为教师送福利，答谢广大教师的辛勤付出。9月10日、11日两日，凭教师资格证免费观看电影《八佰》《信条》；组织水利局、气象局等单位观看爱国电影《八佰》；组织建宁一中师生观看缉毒影片《梦回远山》。建宁县莲乡影剧院对外出租场地召开中国共产党建宁县第十二届委员会第十一全体会议、召开人大、政协会议、召开建宁一中80周年校庆等。2020年因疫情影响，农村公益电影于6月底开始，时间紧，任务重，仍然保质保量完成全年电影放演场次1104场，其中公益片552场、商业片552场，完成率达到100%。

（王雪梅）

红色文化

【概况】 建宁县中央苏区反“围剿”纪念馆原名建宁县革命纪念馆，始建于1959年7月。2006年以建宁革命纪念馆为基础，经过两年的改扩建于2008年8月建成全国首个以中央苏区反“围剿”为主题的专题纪念馆并免费对外开放。纪念馆占地面积约4万平方米，建筑面积约5000平方米，其中展陈面积约3800平方米。馆内有全国重点文物保护单位——建宁红一方面军领导机关旧址，中央苏区反“围剿”陈列馆，大型铜雕群——《红军颂》，全省首个习近平新时代中国特色社会主义思想教育馆，建宁民俗馆等，是国家三级博物馆，是全国爱国主义教育示范基地、国家国防教育示范基地以及全国百个红色旅游经典景区之一。馆藏文物1250件（其中一级文物1件、二级文物16件、三级文物523件），年均接待游客达18万多人次。

【红色宣传】 2020年，建宁县纪念馆借助中央苏区反“围剿”纪念园全国爱国主义教育示范基地和国家国防教育示范基地的优势，结合老区苏区红色教育基地资源，深入开展“风展红旗如画”主题活动，定期举办走进“红军村”图片巡回展、第二期“红领巾小导游”培训班等活动。1月，受新型冠状病毒疫情影响，自1月24日起按照省文旅厅、市文旅局要求暂时闭馆至5月26日。截至12月31日，前往纪念馆参观人数超过13万人次，累计接待讲解超过700批次，讲解服务人数超过6万人次。

【红色故事宣讲】 2020年，建宁县纪念馆举办“风展红旗如画”红色旅游推介会、“讲好红色故事”图片专题展、“小小百家讲坛——讲好建宁革命故事”主题活动、演唱红色歌曲、制作红色视频、宣传可歌可泣的红色革命故事，得到社会各界广泛关注。开展中小学宣传教育活动，与县有关中小学师生开展志愿服务活动。发挥纪念馆在未成年人思想道德教育中的作用，增进纪念馆与学校的共建情谊。11月，组织讲解员参加“风展红旗如画”红色故事宣讲进校园活动，12月，讲解员前往建宁县第三实验小学开展红色文化进校园活动。为深入贯彻落实习近平总书记关于“把红色旅游资源利用好把红色传统发扬好、把红色基因传承好”的重要指示精神。组织讲解员参加建宁县委宣传部、建宁县委县直机关工作委员会、建宁县文体和旅游局举办的建宁县2020年城市名片“游”我来说宣讲大赛暨导游、讲解员培训、2020年第三届福建省红色故事讲解员大赛。利用旅游淡季定期对在岗讲解员进行技能提升培训与现场讲解考核，提高讲解员服务水平与综合素质。受疫情影响，2020年重点开展线上推广活动，通过红色故事、朗诵、书法、文物鉴赏等形式开展内容丰富、形式多样的宣传活动，为公众走进网上纪念馆、了解纪念馆搭建桥梁。

【红色基地共建】 2020年，建宁县纪念馆做好红色基地建设，6月，中共福建省委老干部局授予纪念馆第二批“离退休干部党员传承红色基因学习教育基地”。9月，中共福建省委宣传部福建省社会科学联合会授予纪念馆福建省社会科学普及基地。11月，纪念馆荣获福建省文化和旅游厅举办的“全福游、有全福”最美福建 旅游产品创意设计大赛（旅游景区）最佳创意奖。

2020年6月23日，三明城市名片“游”我来说，建宁县宣讲大赛

（县融媒体中心供稿）

【网上展览工作】 2020年，建宁县纪念馆贯彻中央和省市县关于防控新型冠状病毒感染肺炎有关要求，做好防控各项工作。因疫情原因暂时闭馆期间，在馆官方网站、微信公众号发布闭馆公告后，利用微信公众号推送关于建宁县应对新型冠状病毒感染的肺炎疫情工作指挥部令，让广大群众即使在家也能时刻掌握防疫相关资讯动态。开展线上展览，网站展示馆藏文物精品介绍，在纪念馆官方网站、微信公众号推送建宁县中央苏区反“围剿”纪念馆——红色故事、（网上送展）建宁县中央苏区反“围剿”纪念馆馆藏文物精品赏析等推文。线上推广“5・18”国际博物馆日活动，活动通过讲红色故事、朗诵、书法、古筝等形式开展内容丰富、形式多样的宣传活动，为公众走进博物馆、了解博物馆搭建桥梁。

【红色文化项目建设】 2020年，建宁县文旅局做好红色文化项目建设。抓准国家长征文化公园建设契机，主动对接中央、省、市政策，谋划建设建宁县反“围剿”主题文化园、建宁县中央苏区红色革命旧址遗址修缮项目、建宁县五大阻击战遗址原址恢复建设项目等一批重大项目。推进西门莲塘至中央苏区反“围剿”纪念园连接成片景观和东山公园建宁大捷战场遗址修复项目建设。5月，完成投资200万元的红一方面军总政治部旧址复原陈列工程；8 月，完成总投资 340 万元的中央苏区反“围剿”纪念园陈列馆提升改造项目；9 月，红一方面军总政治部旧址管理用房于工程完工投入使用。完成西门莲塘革命旧址九人铜像安装，建宁县红军无线电通信纪念馆展陈及枧头红一军团司令部旧址修复建设工程。推进定线落图和修缮方案编制，完成全县国保（1 处 2 个点）、省保（3 处 8 个点）、县保（25 处）以及一般文物点红色革命文物（11 处），共计 46 处（56 点）等不可移动文物定线落图工作，完成红军被服厂旧址、桂阳游击队旧址 2 处红色文化遗址修缮编制工作。分批次推进毛泽东同志在建宁革命实践调研处旧址（花墩桥）、列宁小学、杨林红军医院等 12 处旧址修缮规划设计编制工作。申报省级文物保护单位，已公示澜溪瓷窑、金铙山古建筑群（龙王庙、五谷庙、土地庙）两处。为发挥红色文化遗址保护部门与检察机关的职能作用，共同守护好建宁县中央苏区反“围剿”纪念馆，10 月，与建宁县检察院正式签订《关于在红色文化遗址保护领域加强公益诉讼与文物保护合作工作协议》。

（庄明煌）

社会科学

【概况】 2020 年，建宁县社会科学界联合会(简称建宁县社科联）围绕县委、县政府的中心工作，学习贯彻习近平新时代中国特色社会主义思想和十九大、十九届二中、三中、四中、五中全会精神，推动社科课题研究，加大社科普及宣传力度，加强社科类行业协会的指导与联系，提升社科工作影响力。

【理论宣讲】 2020 年，建宁县社科联组织本社及相关单位干部群众学习《习近平谈治国理政》、《习近平新时代中国特色社会主义思想三十讲》、习近平在福建系列采访实录，组织社科理论专家到基层开展《习近平谈治国理政》、《习近平在福建系列采访实录》、十九届五中全会精神等理论宣讲，推动新思想进企业、进农村、进机关、进校园、进社区、进军营、进网站“全覆盖”。

【社科课题】 2020 年，建宁县社科联围绕经济社会中的重大理论和现实问题，主动向相关部门及社科工作者征集课题调研需求，搭建党政部门与社科专家学者间的沟通桥梁，组织做好 2020 年度社科规划课题申报(入选市社科规划县级课题 1 项)和 2019 年度课题结项工作。同时，组织开展刘刚中理学思想研究，完成三明市闽学研究会的课题，形成研究成果《理析豪芒 · 义见几微——刘刚中师友问答赏析》。

【平台建设】 2020 年，建宁县社科联通过莲乡讲坛、建图讲堂开展社科普及宣传，通过邀请国家和省、市知名专家、学者及县相关领导开讲授课，通过讲堂、报告会、沙龙、读书会等多种形式，传承中华传统文化，丰富党员干部精神文化生活，面向广大群众传递普及人文社科知识。

【社科宣传】 2020 年，建宁县社科联围绕建宁红色文化,开展“风展红旗如画”红色故事宣讲活动，组织红色宣讲员进基层、进企业、进校园、进军营开展主题宣讲活动；省级社科基地——建宁县革命纪念馆发挥社会教育工作功能，在中小学开展“小小百家讲坛——讲好建宁革命故事”主题活动。组织开展 2020 年社会科学普及宣传周系列活动，邀请社科专家学者到基层、到群众中开展红色建宁、城市名片等主题宣讲，举办社科专题报告会；组织社会科学普及基地开展展览展示活动，省级社科基地建宁县革命纪念馆举办“学习道德模范、争当道德模范”主题展，市级社科基地图书馆开展“书香进校园”活动，举办“澜溪古窑址考古发掘成果”讲座。

【文化研究】 2020 年，建宁县社科联深入开展莲文化、红色文化挖掘和研究，出版《半寮人家》一书，宣传建莲文化、建宁民俗、人文历史知识，助力建莲文化品牌和文化产业的提升；挖掘、梳理、创作完成 28 个红色故事，出版《“风展红旗如画”——苏区建宁红色图谱》《苏区胜地 红色建宁》两本红色文化宣传读本和画册。

（建宁县社科联供稿）

文旅市场管理

【概况】 2020 年，建宁县文旅局围绕与市文化和旅游局、县安委会订立的安全责任目标，开展文体和旅游市场综合治理工作，狠抓文体旅游安全，受理旅游投诉，推进行业安全生产标准化建设工作，保持全县文旅行业安全工作的良好形势，未发生文体和旅游安全事故，实现文旅行业安全生产无事故的目标。公布“12318”举报电话，做到有报必查，对违规实行严格查处。全年文旅市场综合执法大队共出动执法人员 1766 人（次），检查各类文化经营场所 527 家次。其中与消防、卫生监督部门开展专项联合执法大检查 2 次。

【文旅安全严抓严控】 2020 年，建宁县文旅局高度重视安全工作，贯彻落实领导干部“一岗双责”制，重大情况亲自过问，重大工作亲自部署，重大问题亲自解决；分管领导精心组织实施，集中精力抓落实，其他领导协助抓，共同承担安全工作责任。成立安全生产工作领导小组，书记和局长为组长，分管副局长为副组长，各馆、队及各股室负责人为成员，领导小组办公室设在局办公室，做到职责明确，责任到人，措施到位，为安全生产工作的顺利开展提供强有力的组织保证。召开四个季度防范重特大安全生产事故工作会议，传达省、市、县防范重特大安全生产事故工作会议相关精神等，每次会议都对下一阶段旅游安全生产工作提出新要求并进行安排部署。加大检查力度，把全县 A 级旅游景区、星级酒店和旅行社安全工作纳入重点工作检查评比范围，加大安全生产投入，安全宣传教育、安全生产责任制奖励、事故隐患举报奖励、日常安全监管、隐患治理等安全工作经费列入本部门经费预算，保障文旅安全。

【文旅安全宣传】 2020 年，建宁县文旅局制定《建宁县文旅局安全生产宣教制度》，以学习、宣传、贯彻《中华人民共和国安全生产法》《中华人民共和国消防安全法》为重点，开展多种形式的消防安全宣传教育活动。疫情防控期间，多次进入各涉文旅企业宣传。在乡镇赶集日和“4.26”世界知识产权日、“安全生产月”等期间，开展《娱乐场所管理办法》《中华人民共和国知识产权法》等法规知识宣传活动，发放宣传资料 1000 余份；各馆、所、队（中心），各涉文体和旅游企事业单位利用 LED、悬挂宣传横幅、标语牌等进行广泛宣传；与 KTV、网吧、印刷企业经营业主、旅游企业等签订安全生产责任书，提高企业安全生产、依法经营、守法经营自觉性。深入文化娱乐场所、A 级旅游景区（点）、旅行社、星级饭店等开展安全相关政策法律法规及旅游安全知识的宣传。

【文旅市场执法检查】 2020 年，建宁县文旅局坚持疫情防控和安全生产工作两手抓、双到位。元旦、春节、“五一”节前、全国“两会”期间、端午节、中秋国庆前等特殊时间节点深入各文化旅游企事业单位开展文化旅游市场等检查 450 家次，检查文化旅游经营场所 37 家，出动检查人员 1300 余人次，检查发现安全隐患 9 条，已完成整改 9 条，整改率 100%。通过开展文化旅游行业安全隐患排查，及时整改发现的突出问题，保障文旅系统安全稳定。组织、督促文化旅游企业开办安全培训 8 次，开展形式多样的安全、应急演练 8 次，其中现场演练 4 次，提高建宁县文化旅游从业人员的安全意识与应急救援能力。对辖区内文旅领域扫黑除恶线索进行摸排走访，共走访涉文旅企事业单位 60 家（次），企业上报线索摸排表 20 份。

【“扫黄打非”专项行动】 2020 年，建宁县文旅局开展“扫黄打非”专项行动，制定“扫黄打非”五项行动及“扫黄打非·正道”“扫黄打非·新风”和“2020 绿书签行动”系列宣传活动，把工作重点放在全面清查印刷复制业、出版物市场和互联网“扫黄打非”上面，对全县的出版市场进行重点检查，对违规经营行为进行从严查处，全年共出动执法人员 383 人（次），检查各出版经营场所 127 家（次）。

（王雪梅）

融媒体中心

【概况】 2020 年，建宁县融媒体中心为县委直属正科级公益一类事业单位，归口县委宣传部管理，核定领导职数 1 正 4 副（其中 1 名为专岗），内设 7 个部门，核定事业编制 34 人，现有在编在岗人员 25 名。运用新平台的新技术，打造“媒体 + 政务 + 服务”的新闻综合信息服务平台，传承并提升传统媒体的影响力和公信力，发挥媒体融合作用，为广大群众提供便捷、多样的社会化服务。7 月，成立中共建宁县融媒体中心支部委员会，以党建引领“组织融合、队伍融合、业务融合”，形成“新媒体首发、全媒体跟进、融媒体传播”的采编播模式。12月，顺利通过省委宣传部对县级融媒体中心建设达标验收。

【构建全媒体矩阵】 2020年，建宁县融媒体中心优化整合县级媒体资源，形成两微一端（微信公众号、官方微博、App移动客户端）、抖音（建宁融媒抖音号、福源建宁抖音号、“遇建宁·四张名片”抖音号、直播建宁抖音号）、人民号、新华号、建宁县新闻网等为主体的全媒体矩阵，落实全县新闻报道计划，完成上级下达的内外宣传和创优任务，提升建宁美誉、知名度。当年福源建宁抖音号粉丝数达42.6万，三个号粉丝近50万，居全市各融媒体中心前列。其中，过千万点击量作品5个，浏览量达1亿+。

【“媒体+”模式】 2020年，建宁县融媒体中心从新闻宣传向公共服务领域拓展，按照全媒体宣传思路，确定“媒体+政务”“媒体+服务”两个重点方向，依托建宁新闻中心网站、微信等平台，整合乡镇和县直部门资源；突破开设县镇之窗、“媒体+交通”“媒体+水利”“媒体+农业”“媒体+教育”“媒体+医疗”等专栏，打造医疗、交通、农业、养老等社会生活服务和亮点信息；采取线上下线下相结合的方式，将“媒体+”无线延伸，打造集宣传、政务、民生于一体的综合服务平台。

【融媒体宣传报道】 2020年，建宁县融媒体中心围绕“四篇文章”“五比五晒”、脱贫攻坚、乡村振兴等主题宣传，在新华社、央视、人民网、新华网、“学习强国”、《福建日报》、海博TV、《三明日报》等内外媒体平台推送，为全面建设社会主义现代化国家、各项社会事业全面发展营造良好的氛围。全年，超百万点击率作品达43件，10万+以上作品92件；在中央、省、市级媒体上稿1200余篇（条）。其中：《建莲产业“三级跳”》在《人民日报》要闻版、新华社客户端等报道；《老周笑了》在《福建日报》要闻版整版刊登，并荣获“福建新闻奖”一等奖。强化“网络端首发理念”，县域内重大事件新媒体首发率在90%以上。疫情防控期间，融媒体充分发挥“快”“新”的特点，每天及时编发5版以上推送内容，重点宣传疫情防控中涌现的先进典型和感人事迹，其中推出《疫情防控24小时》《建宁这个女孩，温暖了一座城》同时在新华社客户端、“学习强国”总平台、央视、央视移动网刊播，播放量均超百万。

【中共十九届五中全会精神学习宣传】 2020年，建宁县融媒体中心组建宣讲采访小分队，深化媒体“走转改”。联合新闻媒体和文艺工作者走进客坊乡水尾村，宣讲中共十九届五中全会精神，采用方言快板形式传递全会精神及惠民政策。统筹实地宣讲、报台宣讲、新媒体宣讲三个宣讲手段，线上线下同向发力，推动党的十九届五中全会精神进企业、进农村、进机关、进校园、进社区。同时，融媒体中心开展“走基层、转作风、改文风”活动，中心共开展73场媒体“走转改”活动。

【助力脱贫攻坚】 2020年，建宁县融媒体中心贯彻落实各级关于精准扶贫、精准脱贫的决策部署。坚持以宣传脱贫成效典型，搭建服务群众有效平台，策划脱贫攻坚系列专题专栏，展示建宁县脱贫攻坚涌现出的先进典型。依托全媒体矩阵进行全面、深入宣传，激发脱贫攻坚战线上党员干部、帮扶部门、社会组织的荣誉感、责任感、使命感，鼓励广大干部群众凝心聚力奔小康的决心和干劲，营造脱贫攻坚浓厚氛围，为决战决胜脱贫攻坚提供精神动力和组织保障。全年在微信公众号、“学习强国”等平台刊登脱贫攻坚新闻报道300条以上。

【文化产业发展】 2020年，建宁县融媒体中心于7月成立福建省建宁融媒文化产业发展有限公司，主营文化、影视、旅游、节目制作、活动策划和新媒体推广等相关文化产业，策划推出《我们一起微旅游》《红色故事宣讲》以及《小康来敲门》等专题栏目，系列作品先后在新华社、“学习强国”等平台播出。建立团队与乡镇和县直有关部门开展项目化、产业化合作。探索直播带货模式，公司与里心镇合作，开展“投‘桃’抱‘梨’·‘莲’享一夏”——2020年桃梨莲网络营销品牌宣传直播活动等，助力特色农产品销售。

【双中心联动】 2020年，建宁县融媒体中心与县委文明办联合建立建宁县新时代文明实践融媒体志愿服务点，创新双中心联动机制，开设“新时代文明实践”专题专栏，选派全媒体记者参与各单位开展的文明实践活动，通过图文、音视频、短视频、直播等多种载体宣传新时代文明实践活动，开通评论、话题、聊天室等渠道与志愿者和群众开展互动，发挥融媒体优势，报道文明实践的先进典型和特色亮点，逐步形成“文明实践＋融媒体”模式，线上线下齐发力，更好地传播党的声音，服务群众。

（何　娟）

图书发行

【概况】 2020年，建宁县新华书店销售码洋751.52万元，同比增长40.54万元，完成预算数704.54万元的106.67%。完成利润约为38万元，与上年同期64.29万元相比减少26.29万元。其中：教材发行237.67万元，同比增加17.71万元，占总销售31.63%；教辅发行262.46万元，同比增加14.75万元，占总销售34.92%；一般书发行160.13万元，同比增加13.06万元，占总销售21.31%；非图书商品销售码洋91.26万元，同比减少4.98万元，占总销售12.14%。同时，做好政治类读物的宣传征订工作。发行政治类读物29830册，码洋95.91万元，同比去年政治类读物发行20.84万元，增长360.22%。

【教材教辅发行】 2020年，建宁县新华书店全年教材教辅科实现销售556.8万元，完成预算527.88万元的105.48%。开拓目录外教辅，全年实现销售码洋82.95万元（其中：初中写字练习4.28万元，一、二年级寒暑假作业6.08万元，鼎尖、上交大教案系列4.35万元，高中生生涯规划1.94万元，乡土中国1.96万元，中考——精准模拟试卷15.14万元，高中学业水平考试复习纲要17.59万元，中小学教具箱2.66万元，青少年读书活动用书2.58万元，幼儿教师用书及配套教材21.96万元，设计指导、U盘、心理健康读本、校园足球用书、初中学科科学与考试指导意见等4.41万元）。

【图书发行】 2020年，建宁县新华书店门市一般书零售相较往年略有增长，销售同比去年的147.07万元增长8.88%，达到160.13万元。2020年，组织推广营销活动，共34场，其间共销售各类图书24913册，码洋46.04万元。筹备暑假读一本好书活动，销售2398册，码洋6.22万元，同比去年的3428册减少1030册，下降30.05%；销售码洋同比去年的8.15万元减少1.93万元，下降23.68%。全年政治类读物销售码洋共计95.91万元，同比去年的20.84万元增长360.22%，其中大幅增长主要得益于《习近平在宁德》《习近平在厦门》《习近平在福州》《习近平谈治国理政》（第三卷）四书的发行，共计13950册，销售码洋94.49万元。非图书商品销售34.59万元，同比去年31.25万元增长10.69%。其中：复印纸销售82件，码洋2.06万元，同比去年的171件和3.92万元分别下降52.05%和47.45%。簿籍销售56479册，码洋17.17万元，同比去年的48926册、14.91万元，分别增长15.44%、15.16%。晨光文具销售2865册、1.08万元，同比去年的11269册、4.73万元，分别下降74.58%和77.17%。

2020年政治读物销售情况一览表

表14　　单位：万元

序号	书　　名	定价	征订	销售	销售码洋	实洋
1	习近平在厦门	42.00	3472	3472	145824	116830.98
2	习近平在宁德	69.00	3470	3470	239430	191798.61
3	习近平在福州	76.00	7231	13	988	988
4	习近平谈治国理政（第三卷）	80.00	7019	6983	558640	419360
5	习近平关于统筹疫情防控和经济社会发展重要论述选编	30.00	7000			
6	中华人民共和国民法典	30.00	288	288	7758	7705.28

续表 14

序号	书　　名	定价	征订	销售	销售码洋	实洋
7	中华人民共和国社区矫正法	5.00	150	150	750	750
8	毛泽东的读书生活	28.00	100	100	2800	2380
9	世界社会主义五百年	29.00	100	100	2900	2465
10	脱贫攻坚——干部培训十讲	59.00	500			
11	脱贫攻坚——前沿问题研究培训	59.00	500			
合 计			29830	14576	959090	742277.87

（聂秀玲）

文物保护

【概况】　2020 年，建宁县文旅局依照国家文物局关于进一步做好尚未核定公布为文物保护单位的不可移动文物保护管理相关工作的通知精神，完成建宁县所有在册登记不可移动文物 233 处的信息网上录入工作。做好红色标语及漫画收集整理工作，共整理有效标语及漫画（可辨读或大体可辨读的红军标语与宣传漫画）计 42 条（幅）。实施文物定线落图事项，已完成全县国保（1 处 2 个点）、省保（3 处 8 个点）、县保（25 处），以及一般文物点红色革命文物（11 处）等共计 46 处（56 点）不可移动文物定线落图。加快县红色文化遗址修缮方案编制工作，及时汇总向上申报，已列入《三明市革命旧址保护利用总体规划》项目数共 21 个点。完成枧头红一军团司令部等 6 个旧址的修缮工作。公布建宁县第四批县级文物保护单位和第二批一般文物，新增罗源黄氏家庙等 12 处不可移动文物为县级文物保护单位和塔下“东塔”遗址等 5 处为一般文物。

【澜溪窑址保护】　2020 年，建宁县文旅局贯彻保护为主、抢救第一、合理利用、加强管理的方针。科学规划、保障投入，加大力度挖掘保护兰溪村古窑址，全年投资 90 万元完成省级文物保护单位伊家乡澜溪瓷窑址窑岭遗迹点钢架保护棚建设工程建设。7 月，对位于福建省三明市建宁县伊家乡兰溪村的 2 号窑址地名（窑岭庙背山）遗迹遗存区实施钢架保护棚建设，本着最小干预的原则，以保护为主的宗旨，在此遗迹上不做地层勘探、三通一平，不允许机械进入施工。在施工中，遇到较多实际难题，文旅局工作人员及时协调设计方、施工方、监理方现场办公。经过近 5 个月施工，于当年 12 月底顺利竣工。澜溪窑址是福建省第十批省级文物保护单位，窑址分布于兰溪村村部村头至兰溪村汪家铺自然村一带。

【文物保护与宣传】　2020 年，建宁县文旅局完成枧头红一军团司令部旧址、闽赣基干游击队司令旧址、苏区银行旧址、红军银行旧址、苏区兵工厂旧址、建宁县苏维埃政府旧址修缮工作，制定下发《建宁县文体和旅游局关于开展文物火灾隐患整治和消防能力提升三年行动工作的通知》，在省级文物重点保护单位水尾旧址群成立微型消防站，提高文保单位的安全防范能力。完成溪口村花墩桥等 4 处红色革命文物旧址修缮设计方案，并报请上级部门组织评审。做好申报省级文物保护单位工作，澜溪瓷窑、金铙山古建筑群（龙王庙、五谷庙、土地庙）两处获得福建省人民政府公布为第十批省级文物保护单位。利用电视、微信、网站、宣传栏等各种媒介，宣传文物保护方面的知识及法律法规。疫情防控期间，县纪念馆推出“网上送展”服务，不定期制作精美推文展示建宁文物、建宁故事，动员全社会共同参与文物保护事业。

【文物开发与利用】　2020 年，建宁县文旅局注重发挥红色遗址的教育功能，利用中央苏区反“围剿”纪念园、西门红军莲塘、枧头红一军团司令部旧址和客坊水尾红色小镇等红色基地作用，为全县各个基层党组织和党员以及社会各界人士提供开展爱国主义教育活动场所和讲解服务。打造“红色研学基地”，整合和挖掘溪源乡上坪村杨氏“爱亲敬长”传统文化，开展“研学游”“廉孝家风伴我行”“经典古诗文诵读”等系列活动，弘扬传统文化。

【建宁新增2处省级文物保护单位】 2020年，建宁县新增2处省级文物保护单。12月，福建省文物局公布第十批省级文物保护单位名单，三明市有19处文物保护单位列入，其中，建宁县的澜溪窑址和金铙山建筑群榜上有名。澜溪窑址。烧造于宋、元时期，分布面积约70万平方米，1958年第一次文物普查时发现。2018年进行考古发掘，发掘面积约2100平方米，揭露龙窑窑炉、作坊、废品堆积等一系列较为完整的窑业遗存，出土遗物以青白瓷为主，夹杂少量酱黑釉瓷等。青白瓷产品种类丰富，釉色莹润、胎体轻薄，器行修制规整，代表福建宋代青白瓷烧造的最高水平。金铙山建筑群。建于明代。由龙王庙、五谷庙、土地庙三处建筑组成，均坐北朝南，总占地面积347.84平方米，总建筑面积133.32平方米。龙王庙依鹰嘴岩巨石而建，单坡顶，前墙块石砌筑，供奉龙王。五谷庙由院埕、庙宇组成，建筑墙体、屋面、石龛的构件均为石质，供奉五谷神。土地庙墙体、屋面的构件亦为石质，内设有石刻牌位，供奉土地公。为当地百姓祈求风调雨顺、祈福、祭祀的重要场所。

（王雪梅）

文旅项目建设

【概况】 2020年，建宁县文旅局为保障观众参观环境，狠抓文旅康养项目建设，推进闽江源生态旅游区改造提升项目、建宁城市客厅（玉石交易中心）等省市重点项目建设并已建成投产。深化“五比五晒”活动，推进文旅项目建设，实施县文旅重点项目39个，其中新开工项目26个、续建项目13个，全年共完成投资7.36亿元。策划“十四五”文旅规划项目建宁县博物馆项目、闽江源大源采育森林康养项目等近40个，其中闽江源旅游区基础配套设施提升建设项目已成功向上争取到专项债权资金2000万元。坚持强化文旅康养产业招商，推进一批招商引资项目落地建设，全年共谋划招商项目13个，新签约项目7个，其中于厦门9·8签约项目1个（闽源金声玉振生态文旅康养项目），投资20亿元。落地开工项目5个，总投资达2.75亿元。

【三大景区项目建设】 2020年，建宁县文旅局做好三大景区项目建设。1月，建宁县中央苏区反围剿纪念馆第三卫生间改造完成并投入使用。5月，红一方面军总政治部旧址复原陈列工程完工正式对外开放。8月，建宁县中央苏区反“围剿”陈列馆提升改造工程竣工，正式对外开放。9月，建宁县中央苏区红一方面军总政治部旧址管理用房竣工，投入使用。

【景区项目维护】 2020年，建宁县文化馆开展建宁县中央苏区反“围剿”纪念馆内白蚁防治工作；红一方面军总司令部、总前委旧址房顶检漏工作；红一方面军总司令部、总前委旧址广场青苔清除等修缮维护工作；10月，对建宁县中央苏区反“围剿”纪念馆内用于展览的大炮、坦克翻新重新喷漆，提升展示效果。

【“促”产业融合项目地建设】 2020年，建宁县文旅局做好深度融合农旅、林旅、工旅、体旅、研旅，依托“中国建莲之乡”“中国黄花梨之乡”，建设“莲海画廊·原乡田园”农业旅游项目，完善提升坪上梯田莲海、修竹荷苑等景区景点。开发托斯卡纳庄园、春华农场、里心花果山等10大果园。以福建省闽江源国家自然保护区、福建省闽江源国家湿地公园、福建省闽江源国家森林公园3个国家级品牌为重点，开发“山水润泽·四季森林”林业旅游开发项目。开发建设梅花埛山水云天旅游发展项目，对闽江源生态旅游区进行提升改造。推动无烟工业、绿色工业、生态工业发展，明一国际、富强石材兰石文化旅游项目成功入选福建省工业旅游示范基地培育名单。建设枫元户外运动休闲公园，建设城关至枫元，城关至闽江源生态旅游区自行车赛道、绿道，建设东山城市休闲公园，将建宁打造成运动休闲健身、户外体育运动、文旅康养基地。以修竹荷苑、上坪古村、水尾红色小镇等为研学旅游示范基地，开发红色文化、建莲文化、农耕文化等研学旅行活动。

2020年7月25日，第五届中国建莲文化旅游嘉年华骑行赛（县融媒体中心提供）

文旅品牌创建

【概况】 2020年，建宁县文旅局围绕旅游品牌创建工作，引导和培育“旅游+乡村、旅游+体育、旅游+养生”等旅游新业态、新热点，把旅游品牌创建作为推动旅游产业发展、打造文旅新产品的重要引擎，实施品牌引领，打造品牌效应，构建品牌传播，助推全县文化旅游高品质发展。当年，增创1个国家AAA级旅游景区（建宁高峰香溪花谷旅游区），1个养生旅游休闲基地（修竹荷苑养生旅游休闲基地）。

【A级景区创建】 2020年，建宁县文旅局推动旅游品牌创建工作，增创香溪花谷乡村旅游度假区为国家AAA级旅游景区，为建宁县的城市形象宣传增添一抹色彩。

【乡村旅游品牌创建】 2020年，建宁县文旅局申报旅游村——台田村、旅游扶贫村——均口村、三星级旅游村——上坪村，争取省级旅游专项资金30万元，分别为台田村10万元，均口村20万元。

【养生旅游休闲基地创建】 2020年，建宁县文旅局为推进文化旅游和康体养生、体育等产业融合和高质量发展，丰富“全福游·有全福”“清新花香·福源建宁”等文旅产品体系，当年申报闽江源生态旅游区体育休闲基地、修竹荷苑养生旅游休闲基地两个项目。其中修竹荷苑养生旅游休闲基地经过实地考核、专家评审等环节成功申报为养生旅游休闲基地。

旅游市场营销

【概况】 2020年，建宁县因受疫情影响，上半年建宁县旅游景区基本处于未营业状态，有关的数据未统计比较。下半年，根据《建宁县应对新型冠状病毒肺炎疫情扎实做好“六稳”工作的十四条措施》，做好疫后组团入建旅游奖励工作，鼓励扶持旅行社疫后全方位、多角度、多渠道拓展客源市场，推进建宁旅游业的发展。累计接待游客114.7万人次，旅游收入9.85亿元，全年建宁县旅游经济收入均有所下降。

【花果经济】 2020年，建宁县文旅局突出以花为媒、以节为点的特点，做强市场营销和活动品牌，形成“一月一活动、一乡（镇）一品牌、一季一特色”的全域营销格局。举办“中国绿都·最氧三明”建宁花海跑线上接力和“为荷而来”中国建莲文化旅游嘉年华系列活动，吸引中央电视台、新华网等上

金铙山雪景 （县融媒体中心供稿）

百家媒体宣传报道，其中“为荷而来”中国建莲文化旅游嘉年华开幕式活动受到央视、新华社、《福建日报》、福建新闻频道等各大媒体的关注报道，新华社客户端刊发的《福建建宁：“为荷而来”第五届中国建莲文化旅游嘉年华开幕式》5小时浏览量超103万，发挥好“旅游+互联网”的作用。探索新形势下的文旅扶贫新模式，推出“我在闽江源头有棵树”果树认养扶贫助农促消费活动，做大“一棵果树”价值。两场活动共吸引260万人次观看，促成认养果树1600多棵，带动销售黄花梨约5万千克。

【旅游推广】 2020年，建宁县文旅局参加各级旅游部门组织的旅游推介活动，借助上级平台，开展对外宣传。先后组织旅游企业参加“第二届采购大会、福州、泉州、厦门全域全时旅游和森林康养产品推介会”“诗意厦门·最氧三明”文旅产品推介会、闽宁特色产品展览展示活动、中国绿都·最氧三明——“北京大兴—三明”通航文旅康养产品北京推介会、2020闽西南协作发展区联合（陕川渝）旅游宣传推广活动等。与三明莲乡传媒有限公司建立2020年短视频合作，以建宁县主要景区（金铙山、荷苑、各大赏花点）为素材，完成拍摄6个1分钟以内的精品视频。参加新华网《“疫”后花开——迈向诗和远方》专题报道，《建宁：观桃梨花海·览生态之美》在新华网客户端浏览量达82.3万。同时，开展多方合作，在福州、厦门等目标客源市场开展灯箱、户外广告等旅游宣传，并借助三明绿色旅游联盟冠名环闽动车专列广告，加大在目标市场的旅游推广力度，已上刊城市名片宣传广告牌42块，其中文旅局在动车站通道、集散中心、高速路口等地共上刊31块，动员涉旅企事业单位上刊11块城市名片宣传广告牌并利用LED走字屏植入城市宣传名片。整合文旅资源，结合三明城市名片，制作文旅宣传地图和宣传手册，提升旅游知名度和美誉度。

【景区优惠政策】 2020年，建宁县文旅局根据《中共三明市委办公室三明市人民政府办公室关于提振消费促进经济稳定增长十二条措施的通知》《三明市文化和旅游局关于做好“三明人游三明”文旅惠民政策发布工作的通知》等文件精神，为致敬奋斗在抗“疫”一线的医护工作者，建宁A级景区、星级酒店自恢复运营之日起至年末，对全国医护工作者实施相关优惠政策。5月16至19日期间，闽江源生态旅游区、中央苏区反“围剿”纪念馆、修竹荷苑3家建宁景区实施三明市民免门票优惠政策（不含索道票、景交车及导游费）；5月14日至9月30日期间，三明市民可凭身份证享受建宁A级旅游景区门票3折优惠（不含索道票、游船票、竹筏票、景区公交车及导游费）。

文旅扶贫

【“果树认养”扶贫新模式】 2020年，建宁县文旅局发挥好“旅游+互联网”的作用，探索新形势下旅游扶贫模式，深化“我在闽江源头有棵树”果树认养活动，将果树认养费用的10%作为建档立卡贫困户扶贫专项资金；7月，直播观看人次超过137万，累计带动5万千克的黄花梨销量；10月，吸引超过127万的人次观看，微博话题阅读数超过150万，预售认养果树1107份，其中认养黄桃485份，黄花梨622份。与厦门建发集团达成产业扶贫共建意识，制定“我在闽江源头有棵树”动车二日游旅游线路。

【“为荷而来”品牌扶贫】 2020年，建宁县文旅局擦亮“为荷而来”特色品牌，开幕式以“主题渐进式访谈+开幕式+康养特色节目展示+莲海梯田美景展示”创新模式，在线云展现建宁莲乡美丽风光，受到新华社、《福建日报》、福建新闻频道等各大媒体的关注报道。促销让利释放文旅消费动力，福建闽江源旅游集团有限公司发放旅游消费券200万元，“首届乐购三明直播节”赠送门票5000张，推动县旅游经济发展。

体　育

【概况】 2020年，因为疫情原因，建宁县文旅局体育工作受到影响。上半年全部体育活动暂停开展，体育场馆封闭停止开放。在疫情防控期间，推进体育基础设施建设，完善城市社区健身设施，推动体育社会组织建设。截至12月底，建宁县有10个体育协会组织和1个民办非企业单位（体育总会、老体协、羽毛球协会、乒乓球协会、气排球协会、闽江源跑吧协会、足球协会、自行车协会、瑜伽协会、篮球协会、闽江源青少年体育俱乐部）。有社会体育指导员396人（国家级5人、一级13人、二级40人、三级338人），实现城区、乡镇公共体育场馆和晨晚练活动点社会体育指导员全覆盖配备。群众体育设施建设日趋完善，户外运动休闲公园建设完成，建宁体育场改造全面启动，全县体育场地数量564个，体育场地总面积31.5381万平方米，人均体育场地面积增至2.61平方米。

【群众体育】 2020年，建宁县文旅局围绕提高全县人民身体健康水平这一总体目标，落实健康中国战略的体育工作要求，加快推进体育基础设施建设，完善城市社区15分钟健身圈。举办各类型县内群众性体育赛事，扩大体育参与人口。完成园内篮球场、足球场、网球场、乒乓球场、健身步道、儿童乐园等全部运动场馆的建设并验收。城区高家岭至枫源户外运动休闲公园约15.8千米绿道已基本完成。11月，建宁县城区第一个11人制标准足球场——体育中心11人制足球场，开工建设。同时，已翻新建设经投入使用近十年的县体育场400米塑胶跑道，该项目总投资近593万元，争取到上级补助资金240万元。12月，户外运动休闲公园完成运动休闲区和儿童休闲娱乐区两大功能板块的建设，为建宁县新增一处户外休闲运动的综合性体育公园。新建东山公园三个健身点户外健身路径，与建宁县老干部管理局联合开展建宁县城区公园老年人、儿童户外健身设施状况调查。

【群众体育赛事】 2020年，建宁县体育中心各种群众体育赛事精彩不断，全年共举办羽毛球、乒乓球、篮球、足球、气排球、门球、自行车、跑步、广场舞各类群众体育赛事活动26场，直接参与人次2150人次。篮球协会筹备成立，吸纳185名会员入会。受疫情影响，各体育协会没有组织人员参加对外体育交流活动。6月，羽毛球协会举办当年第一场群众体育赛事活动：建宁县“邮政杯”羽毛球双打周周赛。建宁县气排球协会举办2020年福建省全民健身运动会建宁县气排球协会会员对抗赛。7月，乒乓球协会举办2020年建宁县第四届“全民健身·全球通·移动5G”杯乒乓球赛和2020年福建省全民健身运动会建宁县“碧桂园”杯乒乓球邀请赛。8月，羽毛球协会举办2020年福建省全民健身运动会建宁县“富强石材”杯羽毛球协会会员赛。篮球协会举办2020年福建省全民健身运动会建宁县“交通强国 四好农村路”杯男子篮球联赛。11月，篮球协会举办第一届“青春杯”男子篮球联赛。

【竞技体育】 2020年，建宁县获得在三明市举办的“一地一品”田径项目品牌赛上总成绩第一名。11月，福建省《国家体育锻炼标准》达标测验活动暨三明市《国家体育锻炼标准》达标赛在市体育馆田径场顺利完赛，建宁代表队荣获团体第一名，女子壮年一组分别获得个人第二、三名的好成绩。

【少体校招生及输送情况】 2020年，疫情突袭，县体育中心积极投入抗“疫”战斗中。上半年，少体校各项目没有招收新生，只有18名市体校录取后推迟开学的老生，各个受训练点全部暂停训练。7月份“二集训”夏季训练，招收到4名新生。下半年工作重点转向两个驻校合作项目的招生训练，城关小学和第三实验小学田径队共招入新生40余人。在此基础上抓好省级体育后备人才基地建设，开展“营动中国”中小学生冬令营活动，发现、输送竞技体育后备人才。全年向省、市少体校输送12名体育苗子，分别来自：溪源小学1人、里心小学4人、均口小学1人、城关小学5人、第三实验小学1人，获得三明市运动人才输送量第一的好成绩。

（王雪梅）

卫生　健康

编辑：孔　玲

综　述

【概况】　2020年，建宁县有公立医疗卫生机构12个，其中县直医疗单位3个（县总医院、县疾控中心、县妇幼保健院）、乡镇卫生院8个（其中中心卫生院2个）、社区卫生服务中心1个。全县村卫生所97所（其中开通医保81所），个体诊所及医务室13个，床位数540张。全县卫生事业单位人员核编共441名（其中县医院210人、疾控中心23人、妇幼保健院40人、乡镇卫生院168人），截至2020年12月月底，在编人员411名（其中县医院206人、疾控中心20人、妇幼保健院40人、乡镇卫生院145人），实有卫技人员774名；有正高级职称13人、副高级职称67人、中级职称115人、初级职称94人。执业医师数173人（其中中医9人、全科医生3人），执业护士数206人。注册乡村医生134人，聘用在村卫生所的注册村医133人。全县出生人口1165人，政策符合率100%，出生人口比上年同期减幅25.51%，性别比121.90%，各项优先优惠政策全面落实。

【新冠疫情防控工作】　2020年，建宁县卫健局全面落实好“外防输入、内防反弹”的防控策略，坚守零死亡、零确诊病例、零疑似病例的疫情防控成效，确保常态化疫情防控各项措施落到实处。同时保证扎实做好“六稳”工作、全面落实“六保”任务，完成全年经济社会发展目标任务。医疗机构防控靠前布控，实行“八闽健康码”亮码核验管理。核酸检测应检尽检。对8类重点人群，做到“应检尽检”，对其他人群实施“愿检尽检”。境外、境内群防联控。建立数据共享、信息通报和入境人员核查机制，对疑似密切接触者和境外返乡人员隔离医学观察44人，开展流行病学调查426人次。针对市场复市、企业复工、学校复课派出疫情防控指导工作队。在现有两套核酸检测设备基础上，县总医院、疾控中心再各采购一套核酸检测设备，全县核酸检测能力将达到1800人/天；县总医院、疾控中心已同三明艾迪康医学检验所有限公司签订核酸检测合作协议，充实县内核酸检测能力。

【卫生队伍建设】　2020年，建宁县卫生系统共招入42人（其中总医院35人、乡镇分院4人、妇幼1人、卫健局2人），委培生11人，紧缺专业2人，本科20人，大专22人。全年共接收实习生15人，其中，与福建省闽江人才服务中心合作，接收省外临床、检验、药学实习生11人；接收宁化卫校实习生5人；护理实习生4人。培养充实乡村医生。强化对全县136名乡村医生业务培训，委托三明医学科技职业学院培养专业为农村医学的学生名。同时结合“假日引智”，邀请省市8位专家，受益100人次。开展学术讲座场，培训医务人员人次，设立3个“名医工作室”。利用上级医院帮扶的有利条件，9名医疗业务骨干到上级医院培养锻炼，6人规培，提升医务人员医疗技术水平。当年为医疗机构补充新鲜血液，保证医疗机构通畅运行。

每季度开展“三基三严”考试，强化理论水平和操作技能提升。

【医疗项目建设】 2020年，建宁县医院项目累计投资3.05亿元，主体建筑已顺利封顶，进入室内外精装修和室外工程阶段。其中：行政楼室内装修完成90%，地面墙面瓷砖铺贴、吊顶施工、室外附属工程路基基层土方开挖、室外雨污水管道施工、强弱电管道预埋、涂料施工、会议室柜子安装、电梯安装及消防水电暖通智能化管线布置完成。住院楼石材幕墙玻璃幕墙铝合金窗户施工完成，二到七层卫生间地面墙面施工完成90%，吊顶施工完成80%，铝合金窗施工完成80%，室外附属工程路基基层土方开挖完成80%，室外雨水污水管道预埋完成50%，消防水电暖通智能化管线布置完成80%，电梯安装完成60%。门诊医技楼楼梯石材铺贴、不锈钢栏杆扶手施工及屋面防水卷材施工完成，外立面石材幕墙施工完成90%，玻璃幕墙施工完成66.7%，防火卷帘门安装完成66.7%，消防水电暖通管线布置完成90%，电梯安装完成30%。精神病楼二层三层房间地面瓷砖铺贴、吊顶封板、外立面石材幕墙安装及屋面防水卷材施工完成，涂料施工完成50%，消防水电暖通管线布置完成90%，电梯安装完成80%。传染病楼外立面石材幕墙施工、玻璃幕墙龙骨焊接、防火门框安装及屋面防水卷材施工完成，消防水电暖通管线布置完成90%，电梯安装完成80%。污水处理间施工、外墙瓷砖铺贴及室内管线布置完成。地下室金刚砂地面施工及水沟盖板施工完成。已完成前两批次共20项医疗设施设备招标采购工作。

【爱国卫生】 2020年，建宁县卫健局动员干部群众集中开展城乡爱国卫生环境卫生整治，彻底清除城中村、城乡接合部、背街小巷、拆迁工地、老旧小区、铁路沿线等环境卫生重点区域的卫生死角、积存垃圾。动员各社区、群众开展以“三全三清”（清房前屋后、清卫生死角、清滋生环境）为主的家庭卫生大整治活动，重点整治乱堆乱放、乱搭乱建、乱贴乱画，改变垃圾乱倒、污水乱流、畜舍乱搭，柴乱堆乱放等脏乱差现象。全年累计出动车辆230余台次，人员8000余人次，清理卫生死角4200余处，清理占道经营、店外经营、流动商贩850余次，清理各类广告3000余张，清理绿化带杂草12000多平方米，清理建筑、生活垃圾30000余平方米。为减少病媒生物危害，营造干净、整洁的城乡环境，县卫健局部署落实农贸市场一日一清洗、一周一消毒、过夜零存栏措施，开展以“六清”（清理积水容器、清理户内外杂物、清理下水道沟渠、清理盆盆罐罐、清理地下车库、清理屋顶楼台）为主要内容的灭冬蚊行动。同时严禁非法养殖、加工、经营各类野生动物，严厉打击非法转运贩卖野生动物，加强活禽市场监管。推进农村户厕无害化改造建设，制定《关于做好2020年农村户厕无害化改造建设项目工作的函》，做到各项目早安排早部署，抓质量抓进度抓落实，当年全县已完成80户（濉溪镇11户，里心镇26户，均口镇13户，黄坊乡6户，溪源乡15户，黄埠乡9户），占任务数100%。

医药卫生体制改革

【医改成效显现】 2020年，建宁县医改成效显现，分级诊疗成效显现，发挥医联体的作用，以县医院为龙头，以卫生院为枢纽，以村卫生室为网底，筑牢县、乡、村三级医疗预防保健网，建立院业务领导挂包分院工作责任制，以“一二三”工作模式为抓手，推进慢性病一体化管理工作，畅通绿色通道。全年基层门急诊量占比达到57.58%。组建9个专家团队18个小组，每个月定期到各乡镇分院坐诊巡诊，实现人才资源下沉，通过“传帮带”，提升基层医务人员专业技术水平。全年共开展32批次的优质医疗资源下沉。通过引进“外援”，帮扶协作提高县总医院医疗服务水平。在三明二院帮扶下开展无痛胃肠镜项目；与厦门弘爱医院签订战略合作协议，在妇产科、肿瘤科、肾内科、神经外科、胃肠外科等学科上进行帮扶指导。县域“六大中心”平稳运行，除消毒供应中心在新建县医院建设外，县域“六大中心”中的病理、心电、远程会诊、医学影像中心（超声诊断）和临床检验中心等五个中心已投入使用。2020年共开展远程心电诊断416例，开展远程教学培训15场，培训医务人员800多人次，开展远程影像会诊600多人次。推进信息化建设，建设医务人员管理平台（原医务人员征信体系平台）、“智能化移动宣教”项目等提升信息化水平。推动网上预约诊疗，最大限度放开号源，方便群众预约就医。

【多举措减费利民】 2020年，建宁县医疗机构继续实行C-DRG收付费方式，成效明显。全年C-DRG出院6074人次，占医保总出院人次的81.4%，患者自付比例控制在22.3%左右，同时也降低医院成本，实现医院和患者双赢。药品集中采购有序推进。全县公立医疗机构国家集采、谈判药品共采购中选药品97.63万元，同期节省药品经费约130余万元。共配备使用中选药品品种56个，品规51个。全县公立医疗机构中选药品全年签约采购剂量为2083627单位，已完成签约采购剂量1169305单位，完成采购占比56.11%。相关药品占同通用名约96%。

【稳步推进医防融合】 2020年，建宁县卫健局成立建宁县医防融合工作领导小组，下设医防融合办公室，由分管副县长任组长，总医院院长任办公室主任，抽调县总医院、县疾控中心、妇幼保健院精干力量组成工作专班，具体负责推进医防融合工作。在新冠肺炎疫情防控阻击战中，发挥区域健康管护组织作用，激发医防协同融合、联防联控的改革效应，筑牢疫情防控基层基础，构建起基层医疗卫生机构排查、县总医院（发热门诊）诊疗、疾控机构监测、预警、流调管理等全链条的医防协同融合运行新机制。开展健康教育科普活动，建立健康教育精准连接信息系统，强化家庭健康科普教育，以“一二三”工作模式为抓手，推进慢性病一体化管理工作。实施全过程健康干预，为群众提供全方位全周期的卫生与健康服务。

【村所医疗标准化建设】 2020年，建宁县卫健局已完成全县一体化村卫生所（74所）标准化建设任务，里心镇上黎村、溪口镇渠村中心卫生所已建设完成。通过“定向委培”不断解决县基层医疗技术人员短板问题，依托福建医科大学、福建中医药大学、莆田学院、三明医学科技职业学院等高校定向委培建宁籍全日制医学生，当年卫生院定向委培生已签约3人，村级卫生室医学生定向培养已招收9人。提高医疗服务能力，扩大医疗服务范围，增强基本公共卫生服务能力，更好地满足群众的健康需求。落实并完善乡村医生养老保险政策，稳定和优化乡村医生队伍。上半年共发放乡村医生养老补助40.42万元，其中老年乡村医生养老补助36.77万元（117人），在职在岗乡村医生养老保险补助3.65万元（35人）。

（刘日鹏）

疾病预防与控制

【概况】 2020年，建宁县疾控中心人员编制23名，实有在编在岗人员20名，其中专业技术人员19名；管理人员1名；具有本科学历5人，大专学历12名，中专学历3名；正高专业技术职称2人，副高专业技术职称3人，中级专业技术职称人员7名，初级专业技术人员7名，九级职员1名。7月，新建PCR实验室，配有500毫安X光机、原子吸收仪、原子荧光光度计、细菌鉴定系统、气相色谱仪、酶标仪、自动洗板机、生物安全柜、培养箱、干燥箱、全自动流动注射分析仪、肺功能仪、超净工作台、超低温冰箱、核酸提取仪、荧光定量PCR仪等大件设施和设备110余台（件）。中心固定资产总值1646.12万元，办公场所建筑面积1983平方米（其中实验室940平方米），基本达到县级疾控机构规范化建设要求。2020年，疾控中心党支部被福建省委、省政府授予“福建省抗击新冠肺炎疫情先进集体”荣誉称号，同年县疾控中心通过市级文明单位考核。

【卫生服务能力建设】 2020年，建宁县疾控中心为有效阻击新冠肺炎疫情，争取国债项目率先在全市疾病预防控制系统新建PCR实验室，用于新冠病毒核酸检测，该项目通过改建疾控中心原预防接种门诊，改建面积70平方米，新添超低温冰箱、核酸提取仪、荧光定量PCR仪、生物安全柜等大件设施和设备10余台（件），项目总投资约160万元，并于当年7月20日开展首批次核酸检测，日承检能力达到1000人次，是全市县级疾控系统中第二个建成的PCR实验室，也是建宁县建成的首个PCR实验室，为建宁县防控新冠肺炎疫情发挥重要作用，进一步提升县疾控中心的传染病防控应急能力。

【传染病疫情防控】 2020年，建宁县疾控中心加强传染病综合管理。3月，对全县防疫人员进行新冠肺炎等重点传染病防治知识培训。全年开展县域外返宁到宁重点人员流行病学调查470余人次，实现全县当年新冠肺炎零确诊、零疑似。6月，联合县动物疫控中心，对全县6个乡镇与牲畜及畜产品有接触的重点职业人群（屠宰、兽医、饲养放牧、家畜育种等）共101人进行血清采集和检测，检出1例阳性病例；以县总医院作为哨点医院，主动搜索并采集持续或间歇发热达1周以上，重点为有家畜接触史的发热病人血清30人份进行布病抗体检测，未发现阳性病例，并对上述人员进行布病防治知识调查及健康宣教。11月，联合省市疾控中心规范处置黄埠小学诺如病毒感染疫情，避免疫情扩散。做好性病和麻风病监测管理工作，县直医疗卫生单位纳入网络信息报告系统，相关业务人员均加入携手医访App，并生成各自的二维码，每季按时上报季报表。开展并完成梅毒问卷调查1000份，发放麻风线索调查112份，全部收回并上报，未发现阳性线索。开展麻风病人治愈后随访39人，在治病人随访管理1人，完成全国麻风病防治管理信息系统的信息录入，并对家属开展健康教育，开展并完成麻风问卷调查900份，并将问卷信息录入全国麻风病防治管理信息系统。同时，做好疟疾监测工作，三明市疾控中心下达“三热”病人血检任务数50份，建宁县共完成55份，完成任务数的110%，未检出阳性病例。

【传染病疫情网络直报】 2020年，建宁县疾控中心做好疫情报告管理，加强疫情分析及报告质量分析，提高报告卡报告质量，7月份开展1次全县医疗卫生单位传染病报告质量调查，对发现问题及时通报并要求即时整改。全年全县未发生甲类传染病，共报告乙类法定传染病8种268例，发病率为178.76/10万，与去年同期相比发病率下降17.28%，发病前五位的依次为乙肝、肺结核、梅毒、淋病、HIV；丙类报告271例（其中手足口病137例），与去年同期相比发病率上升50.55%。全年无急性弛缓性麻痹病例。同时加强冬春季呼吸道传染病主动监测，密切注视疫情动态，根据要求做好流感样病例日报告和零报告。

【免疫规划】 2020年，建宁县疾控中心按照《中华人民共和国疫苗管理法》的要求，做好全县接种单位疫苗追溯系统的建设和接种客户端的升级，全部完成疫苗追溯系统的扫码接种工作，濉溪卫生院接种点完成预防接种网页版BS操作系统升级工作。巩固县、乡两级规范化预防接种门诊建设成果，推进儿童预防接种信息化管理建设，按季度对各乡镇进行1次督导，完成全县儿童预防接种信息化管理建设。全县儿童免疫接种率显著提高，免疫规划管理得到加强，全年无计划免疫针对的疾病发生，全县儿童常规免疫报告接种率分别为：卡介苗接种915人，接种率100%；脊髓灰质炎疫苗接种4528人次，接种率99.92%；百白破疫苗接种4494人次，接种率99.88%；含麻疫苗接种2359人次，接种率100%；乙肝疫苗接种3192人次，接种率99.95%，其中乙肝疫苗首针接种及时率为99.92%；乙脑疫苗接种2505人次，接种率99.87%；流脑疫苗接种4904人次，接种率99.87%；甲肝疫苗接种1353人，接种率99.85%。4月，完成一轮全县查漏补种工作，共接种417人次，各疫苗接种率均超过99%。继续开展AFP病例、疑似麻疹病例的监测工作，每旬实行零病例报告制度，全年共报告36份，无迟报、漏报。完成1例AFP病例的报告、采样、送样和随访；完成5例疑似麻疹病例的报告、采样、送样。全县冷链系统运转正常，管理使用完好率100%。

【艾滋病防治】 2020年，建宁县疾控中心为提高艾滋病防治知识知晓率、艾滋病病人和感染者发现率、管理率、治疗率、干预措施覆盖率“五率”，对旅馆、足浴、歌厅从业人员进行艾滋病知识宣传，并对上述重点场所进行干预，完成娱乐场所干预203人，自愿咨询152人，做好户籍在建宁县的艾滋病感染者和患者36人的随访、抗病毒治疗和配偶的管理，治疗覆盖率94.12%，单阳家庭治疗率100%，CD4检测率97.22%，结核病筛查率100%，配偶检测率100%。全年完成重点高危人群干预355人、分发艾滋病防治宣传画、宣传材料2350多份，免费发放安全套2660个。

【结核病防治】 2020年，建宁县继续落实由疾控中心负责监督管理、总医院负责患者诊疗和各基层医疗机构负责患者健康管理的“三位一体”新型结核病综合防治服务模式。全年共发现肺结核病人35例，其中病原学阳性10例、病原学阴性25例，病原学阳性病人及重症涂阴病人实施全程督导管理，其他分类病人实施全程管理。建宁县总院实验室采集痰涂片检查171人次，制作痰标本436张，其中阳性痰标本数27张，阳性检出率6.19%。对涂阳肺结核病人亲属等密切接触者按照1∶1的比例开展密切接触调查，发现新涂阳病人10人，开展密切接触调查16人，调查率为160%。当年，在管肺结核病人满1年转归情况：初治涂阳9例，治愈8例，新发涂阳治愈率89%；活动性肺结核病人30例，完成全疗程27例，成功治疗率90%。严格执行学校结核病管理方案，未发现学校结核病病例。

【地方病防治】 2020年，建宁县疾控中心按照省、市地方病防治项目技术方案要求，抽取东、西、南、北、中方位的5个乡镇（濉溪镇、溪口镇、黄埠乡、均口镇、溪源乡），每个乡镇各随机抽取1所小学（城关小学、荷苑第三实验小学、黄埠乡中心小学、均口镇中心小学、溪源乡中心小学），每所小学抽取40名8—10岁非寄宿学生(年龄均衡、男女各半），采集尿样和学生家中食用盐样各223份，检测盐碘和尿碘含量。其中合格碘盐217份，不合格碘盐6份，无非碘盐，碘盐覆盖率为100.00%,碘盐合格率为97.31%，合格碘盐食用率为97.31%，盐碘中位数为24.96mg/kg。共检测223份尿样，尿碘中位数为210.2μg/L，其中尿碘含量100μg/L以下的比率为11.21%，50μg/L以下的比率为3.14%，各乡镇儿童尿碘中位数只有均口镇、溪源乡处于适宜水平范围内，其他三个乡镇儿童尿碘中位数均处于尿碘含量充足（200—299μg/L）范围内。同时，采用B超法测量甲状腺容积，计算甲状腺肿大率；共检测8—10岁学生223名，甲状腺肿大者2人，甲状腺肿大率为0.90%。表明建宁县在总体水平上，儿童的甲肿率降到国家消除碘缺乏病标准的水平上。每个乡镇中各抽取20名孕妇（早、中、晚孕期尽量均衡），采集孕妇尿样和家中食用盐各101份，检测尿碘含量和盐碘含量；孕妇家中食盐101份，合格碘盐100份，不合格碘盐1份，无非碘盐，盐碘中位数为25.38mg/kg。碘盐覆盖率100.0%，碘盐合格率99.01%，合格碘盐使用率99.00%，均达到国家消除碘缺乏病的标准。孕妇尿碘：5个监测乡镇共检测101份孕妇尿样，尿碘中位数为128.0μg/L，只有均口镇孕妇尿碘含量中位数均处于适宜水平，其余4个乡镇孕妇尿碘含量中位数均处于不足状态。在采集过程中未发现私盐和假包装盐。与县妇幼保健院合作，收集992名新生儿甲低筛查TSH结果、甲低筛查复检的新生儿甲状腺功能和抗体检测结果以及孕妇甲状腺功能和抗体检测结果，其中有效数据992个，新生儿TSH异常率为3.02%。同时根据《国家卫生健康委疾控局关于开展地方病防治专项三年攻坚终期评估的通知》（国卫办疾控函〔2020〕684号）有关要求，完成县地方病防治专项三年攻坚行动情况终期评估。

【慢性病防治和死因监测】 2020年，建宁县疾控中心对全县各乡镇医疗卫生单位开展高血压、严重精神障碍患者管理及死因监测工作情况进行督导2次。在督导中发现的问题给予反馈，下达督导意见书，提出整改意见及下一步工作要求。全县已管理高血压患者7651例，规范管理5316例，规范管理率69.48%。严重精神障碍患者管理情况：全县在册患者632人，在册率5.14‰，管理率95.41%，规范管理率92.56%，服药率90.98%，规范服药率59.34%，面访率93.35%，各项指标均达上级要求。同时，做好死因监测工作，加强人口死亡信息登记管理工作，全年共登记报告人口死亡信息854例，实现报告死亡率≥6‰的指标要求。全县当年死因顺位由高至低依次为：恶性肿瘤、脑血管病、心脏病、损伤和中毒、呼吸系统疾病。继续开展恶性肿瘤监测工作，2020年全县共登记报告恶性肿瘤725例。

【卫生应急】 2020年，建宁县疾控中心贯彻执行《中华人民共和国传染病防治法》，加强传染病综合管理，配合相关部门做好疫情防控工作。11月，联合省、市疾病预防控制中心专家对黄埠乡中心小学发生的一起突发诺如病毒感染疫情进行处置。经流调、检验专业人员现场调查、采样，掌握该校学生的发病基本情况，经采取综合防疫措施，控制疫情发展，无重症病例发生。采集10例病人鼻咽拭子，送市疾控中心检测,10份阳性，均为B型流感病毒。根据现场流行病学调查及临床症状、体征及实验室检测，结合流行规模，确认本次疫情为一起B型流感病毒引起的聚集性疫情。做好突发公共卫生事件的应急准备，制定工作预案和监测方案，健全疫情报告和处理机制，为有效应对新冠病毒肺炎疫情，添置一次性口罩、N95口罩、防护服、隔离面屏、测温仪、消毒液等药品、器械、个人装备、诊断试剂等应急物资共约70万元。组织2次突发疫情应急处理模拟演练，提高中心应急队伍对突发事件的应急处置能力。

【卫生监测及健康体检】 2020年，建宁县疾控中心做好卫生监测和健康体检工作。全年共完成从业人员健康体检5066人，其中不合格196人，体检任务完成率100%。做好相关行业卫生监测工作。完成公共场所监测样本85份、食品风险采样61份、餐饮具卫生检测108份。并对饮用水卫生安全进行定期监测，共监测城区水厂出厂水4份，末梢水84份，合格率100%。农村水厂出厂水36份，末梢水36份，合格率72.2%。监测分散式饮用水6份。根据国家卫生健康委《关于印发全国职业病危害现状统计 调查制度的函》（国卫职健函〔2020〕21号）要求，联合卫健局疾控股负责人以及卫生监督所在里心镇、濉溪镇、客坊乡、经济开发区共4个地区开展行业为：采矿业、制造业、电力、燃气及水的生产和供应业等三个门类的企业职业病危害现状调查工作，按时完成任务，合计35家企业，完成率达100%。根据省卫生健康委《关于印发2020年工作场所职业病危害因素监测工作方案的通知》要求，现场监测1家采矿业，16家重点企业（非采矿业），合计17家企业，监测完成率达100%。根据福建省卫生健康委、公安厅、民政厅、人力资源社会保障厅、医保局等五部门联合印发的《关于开展职业性尘肺病患者有 关信息核查工作的通知》（闽卫职健发明电〔2020〕285号）工作要求，开展职业性尘肺病患者随访调查工作。随访核查总共6人，现存患者3人，近5年新发尘肺病患者0人。开展28种重点职业病相关检查5家企业合计48人，针对以上48人的健康检查报告及时审核上报。

【检验检测工作】 2020年，建宁县疾控中心加强实验室的建设和管理，严格执行转版后质量体系文件，加强实验室制度建设，完善各项操作规程，做好实验室质量控制，完成各项检验检测任务。全年完成生活饮用水检测232份；餐饮具、公共场所用具检测203份；食用盐碘、尿碘检测640份；布氏病监测131份；HIV抗体、梅毒检测151份；食品污染及有害因子采样等各类样品采样61份；诺如病毒采样检测106份；从业人员健康体检5066人次；新冠病毒核酸采样检测10767份。做好传染病、食物中毒、职业病中毒特别是新型冠状病毒核酸等应急采样和送检。当年省市下达的水质检测、碘缺乏病监测、HIV梅毒盲样质量考核、新型冠状病毒核酸质量控制考核等考核结果均为优秀。

【健康教育宣传】 2020年，建宁县疾控中心组织参加由福建卫生报、福建省预防医学会联合举办的“2020年福建省预防接种家长课堂微视频”竞赛活动，参赛作品《免疫规划疫苗与非免疫规划疫苗的区别》，荣获全省竞赛一等奖、全国优秀奖。举办全县卫健系统“展我风采，争做健康守门人”为主题的基层健康教育宣讲比赛，提升基层卫生院健康教育人员的实践能力，构建全县健康素养传播平台。依托卫生健康特定纪念日开展主题宣传活动。在“世界防治麻风病日”“世界结核病日”“4月爱国卫生月”“全民健康生活方式日” “世界艾滋病日” “世界献血日”等纪念日，精心组织，开展丰富多彩的群众性宣传活动。发放各类宣传单20000万多份，制作春季传染病防治、预防肿瘤、合理饮食、艾滋病防治等专栏6期。同时，重视健康促进工作，针对健康素养基本知识和技能及辖区重点健康问题等内容，向全县居民提供健康教育宣传信息、咨询、开设卫生专栏、开展健康讲座等健康教育活动，把健康防病知识传递给千家万户，让群众了解、掌握健康防病知识，提高居民健康相关知识知晓率和健康行为形成率。2月，深入各中小学、酒店、超市、企业、敬老院等单位，围绕疫情防控开展各类健康科普讲座，引导公众了解和掌握卫生健康知识，增强防控意识，助力打赢疫情防控的人民战争、总体战、阻击战。全年全县累计开展各类卫生健康宣传活动50多场次，新冠疫情宣传报道100余篇，增强公众卫生健康防护意识。

（陈及清）

卫生监督与执法

【概况】 2020年，建宁县卫健局在全县范围内开展医疗卫生、放射卫生、传染病防治、公共场所卫生、生活饮用水卫生、学校卫生、餐饮具集中消毒、消毒产品、职业卫生等监督检查和专项整治。全年共受理发放公共场所卫生许可45件，卫生监督700家次（其中公共场所210家次、生活饮用水18家次、放射卫生11家次、学校卫生38家次、医疗卫生137家次、传染病防治监督221家次、餐饮具集中消毒单位23家次、职业卫生42家次）。罚没款共计4.5万元。

【卫生监督稽查】 2020年，建宁县卫生监督所根据双随机任务列表，针对任务表内载明被监督单位、执法人员、具体监督检查类别及监督监测内容，做好监督前准备工作。全年，建宁县共有28个“双随机”卫生监督工作任务，其中公共场所13家、生活饮用水4家、放射卫生1家、传染病防治6家、医疗卫生4家。截至11月23日，共监督检查28家，任务完成26家，任务关闭2家，监督完成率92.86%，完结率100%。下发监督意见书11份，立案查处1家并给予警告。

【公共卫生监督】 2020年，建宁县卫生监督所对全县所有住宿场所、美容美发、音乐厅等行业进行日常监督管理。重点对各单位是否建立卫生管理档案，从业人员健康证及个人卫生、一客一换的操作流程、消毒产品的索证情况、卫生安全管理制度等方面进行检查。并委托建宁县疾病与预防控制中心对部分公共场所单位的顾客用品用具进行监督抽检。督促各经营户做好复核、办（换）证及健康体检工作，店容店貌必须整洁，卫生设施必须符合要求。符合卫生要求的，督促经营户立即办证，对经营条件不符合卫生要求的，要求整改，达到经营条件后，给予办证。全年共出动监督员630人次，日常性卫生监督210户次，发放公共场所卫生监督意见书157份，发放办证、复核通知20多份。

【学校卫生监督】 2020年，建宁县卫生监督所加大对托幼机构及学校卫生监管工作。共对15家托幼机构、19家中小学校进行教学环境、内设医疗机构或保健室、饮用水、学校传染病防治措施、预防接种和学生常见病与多发病防治等内容的监督检查。当年共出动监督员186人次，车辆42车次，监督户次62户次。截至2020年12月，共查处公共场所违反公共用品用具有关规定案件7起，收罚没款共计人民币3000元整。加强对学校卫生监督检查，当年共检查中小学校38家次，结合疫情防控检查各学校能建立健全学校卫生各项工作制度，及传染病相关管理制度，制定突发公共卫生事件应急预案，成立学校卫生工作领导小组，配备专兼职疫情报告人员，开设健康教育课，并能纳入年度教学工作计划。建立学生因病缺课登记追踪制度及病愈复课查验登记制度以及发生传染病的处理情况。对新生入学学生开展计划免疫查验证工作。

【公共餐具卫生监督】 2020年，建宁县卫生监督所开展餐饮具集中消毒单位监督检查，共出动卫生监督人员24次，执法车辆10车次，检查辖区内3家餐饮具集中消毒服务单位，监督检查23家次，监督抽检18家次，抽检108份，合格率69.44%。警告7家次，处罚款1.1万元。为强化餐饮具集中消毒企业第一责任人意识，提高餐饮具集中消毒企业管理能力和水平，规范生产者的经营行为，5月，对全县3家餐饮具集中消毒单位负责人进行约谈。通报企业存在的问题并指导企业负责人进行整改，餐饮具集中消毒服务单位负责人签订餐饮具消毒服务机构产品卫生安全承诺书，承诺规范生产，为公众提供卫生安全的餐具。针对存在问题下达整改意见书7份，处罚7家次，对抽检不合格的企业及未对餐具进行逐批检验的企业分别下达当场处罚决定书，给予警告处理。

【生活用水监督】 2020年，建宁县卫生监督所对7家乡镇集中式供水单位进行基本情况摸底调查。建宁县农村集中式供水单位有7家，其中申报“千吨万人”的供水单位有里心镇、客坊乡、伊家乡、黄坊乡、黄埠乡5家，申报“百吨”的有均口镇、溪源乡2家，有消毒设备的有均口镇、伊家乡、黄埠乡、溪源乡4家。取得卫生许可证的集中式供水单位1家，没有二次供水单位。根据疾控中心水质监测结果显示，监测城市46份水样检测合格率为100%，乡镇水样14份检测均不合格。

【医疗市场监督】　2020年，建宁县卫生监督所共监督检查医疗机构137家次，下达监督意见书5份。立案查处案件5件，共罚款3550元；警告2家医疗机构未经核准擅自使用抗菌药物开展静脉输注活动。开展医疗机构依法执业专项监督检查，经查，各医疗机构均取得医疗执业许可证，个人取得医师执业证等相应证件，按规定存储麻醉药品。同时对存在私人诊所输液备案未通过，却擅自使用抗菌药物开展静脉输注活动的，责令其立即停止静脉输注活动。规范医疗机构的消毒产品索证和医疗机构的医疗废物的暂存移送登记制度。全年共检查12家医疗机构，出动执法人员30人次，出动3车次。同时，对辖区内城区社区卫生服务中心进行驻点专项监督检查，规范医疗机构的医疗服务行为。

【疫情防控传染病防治监督】　2020年，建宁县卫生监督所共开展疫情防控传染病监督检查221家次，共出动执法车辆30车次，执法人员121人次，下达意见书65份。立案处罚6家，共罚款2500元。执法人员重点对医疗机构的预检分诊，发热门诊的设置情况按照相关要求进行逐项核对检查，对医疗机构的医疗废物处置，消毒隔离情况进行监督检查，督促各医疗机构按照疫情防控的要求落实好各项工作。建立消毒管理组织、制度及落实情况，预防接种开展情况，医务人员接受消毒技术培训、掌握消毒知识、执行消毒隔离制度的情况，医疗用品、器械的消毒、灭菌情况，医疗废物处置等进行检查。

【职业卫生和放射卫生监督】　2020年，建宁县卫生监督所按照《中华人民共和国职业病防治法》和上级要求，承接原安监局承担的作业场所职业卫生的监督检查、职业危害事故调查处理、职业卫生安全许可、职业病危害项目申报等监管职责。对全县存在职业危害的企业进行摸底登记，指导帮扶用人单位规范制度建设、档案管理、培训教育、危害申报、警示告知、健康检查和检测评价等职业卫生基础管理工作，督促用人单位严格落实劳动者上岗前和在岗期间的职业卫生培训制度，普及职业病危害防护知识，使其掌握职业病危害防护知识和防护技能，增强防护意识和防护能力。目前，建宁县存在职业危害的企业有45家，共实地检查42家次企业，申报职业危害企业38家，出动车辆26车次，卫生监督员60人次，下达监督意见书12份。2020年共有放射工作人员22人，开展个人剂量监测人数22人，个人剂量监测率100%，全年共安排26人参加放射工作人员培训；参加放射工作人员职业健康检查人数22人，一个体检周期放射工作人员职业健康检查人数22人。共监督检查放射诊疗机构8家次，下发监督意见书2份。

【医疗机构传染病防治监督】　2020年，建宁卫生监督所开展医疗污水监督、医疗废物监督、预防接种监督等检查。通过检查资料、看现场、询问相关人员等方式进行。重点对医疗机构建立相关管理组织、制度及落实情况，预防接种开展情况，疫情报告管理，医务人员接受消毒技术培训、掌握消毒知识、执行消毒隔离制度的情况，医疗用品、器械的消毒、灭菌情况，消毒产品进货查验和索证情况，医疗废物处置等进行检查。对全县的11家疫苗接种单位开展监督检查。查处1家医疗机构未严格执行消毒管理，罚款3000元。全年开展传染病监督检查202家次，辖区传染病机构数116家，其中开展传染病防治综合评价43家次，其中综合评价有1家优秀、42家合格。共出动执法车辆40车次，执法人员126人次，其中下达监督意见书9份。

（柯婷婷）

基本公共卫生

【概况】　2020年，建宁县总医院下辖乡镇分院9个，分院延伸举办公益性质的村卫生所74个。县总医院有干部职工637人，其中专业技术人员560人，有高级职称64人，中级职称110人；本科学历112人，大专256人。当年，县总医院门急诊20.03万人次，住院8984人次，基层门急诊量占比达到57.58 %。C-DRG出院6074人次，占医保总出院人次的81.4%，患者自付比例控制在22.3%左右。完成手术3755例次，其中Ⅲ、Ⅳ级手术439例次；床位使用率73.63 %；为不同人群做健康体检

4459人次；中药饮片处方占中医门诊处方量90.98%。

【全民健康管理】 2020年，建宁县累计建立居民电子健康档案110081人，建档率90.98%；发放健康教育资料166种，57500份，设置健康教育宣传栏106个，更新640次，举办健康教育讲座169次；建立预防接种6096人次，建证率99.97%，疫苗接种率达98.28%以上；0—6岁儿童健康管理率86.96%；早孕建册率89.05%，产后访视率98.09%；高血压患者健康管理7656人，其中规范化管理6173人，规范管理率达80.63%；糖尿病患者管理2014人，其中规范化管理1643人，规范管理率达81.58%；老年人健康管理8375人，健康管理率74.45%；严重精神障碍患者管理642人，其中规范化管理562人，规范管理率达87.54%；肺结核患者管理26人，规范管理率达100%；65岁及以上老年人接受中医药健康管理7520人，管理率66.85%；0—36个月儿童中医药健康管理2610人，管理率65.58%；登记并报告传染病病人143人，疫情报告率达100%。

【医院实现良性发展】 2020年，建宁县总医院实现良性发展，县总医院医疗收入8480万元，较去年同期增长3.93%。其中：医务性收入3881.86万元，占医疗收入的45.78%；检查化验收入2141.33万元，占医疗收入的25.25%；药品和卫生材料收入2456.81万元，占医疗收入的28.97 %。9个基层分院业务总收入共计2221.99万元，其中医疗服务性收入838.75万元、检查化验收入160.62万元、药品收入1222.62万元。严格落实十八项医疗核心制度，修订完善、调整各类岗位津贴有关规定、不同岗位值班、加班工分补助标准等有关规定。优化职称聘用机制，加强人才梯队建设。满意医院创建工作继续提升，开展满意度调查评价、狠抓医务人员服务态度改进、简化优化服务流程、加强医患沟通、打击各种违法乱纪行为、提升后勤服务质量等工作，提升患者满意度，2020年满意度排名全省第125名，较2019年提升12名。开展“平安医院”创建，做到领导重视、组织机构健全；医疗行为规范、保障医疗安全；妥善化解纠纷、医患关系和谐；内部管理有序、防范体系完善；职工遵纪守法，没有违法犯罪；杜绝各类事故，确保医患安全。修订完善《建宁县总医院关于患者院外购药的相关管理规定》，对1例违规让患者院外购药的行为，经查实给予批评教育并扣发绩效1980元。在医保局指导下开展建档立卡贫困人口多收费自查工作，查出2053元退还贫困户。

【慢性病一体化管理】 2020年，建宁县总医院为探索“县治、乡管、村访”慢性病一体化管理服务新模式，提高全县慢性病防治工作水平，更好实现对慢性病患者有效管理、精准服务，慢性病一体化管理服务工作情况，以“六个一”为抓手，综合防控，上下联动，提升县慢性病一体化管理水平。全县累计开展高血压患者一体化管理1861人，糖尿病635人，双向转诊上转301人次、下转223人次。通过“一体化”规范管理，县总医院和各乡镇分院、村卫生所分工协作，实施规范化诊疗和个性化行为干预等有效管理，使乡村居民高血压、糖尿病等慢性病引起的并发症住院、致残、致死率较往年明显下降，慢性病得到有效的预防和控制。

【家庭医生签约服务开展】 2020年，建宁县成立家庭医生签约服务团队92支，成员由县总医院医生、乡镇全科医生、护士和公共卫生科人员和乡村医生等人组成。截至2020年11月月底，全县建档立卡农村贫困人口4809人、省定扶贫标准下的低保对象1215人（县医保中心提供的2020年10月农村贫困人口数据），常住人口签约率100%。

【健康扶贫】 2020年，建宁县卫健局以“五三”健康扶贫机制为抓手，开展贫困人口健康管理，确保各项政策目标落实。建立大病救治体系，将建档立卡农村贫困人口大病救治病种由原来的13种增加到34种。建立家签服务体系，每年提供一次有关项目的免费健康体检服务，并对慢性病的患者实行规范化管理服务。建立优惠政策体系，建档立卡贫困户全部免缴城乡居民基本医疗保险费250元。

【中医康复】 2020年，建宁县总医院将针灸理疗科、中医科、中医骨伤科整合成立中医康复科，开设康复科病房，设立病床 10 张，治疗病种扩展到二十余种。开展新项目新技术，年内已开展除针灸治疗、推拿疗法之外的冲击波治疗，中医定向药透疗法，生物陶瓷热疗，脑电刺激疗法，牵引疗法、运动疗法等理疗项目，逐步开展穴位注射、三伏灸等业务。2020 年，中医门诊 14587 人次、住院 160 人次，中医参与会诊 700 余次，中医药收入 550 多万元，其中中药饮片、中成药收入 338.96 万元。

（刘日鹏　邹爵塔）

妇女儿童保健

【概述】 2020 年，建宁县妇幼保健院围绕“12343”服务模式重点推进医改工作。发挥主街道作用，定期开展公共卫生服务，强化医保改革、公共卫生政策宣传，加强生殖保健服务窗口管理，让群众享受免费便民服务；建好不孕不育、中医特色、儿童眼科保健、可视人流等特色科室，满足群众新需求；围绕服务型机关，打造“四最”（让医改政策最满意、让医疗质量最满意、让人民群众最满意、让医务人员最满意）活动。全年，全院门诊人次 12616 人，住院人次 151 人，医疗收入 238 万元，较上年增加 57 万元，增长 31.5%。加强对医疗质量的监管力度，除日常检查、指导外，每月开展 1—2 次医疗质量检查、医疗质量监管、抓好工作落实，在院内形成质控网格化管理。医院感染漏报率为零。

【“两纲”达标建设】 2020 年，建宁县妇幼保健院加强孕产妇系统保健管理。当年全县孕产妇系统管理 837 份，孕 13 周前建档 723 人，早管率 86.4%；5 次以上产前随访 825 人，产前随访率 98.6%，产后访视 815 人，产后访视率 97.4%；孕期接受艾、梅、乙咨询 760 人，孕期接受艾滋病检测 752 人、接受梅毒、乙肝检测 766 人，发现 5 例梅毒感染孕妇；发现乙肝表面抗原阳性孕妇 64 人，乙肝表面抗原阳性产妇 68 人；全县共分娩高危孕妇 550 人，其中紫色高危 2 人，所有高危孕妇都有建立专案管理；新生儿访视及满月访视管理 923 人，新生儿访视率 100%，城区集体儿童健康体检 2317 人，实检率 93.4%；口腔保健氟化泡沫防龋治疗 2441 人，患龋齿 998 人，患病率 40.9 %；下托幼机构工作 76 人次，对托幼园所开展眼保健筛查共 5580 人，视力异常 1472 人，患病率 26.1 %；对城区托幼园所、小学一年级进行一次集体儿童体检，实检 2317 人次，实检率 93.4%，免费儿童健康体检 0—6 岁儿童 3075 人次，免费为 0—36 个月儿童提供中医药健康管理指导 1224 人次。对 0—3 岁电子建档并动态管理 385 人；为 0—3 个月儿童电子建档 25 份，免费做血红蛋白检测 4038 人次，基本公共卫生服务 5288 人次。

【妇幼公共卫生服务】 2020 年，建宁县妇幼保健院为 35—64 岁城乡医保妇女进行免费宫颈癌检查和乳腺癌检查，完成宫颈癌筛查 3139 人，HPV 检测 3139 人，乳腺癌筛查 3189 人；提高基本避孕药具和基本避孕手术服务可及性，使育龄群众获得规范、适宜的避孕服务，全县使用药具人数 899 人，各乡（镇）避孕套发放 48000 只；做好备孕期和孕早期 3 个月的生育妇女免费增补叶酸服务，全县发放叶酸 1067 人，共 5193 瓶，完成率 98%，降低神经管缺陷发生率，提高出生人口素质；建立免费孕前优生健康检查制度，降低出生缺陷发生风险，提高出生人口素质，全县共完成免费孕前优生健康检查人数 735 人，人群覆盖率达 73.50%；为新婚夫妇和计划怀孕夫妇提供地贫初筛、基因检测、产前诊断和咨询指导服务，减少重症地贫患儿出生，全年完成 341 对的地贫筛查数，地中海贫血筛查率达 85.25%，随访率达 100%。

【妇幼卫生综合项目建设】 2020 年，建宁县妇幼保健院完善和加强妇幼信息工作，对全县妇幼卫生信息，“三网”监测资料的收集统计及网络直报。做好健康宣教工作，利用宣传栏、有线电视媒体等开展健康宣教，通过保健门诊发放宣传册，宣传栏等进行母婴保健、优生优育等知识的宣传教育。严格做好“出生医学证明”的管理，严格领进、发放、使用程序，严格实行证章分离管理制度。完善妇幼网络信息工作，健全“建宁妇幼微信群”。

【妇幼人才队伍建设】 2020 年，建宁县妇幼保健院制定全院妇幼业务人员培训方案和计划，并按培训要求逐一落实，完成专项培训 3 次，综合培训 1 次，进修学习 3 人次。现有在岗人员 43 人，其中卫生专业技术人员 38 人（其中执业医师 20 人、执业护士 7 人、高级职称 12 人、中级职称 12 人、初级职称 3 人），人员结构基本达到年龄、学历、技术水平的优化组合，初步实现年轻化、知识化、专业化。

（刘时康）

计划生育

【概况】 2020 年，建宁县卫健局结合新时期计划生育技术服务工作重点，加强咨询指导，指导育龄群众科学选择安全有效、适宜的避孕方法。

【优生优育政策落实】 2020 年，建宁县全县出生人口 1165 人，政策符合率 100%，出生人口比上年同期减幅 25.51%，性别比 121.90%，各项优先优惠政策全面落实：奖励扶助政策全面兑现，合计补助 472.916 万元。

【独生子女帮扶】 2020 年，建宁县卫健局紧扣健康扶贫，结对帮扶计生困难家庭。开展建宁县计划生育特殊家庭联谊会和建宁县计划生育特殊困难家庭再生育关怀等创建活动，做好计划生育困难家庭特别是独生子女伤残、死亡家庭扶助工作，建立健全特别扶助对象联系人制度，对全县 47 户 78 人计划生育特殊家庭实行县、乡、村结对子帮扶，解决他们的生活照料、养老保障、大病治疗和精神慰藉等问题。

【流动人口服务管理】 2020 年，建宁县卫健局采取属地化管理、均等化服务、信息化支撑、综合治理的新方式进行流动人口计生服务管理。全年，共有全员流动人口 21501 人。流入人口 4605 人，其中跨省流入 2428 人，女性 356 人，男性 2072 人；省内流入 2177 人，女性 434 人，男性 1743 人；流出人口 16896 人，其中跨省流出 3957 人，省内流出 12939 人。利用国家、省、市流动人口平台，定期接收并处理各乡镇传送的流动人口计划生育信息数据，定期向地市级传送本县流动人口计划生育统计报表，提交率、协查反馈率、协查反馈及时率均达 100%。利用各种宣传方式，提高流动人口对均等化服务的知晓率；同时开展关爱流动人口的主题宣传服务活动，普及法律知识和健康知识。扩大流动人口计划生育服务的覆盖面，做好流动人口出生缺陷一级干预、孕前优生健康筛查、生殖健康检查等免费服务。整合流动人口卫生计生公共服务信息资源，完善流动人口健康档案，建立健全相关信息共享机制。优先落实好流动人口健康档案、健康教育、儿童预防接种、妇幼保健、传染病防控、计划生育等基本公共服务项目。在流动人口集中的地方，建立企业、行业、市场计生协会，开展“人口政策教育进市场、进企业”等形式多样的活动，建立完善“合同管理、以房管人、人房共管、责任共担、综合服务”的新模式，按照“谁用工、谁负责，谁受益、谁管理，谁管辖、谁服务”的原则，强化对流动人口的管理。

（刘日鹏）

就业创业

【概况】 2020年，建宁县全县城镇登记失业率为2.78%，控制在市下达任务4.0%以内。领取失业保险人数890人次，失业保险基金支出373.24万元，失业保险稳岗补贴239.96万元，新开发公益性岗位69个，其中安置建档立卡人员51人，共发放公益性岗位补贴150.46万元，公益性岗位社保补贴6.56万元。

【职业技能提升】 2020年，建宁县全年完成技能培训1800余人次，开展创业致富带头人培训班培87名学员，开展两次育婴员职业技能培训班培训119名学员(含贫困劳动力3人，低保户1人，残疾人1人)。

【以工代训】 2020年，建宁县7家企业申报以工代训补贴，共发放金额2.75万元。

【创业创新】 2020年，建宁县选送企业参加市级 “中国创翼”创业创新大赛，“利森林业开发有限公司”谢邦伟获得省级、市级各5万元的毕业生创业省级资助；举办“建宁县2020年创业创新项目评选活动”，评选出6个项目，发放奖补资金11.6万元。推荐国网建宁县供电公司申报“三明市技能大师工作室”，申报成功获并补助3万元。

（黄美兰）

2020年10月11日，县优秀创业创新项目评选活动（建宁县融媒体中心供稿）

援企稳岗

【用工服务助推复工复产】 2020年，建宁县人力资源和社会保障局（以下简称建宁县人社局）实地走访归集就业需求，为明一等十余家企业“点对点”推荐意向人员141人次；疫情防控期间开通线上就业渠道，联系各企业提供就业岗位。

【疫情防控期间政策落实】 2020年，建宁县落实一次性稳就业奖补政策，兑现11家企业，发放金额58.38万元，惠及职工2000余人。落实一次性稳定就业补助政策，补贴闽源电力及闽江源水业共金额2万元，惠及职工156人。落实失业保险稳岗补贴政策，兑现72家企业，发放资金66.9万元，惠及职工2489人，发放14家困难企业稳岗补贴173.07万元，惠及职工180人。落实阶段性价格临时补贴政策。截至2020年年底，补贴领取失业补助金15.12万元。落实阶段性减免企业社会保险政策，完成养老保险退费209户，金额111.32万元；工伤保险退费219户，金额20.73万元；失业保险退费98笔，金额3.7万元。

（黄美兰）

社会保险

【概况】 2020年，建宁县城乡居民养老保险参保人数为78350人，参保率99.6%。建宁县机关事业养老保险在职参保人数为3932人，参保率达100%，养老金发放率100%。企业职工养老保险参保职工人数为11054人，工伤保险参保职工14288人。

【城乡居民养老保险扩面】 2020年，建宁县完成扩面人数为1757人，完成基础任务数122.18%。

【信息化平台应用】 2020年，建宁县村级便民信息化平台平均每村（居）经办257.37笔；全年审批土地4宗，收缴被征地农民社会保险金55.7万余元。

【死亡冒领居民保养老金追缴】 2020年，建宁县人社局通过互联网人脸识别认证共追回违规领取待遇金额15.76万元，稽核追讨案件清零。

【机关事业保险】 2020年，建宁县职业年金清算情况清算率达100%，“中人”待遇重算率达97.7%。

（黄美兰）

职工医疗保险

【概况】 2020年，三明市建宁医疗保障局与医保中心建宁管理部融合协作，作为“三医联动”的一分子，落实市医保局有关医疗保险、生育保险、医疗救助等医疗保障制度的政策措施贯彻执行及宣传解释工作，贯彻医保扶贫各项政策，跟进药品集中带量采购，配合地方政府组织医保基金征缴工作，组织开展定点医药机构稽核检查，维护医保基金稳定运行，共同推动建宁医改工作走深走实。

【基金平稳运行】 2020年，建宁县城镇职工和城乡居民两项保险实现安全平稳运行。全县城镇职工医保基金收入4654.17万元，支出3969.59万元，结余684.58万元；享受住院待遇2407人次，基金支出1248.82万元，享受门诊待遇72513人次，基金支出775.83万元。全县城乡居民参保127210人，筹集基金10176.8万元，基金补偿8625.5万元，基金使用率达84.76%；享受住院待遇21759人次，补偿5811.24万元，享受门诊待遇325249人次，基金补偿2046.06万元。

【医保减增】 2020年，三明市建宁医疗保障局落实减征缓征政策，促进复工复产。全年企业职工医保减征238.51万元，生育险减征6.69万元，涉及178家企业，3130人。

【医保基金安全监管】 2020年，三明市建宁医疗保障局规范医保定点管理，打击欺诈骗保。履行医保基金安全监管职责，严厉打击欺诈骗保行为，结合线上监控及各医疗机构自查自纠情况，到各个乡（镇）、村，开展打击欺诈骗保各类专项整治行动及打击骗保宣传活动，维护参保群众利益。全年对定点医药机构全覆盖检查，对12家医疗机构违规行为进行通报，扣回违规使用的医保基金19.78万元，守护医保基金安全。

【医保扶贫政策落实】 2020年，三明市建宁医疗保障局围绕“两不愁三保障”要求，建立基本医疗保险为主体，大病保险、医疗救助（含资助参保）、精准扶贫医疗叠加保险为补充，第三次精准补助为托底的多层次保障体系，衔接有序、协同互补、一站结算。全年全县建档立卡贫困人口和省定低保对象累计6066人获得资助参保，资助金额共计151.65万元；全县建档立卡贫困人口就诊0.73万人次，医疗总费用921.19万元，范围内费用847.86万元，报销医疗费用843.48万元（其中大病补255.55

万元、医疗救助资金128.41万元、叠加保险补助46.38万元、第三次精准补助9.02万元），医保范围内报销比例99.48%,实际报销比例91.56%。

【民生工程】 2020年，三明市建宁医疗保障局始终坚持把人民群众利益放在首要位置，释放医改红利，惠及参保群众。将医保报销端口开通到村，让群众在家门口享受同样的医保政策。全县共有126家医保定点医疗机构(含门诊、药店)，其中81家行政村卫生所开通医保即时结算端口，在基层医疗机构免费提供高血压、糖尿病等6种慢性病39种基本药物，完善大病保障等措施。落实药品集中带量采购工作，严格贯彻落实省、市医保局有关药品采购政策，以满足患者治疗为根本，以医疗机构需求为导向，跟进“4+7”集中带量采购、国家第二批、第三批组织药品集中采购和福建省药品集中带量采购中选结果。全年全县累计完成集中带量采购量203702剂量单位，金额达359.71万元，在确保临床需求的同时持续挤压药价虚高水分，减轻患者负担。

（王淑芳）

人事管理

【概况】 2020年，建宁县人社局办理流动人员档案调入514册，接待2020年毕业回县报到的本地生源65人,新增4家就业见习基地;累计办理聘任书1500余人次，实现规范有序的岗位动态管理，通过网上认定130余名高层次人才及实用性人才。国有企业退休人员社会化管理完成18家国有企业438份人事档案移交。

【事业单位招聘】 2020年，建宁县公开招聘126个岗位168名事业单位工作人员。

【定向委培】 2020年，建宁县共有14名定向委培生回本县工作，全年与院校合作共签订培养25名高校生。

【人事管理】 2020年，建宁县接收安置16名“三支一扶”人员；开展281位离校未就业毕业生就业帮扶工作，100%已接受服务；完成264人次三明市人才“一站式”服务平台人才认定初审。

【专技管理】 2020年，建宁县公布专业技术职务任职资格16个系列112人;开具委托评审函31份，推荐56名专业技术人员参评专业技术职务任职资格评审；确认106名大中专院校毕业生取得专业技术职务任职资格并录入系统。

（黄美兰）

残疾人事务管理

【概况】 2020年，建宁县残疾人联合会全面落实省、市残联《关于做好2020年重点工作》目标，紧紧围绕县委、县政府中心工作，以问题为导向，以短板为突破口，立足本县残疾人工作实际，在加快建设“清新花香·福源建宁”中建功立业，全年各项目标指标均圆满完成。

【残疾人维权工作】 2020年，建宁县残疾人联合会做好残疾人信访工作。对到访残疾人做好政策解释工作，解答残疾人心中的疑惑，解决残疾人提出的问题，做到“件件有落实，事事有回音”，全年无残疾人越级上访。做好残疾人家庭无障碍改造工作。全年改造31户，补助金额13.6万元。其中：中央级21户，补助金额12.6万元；省级10户，补助金额1万元。做好第三代残疾人证换证工作。根据省市工作安排，2020年开始启用第三代残疾人证(卡片式)换证工作，为不影响残疾人相关补贴发放，建宁县残疾人联合会开展换证前期宣传工作，召开乡镇理事长会议，安排部署换证工作。针对地处偏远或山高路陡，瘫痪在床、行动不便的残疾人，组织评残医生、办证工作人员进村入户进行一站式上门服务，让他们足不出户就能办到第三代残疾人证。全县共组织上门办证服务3次，为37名重度残疾人换发第三代残疾人证。全年换证率达95%以上。做好残疾人信息数据动态更新工作。采取政府购买服务，全县各村选聘调查员，残联工作人员深入乡（镇）、村（居）手把手指导调查员走村入户，对已持残疾人证和未持证残疾人为重点的残疾人基本服务状况和需求进行信息数据比对，发现问题及时纠正；确保数据录入的准确性和及时性，为本县加快推进残疾人小康进程提供更加精准的基础数据支撑。

【残疾人最低生活保障】 2020年，建宁县残疾人联合会及时与民政部门沟通协调，落实“两项补贴”制度，做好相关的衔接工作和审核工作。全年享受重度困难残疾人生活补贴1628人，补助金额13.02万元/月；享受重度残疾人护理补贴1892人，补助金额17.87万元/月。开展居家托养服务，减轻残疾人家庭负担。对各乡镇通过推荐、评审、公示、审批等程序上报的重度残疾人情况，认真核实核对，做到公平、公正、公开，为80名智力、精神、肢体等重度残疾人提供居家托养服务，补助金额16万元。加大困难残疾人最低生活保障力度。加强与民政部门沟通联系，落实残疾人最低生活保障工作，2020年纳入低保残疾人1313名。开展低保重度一级肢体残疾人专项护理补贴工作，全年共55人，每人2000元，补贴金额11万元。做好“一户多残”残疾人家庭生活困难补助项目工作。全年全县共申报符合条件的残疾人共132户275人，每人每年补助600元，共计16.5万元。在传统节日、扶贫日等期间动员社会各方力量，开展走访慰问、帮扶救助、送温暖等活动，让残疾人真正感受到党和政府的关怀与温暖。全年走访慰问贫困残疾人178户，发放慰问金11.51万元。

【残疾人社会保险】 2020年，建宁县残疾人联合会加大残疾人养老医疗救助力度。为全县持证的2900名残疾人缴纳个人医疗保险费，全年缴纳医疗保险费81.2万元。对全县持证的重度残疾人和建档立卡贫困残疾人户参加城乡居民基本养老保险个人最低缴费部分全额资助；对非重度残疾人参加城乡居民基本养老保险，代缴不低于50%的最低标准养老保险费。实施“爱心保险”项目，为3115名残疾人购买意外伤害（死亡）保险，缴纳保险费7.15万元，全年全县36人获理赔，理赔金额11.2万元。

【残疾人康复服务】 2020年，建宁县残疾人联合会加强沟通协调，组织康复服务。实施0—14岁儿童康复救助工作，对接受专业康复训练的51名残疾儿童实施救助，补助金额50万元。实施《三明市残疾人基本型辅助器具适配补贴办法》。组织辅具工作人员、残疾评定医生、辅具协议机构工作人员等，在客坊乡开展残疾人辅助器具适配服务整乡推进活动，为残疾人提供“一条龙”“一站式”“零距离”的辅具服务。全年适配轮椅、助行器、拐杖以及安装假肢、矫形器等辅具121件，补贴金额17.17万元。做好精神残疾人住院补助，精神残疾人住院费用扣除医保报销和有关部门补助后，个人自付部分不足2000元的，按个人自付部分的实际额度予以补助；自付部分超过2000元的按2000元补助。2020年共补助62人，6.74万元。

【残疾人教育就业】 2020年，建宁县残疾人联合会精心组织残疾人技能培训工作，提高残疾人就业率，当年组织举办1期为期一天残疾人实用技术培训班，参训残疾人74人；选送8名残疾人到市里参加各种职业技能培训，提高他们职业技能，增强就业能力。鼓励扶持残疾人创业、就业。扶持残疾人创业就业31人，每人补助5000元，补助金额15.5万元；对65名灵活就业残疾人给予社会保险补贴，补助金额23.52万元。开展小额贷款贴息工作。对17户残疾人2019年农资贷款给予贴息，贴息金额3.27万元。落实扶残助学项目。资助残疾学生及贫困残疾人家庭子女23人，补助金额12.57万元。做好残保金征收工作。全年残保金征收，从5月份开始，通过下发相关文件、短信、微信、网站及在电视台投放广告等方式，多渠道宣传。截至2020年年底，已征收残保金318万元，全县用人单位共安置残疾人37人。

民政工作

【概况】 2020年，建宁县民政局践行“民政为民、民政爱民”工作理念，推动民政各项工作全方位高质量发展超越。2020年12月，被政协建宁县委员会评为“十届县政协提案办理工作先进单位”。建宁县居家养老服务项目入选财政部《政府购买服务案例汇编》。2020年11月，三明市福蕾行动计划现场会在建宁县召开。2020年3月，《中国社会报》第129期养老产业周刊板块头条刊发《福建省分类指导养老机构接收老人安全“回家”》一文，对本县养老机构严格实行“一观一测”分区分类指导老人返院的经验做法给予宣传报道。

【社会救助】 2020年，建宁县民政局全面贯彻落实各项兜底保障政策，提高城乡居民保障标准。2020年，城乡居民最低保障标准提高到每人每月640元。城乡居民最低生活保障标准达到县最低工资标准的45%。城乡特困人员全自理、半护理、全护理分散供养标准分别提高到每人每月974元、1187元、1400元；集中供养标准是分散供养标准的2倍。困难残疾人生活补贴标准提高到每人每月80元，重度残疾人一级、二级护理补贴标准分别提高到每人每月115元、85元。通过织密扎牢民生保障“安全网”，逐步实现县贫困人口逐年减少，保障标准逐步提高，人民生活逐渐富裕。2020年，建宁县新增城乡低保179户294人，城乡特困16户16人。低保覆盖面合理化水平值为1.0254。全县特困供养人员192户、195人，其中生活不能自理特困人员共33人，集中供养32人，生活不能自理特困人员集中供养率达到96.97%，远高于全省50%的集中供养要求。累计死亡人数877人，火化879具（含骨骸火化2具），其中免除困难群众火化费103具，免除费用14.42万元，火化率达100%。2020年，救助县农村低保对象1773户3263人，累计发放资金1584.9万元；城市低保对象231户318人，累计发放资金191.64万元；救助特困供养对象192户195人，累计发放资金282.55万元；发放残疾人生活补贴19398人次，155.18万元，护理补贴22133人次，209.44万元；临时救助2398户4704人，发放救助金162.66万；发放价格临时补贴86.7654万元；发放孤儿基本生活保障金7.71万元，事实无人抚养儿童12.0919万元，保障困难群众疫情防控期间基本生活。规范流浪乞讨救助。坚持“自愿受助，依法救助”原则，开展常态化专项救助行动。开通24小时救助热线，实行24小时救助机制，对陷入困境、居无定所流浪街头的流浪乞讨或生活无着人员做到“应救尽救、不漏一人”。组织开展街面巡查20余次，救助流浪乞讨人员90余人次，其中1名长期滞留人员得到落户安置，2名受助人员成功返乡。启动城市困难家庭精准帮扶“347”工作机制，制定下发《建宁县城市困难家庭精准帮扶“347”工作机制实施方案的通知》，成立城市困难家庭精准帮扶工作领导小组。精准摸排确认城市低保、城市特困、城市孤儿、城市支出型贫困低收入家庭四类城市困难家庭247户336人，90家县直机关企事业单位采取“一对一”“多对一”的方式开展结对帮扶，帮助困难对象解决就业、医疗、教育、住房、因病因残等方面的困难与问题。完成走访2次，为贫困户送去慰问金和米面粮油等生活物资。资助47位低保户贫困生，发放城市低保贫困户家庭学生资助资金7.79万元，发放新入学困难家庭大学生临时救助1.4万元。推送就业岗位50余个，举办企业援助专场招聘会2场，开发公益性岗位73个安置就业困难人群。为城市贫困户提供保障性住房72套，解决100余名城市困难人群的住房问题。

【社会事务】　2020年，建宁县推进平安边界共建，完成建宁—泰宁界线和濉溪—溪口、溪口—均口、里心—伊家、黄埠—里心四条乡界界线外业联检作业。完成建宁—黎川、建宁—南丰、建宁—广昌平安边界互访共建。完成江西百家畲风电场建设涉及福建和江西两省省界相关纠纷的调解。加快全县骨灰楼堂等殡葬服务设施建设，倡导移风易俗，对违建墓地进行“地毯式”、全覆盖摸排。加强殡葬服务质量监管，规范经营性公墓运营管理。加快推进火车南站与核桃峰陵园之间景观带建设，审议通过《关于火车南站与核桃峰陵园之间景观带建设工作方案》。推进县殡仪馆建设项目，联合相关部门，对建宁县周边地区进行踩点、勘察、比对选址，确定县殡仪馆迁建地址。倡导社会力量参与慈善捐赠，并加强监督管理。全县慈善组织收到口罩、酒精、消毒液、营养品等捐赠物资价值约5.27万元，收到捐款约14万元。联合县城监大队和公安局开展慈善专项执法，对两家不具有公开募捐资格公司进行谈话警告，要求他们不再以慈善募捐的名义公开设立旧衣服回收捐赠箱。全面推进“放管服”改革，推升“互联网+政务服务”水平。改造提升办事服务窗口，县婚姻登记中心搬迁入驻县行政服务中心，树立文明形象，创建模范机关，方便群众办事。2020年，办理结婚登记739对，离婚登记371对，登记合格率达100%。

【基层政权】　2020年，建宁县民政局严格审批手续，做好社会组织登记工作。成立登记社会组织24家，其中社会团体5家、民办非企业18家、基金会1家。在“善行八闽——公益慈善项目大赛”中“幸福种子——儿童能力发展计划”荣获二等奖；领头雁计划——福建省青少年社工人才培养项目荣获组织奖；星光——家校社共创试点项目荣获优秀奖，获奖率全市第一。推进“三社联动”项目工作，发挥社区、社会组织和社工的作用，加大社会购买服务力度，深化“三社联动”项目工作。投入资金10万元，引导社工组织承接“三社联动”项目，为县留守老人提供专业化服务。投入资金15万元，启动“福蕾行动计划”项目，为县困难儿童提供关爱保护。发挥社会组织在社会治理中的作用，形成社会组织参与县域社会治理现代化“六化联动”的“建宁做法”被中政法的《长安评论》宣传报道。

【养老服务】 2020年，建宁县康养中心（一期）项目已竣工，建设养老床位500张，完成工程投资6200万元。推进福利中心改造提升。完成投资180余万元，完成消防自动喷淋系统和消防通道大门改扩建等，完成消防报警系统升级改造、护理能力提升建设和多功能护理床及附属设备采购等。推进城乡养老场所改造提升。实施濉溪镇居家养老服务照料中心扩建工程，完成户外休闲区和室内文化活动场所建设并投入使用。完成新生社区日间照料中心建设。河东社区进行室内装修。实行公建民营，盘活用好乡镇敬老院，客坊乡、黄埠乡、均口镇、黄坊乡、伊家乡5个敬老院已与建宁县祥安养老服务有限公司签订合同，其中均口镇、客坊乡敬老院已完成改造提升并投入使用。推进农村幸福院建设。争取省级幸福院建设补助资金85万元，已完成濉溪镇长吉村、均口镇半寮村、里心镇上黎村、里心镇新墟村、溪源乡大岭村5所幸福院建设。完成51个农村养老服务中心民办非企业单位登记。提供“互联网＋养老”服务。对县居家养老服务实行公建民营，采取政府购买形式，由福建微尚信息科技有限公司承接运营。2020年，累计提供线上服务15433人次，线下服务5440人次。1380个老年人完成建档，平均每月电话回访1860人次，上门回访788人次。已有150多人加入志愿服务队伍，办理“时间银行存折”70本。组织开展知识讲座124余场，开展志愿服务活动202余次，累计服务老人4万余人次。

【老区建设】 2020年，建宁县争取省级老区专项扶贫发展资金70万元，用于老区乡村基础设施建设，遴选、补助扶建项目10个，已全部完工。推动“阳光1+1”（社会组织＋老区村）牵手行动计划试点工作。18家省、市级社会组织已完成对接12个老区村，6个县级社会组织已完成对接6个老区村。完成“阳光1+1”项目4个，正在施工1个。

【疫情防控】 2020年，建宁县疫情防控期间，对县城乡低保对象、特困人员、城乡孤儿等困难群众总计3497人，按每人100元标准发放一次性生活补贴共34.97万元。对确需实施临时救助的生活困难人员不受户籍地限制；对新冠肺炎确诊的，由县级民政局直接实施临时救助5000元/户；对疑似感染者，由所在乡（镇）直接实施临时救助3000元/户；对被隔离者，由所在乡（镇）民政办直接实施临时救助1000元/户。疫情防控期间，社会救助审批权限下放到各乡（镇）。将疾病感染或因防疫被隔离符合条件的城乡困难群众及时纳入低保范围，简化救助审批程序给予先行救助。对新申请事实无人抚养儿童保障的实行特事特办，符合条件的先予纳入保障，待疫情防控解除后补办手续。濉溪镇和里心镇将县城乡低保和特困人员审批权限下放试点乡（镇）。抓好民政系统疫情防控工作，严格出入管理，对全县所有养老机构全部封闭管理，所有的农村幸福院和社区日间照料中心全部关闭。加强对殡仪馆、婚姻登记中心、救助站等人员管控，做好体温监测和登记工作。推行精准施策，按照“七个一律”要求，对返院入住、新入住“两返人员”、流浪乞讨对象等严格实行“一观一测”，建立一人一档医学观察跟踪机制，实行分区分级差异化管理。

（何仕颖）

退役军人事务管理

【概况】 2020年，建宁县退役军人事务局（以下简称退役军人事务局）以习近平新时代中国特色社会主义思想为指导，认真学习贯彻习近平总书记关于退役军人工作重要论述，深入开展“基层基础建设年”和“思想政治工作年”活动；坚持党建引领，利用完善退役军人服务保障体系和推行“四尊崇”“五关爱”“六必访”两个载体，抓好转业士官安置、部分退役士兵社保接续、“两参”人员身份核查3项重点，有序开展双拥、优抚、就业创业、思想政治和权益维护等4项常规工作。

【服务保障体系建设】 2020年，建宁县开展退役军人服务保障体系“五比五晒（比谋划、晒前期，比招商、晒签约，比开工、晒进度，比投产、晒成效，比服务、晒质量）”创“五有（有机构、有编制、有人员、有经费、有保障）”先进单位活动，各乡（镇）、村（居）退役军人服务站按照《基层退役军人服务中心（站）工作指南》要求，因地制宜调整办公场所，梳理退役军人和其他优抚对象服务事项，清单化明确职责、目录式开展工作、台账式强化管理，提升服务管理水平。里心镇、均口镇、溪源乡、伊家乡等4个乡（镇）申报示范型退役军人服务站，各乡镇分别确定2个村级服务站申报“五有”先进单位。

【推行“四尊崇”“五关爱”“六必访”】 2020年，建宁县县、乡、村三级退役军人服务中心（站）推行“四尊崇（新兵入伍做好欢送仪式、举行座谈、挂光荣牌、拍集体照）”“五关爱（退役返乡做好迎接仪式、谈心谈话、宣讲政策、推介岗位、高效办事）”“六必访（日常关怀做好退役返乡必访、立功受奖必访、英模典型必访、重要节日必访、遇到困难必访、重大变故必访）”：退役军人返乡时，组织人员前往动车站迎接；召开退役军人座谈会并合影留念；为在部队立功受奖人员送喜报上门；为退役军人和现役军人家属悬挂光荣牌；对家庭发生重大变故的退役军人进行走访慰问；为退役军人推介工作岗位。

【优抚工作】 2020年，建宁县做好重点优抚对象生活补助和抚恤金提标工作，并按4%的目标落实县优抚标准自然增长机制。为优抚对象免收视费，组织重点优抚对象开展健康体检。春节、“八一”期间，对全县伤残军人、老复员军人等特困优抚对象和现役军人家属进行走访慰问。端午节期间，联合三明爱心企业开展常态化联系慰问退役军人活动，为生活困难退役军人每人送上300元慰问金和慰问物资。开展“拥军爱军，军民同心”主题粮油捐赠公益活动，向全县享受国家定期补助的优抚对象、现役军人家庭每户赠送烹调油。联合县邮政局、TCL集团共同开展拥军优属福利活动，为退役军人赠送惠民补贴卡。

【双拥工作】 2020年，建宁县严格按照《全国双拥模范城（县）考评标准》做好资料收集上报工作，完成市双拥督查考评任务。开展拥军工作，“八一”慰问海警14511艇“建宁号”，并与福州海警局人员共同开展“追寻红色足迹，追溯建宁记忆”为主题的党日活动，通过一起上党课、参观中央苏区反“围剿”纪念园，共赴客坊乡水尾村追寻红色足迹，加深了解，深化军民鱼水情。开展“讲好红色故事，讲清安置政策”活动，组织参加边境自卫还击作战的老兵为县武警中队官兵讲述战斗历程，讲解退役安置、就业创业、职业技能培训等方面的政策。

【纪念英烈活动】 清明节，组织鲜花敬英烈活动。9月30日，举行烈士公祭日活动，建宁县四套班子领导、县直有关部门负责同志、武警战士、少先队员代表及其他社会各界人士参加公祭活动。

【常态化联系机制】 2020年，县退役军人事务局深入贯彻落实常态化联系机制，实现联系服务全覆盖。县退役军人事务局8名干部与各乡镇较重点的退役军人建立常态化联系，各乡镇服务站工作人员也分别联系各类退役军人，通过电话、短信、微信、网络视频等方式方法，建立沟通联系渠道，宣传党和国家的大政方针，建立联系工作台账，翔实掌握联系对象实际困难和存在问题，做到早发现问题，早沟通处理。

【移交安置和就业创业工作】 2020年，建宁县接收退役士兵并发放2019年自主就业退役士兵地方经济补助金，对符合安置条件的转业士官进行安置。按照省市要求，开展部分退役军人社保接续工作，加强身份认定，开展精准宣传，完成退役士兵社保补缴工作，养老保险办结率达到100%。做好退役士兵高职扩招宣传动员和身份审核工作。联合县人力资源和社会保障局召开2次退役军人招聘会，为退役军人的就业提供政策咨询。组织退役军人参加就业培训，推荐退役军人创办企业参加优秀创业创新项目评选，福建建宁县诚橙农业发展有限公司获三等奖。走访和骏工业有限公司等企业，摸清企业用工需求，推介企业招聘信息，引导有就业意向的退役军人和企业对接。

【思想政治和权益维护】 2020年，建宁县退役军人事务局做好来电来访接待工作，围绕主要诉求涉及就业安置、社保接续、提高待遇、评残等问题，做好“e三明”“e建宁”转办答复工作，全年共答复办理2件。利用春节、“八一”走访慰问和开展常态化联系退役军人等时机，了解优抚对象思想动态，解释相关政策。

（付春芳）

濉溪镇

【概况】 濉溪镇位于建宁县东部，地处建宁县城中心，为建宁县城和县人民政府驻地，是全县政治、经济、文化中心，工业、商贸重镇和农业、旅游的大镇。辖10个行政村(城关、河东、水南、长吉、水西、圳头、大源、高峰、斗埕、器村)、4个社区居委会(新生、复兴、河东、水南)和1个国有农场(综合农场)，人口3.2万人，总面积213.8平方千米，耕地面积1702公顷，园地面积1062公顷，林地面积15616公顷。2020年，全镇农林牧渔业总产值2.92亿元；规模以上工业企业产值38.37亿元；全社会固定资产投资4.55亿元；财政总收入1899万元。

【农业生产】 2020年，濉溪镇落实烟叶种植94.4公顷，实现产量3350担，水稻制种133.3万公顷，莲子种植166.7公顷，翠冠、翠玉、黄桃、猕猴桃种植100公顷，全年建立“五新”技术推广示范片20公顷，推广配方施肥133.3公顷。支持和引导农民专业合作社、家庭农场、生态果园示范片等新型经营主体发展，全镇共培育合作社、家庭农场等新型经营主体48家，其中省级示范新型经营主体3家、市级示范新型经营主体1家、县级示范新型经营主体7家。

【乡村旅游】 2020年，濉溪镇主动融入国家全域旅游示范区创建，打造梯田莲海、香溪花谷等全域赏花基地，建成莲花叠水、曲院风荷、儿童沙滩乐园、七彩滑道、坪上梯田莲海（二期）等旅游观光项目，建宁莲海玉家城市客厅项目室内装修基本完成，高峰村荣获“2020中国最美康养小镇”“福建省美丽休闲乡村”，入选国家森林乡村名单，高峰香溪花谷旅游区获批国家AAA级旅游景区。7月25日，建宁县第五届“为荷而来”旅游嘉年华活动在大源坪上开幕，打响全国最大最美梯田莲海品牌。

【征地拆迁】 2020年，濉溪镇坚持把突破征迁难题作为服务全县经济社会发展的重中之重，列入征地拆迁攻坚市级项目5个，县级13个，已全部完成黄舟坊地块、高沙洲地块、建宁莲海玉家、圳头村枫林石原养牛场片区、经济开发区（云杉纺织一、二期）等重点项目新征地73.3公顷。突破火车南站牵引变电所、闽江源路至火车南站道路、西互通连接线市政段、鑫珑公馆便道、大源楮树下、水南邹吴家等征迁阻点6个，保障云杉纺织、天马科技、莲海玉家、闽源金声玉振、鑫珑公馆、碧桂园等县重点招商项目落地。

【项目建设】 2020年，濉溪镇实施“五个一批”重大项目56个（其中以镇为主的20个、镇参与的项目36个）。20个重点项目总投资10亿元，建宁县PFM再生植物纤维生物降解材料产业化示范基地等19个项目竣工或投产，大源坪上梯田莲海（二期）和高峰村人居环境提升整治等项目列入全市“项目攻坚年”现场点。建立乡贤联系库、招商引资数据库，并进行动态管理，营造重商、亲商、安商的发展环境。当年签约项目31个、概算总投资23亿元，引进三明市莲海玉家物业管理有限公司，成功落地外资30万美元。

【乡村振兴】 2020年，濉溪镇实施乡村振兴项目27个，完成投资3105万元，拆除违章搭建、附属房6000余平方米，改造坡屋面90余户，完成11户旱厕改造，新建公厕4座（即贡莲小镇停车场旅游公厕、肖家垅公厕、圳头胡公桥公厕、长吉村公厕）。高峰村、大源村迎接党校现场教学33场，省市县三级领导调研2000余人次；“点线面”做法在全县乡村振兴现场会上作经验交流发言；器村、高峰村荣获“2020省级乡村治理示范村”称号，农村人居环境整治项目“1233”（制定一个发展规划，建设两条示范廊带，全力攻坚垃圾治理、污水处理、农户改厕三大革命，全面打造干净整洁村、重点达标村、精品示范村三类村庄）建设机制，在新华社、“学习强国”、《福建日报》、《福建支部生活》等媒体刊登。

【民生事业】 2020年，濉溪镇累计发放耕地地力保护补贴132.3万元。建成新生社区居家养老服务照料中心。落实低保动态管理，全镇共有326户485人享受城乡低保，累计发放低保金245万元。建立健全全镇退役军人常态化工作机制。城乡居民基本养老保险缴费率达98%以上，基本医疗保险缴费率达100%。探索创新基层社会综合治理机制，六无村居“微积分”管理机制在省委政法委公众号上刊登。围绕创建“平安濉溪”为主题，加强社会综合治理基础建设，开展矛盾纠纷排查化解稳控，推进扫黑除恶专项斗争工作，上半年成功迎接省扫黑除恶专项斗争督导组检查。全年共收到信访件285件，满意率达98%。

（曾梦莹）

溪口镇

【概况】 溪口镇位于建宁县西北部，距离县城3千米，属城郊乡镇。镇域面积222平方千米，其中林地面积18046.68公顷，耕地面积3446.67公顷。镇域下辖13个村、1个农场、1个社区，97个自然村，143个村民小组，总户数5727户21643人。全镇共有基层党支部21个，党员742名。下辖13个村，均为老区基点村。溪口是国家级生态乡镇、省级休闲农业示范乡镇、福建省农村产业融合发展试点示范乡镇。2020年，全镇农林牧渔业总产值6.48亿元，增长6.2%；规模以上工业增加值7.56亿元，增长20.5%；固定资产投资9.94亿元，增长6.3%；地方一般公共预算收入1481万元；城镇居民人均可支配收入32169元，增长7.34%；农村居民人均可支配收入19060元，增长7.2%。

【特色农业】 2020年，溪口镇是国家级种子产业的核心基地，全镇共有杂交水稻制种2133公顷；稳定建莲种植面积333公顷，其中建立莲子标准化种植基地74.7公顷，良种繁育基地33.3公顷，莲田冬种紫云英33.3公顷，莲田立体种养13.3公顷；以列入首批全国农业产业强镇为契机，建立生态田园标准化基地800公顷，其中种子生产标准化基地600公顷、水果生产标准化基地200公顷；半元种子加工核心区、枧头种子集中烘烤区完成建设并对外招租。同时，培育经营主体22个（其中市级以上龙头企业10家、合作社6家、家庭农场6家），建设服务平台4个。

马元耕山队 （县融媒体中心供稿）

溪口镇拥有草鞋岭生态康养农庄、鑫锦宏农牧、绿源果业、大川菌业等省级农业产业化龙头企业四家。

【项目建设】 2020年，溪口镇列入省、市、县重点项目20项，总投资11.33亿元，年度累计完成投资4.95亿元，先后有尚和众盈超市、腾胜源纸业生产线技术改造、环保设施提升及户外儿童乐园等建设项目竣工投产。策划的溪口镇赏花康养及鲜切花配送基地建设项目，溪口镇乡村旅游＋运动研学建设项目，建宁县水果交易、分选、批发、仓储及综合加工项目等36个项目已列入县“十四五”重点项目库。福建天力种子生产加工项目、建宁县华昊农业产业科技园仓储加工科研育种建设项目、建宁县溪口镇鑫锦宏农牧养殖基地及冷链仓储中心建设项目等8个项目列入“五个一批”项目库。创美口罩及防护服生产项目《“建宁速度”——12天服装厂转型为防护服和口罩生产企业》入选全省加强疫情防控统筹推动企业和项目复工复产先进典型案例。同时，用好溪口镇在外乡贤微信群以及“6·18”“9·8”招商等线上＋线下平台，召开宣传推介会6场次，全年新签约新马生态养殖基地、尚和众盈超市建设项目、建宁丰祥农牧养殖、屠宰及冷链仓储等建设项目29个、总投资27.42亿元，新开工落地项目15个、完成投资10.34亿元，实现地方税收150万元。

【红色遗址修缮与保护】 2020年，溪口镇向上申报建宁县杨斋亭战役遗址、杉康古道百丈隘红色遗址、驻马寨战役遗址等红色项目。实施红色遗址保护项目，争取380万元作为枧头村红一军团司令部旧址修缮及展陈资金，投入10万元修缮花墩桥苏维埃粮食合作社。截至2020年12月底，境内有多处开发和保护较好的红色遗址，主要有中央苏区反“围剿”纪念园（全国爱国主义教育示范基地），红一军团司令部、陈毅旧居将军庙、花墩桥红军街、列宁小学、驻马寨战役遗址等。

【特色旅游】 2020年，溪口镇以溪口高家岭至半元、至枫元、至枧头、至高圳为环圈，打造集花海观光、运动休闲、健康养生于一体的康养休闲目的地。顺利举办2020“薯”我最美丰收节、“珍惜粮食 从我做起——2020建宁溪口镇尝农事·庆丰收”主题亲子活动等一系列活动。托斯卡纳梨花食府、春花农场森林手工坊建成投入使用，高家岭智能温室月季种植项目、半元映山红花海康养项目、枫元碓头赣橙生态产业园已初步建成，可供旅客观光。

【环境整治】 2020年，溪口镇以“清沟扫地摆清楚”为重点，组织发动镇村力量开展农村人居环境整治。全年发动群众投工投劳近900余人次，张贴宣传标语800余条，共拆除猪牛栏及违章搭盖等2万余平方米，清理菜地、空地200余处，清理各类农村垃圾700余吨。重点提升枫元的吴山、火田，半元的塘家湾、茶亭等15个节点列入镇村容村貌整治示范点。在全县乡村振兴现场会上，枫元村等村开展的庭院“微改造”（利用拆除附属房后的旧砖、旧木，以及老旧农机具，对庭院进行低成本改造）、半元探索的“五韵半元”（原韵、金韵、红韵、和韵、新韵）获广泛好评。

【基础设施建设】 2020年，溪口镇向上争取资金6245万元用于完善农田水利基础设施，重点推进杨林溪流域综合整治工程、溪黄重点中型灌溉节水改造配套项目、国家水土保持重点建设工程马元小流域水土流失综合治理工程等一批农田水利项目。同时改善农村道路建设，杨渠公路、将马公路、溪安线已完成交工交安验收；溪枧线已完成主体路面硬化，待交付验收。

【脱贫攻坚】 2020年，溪口镇累计争取中央和省级财政奖补资金834万元，用于鼓励贫困户因地制宜发展产业。整合溪口慈航扶贫基金年收益10万元、闽赣农机量化折股收益10万元、7个贫困村闽源光伏年度收益40余万元，用于弥补疫情影响对贫困户造成的损失。推进城市困难家庭精准帮扶“347”工作机制，开展溪口社区67户城镇困难家庭入户帮扶工作。实施扶贫工作重点为民办实事项目，杨林溪流域综合整治枫元段项目已完成项目设计、招投标等前期工作。枫元村自来水入户管网改造及土建工程已全部完成建设并投入使用。

【社会事业】 2020年，溪口镇杨林村村级卫生所、渠村村级卫生所已建成投入使用。加快教育补短板工作，新建溪口幼儿园已投入使用。城乡居民养老保险和医疗保险参保率分别达99%和99.4%。按照低保提标扩面要求，推动各村（社区）享受农村低保人员237户420人、城市低保人员67户104人、困难残疾人生活补助280人、高龄补贴507人。向上累计争取县财政“一事一议”项目14个，涉及10个村，总金额192万元，用于实施道路硬化、路灯安装、公厕建设等乡村基础设施建设。推进船厂下棚户区改造项目，成立项目工作专门班组，已完成船厂下地块征收成本估算分析。

（林　璐）

里心镇

【概况】 里心镇地处闽赣边界，与江西南丰、广昌两县毗邻，镇域面积253平方千米，其中耕地面积4333.33公顷，林地面积20200公顷，森林覆盖率79.7%，辖13个行政村1个社区，总人口2.4万人。2020年全镇完成农林牧渔业生产总值8.95亿元，比增5%；完成规模以上工业企业产值24.55亿元，比增6.5%；完成固定资产投资9.3亿元；实现农民人均纯收入1.45万元。

【疫情防控】 2020年，里心镇成立疫情防控指挥部，制定疫情防控应急预案，疫情防控中，全镇共悬挂宣传横幅300余条，发放各类宣传资料10000余份，发布短信11000条，覆盖20000余人次。在重要卡点设置8个24小时值班值守点，2个闽赣省际值班卡点。建立“一对一”联系服务企业工作机制，选派20余名镇干部点对点实行挂包帮扶，实现所有复工复产的企业和重点项目全覆盖，落实一企一策，精准帮扶，重点抓好企业防疫、用工、用地、材料供应等要素保障。确保龙威生物科技、华润食品等13家规上企业及里双公路、泓源科技等重点项目复工复产。

【产业发展】 2020年，里心镇围绕黄花梨、黄桃、制种、莲子、猕猴桃、茶树菇、茭白等特色产业，补强深加工产业链，推进三产融合，支持信龙农产品有限公司、上黎云上牧歌等龙头企业的发展。以改革带动花排莲农业开发有限公司等合作组织和家庭农场发展壮大，引领各类专业合作社规范化建设，推进产业化经营。组织农村致富带头人参加各级农民教育、乡村振兴人才培训，代家村汪小良获评农业农村部2019年度农民教育培训“百名优秀学员”。7月24日成功举办桃梨莲网络营销推介活动。

【项目建设】 2020年，里心镇开工重点项目建设31个，截至2020年年底完成建设项目19个，总投资7.4亿元。坚持大招商、招大商，推进“五个一批”项目落地，全年新增招商项目27个，新增投资15.87亿元，开工建设项目12个，竣工投产15个，完成年度计划总投资18.54亿元。

【集镇建设】 2020年，里心镇结合创建省级文明县城工作，完成圩街龙门架刷新、集镇路灯更新安装；投资约100余万元，完成统一安装集镇沿街100余家店铺店招工作；投资300余万元，完成集镇内约2万平方米的主道路“白改黑”及附属工程的集镇道路改造提升工程；打造里心卫生院至开源广场“诚信一条街”建设，完善集镇市场基础设施建设，开展专项整治行动，对违章停车、占道经营等行为进行重点整治，规范商户经营和车辆摆放，对市场进行划行规市，完善镇区污水管网建设，优化集镇环境。加强教育基础设施建设，完善中小教学楼及二中综合楼建设。

2020年7月24日，建宁举办桃梨莲网络营销推介活动（县融媒体中心供稿）

【脱贫攻坚】 2020年，里心镇落实鸡鸭肥扶贫增收工程210户，金种子工程75户、福源莲扶贫增收工程15户。下发贫困户产业帮扶资金77.42万元，扶贫小额信贷5户22万元，保障全镇215户贫困户通过发展产业保增收；疫情防控期间179人外出务工贫困户全部复工，开发公益性岗位50个，解决弱劳力家门口就业难题，当年贫困户家庭人均可支配收入达到1.45万元；发放新冠肺炎疫情防控困难群众临时生活补贴60500元，确保贫困户人口疫情防控期间基本生活保障；向上争取扶贫资金139万元用于贫困村基础建设，4个贫困村自然村财政收入均达到10万元以上，已全部脱贫摘帽。

【环境整治】 2020年，里心镇因地制宜、因村施策推进人居环境整治工作，以规划引领、村民参与、特色推进为原则，以点带面，全面推进。以上黎、花排、里心、大南为重点，完成对上黎田心66栋房屋进行立面改造提升，全镇共拆除旱厕、临时搭盖附属房106间，拆除违章搭盖的建筑约13100平方米，清理房前屋后菜地约4500平方米，修建完善水冲式厕所26间。制定实施《里心镇农村新型住宅小区集中建设试点工作方案》，遵循“先规划、后建设”的原则，落实审批“一支笔”、监管“一条龙”的要求，实现规划、用地、建设、监管、验收、办证全流程统一管理，对农房实行由建到管监督“全覆盖”。并在便民服务中心设立农村住房审批服务窗口。开展里心尊上排集中建房试点活动，已申请入驻共计33户，其中23户已搬迁入住，8户完成主体封顶，剩余2户房屋主体施工。查处1例违规建房行为。

【社会事业】 2020年，里心镇做好医社保费用征缴工作，全镇参加基本医疗参保人数20055人，参合率95%；城乡居民养老保险扩面人数483人，完成县中心任务数100%，并全面完成贫困人员扩面和缴费；完成城乡居民养老保险养老待遇领取资格认证3824人，协调11个村级便民服务点帮村民缴纳养老保险和医疗保险。强化民政兜底，将349户606人纳入最低生活保障，发放农村特困供养救助资金39.9万元，惠及38户40人；发放城乡低保救助资金共计318.81万元，惠及349户606人；为城乡低保、特困供养人员发放电费补贴3.37万元；为22户发放临时救助21.3万元；发放残疾人两项补贴58.15万元；完成靖安村、双溪村2座公益性骨灰楼堂修建；成立退役军人工作站，按时足额兑现优抚对象生活补助待遇，全年发放抚恤定补53.13万元，发放60周岁退伍军人生活补助24.89万元。

（刘　凯）

里心镇靖安村村委干部为还乡人员送生活用品。　（县融媒体中心供稿）

黄埠乡

【概况】 黄埠乡地处建宁县西南部，距离县城40千米，位于北纬26°45′，东经116°39′，西北部与江西省广昌县毗邻，为闽赣两省三县（建宁、宁化、广昌）五乡（里心镇、客坊乡、伊家乡、宁化县安远乡、广昌县水南墟乡）接合部。乡境内地势平坦，四周山峦起伏，南北最大距离27.6千米，区域面积137平方千米，山地面积1.1万公顷，耕地面积1600公顷，森林覆盖率81%。全乡辖10个行政村、104个村民小组，有3211户，14032个人口。2020年全乡完成规模以上工业企业产值5.79亿元，增长6.2%；完成全社会固定资产投资4.5亿元，100％完成全年任务；完成财政收入1095万元，完成全年预算数的100.27%。

【特色农业】 2020年，黄埠乡

围绕“烟莲稻芋种、桃梨油萝姜”等特色农业产业强化“黄泥埔”品牌项目建设。发挥农业产业化龙头企业、农民合作社、家庭农场等新型农业经营主体在品牌培育和生态农业中的主导作用。打造以国家认定的无公害蔬菜、中国地理标志证明商标产品“桂阳萝卜”、莲子、竹笋、红菇、山茶籽等为主的绿色农产品品牌。全年新增家庭农场2家，落实莲子种植215公顷，烟叶种植面积293公顷，实现烟叶收购9574担，建立陈余村、大余村粮食产能区示范点2个，示范面积66.7公顷。

【项目建设】 2020年，黄埠乡成立“五比五晒”推进高质量发展活动指挥部，并组建“由老带新”项目建设作战攻坚队，实行每周现场办公制度。制定扶持小微企业发展及招商引资优惠政策，深化“一把手抓招商、全员抓招商”机制，全年开展招商活动10余场，达成意向签约项目7个（其中落地开工7个），签约金额达2.28亿元，在谈意向项目2个。向上争取到竹薮溪生态水系和桂阳红军村建设项目资金1100余万元。战疫、生产“两手抓”，实现同期规上企业用电量增幅超50%，帮助5家企业协调解决复工复产问题18个，助推乡内企业全面复工复产。围绕全乡15个重点项目，挂图作战专班化管理，采取动态跟踪“亮晒评”的办法，实行按月末位约谈制度，并列入年度二级绩效考评。新增省“五个一批”开工项目2个，投产项目1个，固投总入库项目11个，超额完成全年固投入库任务。截至当年12月月底，建宁县甘家隘风电场建设项目实现全容量并网发电，水保绿化工程和上山道路维护目视化工程已基本完成；明一国际竹薮生态牧场职工宿舍楼已封顶；桂阳溪山洪沟治理工程已基本完成。

【民生工程】 2020年，黄埠乡清石线一期、二期和黄山线道路改扩建项目全面完工，实现交通环线全面贯通；投资200余万元的桂阳溪山洪沟治理项目全面竣工；投资260余万元的高标准农田建设高效节水灌溉项目已开工；实现耕地开发设计面积3.2公顷，完成开发后可新增耕地面积3.2公顷；完成畜牧水产站建设；黄埠供电所已完成桩基建设；完成投资100余万元的敬老院改扩建工程。完善农村生活垃圾收运处置体系，推动村庄生活垃圾分类收集、源头减量、资源化利用，全年累计清理垃圾80余吨，配备干湿分离垃圾桶2000余个；深化“厕所革命”行动，完成9户三格化粪池建设；完成桂阳村新建农民公园1处、高速沿线住房波形屋面建设21户，完成3个“绿盈乡村”的创建工作。发动村民对主干道两侧垃圾、杂草、杂物、建筑垃圾进行全面清理，对一些危、违和无人居住的建筑进行拆除整治。全年拆除危旧房及临时附属房4栋，猪栏、牛栏、简易搭盖等附属物约1000平方米，累计拆除面积约2300平方米。

【特色旅游】 2020年，黄埠乡投资500万元的黄氏祠堂、古民居修缮、环村步道建设、村口休闲公园建设及廊桥修复已全面完工。以桂阳“红军村”、罗源“传统古村落”为主线，依托《黄埠往事》微电影、桂阳提线木偶、黄埠花灯、剪纸艺术等红色文化、传统文化，打造文化旅游项目。成功举办2020年建宁县文化科技卫生“三下乡”集中示范活动启动仪式，配合市、县做好“风展红旗 如画三明”2020年三明市文化进万家流动舞台车下基层巡演活动。

【社会事业】 2020年，黄埠乡推进农村集体产权制度改革，完成全乡2943户，12541人农村集体

2020年10月12日，文化下乡演出。 （县融媒体中心供稿）

经济组织成员身份界定工作；突出教育优先发展，关爱留守儿童，发放25.16万元教育补助资金，表彰28名优秀教师，给2名荣登高考红榜建宁县前十名黄埠籍学生发放奖学金；完成城乡居民养老保险扩面182户、基本医疗保险参保10461户，占全年任务的100%；累计发放最低生活保障金64.86万元、特困供养金22.04万元、残疾人两项补贴18.43万元、农村军人对象各类补助64.32万元、高龄补贴15.21万元。

【脱贫攻坚】 2020年，黄埠乡聚焦全乡138户428名建档立卡贫困人口，强化责任落实，坚持重心下移，定期对贫困群众住房、医疗、生产生活进行“体检”和“回头看”，建立监测预警和应急救助机制，防止脱贫人口返贫、边缘人口致贫。以“快乐老乡精神扶贫”“庆丰收迎小康”、新时代文明实践站等为抓手，全方位扶志扶智。结合乡村振兴，抓好产业扶贫这个总推手，探索产业扶贫“组合拳”，形成脱贫攻坚“合围势”，确保贫困户脱贫不返贫。总结成功经验，把精准扶贫要求转化为具体的样本，打造党建引领、产业带动、量化折股等可复制、可推广的具有黄埠特色的扶贫样板。

（曾贤婷）

客坊乡

【概况】 客坊乡地处建宁西南部，距县城50千米，是闽赣两省三县六乡接合部，东北方与黄埠乡相连，西南与江西广昌县的尖峰、水南墟、塘坊等乡毗邻，南与宁化县安远乡接壤，是建宁县与江西往来的主要门户之一；古时过往客商多在境内过夜歇息，客栈林立，故名“客坊”。境内有千年古刹白云寺，神宗皇帝赐名“白云崇圣寺”。全乡总面积110.6平方千米，其中耕地面积1233公顷，林地面积4467公顷；全乡辖8个行政村，总人口3166户14816人，常住人口3595人。全乡森林覆盖率80.4%，其中国家级生态公益林2733.33公顷，有以马尾飞瀑为主要景点的马尾寨风景区、号称“八闽第一寨”的五龙山古山寨，获评省级生态乡。2020年，被评为“福建省征兵工作先进单位”（全县仅1个），“全市关心下一代工作先进集体”，建宁县“五比五晒”乡镇考评二等奖。

【现代农业】 2020年，客坊乡落实烟叶种植面积231公顷，烟叶共收购43.7万千克，销售额1579万元，比2019年增加412万元。莲子面积158.7公顷、制种面积300公顷、水稻面积533公顷，三大传统产业种植面积稳步提升。位于客坊村的省粮食产能区杂交水稻制种高产示范片建设已完成，面积267公顷。培育福建海宏达生态农业有限公司、福建省淘农客生态农业发展有限公司、建宁县建忠种子合作社等新型经营主体，相关农产品通过“农业＋旅游”“农业＋电商”模式，远销省内外。2020年全乡农林牧渔总产值3.52亿元，增长4%；农村居民人均可支配收入20203元、增长3%。

【特色旅游】 2020年，客坊乡依托水尾红色资源优势，探索村企合作模式，引入第三方公司共同运营，形成村企共建新模式，实现旅

客坊水尾村　（县融媒体中心供稿）

游发展新增收。开展乡村振兴直播活动，被央视视频直播网首页推送，在线观看人数 33.8 万，销售额达 28.89 万元。成功举办客坊乡第三届农民“丰收节”暨百名师生“绘丰收”比赛活动，100 多名师生入驻客坊采风写生、绘画客坊美景。先后接待福州兴业银行、厦门航空等单位、部门的研学旅游团队达 80 余批次。

【招商引资】 2020 年，客坊乡先后到福州、厦门、深圳等地开展招商引资 16 场，召开乡贤座谈会 8 场；客坊乡是全县唯一一个在乡域范围内没有工业企业的乡镇，乡政府利用乡贤资源优势，加大招商引资力度，在县工业园区成功落地福建兴辉食品、三明佰川数控等一批重点企业，实现规上工业零突破。全年共计完成招商项目落地 12 个，新引进 1 家新总部经济和 1 家存量总部经济。在全县 2020 年度“五比五晒”项目竞赛中，有 2 人获得县委“嘉奖”，1 人立“三等功”。当年全社会固定资产投资 8.07 亿元，增长 4.8%；财政总收入 1541 万元，增长 3.1%。

【脱贫攻坚】 2020 年，客坊乡有 218 户贫困户，全年共发放贫困户慰问金、疫情补助、房屋提升改造、产业奖补等各类补助金 183.48 万元；全乡 33 户贫困户享受造福工程补助，累计补助 326.4 万元。全年发放一次性医用口罩 2000 余个、帮助贫困户协调销售莲子 1.5 万千克；落实雨露计划，补助职业教育贫困家庭子女 16 人；落实“鸡鸭肥”扶贫增收工程，共发放 2700 只鸡苗。

【基础设施建设】 2020 年，客坊里源村完成丰月桥改造项目，实施桃林—唐家—郭田和丰月两个片区饮水工程项目；严田村推进石畲付家湾桥改造，完成大埠河生态水系建设项目；张溪村实施危桥改造项目，并依托理事会，在村口配套建设功德榜、村标、休闲长廊；湾坊村美丽乡村建设竣工完成，配套建成生态公厕、停车场等，同时自筹资金建设村口廊桥，提升“第一眼景观”；中畲村完成村民俗文化馆建设和新街路面硬化工程；水尾村推进实施“一事一议”项目；龙溪村实施亮化工程，安装太阳能路灯约 70 盏。

【环境整治】 2020 年，客坊乡启动全乡村庄房前屋后整治，累计拆除茅厕、猪栏、牛栏、简易搭盖附属房等 620 平方米，拆除各村违建 2300 平方米。开展集镇整治工作，对环乡公路边的 32 面红旗墙重新刷漆、修复，对集镇过境路樱花大道进行修整。全面整治户外宣传广告，以各村美景美图为样本，安装 70 片灯箱广告。建立家园清洁、河道清理、公共环境卫生长效保洁机制，实行“门前三包”，形成“户收集、村集中、乡转运、县处理”的垃圾常态化治理机制。2020 年，代表全县迎接全省农村人居环境整治三年行动省级验收。加大资金投入，每年投入污水、垃圾治理费用 100 万元以上，用于采购垃圾桶、保洁车，配备配齐生活垃圾收集设施。全乡 5 个行政村和集镇污水处理厂及污水管网建设 PPP 项目厂区建设已完成，其中水尾村、中畲村、湾坊村已投入使用。新建改造三格化粪池 699 户，涉及群众 3518 人，引导农村新建住房配套建设无害化卫生厕所。

【社会事业】 2020 年，客坊乡有 195 户 388 人享受低保，累计发放金额 224.45 万元，为 517 户困难家庭发放临时救助金 18.2 万元，为退役士兵发放抚恤金、生活补助金等累计 48 万元，为全乡 2303 名 60 周岁及以上老人发放养老金 359.26 万元，为 314 名 80 岁以上高龄老人，发放高龄补贴 19.29 万元。全年完成医保收缴 10974 人，在 2019 年的参保基础上完成 93.6%。客坊乡 2020 年真爱“6+1”关爱留守儿童模式在全市推广，被教育部评为“乡村温馨校园建设”典型案例。投入资金改造乡敬老院，成功引进建宁县祥安养老服务有限公司，让在院老人老有所养、老有所乐。

（谢建辉）

黄坊乡

【概况】 黄坊乡位于建宁县北部，总面积 218 平方千米，东临溪源乡和泰宁县大田乡，西南面接溪口镇、濉溪镇，北与江西省黎川县毗邻，乡政府驻地于 2016 年 12 月由黄坊村搬迁至武调新集镇，距县城 13 千米，是建宁县动车北站驻地，素有“由赣入闽第一眼”之称。全乡辖 8 个行政村，93 个村民小组，总户数 2671 户，总人口 10181 人，其中农业人口 9990 人。现有耕地面积1600.8公顷，其中水田1455.5公顷，安寅、将上、芦岭等村为粮食主产区。山林面积16000公顷，其中速生丰产林8666.7公顷，竹林面积2800公顷。

【特色产业】 2020年，黄坊乡落实粮食播种面积800公顷，种植建莲64.8公顷，落实烟叶种植面积158.6公顷，烟叶收购5600担；完成粮食产能示范片266.7公顷，培育新型农业经营主体80家；农村产权改革有力推进，成立8个集体股份经济合作社，确认集体经济组织成员10095人，量化经营性资产348.39万元，发放股权证2443本。全乡有43个家庭农场和33个专业合作社，兴源养殖专业合作社成功申报省级专业合作社。

【项目建设】 2020年，黄坊乡县“五个一批”重点项目15个，总投资4.2亿元，累计完成投资2.65亿元；省“五个一批”项目入库7个，总投资4.03亿元；建晟竹制品生产加工、陈祥新型建材生产线建设等3个项目已实现投产，建宁县黄坊乡研学实践教育基地建设、建宁珍稀中草药基地与生态观光产业园等4个项目已全部完工，完成全年目标任务的100%。策划的曹家地生态康养、中军融合、少共国际师等“十四五”期间拟实施的重大产业项目66个，总投资超33亿元，其中建宁县动车北站旅游集散中心建设项目、黄坊乡武调新型农民住宅小区建设项目等3个项目已列入县“十四五”重点项目库；成立建宁县总商会黄坊分会，实现建宁县中小学研学教育基地等6个项目顺利签约，总投资3.8亿元；做好总部经济招引工作，完成2家总部经济企业签约落地，实现近120万元地税收入；加大对红色遗址挖掘保护力度，邀请三明学院经济管理学院对将军殿、邱家隘战斗遗址进行概念性规划设计，完成将军殿指挥所瓦屋面、门楼、厅堂梁柱及土墙等初步修复加固，将军殿指挥部列入县级文保单位；同时加大红色遗址项目申报力度，策划申报的第五次反围剿五大阻击战遗址恢复建设项目已纳入县“十四五”项目库。

【乡村振兴】 2020年，黄坊乡共拆除违章搭建23处，拆除新集镇乱搭乱盖附属房2400平方米；完成新建新集镇二期附属房34套，横元美丽乡村建设项目已完工。黄坊乡新型农民住宅小区作为全县首个试点建设项目，第一批住宅小区12户，已陆续进入二层主体结构建设，二批建房4户完成施工放样。推进仍田下村、将上三队、陈岭朝阳小组等沿线节点附属房拆除，完成陈岭美丽乡村建设延伸工程，成功将武调村纳入禁柴改燃试点村。

【脱贫攻坚】 2020年，黄坊乡争取扶贫资金451.04万元（其中185万元用于补助陈岭村村级联建光伏扶贫电站），及时足额补助到户、到项目。毛坊村东边机耕路硬化及竹山路网改建等七个项目纳入2020年脱贫攻坚项目库，发放中央产业奖补资金6万元，帮助65户贫困户共领取鸡鸭苗1300只。

【环境整治】 2020年，黄坊乡出台《黄坊乡2020年农村人居环境整治实施方案》《黄坊乡农村人居环境整治“百日攻坚”工作清单》，清理鸡鸭养殖和乱围乱堆面积4800平方米，拆除旱厕12个，新建武调朱家屋卫生厕所1座，完成三格化粪池任务数11个；全年共清理农村生活垃圾564余吨，村内沟渠47条，农业生产废弃物70余吨。建立以区域和流域相结合的乡村二级“河长制”责任体系，全年乡级河长巡河201次，河道专管员每天巡河1次，发现问题109项，均已完成整改；开展河道专项治理，取缔将上非法采砂点1个，拆除仍田非法采砂设备1套；加强小型水电站的最小下泄流量整治，推进乡6座水电站“一站一策”方案落实，加强全乡饮用水源保护；黄坊溪综合整治暨生态水系建设项目进入收尾阶段；加强林业巡逻，取缔非法炼油点1处。

【社会事业】 2020年，黄坊乡推进2020年水土流失综合治理，安全生态水系建设二期等水流域治理提升工程和溪黄重点中型灌区节水配套改造等一批农田水利项目进展顺利；实施将马线、仍将线“四好农村路”建设工程和建宁县县乡道大中修破板修复及水沟修缮工程、将上至芦岭村公路养护示范提升工程、毛坊隘上至江西樟溪公路建设工程。黄樟线（Y029）黄坊隘上公路水毁修复及安保工程已全面完工验收，并通车运营；完成全乡7个村村级卫生所标准化建设并投入使用，推动实施县财政“一事一议”项目，统筹推进各村道路硬化、自来水饮用工程等乡村基础设施建设；落实农村低保动态管理，纳入城乡最低生活保障、五保供养对象共221人，累计发放最低生活保障金102.28万元、特困供养金19.02万元，残疾人两项补贴31.35万元，农村军人对象各类补助27.74万元、高龄补贴17.06万元；全乡城乡居民合作医疗参保人数8698人，参保率达100%；落实耕地地力保护面积1138.6公顷，发放补贴144.55万元。

（杨 倩）

溪源乡

【概况】 溪源乡地处闽赣边界，距县城32千米，东临泰宁县新桥乡，西与黄坊乡接壤，南与泰宁县大田乡相连，北与江西黎川县毗邻。溪源乡是革命老区基点乡、生态之乡、明笋之乡、信用之乡、文旅之乡，也是党员信誉管理的发源地。2020年，全乡辖9个行政村，86个村民小组，总户数2112户，总人口8701人，总面积142平方千米。全年实现农林牧渔业总产值4.13亿元，同比增长4.2%。

【疫情防控】 2020年，溪源乡组织全乡176名三级网格员拉网式摸排返乡人员；建立重点人员乡、村干部、党员、亲属“四对一”挂钩联系机制；发动党员干部、代表委员、热心群众等58人组建10支宣传劝导队，全方位宣传普及疫情防控等知识；选派18名干部组建推动企业复工复产工作队，到一线督促指导企业严格落实“五个有”复工要求，为辖区内企业、合作社、家庭农场等新型经营主体免费发放3500个口罩、50千克消毒液等防疫物资，以市场价格为防疫物资需求量较大的企业提供口罩1200个。推进辖区内常住人口八闽健康码申领工作，全年累计申领健康码4715个。

【特色农业】 2020年，溪源乡因地制宜在各村探索规模种植迷迭香、甜玉米等特色经济农作物86.7公顷；都团生态农业种植基地稳定种植有机稻面积41.3公顷、有机莲13.3公顷；新投产溪峰韵茶厂，年产野山茶1000余千克。与市融媒体中心合作，开展“助农直播”带货活动，探索销售新路子，直播2小时吸引13万人在线观看，成功带货50余万元；帮助恒承食品、六逸食品、华森食品、旻盛食品4家企业的明笋产品入选工会扶贫农特产品采购名单；延长8家已获得授权使用“溪源明笋”国家农产品地理标志登记保护认证的企业两年标志使用期限，允许符合条件的企业无偿使用“溪源明笋”地理标志证明商标两年。全年毛竹林生产鲜（干）笋达5000吨，人均笋竹产品收入近万元，笋业产值全年达3.6亿元。当年，农民人均纯收入18665元，同比增长5.7%。

【项目建设】 2020年，溪源乡实施“五个一批”项目15个，总投资3.05亿元。推进四知堂建设、集镇停车场建设、集镇沿线公路景观提升、楚溪沿河栈道景观提升、上花线绿化提升、上坪村口停车场及周边景观提升、集镇污水处理厂及配套管网建设等一批重点项目。完成三明市珠峰贸易有限责任公司、建宁县田园超市有限公司、三明市建宁县溪源华达餐饮有限公司、建宁县鑫发建材有限公司、福建建宁县悦丰种业有限公司等5家企业纳统入规，引进三明浩铁贸易有限公司、福建百姓尚创食品有限公司、建宁县鑫发建材有限公司、建宁县幸福贸易有限公司等4家总部经济企业，实现纳税130万元；签约落地建宁县溪峰韵野

溪源晒笋 （溪源乡供稿）

山茶贸易有限公司等12家企业，总投资12.47亿元。当年，全乡固定资产投资达4.5亿元，同比增长56.25%；规模企业产值达1.8亿元，同比增长5.9%。

【金融服务】 2020年，溪源乡深化“信誉党员+”，实施“信誉党员”挂牌定诺，信誉党员领办创办实体经济，挂包新型经营主体，形成“信誉党员+金融+企业实体+农户”的产业融合发展新格局，全乡不良贷款率低于2‰；深化“五信工程”（诚信政府、诚信支部、诚信企业、诚信家庭、诚信党员）创建活动，完善信用体系建设，建立全乡所有农户的家庭经济档案，实现农户信用建档立卡、信用评级、信用村评定三个全覆盖。深化政银企合作，年内，全县各金融机构先后对本乡明笋、文旅等特色产业专项授信8000万元，同时在疫情防控期间全乡新型经营主体、四类担保基金存量贷款利率下浮10%，企业享受流动资金贷款无还本续贷服务，为增量资金贷款开通绿色通道，降低全乡新型经营主体融资成本30余万元。

【环境整治】 2020年，溪源乡执行“三严”“四限”“六禁”，取缔非法采砂点，改造升级企业污水排放设施13家；新建溪源、楚尾2所公厕，完成鲇坑、桐荣、上坪污水处理站建设；实行公共环境卫生保洁公司化管理，完成三格化粪池建设15个。上坪村被列入省级乡村振兴实绩突出村，获上级400万元补助；溪源村、蒋坊村被列入县级乡村振兴示范村。实施集镇立面改造、集镇及楚溪河畔亮化工程，安装74盏路灯，完成公路沿线景观提升工程，在入乡道路新建门楼、道路两侧统一编制篱笆1200多米，种植绿化植被约900平方米，在入乡道路周边进行墙体彩绘300多平方米，完成沿街店铺、笋竹公园亮化提升工程。开展集镇交通安全整治，完成停车场建设1个、新建摊位21个、新规划停车位36个。

【脱贫攻坚】 2020年，溪源乡疫情初期乡财政统筹1.95万元为65户贫困户发放生活补助金，赠送大米325千克，发放口罩980个；为10名贫困户安排公益岗位，开展“鸡鸭肥”“猪宝宝”“金种子”“福源莲”“光能源”五大扶贫增收工程。鼓励支持贫困户发展笋竹、烟叶、制种、迷迭香种植、种兔养殖等多元产业，落实产业补助14.6万元。

【乡村旅游】 2020年，溪源乡完成上坪旅游公路、游客服务中心、登山步道、木屋民宿，都团公路拓宽、闽江公社等一批旅游基础设施提升项目建设；加强与厦门日报社、三明市融媒体中心合作对接，发挥媒体平台资源，推介溪源旅游资源、生态资源、文化资源，2020年10月在厦门海峡文博会推介“溪源明笋”产品。

【社会事业】 2020年，溪源乡实施雨露计划，学生教育补助7人2.1万元；完成上坪村级卫生所规范化建设，配齐医疗设施设备，全乡8个卫生所全部达标；扩大农村低保、医保、社保等覆盖面；农业支持保护补贴、林补、种粮保险等各类支农惠农政策资金全面兑付到位；完成停车场建设1个、新建摊位21个、新规划停车位36个；推进集镇沿线公路景观提升、集镇污水处理厂及配套管网建设。

（郑英超）

均口镇

【概况】 均口镇位于建宁、泰宁、宁化、明溪四县交界处，属建宁县的南大门，是闽江正源第一镇，距县城25千米，省道205线和306线穿境而过，区域总面积306平方千米，辖13个村、1个社区居委会，1.93万人口，18个党支部，有耕地1933公顷、山地2.49万公顷（其中划入闽江源国家级自然保护区面积5333.33公顷、国家级生态公益林面积1.97万公顷）。2020年工农业生产总值达到39.31亿元，增长19.4%；农林牧渔业总产值4.31亿元，增长3.1%；规模以上工业总产值35亿元，增长21.8%；全社会固定资产投资26.26亿元，增长9.5%。

【特色农业】 2020年，均口镇烟叶种植面积478公顷，居全县第一，产值达2884万元，户均增收9万元。落实水稻制种667公顷，莲子种植267公顷，新培育黄精、铁皮石斛等林下中草药达200公顷，新建1个千亩中草药示范基地，新增均口均伊农机等1家市级专业合作社，完成土地流转面积600公顷。

【项目建设】　2020年，均口镇全年引进项目总投资17亿元，完成云雾智慧综合农业开发建设等招商项目落地15个，三明柏艺丰食品包装膜生产线建设项目等7个亿元以上项目建设或竣工投产，招商个数、投资金额全县最高。引进1家总部经济，实现企业纳税近4000万元，在全县率先突破地方实得100万元税收目标。谋划实施修竹荷苑游客服务中心配套设施建设等“五个一批”重大项目31个，省级“五个一批”项目8个，其中亿元项目4个，固投5000万以上项目入库15个，完成投资5.8亿元。

【生态环境建设】　2020年，均口镇开展打击河道非法采砂联合执法专项行动，制止非法采砂2起，依法扣押采砂设备2台，全镇水源地饮用水质达标率100%，地表水质保持Ⅱ类及以上标准，宁溪被列为一级健康状况。推进“一革命四行动”，新改建乡村公厕5座，建成村庄污水处理设施5个，累计拆除违建8500平方米，完成鸡鸭圈养2842户。推行集镇环卫绿化保洁公司化管理，集镇市场社会化运作。严格执行“三严四限六禁”政策，年内空气质量优良率达100%，获评第二次全国污染源普查表现突出集体。

【特色旅游】　2020年，均口镇依托国家农村产业融合示范园建设，提升修竹荷苑景区，新建修竹人家民宿，衍生建莲—荷蟹立体农业等经济增长点，打造农旅融合示范点；抓住富强绿色矿山，实施富强工业旅游项目，投资1亿元完成旅游道路、立面改造、游泳池等基础设施建设;用活闽江正源第一镇、国家级生态镇品牌，推进国家绿色矿山（富强）森林康养建设项目落地，同步实施梅花岬山水云天、龙湖峡谷旅游综合开发项目，推进康旅融合。

【脱贫攻坚】　2020年，均口镇落实量化折股、社会帮扶等长效脱贫机制，全镇273户贫困户974人已全部脱贫，6个贫困（空壳）村全部摘帽，贫困户人均收入从2015年2970元增长到2020年16708元，贫困村村财收入从2015年6.65万元增长到2020年24.28万元，实现高质量稳定脱贫。全年累计发放中央财政扶贫资金262万元、其他扶贫资金59.6万元、扶贫小额信贷133.01万元，安排各类公益岗位27个，带动贫困人口人均增收1万元以上。

【社会事业】　2020年，均口镇开展集镇专项整治，清理占道经营商户113户，实现集镇街道流动摊点全部进驻市场，圩日临时摊位全部沿河有序摆放，投资500余万元实施集镇老旧小区改造，完成集镇街道护栏安装、雨棚建设、街道“白改黑”、集镇夜景工程等。全年累计争取各类项目资金1.2亿元，先后完成宁溪安全生态水系项目等为民办实事项目32个。累计发放支持农业保护补贴239.1万元、生态公益林补偿金349万元、高龄补贴25.14万元、五保金25.86万元，低保应保尽保、列入低保人数全县最多，低保金到位306.4万元。

（王宇慧）

伊家乡

【概况】　伊家乡位于建宁县南部，距县城24千米，东与均口镇相邻，南至宁化县安远镇，北界里心和溪口镇，西靠黄埠乡。区域面积118平方千米，森林覆盖率74%，有耕地面积1000公顷，林地面积9200公顷（其中毛竹1466.67公顷、油茶山1066.67公顷）。全乡辖8个行政村、98个村民小组、103个自然村，第七次全国人口普查后有3405户1.49万人，全乡有9个党支部（其中8个村党支部、1个机关党支部），有党员368名。伊家乡是国家级生态乡镇，沙洲村成功入选第三批省级传统村落名录，澜溪窑遗址入选省级文物保护单位，新增沙洲何氏宗祠等4个县级文物保护单位。2020年被省农村信用社联合社三明办事处、建宁县人民政府授予“信用乡”荣誉称号。

【特色农业】　2020年，伊家乡完成粮食播种面积1033公顷，种植建莲133公顷、烟叶200公顷、杂交水稻种子267公顷，建立双坑、兰溪两个百亩建莲种植示范片。围绕打造“闽地之母·食尚伊家”目标，以“伊米”、田螺、稻花鱼等为主的特色生态食材发展战略初步建立。发挥笔架田螺养殖专业合作社、朝天丰生态农业有限公司等农业新型经营主体的示范带动作用，建立生态食材种养基地133公顷。

2020年,全乡农林牧渔业总产值2.34亿元，同比增长3.8%，农民人均可支配收入18245元，同比增长6.8%。

【项目建设】 2020年，伊家乡实施县级“五个一批”重点项目15个，铖盛通用重型机械类产品生产（二期）等15个项目开工，和骏卫浴产品生产加工（一期）等13个项目竣工或投产。新增规上工业企业、限上商贸业、规上服务业各1家。签约澜溪古窑文化旅游开发、闽源之峰种业、铖盛通用机械技改、融鼎贸易投资等文旅、农业、工业、服务业项目15个，总投资5.93亿元。500万元以上固定资产投资2.36亿元，同比增长23.6%；规模以上工业产值2.33亿元，同比增长16.3%。以生态食材为载体，赴厦门参加第六届海峡书画艺术产业博览会，推介伊家乡传统村落——笔架吊脚楼、闽地之母——天井坪、澜溪古窑、生态食材等重点招商项目。同时，与厦门日报社达成合作协议，将笔架吊脚楼作为厦门日报社书画院摄影写生文创基地。

【脱贫攻坚】 2020年，伊家乡共有建档立卡贫困户194户705人，其中国家级贫困户98户347人，省级贫困户96户358人，是市级扶贫开发重点乡。当年培育跨村联建光伏、兰溪茶厂产业扶贫、陈家村电站赎买技改提升等新型典型增收项目，贫困户人均可支配收入已达18643元，较2019年同比增加8.9%，各村村财增收达26.71万元，较2019年同比增长9.6%。

【环境整治】 2020年，伊家乡完成52户农房“平改坡”等外立面改造，拆除各村公路沿线以及集镇破旧附属房、违章搭建、旱厕等1.3万平方米；集镇沿街钢构件雨棚改造项目全面完工；全面排查房屋3186栋，封房处置重大安全隐患房屋27栋；代表乡镇顺利迎接创建省级文明县城实地考核验收。成立伊家乡农村规划建设管理办公室，规范农村建房审批程序；完善伊家乡环卫保洁办法，实现农村生活垃圾常态化治理全覆盖；选取村容村貌提升点10个，以点带面，提升村容村貌整体水平。探索建立集镇环境整治“网格化”管理模式，推动集镇整治常态化长效化。完成笔架水土流失综合治理项目和伊家、陈家高标准农田建设项目，实施伊家、兰溪、隘上、东风等水毁护岸工程及田间道路工程。

2020年11月30日，伊家吊脚楼摄影厦门日报书画院写生基地授牌

（刘诗雨 摄）

【社会事业】 2020年，伊家乡严格落实低保、五保、残疾人补助金等政策，动态识别低保对象238户399人、五保户18人、残疾人护理补贴165人和生活补贴174人，发放各类补贴资金257.27万元；全乡城乡居民社保参保率达99.57%，医保缴费率达99.68%；完善退役军人服务站建设，发放优抚资金、优抚补助金等34.86万元。查处侦破各类治安行政案件26起，刑事案件1起；受理、办理群众来信来访176件次，受理率、办结率均为100%；调解各类矛盾纠纷46起，未发生一起因调处不及时导致的群体性或越级上访事件，未发生一起生产安全事故。

（王 辉）

综合农场

【概况】 建宁县国有综合农场地

处建宁县城南郊，距离建宁县城0.5千米，于1960年建场，场部位于水南新区，是以农林为主，第三产业、多种经营为辅的综合性国有农场。农场下辖5个茶果场，6个农业生产队，场属企业有农工商公司、精制茶场、大东坑立体养殖场。农场地域面积3.5平方千米。2020年，全场总户数264户，总人口1045人，实有土地面积136公顷，其中耕地面积28公顷、果园面积45公顷、茶园面积18公顷、水产养殖面积2公顷、林地面积13.33公顷，其他土地面积29.67公顷。

农时采茶促增收　　（县融媒体中心供稿）

【农业生产】 2020年，建宁县国有综合农场制种面积15.6公顷；种植莲子12.06公顷，通过高接换种等技术措施推广优质早熟梨品种“翠冠”12.5公顷；利用环境地域优势发展淡水养殖面积1.3公顷；利用塑料膜保温法，种植反季节大棚蔬菜1.3公顷。

【基础设施建设】 2020年，建宁县国有综合农场改善居民居住环境，完成南庄排灾后重建点宅间道建设、东方红茶场广场硬化、红卫茶场宅间道硬化，农场小区改造等基础设施建设。全年征地拆迁如期完成任务，完成高沙洲征地15公顷，落实土地确权面积75公顷，河东农工商大楼按时拆除，为河东棚户区改造等重点项目和城市建设提供用地保障。

【社会事业】 2020年，建宁县国有综合农场推进养老保险和医疗保险民生工程，全场农工城乡居民基本医保参保率99.9%，城乡居民社会养老保险参保率100%。完善最低生活保障动态管理，做到能保尽保，维护妇女、儿童、老年人、残疾人等弱势群体的合法权益。抓实疫情防控常态化，保持零输入、零确诊病例、零疑似病例防疫成果。社会治安综合治理持续强化，安全生产形势保持稳定，综治网格化管理有序推进，推动经济社会和谐发展，增强群众获得感、幸福感、安全感。

（曾梦莹）

人 物

【2020 年福建省身边好人】

薛德安

“四十多年来，他一直默默无闻地为他人做好事，奉献，已经成为他的习惯。”说起薛德安，建宁县林业局离退休干部职工党支部书记周永成竖起大拇指。1965 年，薛德安就被原省森工局评为“活雷锋”，后来又先后六次被评为“标兵”，荣立个人“三等功”

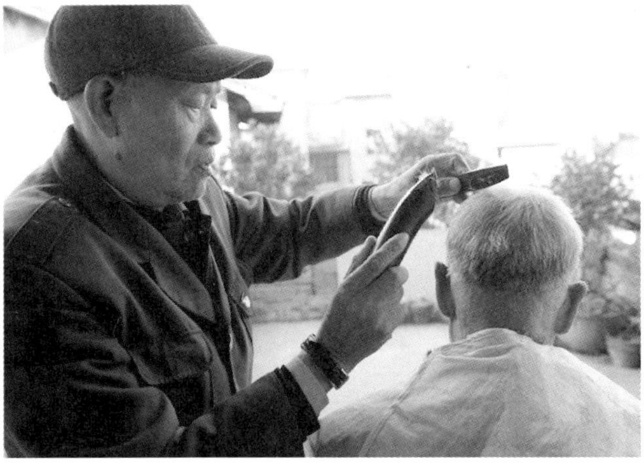

薛德安义务理发 18 年，常态化跟踪服务的老人就有 40 多人。 （陈晓星 摄）

一次，十九次被评为市、县先进生产者或优秀共产党员。

默默服务为他人

今年 78 岁的薛德安，1960 年参加工作，1966 年加入中国共产党，2001 年退休。

“党给了我新生，我要听党的话，全心全意为人民服务。”薛德安打着手语，建宁县特殊学校的石悦老师向我们翻译说，薛德安 6 岁时，生病发高烧，无钱及时医治，导致病情越来越重。后来，他的父亲东拼西凑借了一些钱，把他送到天主堂医院去治疗。但是，不幸又发生在薛德安身上，他吃完药后就听不见声音，成了听力残疾人。新中国成立后，政府把薛德安送进了特殊学校，让他认字，学文化，安排工作。

1979 年，组织上把薛德安调到建宁县城关木材采购站当炊事员。这个站的职工有 200 人，而且大部分是劳动量大的水运工人，饭量大，要做好炊事工作很不容易。“当时只有薛德安一个男的炊事员，重活、累活、脏活他一人全包了。”周永成说，凡是薛德安负责经办的事情都做得清清楚楚。

周永成以前在木材采购站当司务长，与薛德安共事了 3 年。每次他去买米，回来要经过县城主干道万安大桥的长坡，一个人推一板车的米，长坡上不去，都是薛德安赶来帮忙推车，板车推到采购站里后，薛德安还一包包地帮忙卸货。

“一包米很重啊，薛德安的身材算比较瘦小的，他都是一包一包地扛下来。”周永成回忆道，其实自己并没有叫薛德安来帮忙，也没有说自己几时会推车经过万安大桥，但他每次都会默默地等在万安大桥，“好像给我装了 GPS 一样。”

正是因为薛德安时刻为别人着想，让他在不经意间，收获了一份美妙的爱情。20 世纪 60 年代，一次薛德安乘火车外出，闲不住的他在火车上扫地、打水，默默地为乘客们服务，引起了同车一位姑娘的注意。

这位姑娘叫何冬英，先天性听力障碍，是邵武福利竹器厂的工人。热心、踏实、勤快的薛德安，让何冬英心里不断涌起甜蜜的波涛。经过一段时间的了解，他们真挚地相爱了。组织上十分关心这对年轻人，把何冬英调到建宁县棕棉社工作，让他们免受异地之苦，日子过得十分甜蜜。

不忘初心献余热

国庆期间，像往常一样，薛德安夫妇背上理发工具，出门去义务理发。18 年来，他为老弱病残等弱势群体义务理发达 2000 多人次。

多年来，薛德安时刻牢记全心全意为人民服务的宗旨，乐于助人。退休后，他利用自己会理发的专长，常年主动上门为行动不便的老年人、残疾人、特殊学校的学生等老弱病残义务理发。

“理发的本领是党和单位教会我的，现在我退休了，我要用理发这个专长，继续为别人服务。”薛德安打着手语说。

薛德安有好几本理发台账，清楚地记录了什么时间，给什么人理了发，下一次理发时间应当是什么时候，一有空，他就会把本子拿出来看看，生怕忘记下一次理发时间。

家住建宁县溪口镇的熊庚友今年 82 岁了，因腿脚不便，薛德安常年上门为他义务理发。“都是他帮我理的发。”熊庚友说。每次理完发，薛德安还会主动拿起扫把，把地上的头发扫干净。“他已经帮我理了十多次头发了，我很感激他。”双腿不便的邻居张纲能对记者说，“理完了还要拿牛奶给我喝，真是好人。”

薛德安经常关注民生，看到谁有困难，就会把自己存的退休金，捐赠给他们。“一个人做点好事并不难，难的是一辈子做好事，薛德安同志几十年如一日为群众服务，他是我们的榜样。”建宁县委老干部局局长陈建文感动地说。

（三明市融媒体中心 作者 曾程 陈晓星 谢琼）

【交万元特殊党费的 61 年党龄老党员】

林兰妹

《福建法治报》—海峡法治在线 1 月 7 日讯： 2021 年 1 月 5 日一大早，一位步履蹒跚的老人来到建宁县公安局退休民警职工党支部，将一个红包交到了支部书记余支荣手里。拆开红包，里面装着一万元现金，还附有一张纸条，上面写着“县公安局老年支部领导同志：你们好！今年是中国共产党成立 100 周年。我们老百姓给父母做生日祝寿，送鸡、送面、送蛋糕。

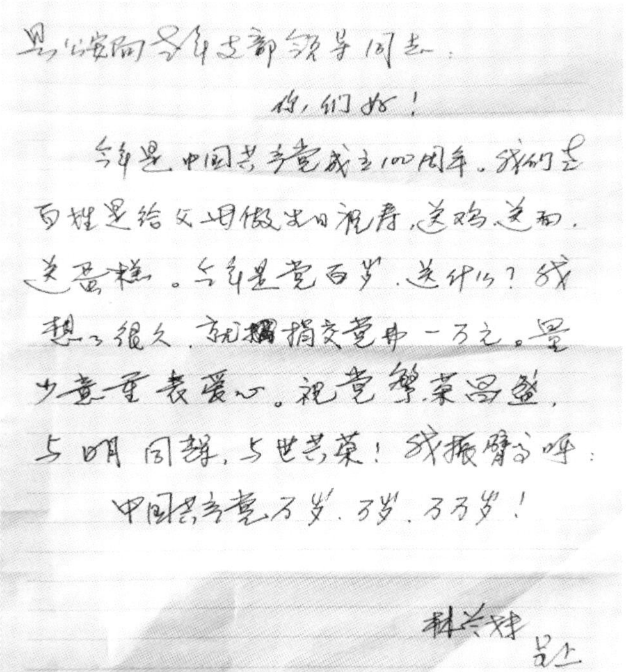

县公安局老年支部领导同志：

你们好！

今年是中国共产党成立100周年。我们老百姓给父母做生日祝寿，送鸡送面，送蛋糕。今年是党百岁，送什么？我想了很久，就捐交党费一万元。量少意重表爱心。祝党繁荣昌盛，与时同辉，与世共荣！我振臂高呼：

中国共产党万岁，万岁，万万岁！

林兰妹
呈上

林兰妹写给建宁县公安局退休民警职工党支部的一封信

（县公安局供稿）

今年是党百岁，送什么？我想了很久，就捐交党费一万元，量少意重表爱心。祝党繁荣昌盛，与日月同辉，与世共荣！中国共产党万岁！林兰妹呈上”。

林兰妹是建宁县公安局的一名退休民警，现年已经94岁高龄，1959年入党的他，党龄61年。1955年参加公安工作后，林兰妹始终秉持“为人民服务”的宗旨，工作中兢兢业业、任劳任怨、一丝不苟，为建宁公安事业倾注了无数心血与汗水，多次被评为先进工作者。退休离岗后，林兰妹退休不褪色，离岗不离心，依然一如既往地关注和支持建宁公安工作。值此建党百年之际，老人家毅然捐交一万元党费，正是出于对党的事业的无限忠诚和对公安工作热切支持。

这并非老人家第一次如此“慷慨”。2020年3月，在疫情防控形势最严峻的时刻，林兰妹主动向建宁县公安局退休民警职工党支部捐款3000元，以此支持抗疫事业。“当我从电视上看到各行各业的工作人员都奔波在抗疫一线，我就想着自己能做点什么，我年纪大了去不了一线，只能通过捐钱的方式奉献自己的绵薄之力。”疫情发生后，老人原本想第一时间捐款，由于生病住院，耽搁了几天。出院后，他便第一时间让儿子带着他来捐款。此外，每当国家受灾时，老人也总是慷慨解囊，2008年汶川地震、2010年玉树地震，他都是第一时间捐款。

老人家退休工资其实并不高，生活上也十分简朴，每日三餐都是粗茶淡饭，房间里摆设的衣柜、床铺等家具也都是些陈旧过时的“老古董”，与他捐款时的“慷慨”形成了强烈反差。“我是出生在贫苦农民家庭的孩子，生在旧社会，长在红旗下，历经了新旧社会两重天。是党将我培养成为了一名人民警察，作为一名老党员、老民警，我理应肩负起一份责任。”简单朴实的几句话，却让听者真切感受到老人家内心的那份赤诚之心，令人为之动容。

（本报记者 黄丽青 通讯员 刘福龙 黄时印）

名 录

【2020年建宁县副科级以上在职领导名录】

中共建宁县委

书　记：郑剑波（1—7月）
　　　　廖金辉（7月到任）
副书记：陈显卿
　　　　许家源（1—10月）
　　　　郭　斐（6月到任）
　　　　陈华伟（10月到任）
常　委：陈华伟（10月提任副书记）
　　　　余传贵（1—4月）
　　　　邓军安（1—7月）
　　　　阴晓萍（1—9月）
　　　　黄立辉
　　　　陈一龙
　　　　伍小兰
　　　　唐建吉
　　　　江瑜平
　　　　钟宏华（3月到任）
　　　　周君恺（8月到任）
　　　　连云进（10月到任）

建宁县人大常委会

主　任：吴国根
副主任：谢忠喜
　　　　许银燕
　　　　吴碧英
　　　　何志高

建宁县人民政府

县　长：陈显卿
副县长：陈华伟（1—10月）

连云进（1—10月）
孙元玲
钟宏华（1—3月）
王　平（1—8月）
柯良发
陈信华
江长青（1—6月）
李梓生（4月到任）
吴建荣（5月到任）
吴锡邦（6月到任，挂职）
姜炜根（10月到任）

建宁县政协

主　席：陈海涛（1—4月）
　　　　余传贵（4月到任）
副主席：杨宗群
　　　　陈华秀
　　　　陈朝利
　　　　陈炳云（9月到任）

中共建宁县纪律检查委员会（县监委）

县纪委、县监

纪委书记、监委主任：邓军安（1—7月）
　　　　　　　　　　江瑜平（8月到任）
副书记、监委副主任：何升高
　　　　　　　　　　谢鸿福（1—6月）
　　　　　　　　　　夏金旺（6月到任）
县纪委常委：杨建明
　　　　　　夏金旺（1—6月，兼监委委员）
　　　　　　林徐莲（兼监委委员）
　　　　　　廖兆堃（兼县巡察办主任）
县委监察委员会委员：杨哲平（12月到任）
　　　　　　　　　　李道前（12月到任）
县纪委办公室
主　任：林义相（1—12月）
县纪委案件监督管理室
主　任：张镜琪（1—5月）
　　　　刘淑红（5月到任）
县纪委信访室（监察局举报中心）
主　任：艾建斌
县纪委组织部和宣传部部长：李晓晖
县纪委第一纪检监察室
主　任：王明强
县纪委第二纪检监察室
主　任：刘晓晨
县纪委第三纪检监察室
主　任：杨维武
县纪委第四纪检监察室
主　任：张　斌
县纪委第五纪检监察室
主　任：许　伟（1—3月）
　　　　罗　威（5月到任）
县纪委纪检监察干部监督室
主　任：江代辉
县纪委案件审理室
主　任：刘淑红（1—5月）
　　　　涂小燕（5月到任）
县纪委正科级纪检监察员：林圣龙

县纪委派驻机构

县纪委驻县委组织部纪检组
组　长：李继祥
县纪委驻县委宣传部纪检组
组　长：刘沐良
副组长：温兆骈
县纪委县直机关纪律监察工作委员会
书　记：陈国强
县纪委驻县发展和改革局纪检组
组　长：胡玉华（1—11月）
　　　　黄立平（12月到任）
副组长：钟　磊
县纪委驻县工业和信息化局纪检组
组　长：张昌煜
副组长：张宇辉
县纪委驻县农业农村局纪检组
组　长：黄宗根
副组长：廖培发

县纪委驻县人民法院纪检组
组　长：上官步岗
县纪委驻县人民检察院纪检组
组　长：王伟刚
县纪委驻县公安局纪检组
组　长：杜建兴

县委巡察办
县委巡察办主任：廖兆堃
县委巡察办副主任：柯建华
县委巡察一组组长：朱荣贵
副组长：林国平
县委巡察二组组长：付胜和
副组长：李明峰
县委巡察三组组长：胡国兴
副组长：余小青

建宁县人民法院

县法院党组
书记、院长：陈　晶（1—12 月）
　　　　　　牟　旭（12 月到任）
副书记：罗新荣
副院长：宁金德（1—12 月）
　　　　谢华强
　　　　潘华东
纪检组长：上官步岗
副组长：王益毅
执行局
局　长：孔新光
政治处主任：尤佳丽
审判委员会
专职委员：包东明（3 月到任）
　　　　　赵建敏（3 月到任）
里心法庭
庭　长：刘云华
副庭长：姚以跃
一级法官：罗国栋（3 月到任）
一级法官：吴秀英（3 月到任）
一级法官：陈　琳（3 月到任）
司法警察大队
大队长：欧梓耀
政　委：吴凤鸣
四级法官助理：钟声圻（3 月到任）
民事审判庭庭长：谢建军（3 月到任）
后勤装备科科长：汤延彬
司法管理办公室主任：陈华粦
正科级审判员：郑玉平

建宁县人民检察院

党组书记、检察长：陈　营
副检察长：温素成（1—3 月）
　　　　　姚建辉
　　　　　应学军（1—11 月）
党组成员、纪检组组长：王伟刚
党组成员、政治处主任：谢文英
监察科科长：温永平
司法警察大队大队长：朱琼艳
法律政策研究室主任：朱晓英
刑事执行检察局局长：邱建明
案件管理办公室主任：姚永雷
民事行政检察科科长：夏志坚
公诉科科长：梁达潘
侦查监督科科长：代　云
控告申诉检察科科长：廖兆健
生态环境检察科科长：宁绍荣
一级检察官：艾锟洲
　　　　　　杨添福
　　　　　　朱国勤
　　　　　　邓高彬

闽江源国家级自然保护区管理局

局　长：陈炳云（1—9 月）
书　记：余贵龙
副局长：陈雪华
　　　　谢道松
　　　　杨　帆（11 月到任）
纪委书记：杨　帆（1—11 月）

办公室主任：郑志英
资源保护科科长：陈良辰
经济发展科科长：江贵印
科技宣传科科长：黄建兰
综合科执法科长：宁　涛
金铙山管理站站长：刘建平
黄岭管理站站长：张显兴
高峰管理站站长：熊春林（12 月到任）

中共建宁县委综合部门

县委办公室
主　任：邱树青（1—3 月）
　　　　冯国绍（12 月到任）

副主任：冯国绍（1—12 月）
　　　　刘云忠
　　　　王银河（1—10 月）
　　　　李　琳
　　　　杨文能（12 月到任）

县委机要局（密码管理局）
局　长：杨文能

信访局
党组书记、局长：郑建华
副局长：何方刚
　　　　何金发

县委组织部
部　长：陈一龙
副部长：熊居财
　　　　张宇东
县委非公企工委常务副书记
组织科科长：俞燕斌
干部科科长：余义先
县委人才办副主任：黄春林（12 月到任）

县委编办
主　任：李　健
副主任：曾艳蓉
县事业单位登记管理局局长：杨　晨（1—3 月）
县事业单位登记中心主任：杨　晨（3 月到任）

县委统战部
部　长：黄立辉
副部长：龚其根
　　　　黄渊兴（兼县工商业联合会党组书记、常务副主席）
　　　　詹钟坤（兼民宗局局长）

老干局
局　长：陈建文
副局长：陈长灿
　　　　徐金美（12 月到任）
县委离退休党员干部党工委
副书记：周新闻（1—12 月）

档案馆
馆　长：程建东
副馆长：廖志英
　　　　吴东文

县直机关党工委
书　记：陈一龙
常务副书记：徐德云
副书记：邹学辉
　　　　王孟琪（12 月到任）
人武部部长：邓茂祥

县委党校
校　长：陈一龙
常务副校长：张党恩
副校长：艾运龙（1—12 月）
　　　　何小乔
　　　　胡文娟（12 月到任）
副科级组织员：胡文娟（1—12 月）

党史和地方志研究室
主　任：陈忠奋
副主任：艾玲朝
　　　　肖伟华

建宁县群众团体

县总工会
主　席：黄立辉
常务副主席：杨建平
副主席：黄思潮
　　　　谢冬英

团县委
书　记：张晓雁
副书记：余福旺（1—2月）
　　　　曹周明
　　　　史　琳（12月到任）

妇　联
主　席：虞美娥
副主席：雷芹秀
　　　　甘宝爱

科　协
主　席：郭忠双
副主席：吴琦梅
　　　　陈　刚

侨　联
主　席：姚永峰
副主席：胡玉华（12月到任）

残　联
理事长：鄢泽良
副理事长：林国忠
　　　　　黄忠水

社科联
主　席：温兆坚

工商联
党组书记常务副主席：黄渊兴
副主席：周新闻（12月到任）

红十字会
常务副会长：胡润英

计生协会
常务副会长：丰永胜
副会长兼秘书长：余友成

文学艺术界联合会
主　席：孙世明

关工委
主　任：谢冬林
常务副主任：钟琼奎（1—10月）
　　　　　　聂国平（10月到任）
常务副主任兼秘书长：冯耀荣

老促会、扶贫开发协会
会　长：徐水泉（1—11月）
　　　　谢忠喜（11月到任）
常务副会长兼秘书长：陈宝发（1—11月）
　　　　徐孝忠（11月到任）

老年大学
校　长：李良臣

客家联谊会
会　长：王登远
常务副会长：何绍贤

退休干部协会
会　长：廖光朗

老体协
主　席：陈凤生
常务副主席：钟琼奎（兼）

建宁县人大常委会工作部门

办公室
主　任：黄文锋（党组成员）

副主任：林　芳
　　　　翟佳芳（12 月到任）

县人大常委会内务司法委员会

主　任：张旭明

县人大常委会人事代表工作室

主　任：丁　升

县人大常委会教科文卫委

主　任：吴家勋

县人大常委会农村经济委员会

主　任：黄必荣

县人大常委会财政经济委员会

主　任：黄立胜

县十七届人大常委会

委　员：杨贵斌
　　　　洪日升
　　　　陈平华
　　　　黄克胜

县人大常委会信访室

主　任：聂惠莲

建宁县政府工作部门

县政府办

党组书记、主任：黄允健（1—7 月）
　　　　　　　　魏成伟（11 月到任）
副主任：魏成伟（1—11 月）
　　　　谢建平（兼县效能办副主任）
　　　　张圣源（1—7 月）
　　　　温永胜
　　　　郑建华（兼信访局党组书记、局长）
　　　　陈双淇（12 月到任）
　　　　陈晓伟（12 月到任）

机关事务保障中心

主　任：刘方万

县政府办党组成员兼金融办

主　任：邓福根

行政服务中心

主　任：陈丽萍
副主任：张光伟
　　　　余福文

发展和改革局

局　长：邱九园（1—5 月）
党组书记：祝俊元（11 月到任）
党组副书记：柯兆荣（1—11 月）
　　　　　　祝俊元(5月到任主持工作,5—11月)
副局长：柯兆荣（1—11 月）
　　　　阮承忠
　　　　刘云强（5 月到任）
　　　　万　冲
　　　　吴小辉（6 月到任，挂职）
　　　　鄢宏伟（12 月到任）
　　　　甘　霖（12 月到任）

县铁办

主　任：熊昌明（兼）

财政局

党组书记、局长：郑　文
党组成员、副局长：黄思彭
副局长：林晓娟
党组成员、总会计师：曹晓华
党组成员、主任科员：吴建明

公积金管理中心

主　任：林　宏

审计局

党组书记、局长：宁邦清（1—11 月）
　　　　　　　　胡宽华（11 月到任）

副局长：林　涛
熊自兰（12 月到任）
陈群钦（12 月到任）
党组成员、总审计师：陈长星

住房和城乡规划建设局
党委书记、局长：邓万明（1—3 月）
杨　军（5 月到任）
党委副书记：杨金辉（1—12 月）
纪委书记：朱贤文
副局长：杨　军（1—5 月）
熊昌明（1—11 月）
林升文
黄银才（5 月到任）
曾薇蔚（12 月到任）
总工程师：连黄强

县城市建设投资有限公司
副总经理：刘　晖
朱振雷（12 月到任）

城建监察大队
大队长：魏志平

城市管理委员会办公室
主　任：黄银才

人民防空办公室
主　任：林升文

自然资源局
党组书记局长：邱春祥
党组副书记、副局长：邹先进（12 月到任）
副局长：谢　毅
谢世元
邹先进（兼不动产登记局局长，1—12 月）
廖春福
兰小明（12 月到任）
总规划师：林其辉（聘任）
执法监察大队
大队长：吴国春
县不动产登记中心
主　任：周丽萍（1—5 月）
侯小艳（5 月到任）

人力资源和社会保障局
党组书记、局长：姜景魁
党组副书记、副局长：谢明锋（12 月到任）
副局长：付建建
周文祥（1—2 月）
纪　霞

生态环境局
负责人：黄允健（7 月到任）
副局长：黄贻进
李仕军
张武盛

医疗保障局
负责人：谢代安
副科级：应道香

统计局
局　长：陈克明
副局长：林治山
郭　英（12 月到任）
县城市经济调查队
队　长：柯良贵
县农村社会经济调查队
队　长：谢志辉

民族与宗教事务局
局　长：詹钟坤

建宁县政协工作部门

政协办公室
主　任：杨培先
副主任：肖　蓉
党组成员、秘书长：谢金龙

经济和港澳台侨委员会

主　任：凌新平（1—5 月）

　　　　邱九园（5 月到任）

提案和法制委员会

主　任：施建英（1—5 月）

　　　　凌新平（5 月到任）

文史学习和民族宗教委员会

主　任：杨进龙

社会事业委员会

主　任：黄　翔

农业农村委员会

主　任：施建英（5 月到任）

建宁县政法部门

政法委

书　记：余传贵（1—3 月）

　　　　钟宏华（3 月到任）

常务副书记：范毓刚

副书记：梅德生（1—11 月）

　　　　李仕鹤（11 月到任）

　　　　黄允青（兼政治处主任）

城乡网格化服务中心

主　任：邹先明

副主任：林　承

　　　　艾永洪

　　　　洪璐璐

　　　　兰小明（1—10 月）

公安局

党委书记、局长、督察长：江长青（1—5 月）

　　　　　　　　　　　　吴建荣（5 月到任）

党委副书记、政委：官前文

党委副书记、副政委：余跃文

纪委书记：杜建兴

副局长：廖京东

　　　　庄金斌（1—10 月）

　　　　修国发

　　　　张居龙

政工室主任：帅　彬

城关派出所所长：戴伟民

教导员：黄　胜（8 月到任）

指挥中心主任：叶　翔

教导员：傅明祥

法制大队大队长：陈　云

国内安全保卫大队

大队长：曾鲁平

教导员：万雯辉

经济犯罪侦查大队大队长：林道斌

交通警察大队

大队长：邓珍良（5 月到任）

教导员：郭建勇

副大队长：廖永健

治安管理大队

大队长：王东凯

教导员：邱万荣

刑事侦查大队

大队长：黄　平

教导员：林艺宾

警务保障室主任：杨庆华

出入境管理大队大队长：何志明

网络安全保卫大队

大队长：聂祖坚

教导员：赵忠球

县看守所所长：汪启文

教导员：刘瑞巍

县拘留所所长：杨思明（1—5 月）

　　　　　　　余正清（5 月到任）

教导员：廖华明

里心派出所所长：邓珍良（1—5 月）

　　　　　　　　杨民东（5 月到任）

教导员：吴东进（1—5 月）

　　　　苏文伙（5 月到任）

黄埠派出所所长：吴东进（5 月到任）

教导员：林兴旺（5 月到任）

客坊派出所所长：李永雄
教导员：黄国章
黄坊派出所教导员：刘华贵
教导员：郭上蒂（5 月到任）
溪源派出所所长：刘小平
教导员：林永福
均口派出所所长：朱盛龙
教导员：黄海根
伊家派出所所长：刘帝顺（1—5 月）
罗　顺（5 月到任）
教导员：杨民东（1—5 月）
邱奋斌（5 月到任）

森林公安分局

局　长：艾贵成
教导员：冀庆平
闽江源森林派出所所长：吴光华
教导员：林家新
溪口森林派出所所长：刘全亮
教导员：胡信春
里心森林派出所所长：余传斌
均口森林派出所所长：翁金荣

消防大队

大队长：陈晓斌
教导员：王汉华（12 月离任）
骆进东（12 月到任）

司法局

局　长：吴登峰
副局长：林成勇
黄建强
濉溪司法所所长：刘中龙
溪口司法所所长：李凤华（12 月到任）
里心司法所所长：肖凤庆（12 月到任）
黄埠司法所所长：欧恩平（12 月到任）
客坊司法所所长：谢国武
溪源司法所所长：谢洪日
均口司法所所长：宁金根
黄坊司法所所长：黄运龙
伊家司法所所长：傅先念（12 月到任）

民政局

党组书记、局长：谢建中
党组副书记：林金昌
副局长：刘道玄
温自成

退役军人事务局

局　长：陈可辉
副局长：艾章荣
吴裕财

建宁县宣教部门

县委宣传部

部　长：伍小兰（1—10 月）
连云进（10 月到任）

副部长：邹金良
王华耀
徐　铨（兼文明办主任）

文明办

主　任：徐　铨
副主任：陈建明
黄文强

教育局

党组书记、局长：吴建辉
党组成员、党委专职副书记：冯　毅（5 月到任）
党组成员、副局长：姜松南
廖海成
冯　毅（1—5 月）
邱镛勋（5 月到任）

县电大工作站

站　长：鄢建明（12 月到任）
副站长：鄢建明（1—12 月）
朱鹏飞
苏卿南（1—11 月）
黄首元（12 月到任）

城关中学

校　长：朱鹏飞

建宁一中

校　长：徐祚寿

副校长：曾春柏

　　　　邓水祥

　　　　揭国忠

进修学校

校　长：刘方钦

职业中学

校　长：杨永平（1—12 月）

　　　　黄　彪（12 月到任）

文体和旅游局

党组书记、副局长：刘中宏（1—12 月）

　　　　　　　　　吴跃仁（12 月到任）

局　长：张美娥

副局长：丁　斌

　　　　谢建安

　　　　徐丽贞

　　　　张秀良

　　　　高虹艳（挂职）

文化市场综合执法大队大队长：周思兴

闽江源旅游发展有限公司

董事长、总经理：赖建华

融媒体中心

副主任（主持工作）：丁　斌

副主任：熊建华

　　　　陈晓星

　　　　丁少荣（10 月离任）

纪念馆

馆　长：宁武春

副馆长：张　华（1—10 月）

　　　　鄢宏伟（1—11 月）

卫生健康局

党委书记、局长：艾炳隆

党委副书记：谢惠明

副局长：修炳厚

　　　　帅细祥

县总医院

党委书记：吴良森

党委副书记、院长：郑世文

副院长：陈　林

　　　　何林盛

　　　　艾远光

　　　　刘方智

　　　　温冠东

总会计师：邓建芳

疾控中心

主　任：刘时汉

卫生监督所

所　长：李冬贵

妇幼保健院

院　长：黄卫胜

建宁县农林部门

农业农村局

党委书记、局长：揭重阳

副书记、副局长：高　岱

副局长：王　丰

　　　　聂洪亮

　　　　吴伯文

　　　　熊昌盛（12 月到任）

总农艺师：余添发

农技推广中心主任：肖成华

农业机械推广中心主任：徐明庚（3 月到任）

农业机械推广中心副主任：谢良济（3 月到任）

　　　　　　　　　　　　姜德前（3 月到任）

莲技推广中心主任：魏英辉

种业科技中心主任：黄得裕

林业局

党委书记、局长：吴建清
党为副书记：吴跃盛
副局长：董德兴
罗志坚
宁克功（12 月到任）
湿地公园服务中心主任：王福根（5 月到任）
湿地公园服务中心副主任：魏　勇（1—10 月到任）
谢辅钦（11 月到任）
林业科技推广中心主任：王福根（1—5 月）
郑振岳（5 月到任）

水利局

党委书记：罗辉武
局　长：柯国华
副局长：黄思华
张金星
水利水电移民中心主任：杨荣华（4 月到任）
总工程师：陈芳洪（1—5 月）
吴光为（5 月到任）

福建省建宁国有林场

场　长：蔡世锋
副场长：刘英茂

农业机械管理中心

主　任：徐明庚（1—3 月）
副主任：谢良济（1—3 月）
姜德前（1—3 月）

供销社

主　任：廖明东（1—12 月）
余忠文（12 月到任）
副主任：余忠文（1—12 月）
柯洪珠
张显平
余伟杰（12 月到任）

气象局

局　长：廖才科（1—3 月）
阮兆兰（3 月主持工作）
副局长：刘晓维（兼气象台台长）
李　江（11 月到任）

水文局

局　长：刘荣岸

建宁县经贸部门

工业和信息化局

党委书记、局长：陈俊铭
党委副书记：刘火根
副局长：陈永远
代文明
吴家清
肖旭伟
总经济师：蒋兰英

贸促会

会　长：钟贵明
副会长：黄黎鑫

招商服务中心

主　任：周丽萍（5 月到任）

应急管理局

党组书记、局长：吴跃仁（1—12 月）
刘中宏（12 月到任）
副局长：吴聪明
彭茂潘
廖立平
陈芳洪（聘任）

市场监督管理局

党组书记、局长：邹晓英
副局长：李长兴
黄贵春
曾启雄

李道智
徐志勇
食品药品安全总监：陈炳贵（12 月到任）
城关市场监督管理所
所 长：代希荣
里心市场监督管理所
所 长：陈 晓
均口市场监督管理所
所 长：胡 斌
溪口市场监督管理所
所 长：谢启富
食品药品监管执法大队
大队长：黄敬玮

交通运输局
党委书记、局长：曾进发
纪委书记、副局长：巫晓华
副局长：吴有华
王振利
刁东翔
张训军（6 月到任，挂职）
总工程师：黄健豪
交通综合行政执法大队
大队长：陈建忠（兼运输管理所所长，1—12 月）
运输发展中心
主 任：周章腺（12 月到任）

二轻联社
主 任：廖天忠
副主任：杜建安
揭恭民

经济开发区管委会
党委书记、主任：黄荣光（12 月到任）
党委副书记：周立华（1—12 月）
薛 军（12 月到任）
副主任：苏建生
周立华（12 月到任）
罗清平（11 月到任）
谢辅钦（1—11 月）

供电公司
总经理：郑建成
书 记：肖先福
副总经理：徐星伙
庄玉栋
纪委书记兼工会主席：史宏健

国税局
局 长：苏华山
副局长：刘赛香
卞永民
纪检组长：徐 可

烟草局（公司）
局长、经理：曾志宏
副局长：罗文辉
副经理：艾运来
纪检员：林宗茂

公路分局
局 长：邹文辉
副局长：谢有坤（兼党支部书记）
夏安来
张 斌

邮政集团建宁县分公司
局长（总经理）：雷贤升
副经理：夏盛平（1—3 月）
张元发（3 月到任）

中国电信建宁分公司
总经理：汤小平
副总经理：宁茂荣

移动公司
总经理：卢祖权
副总经理：俞承琳

联通公司
总经理：肖 剑

金融保险部门

中国人民银行建宁县支行
行　长：邱文辉
副行长：王晓莉
　　　　周金根

中国农业银行建宁县支行
行　长：曾庆斌
副行长：戴晓冬
　　　　颜华良
纪委书记：余兴桂

中国建设银行建宁县支行
行　长：张天宝
副行长：王大明

工商银行建宁县支行
行　长：林　超
副行长：林　莹
行长助理：董　骏

中国银行建宁支行
行　长：陈晓慧
副行长：林昌梁
纪检书记：廖燕贡

县农村信用合作联社
理事长：董淑华
主　任：黄长才（1—10 月）
监事长：张恩宽
副主任：黄盛安
　　　　阙韵生
　　　　章清泉

县邮政储蓄银行
行　长：刘宗杆
副行长：陈玉明

建宁刺桐红村镇银行
执行董事：吴晓宏
行　长：吴明东
执行监事：吴友雄
副行长：杨明光

中国人民财产保险股份有限公司建宁支公司
副经理：张　伟（主持工作）

中国人寿保险股份有限公司建宁支公司
经　理：李贤东
副经理：孙伟强

乡　镇

濉溪镇
党委书记：饶桂发
党委副书记、镇长：刘帝云
人大主席：薛　军（1—12 月）
　　　　　罗建斌（12 月到任）
党委副书记：刘懿华
　　　　　　罗建斌（1—12 月）
　　　　　　张晓雁（5 月到任，挂职）
　　　　　　林天生（12 月到任，挂职）
纪委书记：黄少欣（1—5 月）
　　　　　孔補兰（5 月到任）
党委宣传、统战委员、政府副镇长：
　　　　　林天生（1—12 月）
　　　　　王源文（12 月到任）
党委委员：王寒春
组织委员：潘伟峰（1—5 月）
　　　　　刘星伟（5 月到任）
副镇长：曾海良
　　　　黄敬玮（挂职）
　　　　李明珠

溪口镇
党委书记：姜炜根（1—10 月）
　　　　　周　斌（12 月到任）

党委副书记、镇长：杨全良
人大主席：郭　英（1—12 月）
　　　　　邱仙才（12 月到任）
党委副书记：邱国东（1—5 月）
　　　　　　邱仙才（1—12 月）
　　　　　　陈知欢（6 月到任，挂职）
　　　　　　黄远征（12 月到任）
　　　　　　陈志斌（12 月到任）
纪委书记：黄远征（1—12 月）
　　　　　吴　燕（12 月到任）
组织委员：陈　宁
党委宣传、统战委员、副镇长：谭民安
党委委员：陈志斌（1—12 月）
　　　　　艾小玲（12 月到任）
副镇长：李凤华（兼溪口司法所所长，1—12 月）
　　　　甘传斌
　　　　王雪英

里心镇

党委书记：邱树青（1—5 月）
　　　　　黄国荣（5 月到任）
党委副书记、镇长：谢淑萍（1—12 月）
　　　　　　　　　黄荣光（12 月到任）
人大主席：谢明锋（1—12 月）
　　　　　罗章贵（12 月到任）
党委副书记：黄　强
　　　　　　罗章贵（1—12 月）
　　　　　　林耀华（12 月到任）
纪委书记：李广平（1—5 月）
　　　　　张镜琪（5 月到任）
组织委员：林耀华（1—12 月）
　　　　　周　鑫（12 月到任）
党委委员：李宏云
党委宣传、统战委员、政府副镇长：黄梅香
副镇长：谢凤金
　　　　刘建平
　　　　肖凤庆（兼里心司法所所长，1—12 月）
　　　　徐　申（8 月到任）
　　　　黄振宇（12 月到任）

黄埠乡

党委书记：胡宽华（1—11 月）
　　　　　周君恺（11 月到任）
党委副书记、乡长：余道勇
人大主席：宁克功（1—12 月）
　　　　　林义相（12 月到任）
党委副书记：刘云强（1—5 月）
　　　　　　徐建兴（兼统战委员）
　　　　　　周文兴（12 月到任，挂职）
纪委书记：黄立平（1—12 月）
　　　　　丁　富（12 月到任）
组织委员：周文兴（1—12 月）
　　　　　丁少荣（12 月到任）
党委宣传委员：王　君
副乡长：黄荣华
副乡长：余文美
　　　　柯洪珠（挂职）

客坊乡

党委书记：祝俊元（1—5 月）
　　　　　谢鸿福（5 月到任）
党委副书记、乡长：林　珊（1—5 月）
　　　　　　　　　张　俊（6 月到任）
人大主席：陈锦州
党委副书记：李浩榕（兼统战委员）
　　　　　　刘荣权
纪委书记：孔補兰（1—5 月）
　　　　　曹其洪（5 月到任）
组织委员：刘荣权（1—6 月）
　　　　　宁　涛（挂职）
党委委员：吴东文
党委宣传委员：谢爱珠
副乡长：罗清平（1—11 月）
　　　　魏　勇（11 月到任）

黄坊乡

党委书记：李仕鹤（1—11 月）
　　　　　江代文（11 月到任）
党委第一书记：肖树成（3 月到任）

党委副书记、乡长：余云山（1—5月）
董黎斌（6月到任）
人大主席：董黎斌（1—6月）
邱国东（6月到任）
党委副书记：吕诗强（挂职，人大副主席）
廖兆祥（兼统战委员）
纪委书记：吴　燕（1—12月）
廖文秀（12月到任）
党委宣传委员：黄　靓
党委委员、副乡长：杨金明
组织委员：苏卿南（12月到任）
副乡长：刘兆贵

溪源乡

党委书记：周　斌（1—12月）
谢淑萍（12月到任）
党委副书记、乡长：刘　涵（1—8月）
陈俊飞（11月到任）
人大主席：陈建松
党委副书记：杨麟祥（挂职）
陈俊飞（1—11月）
陈风原（挂职，兼大岭村党支部第一书记）
刘燕青（12月到任，兼统战委员）
纪委书记：张凌波（5月到任）
党委宣传委员：刘元平
党委委员：郑伟敏
组织委员：刘燕青（1—12月）
张　华（12月到任）
副乡长：邱燕玲

均口镇

党委书记：饶黎明
党委副书记、镇长：江代文（1—11月）
王银河（11月到任）
人大主席：甘传学（12月到任）
党委副书记：张　俊（1—5月）
潘伟峰（1—5月，挂职）
陈家仁
胡文俊（11月到任，挂职）
纪委书记：夏安平
组织委员：宁雪莲
党委宣传、统战委员、政府副镇长：吴泉生
党委委员：甘传学（1—12月）
洪梓金（12月到任）
副镇长：付延安
熊昌盛（1—12月）
徐月明

伊家乡

党委书记：黄国荣（1—5月）
余云山（5月到任）
党委副书记、乡长：曾明星
人大主席：陈建红
党委副书记、组织委员：黄央江
党委副书记、统战委员：黄宝泉
纪委书记：丁　富（1—12月）
谢焕星（12月到任）
宣传委员：肖伟华（挂职）
党委委员、副乡长：陈炳太
副乡长：吴海宴

（县委组织部供稿）

荣誉榜

【2020年荣获市厅级以上表彰的先进集体和个人名录】

先进集体一览表

表15

获奖单位	奖励名称	颁奖单位
建宁县	2020年福建省县域经济发展“十佳县”	福建省发展和改革委员会
建宁县	全国第四批率先基本实现主要农作物生产全程机械化示范县	中华人民共和国农业农村部办公厅
建宁县现代农业产业园	国家现代农业产业园创建名单	中华人民共和国现代农业产业园建设工作领导小组办公室
建宁县	国家生态文明建设示范县	中华人民共和国生态环境部
建宁县	全省第四轮第一批平安县（市、区）	福建省平安建设领导小组
建宁县	2020年平安县“二等奖”	中共三明市委、三明市人民政府
建宁县	信访工作“三无”县	中华人民共和国信访局
建宁县	“五比五晒”活动考评一等奖	中共三明市委、三明市人民政府
建宁闽江源	国家湿地公园列入国家湿地公园试点	中华人民共和国林业部
建宁县疾控中心党支部	“福建省抗击新冠疫情先进集体”	中共福建省委、福建省人民政府
高峰村	“2020中国最美康养小镇”	“乡村振兴2020中国最美村镇评选”活动领导小组
建宁县人民法院机关支部委员会	三明市法院系统先进基层党组织	三明市人民法院
建宁县检察院办公室	对全省信息有较大贡献的单位	福建省检察院办公室（闽检办发〔2020〕3号）
建宁县检察院	“法治进校园”全省巡讲活动表现突出单位	福建省检察院、省教育厅、省司法厅（闽检会〔2020〕11号）
建宁县交通运输局	“2016—2019年全省交通运输系统先进集体”	福建省人社厅和交通运输厅
建宁县社会管理综合治理服务中心	“全省政法系统先进集体”	中共福建省委政法委员会
建宁县政府征兵办公室	征兵工作先进单位	福建省军区
建宁县闽江源旅游发展有限公司金铙山客运索道管理站	“福建省工人先锋号”	福建省总工会
福建源华林业生物科技有限公司工会	“福建省模范职工之家”	福建省总工会

续表 15

获奖单位	奖励名称	颁奖单位
建宁县公安局工会委员会	“福建省模范职工之家”	福建省总工会
建宁县税务局第一分局 办税服务大厅工会小组	“福建省模范职工小家”	福建省总工会
客坊乡中畲村老体协	2020 年度“老年人健身康乐家园”	福建省体育局 （闽体〔2020〕271 号）
建宁县黄埠乡黄埠村	“创建无邪教示范村”	中华人民共和国国务院防范和处理邪教问题办公室评

先进个人一览表

表 16

姓名	工作单位	奖励名称	颁奖单位
吴景栋	建宁县农业农村局莲科所	“福建省五一劳动奖章”	福建省总工会
陈学华	三明市公路养护中心 建宁分中心公路站	“福建省五一劳动奖章”	福建省总工会
刘明强	建宁县司法局	“全国法律援助工作先进个人”	中华人民共和国司法部
宁金根	建宁县司法局	“全国模范人民调解员”	中华人民共和国司法部
艾炳隆	建宁县卫健局	“福建省抗击新冠肺炎疫情先进个人”	中共福建省委员会、 福建省人民政府
谢冬林	建宁县关工委	“全国关心下一代工作先进工作者”	中国关工委、中央文明办
陈显卿	建宁县人民政府	征兵工作先进个人	福建省军区
吴东文	客坊乡武装部	征兵工作先进个人	福建省军区
江振根	建宁县第一中学	福建省优秀教师	福建省教育厅
王竹金	建宁县客坊中心小学	福建省优秀教师	福建省教育厅
陈学辉	建宁县教育局	省级优秀教育工作者	福建省教育厅
刘时汉家庭	建宁县疾控中心	“福建省抗疫最美家庭”	福建省妇女联合会 福建省卫生健康委员会
邓高彬	建宁县检察院	优秀通讯员	正义网（国家级）
邓高彬	建宁县检察院	新中国成立 70 周年安保维稳和扫黑除恶专项斗争工作嘉奖	中共三明市委
包东明	建宁县法院	全省法院“基本解决执行难”工作成绩突出个人	福建省人民法院
黄允青	建宁县政法委	“全省党委政法系统先进工作者”	福建省政法委

续表 16

姓名	工作单位	奖励名称	颁奖单位
温兆熙	建宁县党校	全省党校（行政学院）系统先进工作者	（闽人社表彰〔2020〕21 号）
修炳厚	建宁县卫健局	“福建省优秀工会工作者”	福建省总工会
邓清娇	建宁县华新食品有限公司	“福建省优秀工会工作者”	福建省总工会
揭建南	客坊乡党政办	“希望工程三十年希望之星”	中国青少年发展基金会
聂清华、聂龙富家庭		全国五好家庭	中华全国妇女联合会
雷芹秀	建宁县妇联	2020 年第四期中国妇女社会地位调查优秀个人	中华全国妇女联合会
王丽娟		全国“中华魂”主题教育三等奖	中国关工委、教育部关工委
卢小群、张光佛家庭		福建省最美家庭	福建省妇女联合会
谢淑萍	里心镇	福建省“三八红旗手”	福建省妇女联合会
詹志勋	客坊乡	全省优秀第一驻村书记	中共福建省实施乡村振兴战略领导小组（闽委振兴组〔2020〕1 号）
邹晓英	建宁县市场监督管理局	“五比五晒”工作嘉奖	中共三明市委
陈晓星	建宁县融媒体中心	优秀通讯员	福建日报报业集团
熊建华	建宁县融媒体中心	福建省广播电视系统先进工作者	福建日报报业集团
黄平柳	建宁县融媒体中心	工作积极分子	福建日报报业集团
蒋丽娟	建宁县疾控中心	“福建省预防接种家长课堂微视频”项目一等奖	福建省预防医学会（闽预医会函字〔2020〕40 号）
陈及清、刘卉芳	建宁县疾控中心	“福建省疾控机构党建”主题征文二等奖	中共福建省疾病预防控制中心委员会（闽疾控党〔2020〕48 号）
黄周学	黄埠乡	农业技术推广成果奖三等奖	中华人民共和国农业农村部
朱国辉	黄埠乡卫计办	计划生育先进工作者	福建省人民政府

【经济统计资料】

2020 年建宁县国民经济和社会发展情况表

表 17

指 标 名 称	单位	2020 年	增长（%）
一、综合			
地区生产总值（GDP）	亿元	140.29	6.0
其中：第一产业	亿元	18.92	3.5
第二产业	亿元	79.22	5.7
第三产业	亿元	42.15	7.9
二、农业			
农林牧渔业总产值	亿元	34.10	3.5
其中：农业产值	亿元	17.00	3.4
林业产值	亿元	8.71	–7.8
牧业产值	亿元	3.65	30.0
渔业产值	亿元	1.46	–1.5
农林牧渔业服务业	亿元	3.20	21.2
三、工业			
规模以上工业总产值	亿元	208.70	7.0
规模以上工业增加值	亿元	99.70	3.5
四、固定资产投资（不含农户）	亿元		5.8
五、社会消费品零售总额	亿元	35.99	–0.3
六、财政、金融			
1．公共财政收入	亿元	4.85	0.1
2．地方公共财政收入	亿元	3.40	2.5
3．公共财政支出	亿元	18.70	5.4
4．金融机构本外币存款余额	亿元	98.36	11.9

续表 17

指 标 名 称	单位	2020 年	增长（%）
5. 金融机构本外币贷款余额	亿元	56.56	20.0
七、外经			
1. 实际利用外资（验资口径）	万美元	740	
2. 出口总值	亿元	1.66	
八、居民收入			
1. 全体居民人均可支配收入	元	23867	6.1
2. 城镇居民人均可支配收入	元	32615	3.8
3. 农村居民人均可支配收入	元	18321	7.3
九、居民消费价格指数			
1. 全体居民人均消费性支出	元	15402	0.3
2. 城镇居民人均消费性支出	元	22594	-1.1
3. 农村居民人均消费性支出	元	10770	1.1

说明：本表数据为建宁统计局《2020 年度统计摘要》公布的数据

2020 年主要经济指标在全市 12 县（市、区）位次表

表 18

项 目	绝对值及在全市位次			增幅（%）及在全市位次		
	全市	建宁	位次	全市	建宁	位次
地区生产总值（GDP，亿元）	2702.19	140.29	10	4.1	6	1
农林牧渔业总产值（亿元）	534.49	34.10	8	4.0	3.5	10
粮食作物播种面积（万亩）	241.90	20.98	7	1.5	0.5	10
粮食总产量（亿吨）	94.53	8.94	3	1.5	0.8	11
规模以上工业增加值增速（亿元）				3.1	3.5	6
工业经济效益指（亿元）	缺	424	8	缺	缺	
固定资产投资（不含农户、亿元）				7.1	5.8	4
社会消费品零售总额（亿元）	781.71	35.99	10	-0.3	-0.3	10
实际利用外资（验资口径，万元）	14144	740	8	缺	缺	缺
公共财政总收入（亿元）	170.15	4.85	11	1.0	0.1	6
地方公共财政收入（亿元）	111.16	3.40	11	3.2	2.5	10
公共财政支出（亿元）	334.85	18.70	10	5.8	5.4	6
全体居民人均可支配收入（元）	30302	23867	11	5.6	6.1	2
城镇居民人均可支配收入（元）	39259	32615	11	3.5	3.8	4
农村居民人均可支配收入（元）	19533	18321	11	6.7	7.3	4
全体居民人均消费支出（元）	20370	15402	12	0.2	0.3	4
城镇居民人均消费支出（元）	26059	22594	10	-1.4	-1.1	4
农村居民人均消费支出（元）	13530	10770	12	0.4	1.1	3

（县统计局）

【重要文件选编】

中共建宁县委工作报告

——在县委十二届十一次全会上的报告

中共建宁县委书记　廖金辉

（2020 年 9 月 21 日）

这次全会的主要任务是，以习近平新时代中国特色社会主义思想为指导，全面贯彻党的十九大和十九届二中、三中、四中全会精神，深入学习贯彻习近平总书记对福建、对三明、对建宁工作的重要讲话重要指示批示精神，认真贯彻落实省委十届十次、市委九届十三次全会部署要求，科学谋划新的目标和举措，动员全县广大干部群众牢记嘱托、加压奋进、砥砺前行，更好统筹常态化疫情防控和经济社会发展，做好"六稳"工作、落实"六保"任务，全方位推动高质量发展超越，为加快建设"机制活、产业优、百姓富、生态美"的新福建作出新贡献。经县委常委会研究，我讲八点意见。

一、深刻领会精神实质，自觉扛起全方位推动高质量发展超越的重大历史使命

全方位推动高质量发展超越，是习近平总书记亲自擘画、亲自部署、亲自推动的重大战略，是以习近平同志为核心的党中央赋予福建的重大历史使命和重大政治责任，是新时代新福建建设的重大历史机遇。省委召开十届十次全会，对全方位推动高质量发展超越作出全面部署，审议通过了"1+3"政策文件，提出了九个方面的超越任务；市委九届十三次全会提出做实做足"四篇文章"、推动比较优势加快转化为发展优势，审议通过了"1+4"政策文件。这些安排部署，对于动员全县上下全方位推动高质量发展超越，具有重大而深远的意义。

党的十八大以来，习总书记对福建工作作出一系列重要讲话重要指示批示，2014 年来闽考察时，亲自擘画"机制活、产业优、百姓富、生态美"的新福建宏伟蓝图。2019 年全国"两会"期间，亲临福建代表团参加审议并作重要讲话，提出营造有利于创新创业创造的良好发展环境、探索海峡两岸融合发展的新路、做好革命老区中央苏区脱贫奔小康工作、全面推进新时代党的建设等新要求。今年 5 月 20 日，对福建工作作出重要指示批示，充分肯定党的十八大以来我省坚持高质量发展取得的成绩，深刻揭示福建经济总量赶超的重要政治意义，深刻指出在科技创新、产业结构、居民收入等方面存在的短板，强调要保持战略定力，科学谋划新的目标和举措，全方位推动高质量发展超越。这些重要指示批示，充分体现了习总书记对八闽大地一以贯之的深厚感情，为福建发展指明了前进方向、作出了新的战略指引，这是新时代新福建建设征程中又一件具有里程碑意义的大事。

习总书记在福建工作期间，先后 11 次深入三明、2 次深入建宁调研指导，作出了要"大力发展现代农业""加快基础设施建设"以及"'三子'立县、'五子登科'等发展路子都很好""推动建宁由农业大县向农业强县转变""一二三产业联动发展"等一系列重要指示，并留下了"富民三子"等鲜活故事，为建宁发展指明了方向、目标和路径。我们要深入学习贯彻习近平总书记重要讲话重要指示批示精神，增强"四个意识"、坚定"四个自信"、做到"两个维护"，一步一个脚印，一年接着一年干，把新时代新建宁建设的各项事业推向前进。

二、准确把握目标要求，坚定全方位推动高质量发展超越的信心决心

全方位推动高质量发展超越，是当前和今后一个时期全县最重要的政治、经济、民生任务。我们要深刻认识全方位推动高质量发展超越的重大政治意义、战略意义、现实意义，奋力实现建宁新跨越。要发挥比较优势，就是要持续推动我县红色、生态、农业等比较优势加快转化为发展优势。要坚定信心决心，党的十八大以来，我省经济总量连跨3个万亿元台阶，去年超过4.2万亿元，实现总量赶超目标任务。去年我市实现地区生产总值2601.56亿元，超额完成省上下达的赶超目标任务。我县和全省全市一样，牢记习总书记重要嘱托，全面推进高质量发展落实赶超，近三年来地区生产总值年均增长7.9%，2017—2019年连续三年获评全省县域经济发展“十佳”县，这些都为我们全方位推动高质量发展超越奠定了坚实的基础。要认清差距短板，取得的成效只是初步的，实现全方位高质量发展超越还有很长的路要走，我县经济社会还有不少差距和短板。从经济总量来看，去年全县地区生产总值、地方财政收入分别仅占全市的5.1%、3.08%。从科技创新来看，2019年全县R&D占GDP比重0.84%，比全市低了0.21个百分点；高技术产业增加值占规模以上工业增加值比重1.8%，比全市低了1.8个百分点。从产业结构来看，2019年全县三次产业占比为14.0：58.2：27.8，三产比重比全市低了6.6个百分点；经济开发区集聚能力弱，产业链条不长，龙头企业少且带动能力不强。从居民收入来看，总体收入不高，2019年全体居民收入22505元，比全市低了6197元；居民人均生活消费支出15356元，比全市低了4976元。从城市发展情况来看，2019年城镇化率47.1%，比全市低了13.8个百分点。从民生事业发展来看，在教育、医疗卫生、养老等领域还存在不少短板。比如，教育资源配置不均衡，群众对提高教育质量有较高期待；全县每千常住人口医疗卫生机构床位数4.4张，低于全省、全市平均水平。从精准扶贫方面来看，全县还有极易返贫户33户106人、容易返贫户125户347人，这些人虽已脱贫但不够稳定。这些都是我县全方位推动高质量发展超越必须攻克的问题，也必然是我们今后的工作重点，要深入研究，科学谋划。

全方位推动高质量发展超越，总的要求是：以习近平新时代中国特色社会主义思想为指导，全面贯彻党的十九大和十九届二中、三中、四中全会精神，深入学习贯彻习近平总书记对福建、对三明、对建宁工作的重要讲话重要指示批示精神，统筹推进“五位一体”总体布局，协调推进“四个全面”战略布局，坚持稳中求进工作总基调，坚持新发展理念，坚持以供给侧结构性改革为主线，坚持以改革开放为动力，按照省委、市委全会部署要求，持续做实做足“四篇文章”，推进“四个着力”，深化“五比五晒”，加快产业融合、城乡融合，促进农业增效农民增收，更好统筹常态化疫情防控和经济社会发展，为新时代新福建建设作出新贡献。

目标任务是：按照省委、市委全会部署，立足建宁实际，发挥比较优势，补齐短板弱项，为全省全方位推动高质量发展超越作出建宁贡献。到2025年，全方位高质量发展超越迈出重要步伐，经济总量占全市比重有所提高，发展质量和效益与全市差距明显缩小。到2030年，全方位高质量发展超越取得明显成效，发展质量和效益进一步提升。到2035年，全方位高质量发展超越各项目标努力达到全市水平，新建宁建设再上新台阶。

三、擦亮红色名片，持续打响“风展红旗如画”品牌

发挥红色优势，全力争取中央和省市政策、项目、资金支持，推动老区苏区发展。一要讲好红色故事。深入挖掘毛泽东、周恩来、朱德等革命领袖在建宁革命斗争史迹，加大红色题材作品创作，借助新媒体等平台，多渠道多方式把山炮连诞生地、红军无线电通信事业发祥地和建宁大捷、《渔家傲·反第二次大“围剿”》诗篇等史实研究好、宣传好，让外界更好地了解建宁为中国革命胜利和新中国诞生做出的巨大贡献。二要抓好政策争取。抓住国家正在制定新一轮苏区振兴政策机遇，用好中粮集团、省纪委监委及挂钩帮扶“6+1”部门对口帮扶机遇，健全对口支援工作会商协调、对接汇报、激励考核、上派挂职、督查反馈等机制，围绕中粮集团产业布局、投资方向，以及挂钩帮扶单位的职能优势，谋划一批对全县发展有战略性、基础性、长远性意义的重大项目，切实把老区苏区政策转化为具体的项目资金支持。三要发展红色产业。以入选长征国家文化公园试点建设辐射区为契机，大力发展红色旅游、培训研学、军民融合等产业，加快建设红色文化主题公园、溪口红军街花墩桥、建宁大捷战场遗址修复等项目，推动中央苏区反“围剿”纪念园、西门红军莲塘、水尾红色小镇串点成线，打造一条展现建宁革命历史的红色文化精品旅游线路。四要巩固脱贫成果。按照“四不摘”要求，继续实施量化折股等扶贫模式，落实好“五抓五送”、五大扶贫增收工程等扶贫举措，完善致贫返贫动态监测机制，持续推进全面脱贫与乡村振兴有效衔接，健全完善城市困难家庭“347”、农村相对困难家庭“239”帮扶机制，帮助“边缘户”“夹心层”群体稳定增收，确保我县在全面建成小康社会中一个都不掉队。

四、突出生态产业化、产业生态化，持续推进一二三产业融合发展

发挥我县林深水美、物产丰富等特色优势，大力推进“生态+”文章，促进一二三产业融合发展，加快构建以生态产业化、产业生态化为主体的绿色发展体系。一要大力发展生态工业。要培育壮大龙头企业，坚持合规又合算、优惠与贡献对等原则，实施产业龙头培育计划，推动明一国际、云杉纺织、半亩方塘、源容生物、天马科技等企业做大做强，打造一批龙头企业和产业集群。落实“一企一策”扶持政策，打造和骏卫浴产业链，抓好铙山纸业战略重组项目，推动“老树发新枝”。要推动园区发展，统筹抓好国家种子产业园、特色食品加工产业园等园区基础设施建设，加快打造机械装备制造产业园、中粮绿色食品产业园等特色园区。注重盘活工业园区闲置厂房、土地等资源，为绿田、文鑫等企业出城入园留出发展空间。要推动科技创新，用好国家和省市扶持政策，加快推进禾丰种业“院士工作站”、莲科所等创新平台建设，深化校地共建、院企合作，推广“人才编制池”做法，促进高校毕业生在建宁创新创业。二要大力发展特色现代农业。要提升发展质量，实施特色现代农业“五个十”工程，到2025年，再培育十个省级以上农业产业化龙头企业，建设十个优质农产品标准化示范基地，建成十个现代农业产业园，新增十个“三品一标”农产品，培育十个“一村一品”特色产业示范村。要打响特色农业品牌，用好农交会、林博会等平台，擦亮“建宁通心白莲”“建宁水稻种子”“溪源明笋”等农产品“金字招牌”，提升建宁农业品牌在全国的知名度和竞争力。要推动融合发展，以“五子”、乳业、笋竹、食用菌、烟草等优势特色产业为重点，在抓好农产品精深加工的同时，引导特色农业与文化、创意、康养、休闲等业态深度融合，加快推进农工、农旅、农商融合，构建农业与二三产业交叉融合发展的现代产业体系。三要大力发展现代服务业。要巩固国家全域旅游示范县创建成果，以闽江源生态旅游区为龙头，持续提升修竹荷苑、桃梨观赏园、坪上梯田莲海、梅花垇等赏花基地，结合“为荷而来”等活动，完善花海跑、花海骑行等花海体验产品，打造一批四季赏花项目。要大力发展文旅康养产业，依托我县山水、田园风光等生态优势，持续推进莲海玉家、草鞋岭生态康养农庄、春花农场等森林康养基地建设，串点成线、串珠成链，打造全国知名文旅康养胜地。要提升电商物流产业，加快国家电子商务进农村综合示范县（升级版）建设，持续完善闽赣省际电子商务产业园集聚功能，加快建设闽赣省际（建宁）交通运输产业园，打造闽赣省际交通物流中心。四要大力推动两岸乡村融合振兴。落实上级惠台政策，用好“9·8”“11·6”等交流平台，加强与台湾农业种养、民宿旅游、文化创意等优势领域合作，策划实施一批两岸融合发展项目。深化两岸乡镇和村里交流对接活动，推进乡村治理试点，提升基层治理水平。深挖对台特色资源，加快建设慈航文化交流基地，拓展文化交流领域。

五、深化“满意在建宁”品牌，打造宜居宜业宜游宜养新建宁

今年是新一轮精神文明创建的总评年，要以争创省级文明县城为目标，打造新时代“满意在建宁”品牌。一要健全文明创建常态长效机制。要把创建工作与专项整治、日常工作结合起来，持续抓好新时代文明实践中心（所、站）建设，继续打造“同心圆3+1”“邻里守望”等志愿服务品牌，推动文明创建常态化、制度化。落实《建宁县文明单位服务创城动态管理办法（试行）》等措施，发挥文明单位考评、文明奖金兑现的指挥棒作用，用好“e建宁”、微城管“随手拍”功能，广泛发动群众参与，构建领导带头、乡（镇）村（社区）一体、部门联动、社会参与的工作格局。二要加快“小县大城关”建设。突出“山水城”融合，加强城市色彩和风貌管控，提炼建宁城镇建设特色符号，做好河东至黄舟坊、城区至工业园区、城区至高峰、高沙洲和一中新校区、县医院周边地块连片规划开发，抓好职教园、中医院、党校等项目规划选址，加快河东棚户区、衙前巷等老旧小区改造，推进荷花变电站搬迁、县汽车站改建等项目建设，促进人口向城区集中、项目向园区集中、人才要素保障向教育医疗事业集中，进一步聚人气、造业态。三要加快补齐民生社会事业短板。要增加居民收入，落实农民、小微创业者、高技能人才、企业职工、机关事业单位、困难群体等六大群体增收计划，加大财政在就业、基本养老、基本医疗、生活补助等方面的支持，增加居民工资性、经营性、财产性、转移性收入，实现居民收入增长与经济发展同步。要扩大教育资源供给，深刻认识教育工作的极端重要性，按照“优教优酬、多教多酬”的原则，落实提高教师各项待遇、完善教师职称评聘制度等措施，建立教师职称“能上能下”聘用机制；深入推进总校制、“县管校聘”管理机制等改革，完善“教师编制周转池”制度，统筹推进城乡义务教育一体化发展。设立教育基金，全县干部职工每年捐出一日工资，每年召开一次教师节表彰大会，举全县之力办好人民满意的教育。要提升医疗卫生服务水平，以县医院整体搬迁为契机，统筹城区医疗机构布局，采取定向委培、特设岗位招聘、“假日引智”等方式吸引人才，通过合作共建、远程会诊等形式，不断提升医疗质量和服务水平。要完善养老服务体系，巩固全国居家和社区养老服务改革试点县建设成果，加快康养中心、县殡仪馆搬迁、城乡养老场所改造提升等项目建设，加快推进农村敬老院社会化运营，构建居家社区机构相协调、医养康养相结合的养老服务体系。要提升城乡基础设施，深入开展城市“五难”治理攻坚行动，抓好福城农贸市场、老旧小区、背街小巷等重点部位整治，新建一处城区农贸市场，完善提升路网管网、停车泊位等配套功能设施，补齐城市建设短板。加快农村公路晋级提升，打造县域内半小时交通圈，努力争创国家级“四好农村路”示范县。抓好农村人居环境整治，加快推进“一革命四行动”，各乡镇要结合创城工作，抓好集镇环境卫生整治，提升集镇文明形象。

六、聚焦全面深化改革，加快推进体制机制创新

改革是全方位推动高质量发展超越的不竭动力，要善于用改革的办法解决发展中的问题，以改革促发展、促创新。一要巩固重点领域改革成果。持续深化医改、林改、金改等重点改革任务，增强发展动力活力。持续推动“三医联动”改革，完善总医院运行机制，推动医改再深化、再向前。深化“林票制”改革，加快林权流转和社会资本流通，实现规模化经营。推广“福林贷”“快农贷”等金融创新产品，提高金融服务小微企业、乡村振兴等领域的覆盖面和便利性。深化“放管服”改革，加快推进“互联网+政务服务”，完善“e建宁”平台功能，建立政务信息实时共享机制，推动更多审批服务事项实现“全程网办”“掌上可办”，让企业和群众办事像网购一样方便。二要加快推进试点改革工作。深化农村集体产权制度改革，推进农村宅基地制度改革试点，探索实施房票、地票改革，盘活农村资源资产。加强农村村民住宅规划建设管理，落实好“县统筹、乡统管、地统筹、事统管”工作机制，着力解决“有新房没新村”问题。巩固领导干部自然资源资产离任审计试点成果，健全“三线一单”生态空间管理制度，促进自然资源资产节约集约利用和生态环境安全。积极争取碳排放权、排污权交易试点，深化重点生态区位商品林赎买、禁柴改燃等有效做法，保持生态环境质量全省领先。三要形成特色改革亮点。统筹推进山水林田湖草保护修复试点建设，争创国家生态文明建设示范县。深入开展“绿盈乡村”创建活动，完善提升“河湖长制”“企业河长制”改革，提高环境监管水平。完善“网格化+微城管”、人居环境整治“1233”工作机制、“党员110”服务、农村党员量化积分管理、扶贫精准监督等有效做法，提升亮点典型影响力。

七、围绕工作项目化、项目责任化，深化“五比五晒”竞赛活动

把“五比五晒”作为全方位推动高质量发展超越的主抓手、主阵地、主引擎，着力攻坚突破，持续走深走实。一要把握机遇争项目。要主动站位，抢抓中央支持福建全方位高质量发展超越、支持苏区振兴发展以及“十四五”规划编制等重大机遇，聚焦“两新一重”，谋划一批近期、中长期重大产业项目和民生项目，争取更多项目列入国家和省市盘子。项目咨询服务中心要尽快运作起来，提高项目策划精准度和转化率。二要集中攻坚建项目。坚持把项目攻坚当考场、战场、赛场，盯紧攻坚项目和“五个十”重大项目，不断完善重大项目攻坚工作机制，统筹做好项目用地、资金、用工、环境等各项要素保障，确保项目快落地、快建设、快投产。三要聚力招商引资引智。立足新区位、新资源、新消费、新基建，聚焦食品加工、特色现代农业、文旅康养、电商物流等重点产业，主动对接长三角、粤港澳等重点区域，深度融入闽西南协同发展区，对接引进一批税性贡献大、带动能力强的大项目、好项目。发挥在外乡贤、异地商会作用，大力实施乡贤回归工程，引导乡贤回馈家乡，为地方经济社会发展献计出力。采取超常规措施，制定更有吸引力和竞争力的人才政策体系和服务体系，引进教育、医疗等高层次人才，同时通过聘请建宁发展顾问等形式，借智借力，增添发展动力。

八、全面加强党的领导，为全方位推动高质量发展超越提供坚强政治保证

贯彻落实习总书记重要讲话重要指示批示精神，全方位推动高质量发展超越，关键在党、成败在人。要全面贯彻新时代党的建设总要求和新时代党的组织路线，持续深化省委“五抓五看”“八个坚定不移”具体部署，以坚强有力的党组织确保工作任务落实。一要把党的政治建设摆在首位。加强政治引领，系统学习《习近平谈治国理政》第一、二、三卷，用好《习近平在福建》等系列采访实录鲜活教材，巩固深化主题教育成果，切实把增强“四个意识”、坚定“四个自信”、做到“两个维护”落到行动上。夯实基层基础，深入开展基层党建“六大专项行动”，深化在职党员到社区报到等做法，不断夯实社会基础、组织基础。紧盯“关键少数”，加强对政治纪律和政治规矩执行情况的监督检查，严肃查处“七个有之”等行为，常态化落实“三不三严管”要求，始终做到讲政治、守规矩。二要坚持领导带头攻坚。各级各部门主要领导要带好头，大力弘扬“马上就办、真抓实干”等优良作风，深入开展“访企业、解难题、促‘六稳’”等专项行动，一竿子插到底抓落实，确保“难、硬、重、新”工作取得实效。三要激励干部担当作为。坚持“事上练、苦中学”，在战场中找战果、在战果中找战将，巩固提升一线考核、专项考核等机制，用好重大专项工作奖励、二级绩效、实时记功等激励措施，进一步形成“愿干事、真干事、干成事”的激励机制。实施优秀年轻干部梯次培养工程，加强年轻干部、女干部、党外干部选拔培育，有计划地安排年轻干部到吃劲岗位实践磨炼，引导广大干部在全方位推动高质量发展超越中自找苦吃、担当作为。四要持续推进正风反腐。深入贯彻落实中央八项规定及其实施细则精神，常态化开展形式主义、官僚主义整治，持续开展“一季一警示”教育，引导党员干部心无旁骛谋发展、惠民生、办实事。持续加强干部“八小时之外”监督管理，深入整治“微腐败”、黑恶势力“保护伞”、政策落地“绊脚石”，一体推进不敢腐、不能腐、不想腐，营造风清气正的良好政治生态。

同志们，让我们更加紧密地团结在以习近平同志为核心的党中央周围，牢记习总书记重要嘱托，认真贯彻省委十届十次、市委九届十三次全会部署要求，抢抓机遇、开拓创新、矢志奋斗，努力夺取全方位高质量发展超越新胜利，为加快新时代新福建建设作出新贡献。

——在县委十二届十二次全体会议上

关于县委常委会工作的报告

中共建宁县委书记　廖金辉

（2020 年 12 月 27 日）

受县委常委会委托，向全会报告工作。

今年以来，县委常委会深入学习贯彻习近平总书记重要讲话重要指示批示精神，认真落实党中央和省市决策部署，坚持稳中求进工作总基调，扎实做好“六稳”工作、全面落实“六保”任务，统筹推进常态化疫情防控和经济社会发展，持续做足做实“四篇文章”、推进“四个着力”，深化“五比五晒”，各项事业取得新进展、新成效。预计今年市对县考评 13 项主要指标中，地区生产总值、农林牧渔业总产值、实际利用外资、城乡居民人均可支配收入等 8 项指标增幅好于全市平均水平，成功争取了国家现代农业产业园创建名单、国家水系连通及农村水系综合整治试点县等“国字号”试点示范项目，获评第四批国家生态文明建设示范县、全国绿色矿业发展示范区，再次蝉联全省县域经济发展“十佳”县。

一、坚持政治统领，全面落实党中央和省市决策部署

（一）始终在思想上政治上行动上同以习近平同志为核心的党中央保持高度一致。严格落实省委“三四八”贯彻落实机制，召开深入学习贯彻落实习近平总书记重要讲话重要指示批示精神情况通报暨部署会，定期开展习近平总书记重要指示批示精神落实情况“回头看”，印发《习近平总书记在建宁调研时的重要讲话重要指示精神》手册到各级各部门，引导全县上下树牢“四个意识”、坚定“四个自信”、做到“两个维护”，始终在政治立场、政治方向、政治原则、政治道路上同以习近平同志为核心的党中央保持高度一致。

（二）认真贯彻落实党的十九届五中全会和省市委全会精神。牢记习近平总书记重要嘱托，召开县委十二届十一次全会，深入贯彻落实习近平总书记在今年全国两会期间对福建工作作出的重要指示批示精神和省委十届十次、市委九届十三次全会精神，出台了《中共建宁县委关于深入学习贯彻习近平总书记重要讲话重要指示批示精神全方位推动高质量发展超越的决定》和促进产业融合发展、加快小县大城关建设、促进农业增效农民增收 3 个行动计划，切实把对习近平总书记的崇敬爱戴之情，转化为加快新建宁建设、全方位推动高质量发展超越的政治责任和担当。党的十九届五中全会后，我们及时召开县委常委会（扩大）会议传达学习全会精神，研究部署我县学习宣传贯彻的具体措施；县委理论学习中心组开展专题学习研讨，县委常委带头调研宣讲，宣讲团以小分队等形式深入宣讲五中全会精神，推动全会精神进企业、进农村、进机关、进校园、进社区，在全县上下持续兴起学习贯彻热潮。筹备召开县委十二届十二次全会，立足新发展阶段、贯彻新发展理念、融入新发展格局，科学谋划我县“十四五”规划和 2035 年远景目标。

（三）深入学习贯彻习近平总书记关于统筹做好疫情防控和经济社会发展的重要论述。成立以县主要领导为组长的领导小组，先后召开 28 次疫情防控领导小组（指挥部）会议，严格落实“外防输入、内防反弹”防控策略，精准调配人员力量分线、分片、分区域网格化防控疫情，采取“大数据 + 网格员”等方式全覆盖开展防控对象排查，抓紧抓实抓细各项防控措施，疫情防控实现零确诊、零疑似、零输入。扎实做好“六稳”“六保”工作，有序推进复工复产，开展“三进三帮”活动，抽调 520 多名县直机关干部“点对点”打通企业复工复产操作链，解决企业堵点难点问题 161 个。《助力明一生态营养品有限公司复工复产案例》入选全省军民融合系统加强疫情防控统筹推进企业和项目复工复产先进典型案例。

二、发挥比较优势，持续做足做实“四篇文章”

（一）做足做实红色文章。讲好红色故事，挖掘整理《少共国际师》《潘峰的故事》等 10 个红色故事，开展《濉溪悦读·红色故事》、“我爱建宁”网络原创作品大赛等活动，扎实开展城市名片宣传，在 42 家企业外包装上加印城市名片内容，持续唱响“风展红旗如画”品牌。保护红色遗址，完成枧头红一军团司令部旧址等 6 个革命旧址的陈列展示、修缮，打造了红军无线电总队部旧址等一批红色现场教学点，澜溪瓷窑、金铙山建筑群两处古迹获评第十批省级文物保护单位。激励红色担当，加强与国家部委、中粮集团、省直部门等沟通对接，深入研究争取中央、省上苏区政策支持。今年来已向上争取资金 13 亿元，上榜 2019 年财政管理绩效综合评价全国前 200 名、获财政部正向激励资金 1000 万元。

（二）做足做实工业文章。抓龙头企业，坚持优惠与贡献对等，新签订“一企一策”扶持政策企业 2 家、总数达 12 家，兑现奖补资金 849.19 万元。发挥明一乳业、富强石材等龙头企业引领作用，带动全县 106 家规上工业企业完成产值 208.5 亿元。抓平台建设，制定工业园区标准化建设推动制造业高质量发展三年行动计划，实施工业园区标准化建设和扩园工程，与和骏卫浴、5G 智能装备制造等企业签订打造产业园合作协议。抓创新发展，强化企业创新主体地位，培育国家高新技术企业 3 家，全社会研发投入增长 43.96%。实施新一轮技改提升行动计划，全县技改投资增长 10%。

（三）做足做实绿色文章。坚持产业生态化、生态产业化发展道路，积极探索资源变资产、资金变股金、农民变股民“三变”改革，推动“美丽生态”向“美丽经济”转变，“为荷而来”“我在闽江源头有棵树”等主题活动得到社会广泛关注，连续三年上榜“中国最美县域”榜单。“三明实践”主题采访活动中，中央和省内外媒体对我县践行“两山”理念的生动实践给予充分肯定，在新华网、澎湃杂志等主流媒体上多角度报道了我县加快一二三产业融合发展、发展“五子”产业、助推村民和集体“双增收”等典型经验。同时我们坚决整改生态环保督察反馈问题，截止到 11 月，城市空气质量在全省县级城市综合排名位列第 4，水源地饮用水质达标率保持 100%，地表水质保持Ⅱ类及以上标准，富强石材被评为“全国石材行业绿色矿山建设示范单位”。

（四）做足做实文明文章。深化精神文明创建，健全督查整改反馈、日常执勤、奖优罚劣等工作机制，推动文明单位动态管理办法、“门前三包”责任制落实到位。明确县处级领导挂包片区工作责任制，常态化督导创城工作，有效解决了一中校园周边、福城小区等地违章搭盖及农贸市场提升改造等问题，城区拆违总面积达 1.8 万多平方米。安排资金 1400 多万元，实施城市“双修”项目 39 个，城区形象得到进一步提升。提升市民文明素养，开设“创城进行时”“曝光台”等专栏，开展不文明行为有奖举报等活动，有效遏制了行人不走斑马线、乱停车等不文明行为，推动市民养成文明习惯，文明县城创建取得较好成绩。

三、坚持稳中求进，全力推动高质量融合发展

（一）抓项目稳增长。主动对接策划项目，抢抓省纪委监委、中粮集团和“6+1”部门对口帮扶、中央政策调整窗口期等机遇，加强“两新一重”等重大项目策划储备申报，策划 312 个“十四五”规划项目，成功争取 20 个中央新增投资项目，7 个地方政府专项债券项目。扎实开展“项目攻坚年”活动，落实“五个十”工作机制，组建 28 个重大项目专项工作组，完成项目征地 2164 亩、房屋征收 188 户，254 个县级重点项目全年预计完成投资 85.1 亿元，占年度计划的 102.7%。明一液态奶、河东棚户区改造等 101 个项目开工建设，莆炎高速建宁西互通连接线、220 千伏输变电工程等 96 个项目竣工。真招商招真商，成立招商服务中心和项目咨询服务中心，充分发挥在外乡贤、异地商会作用，组织各类招商活动 158 场（次），新签约云杉纺织等项目 194 个，实际利用外资三年来首次实现零的突破、到位资金 510 万美元。

（二）抓产业促转型。做特做优现代农业，大力发展“五子”、烟草、笋竹、食用菌等特色农业，做优做强“建宁通心白莲”“建宁水稻种子”“建宁玉梨”等地理标志和地方品牌，建宁通心白莲入选中欧地理标志协定首批保护名录，连续举办三届中国稻种基地发展大会，溪口国家级农业产业强镇项目顺利完成，“五子”全产业链产值达 89.8 亿元。改造提升传统产业，明一乳业全产业链建设加快推进，4 个单元的液态奶已落地生产，婴配基粉正式投产生产。加快推进企业退城入园、铙山纸业战略重组等项目，全年新增规上工业企业 6 家。发展壮大现代服务业，加快文旅康养产业发展，积极争创国家全域旅游示范区，加快建设莲海玉家、高峰森林康养小镇等康养基地，预计 2020 年游客接待量 162.1 万人次、旅游总收入 14.84 亿元。推进全国电子商务进农村综合示范县（升级版）建设，完善闽赣省际电子商务产业园集聚功能，预计 2020 年电商交易额达 27.39 亿元、增长 17.7%。

（三）抓改革增活力。医改方面，创新“六个一”慢病一体化管理模式，医养融合进一步深化，“互联网＋医养”居家养老服务案例入选财政部政府购买服务案例汇编。林改方面，新增禁柴改燃试点村 5 个，累计赎买重点生态区位商品林 1.8 万亩。农房建设改革方面，建立“县统筹、乡统管、地统筹、事统管”工作机制，10 个农村新型住宅小区集中建设试点有序推进，以点带面解决“有新房没新村”问题。放管服改革方面，新行政服务中心建成投入使用，探索推进“一事一次办”改革，企业开办行政审批办理时限从至少 15 个工作日缩到材料齐全即时办结。金改方面，持续抓好“福林贷”“福田贷”等普惠性金融产品，带动全县新增贷款 8.89 亿元，累计化解不良贷款 1.18 亿元。

四、改善民生福祉，不断增强人民群众获得感幸福感安全感

（一）巩固拓展脱贫攻坚成果。精准施策管长效，按照“四个不摘”要求，疫情期间在全市率先出台产业扶贫、就业岗位扶贫、金融扶贫、消费扶贫等10条措施，之后又制定健全长效机制巩固脱贫攻坚成果12条措施，全面普查鉴定贫困户住房等级和饮用水安全，对贫困户用水实行补贴，确保“两不愁四保障”有效落实。产业扶贫强“造血”，立足县域资源禀赋，因地制宜发展种业、莲业、果蔬、林业、烟叶、旅游、电商等扶贫产业，扎实抓好产业整村推进、量化折股等扶贫措施，帮助贫困户发展产业。“五大工程”保增收，实施“猪宝宝”“鸡鸭肥”“金种子”“福源莲”“光能源”等五大扶贫增收工程，今年以来企业托养仔猪400头、免费赠送鸡鸭苗19845只、发展水稻制种255户3327.2亩、建莲种植226户1175亩、开发光伏公益性岗位44个。

（二）“小县大城关”加快推进。城市功能更加完善，2020年城市建设项目共49个，完成投资13.89亿元，新开发碧桂园、鑫珑公馆、水岸嘉园等商品房1200余套，新改建城区公厕4座，新增城区停车场5个、泊车位300个，投入运营新能源公交车33辆，城市综合承载能力得到有效提升。城市环境更加宜居，大力推进黄舟坊地块连片开发、企业退城入园等重大项目建设，改造衙前巷、城背巷、金钩山小区二期等老旧小区，完成中山北路沿街建筑物立面改造、水南桥修复、城区至枫元绿道建设等一批项目。城市管理更加精细，大力推行城市管理市场化运作模式，投入资金2100余万元，推动涉及城市管理的所有管护工作全部实现市场化运作，极大提高了城市管理的效率和整体服务水平。

（三）加力补齐民生短板。教育方面，新建公办学校3所，新增幼儿园、中小学学位2520个，教育资源紧张问题得到有效缓解；成立闽江源教育基金会，开展“我为教育一日捐”活动，目前已募集教育基金300余万元；客坊中小“真爱6+1”贫困家庭孩子关爱模式在全市推广并入选教育部首批“乡村温馨校园典型案例学校”。医疗卫生方面，建宁县医院项目主体建设完工，与厦门弘爱医院签订战略合作协议，加强在医疗人才培养、学科建设等方面合作，补齐人才、设备等医疗卫生领域短板。健康养老方面，康养中心项目进入收尾阶段，福利中心改造提升全面完成，公建民营5个乡镇敬老院，新建农村幸福院5所，老龄化康养短板得到进一步补齐。

（四）扎实推进乡村振兴。以“绿盈乡村”建设为抓手，大力推广“庭院经济”模式，深入开展“一革命四行动”和村庄清洁行动，新建改建乡村公厕11座，建成村庄污水处理设施22个，累计拆违2.6万平方米，完成84个村庄房前屋后整治。均口镇入选全省乡村治理示范镇，高峰村、靖安村等14个村入选全省乡村治理示范村，圳头、花排、上黎、武调4个村入选省级“一村一品”示范村名单，高峰村荣获“2020中国最美村镇最美康养小镇”称号、入选“福建省美丽休闲乡村”名单。

（五）维护社会安定。深化“平安建宁”建设，全面落实平安建设领导责任制，全面保障重大活动、重大会议等敏感节点安定稳定，扎实开展“六无”村（社区）建设，全县52个村（社区）达到“六无”建设标准。深入推进扫黑除恶专项斗争，打掉涉黑犯罪组织2个、涉恶势力集团2个、涉恶势力团伙8个，破获“九类”涉恶案件42起，扫黑除恶好评率达87.31%。严格落实安全生产责任，扎实开展安全隐患大排查、大化解、大整治攻坚行动，实行安全隐患分级分类防控管理。实施“食品放心工程”，推进“餐桌污染”治理，群众安全感率保持在98%以上，全县未发生较大以上安全事故。

五、全面从严治党，打造风清气正的政治生态

（一）落实管党治党责任。聚焦全面从严治党主体责任，开展县委常委公开述责述廉、党委（党组）书记抓基层党建工作述职评议考核，召开县直单位党组（党委）书记集体约谈会、乡镇党委书记座谈会，压紧压实各级党组织书记管党治党责任。制定出台《意识形态巡察督查结果运用暂行办法》，开展意识形态巡察工作，及时处置网络舆情事件10起，清理网上不良信息65条，依法关闭1个违规微信公众号。

（二）提振干部干事创业精气神。树好用人导向，围绕班子运行、干部表现和工作推进，扎实开展科级领导班子运行情况及优秀年轻干部蹲点调研，及时优化班子配备。制定实施《建宁县公务员职级晋升若干规定（试行）》，推行公务员职级晋升履职量化评分办法。搭好历练平台，先后举办科级干部、妇女干部等主体班，分层分类轮训干部461人次。精准选派76名干部到一线实践锻炼和挂包服务“五比五晒”重点项目工作。用好激励措施，聚焦“五比五晒”、脱贫攻坚、疫情防控、征地拆迁等一线工作，通报表扬14

个集体、80 名党员干部，记功嘉奖 160 名干部，提拔重用或职级晋升了 52 名干部。

（三）夯实基层基础。全面落实基层党建重点任务，统筹推进社区、机关、国企、学校、非公企业和社会组织等领域基层党建工作，持续开展村党支部“达标创星”活动，深化“党员 110”服务机制，常态推进“信誉党员”评选运用和党员积分评星管理，采取在职党员到村（社区）报到等做法，继续推行“跨村联建、多村捆绑”“支部 + 企业”等模式，增强村级集体经济“造血”功能，全县 90% 的建制村村财收入达到 10 万元以上。

（四）持续正风肃纪。充分发挥干部监督联席会议作用，结合巡视巡察、效能、审计等工作，加强干部管理监督信息收集，提高监督实效，对 2 名干部“八小时之外”的问题进行函询回复，开展 19 家单位的常规巡察和 2 家单位“回头看”。始终保持高压反腐态势，受理群众信访举报 89 件，处置问题线索 114 件，立案查处 73 件，其中，“四风”问题 20 起 34 人、群众身边的微腐败问题 15 起 18 人。运用“四种形态”处理 223 人次，第一至第四种形态分别占 66.82%、26.46%、2.24%、4.48%。

六、加强自身建设，发挥好县委班子的示范带头作用

（一）旗帜鲜明讲政治。县委常委带头上党课，参加专题学习研讨和主题党日活动，过双重组织生活。县委理论学习中心组共开展 34 次集中学习，推动党员干部开展《习近平谈治国理政》第三卷和《习近平在福建》等系列采访实录的学习研讨，切实把对习近平总书记的拥护爱戴转化为做好工作的强大动力，以实际行动坚决做到“两个维护”。

（二）主动履职担当作为。严格执行民主集中制，对“三重一大”事项实行集体讨论、集体决定。主动对标对表，切实增强干部改革攻坚、科学决策等七种能力。班子成员深入项目建设主战场、矛盾化解最前沿、经济发展第一线，在苦干实干中提升解决实际问题的本领，解决了河东棚户区改造、老鸡鸭市场搬迁等一批想解决而长期未能解决的问题。

（三）凝聚各方力量。支持人大及其常委会依法履职，支持政府深化改革，进一步打造为民务实高效清廉的发展环境，充分发挥人民政协作为协商民主重要渠道和专门机构作用。统筹做好工商联、民族宗教、侨务、对台工作，发挥工会、共青团、妇联等群团组织桥梁纽带作用，广泛凝聚各方智慧和力量。

（四）强化廉洁自律。带头践行“马上就办、真抓实干”精神，严格落实中央八项规定精神，驰而不息纠治“四风”。坚决落实省委“五抓五看”“八个坚定不移”要求，带头落实“六大纪律”，强化对项目建设、资金管理等重点领域和关键岗位监管，自觉接受各方监督。

政府工作报告

——在建宁县第十七届人民代表大会第五次会议上

建宁县人民政府县长 陈显卿

（2020 年 12 月 29 日）

各位代表：

现在，我代表县人民政府向大会报告政府工作，请连同《建宁县国民经济和社会发展第十四个五年规划和二〇三五年远景目标纲要（草案）》一并审议，并请各位政协委员和其他列席人员提出意见。

2020 年和“十三五”时期工作回顾

2020 年，县政府坚持以习近平新时代中国特色社会主义思想为指导，全面贯彻党的十九大和十九届二中、三中、四中、五中全会精神，深入践行习近平总书记在福建、在三明、在建宁调研时的重要讲话重要指示精神，在市委、市政府和县委的正确领导下，在县人大及其常委会和县政协的监督支持下，做实做足“四篇文章”、推进“四个着力”、深化“五比五晒”，统筹新冠肺炎疫情防控和经济社会发展，奋力推进县十七届人民代表大会第四次会议确定的各项目标任务。

（一）致力化危为机，奋力夺取“双胜利”。面对突如其来的新冠肺炎疫情大考，全县上下按照党中央“坚定信心、同舟共济、科学防治、精准施策”的总要求，织密织牢防控网，抓紧抓细抓实各项防控措施，取得“零确诊、零疑似、零输入”的重大战略成果。同时，坚持复工复产早谋划、早行动，扎实做好“六稳”工作，全面落实“六保”任务，有力推进经济运行企稳回升，实现疫情防控和经济社会发展“双胜利”。预计全年完成地区生产总值139.8亿元、增长4.9%；农林牧渔业总产值35.8亿元、增长4.2%；规模以上工业增加值增长2.9%；第三产业增加值39.3亿元、增长6.1%；地方一般公共预算收入3.38亿元、增长2%；固定资产投资增长5%；社会消费品零售总额31亿元、增长1%；城镇居民人均可支配收入32532元、增长3.5%；农村居民人均可支配收入18245元、增长6.8%。

（二）致力转型升级，重点产业持续发展。一是农业实力更强。粮食产能稳步提升，获省上粮食风险基金补助5000万元。“五子”特色产业持续壮大，全产业链产值达89.8亿元。水稻制种面积和产量均占全国10%左右，连续举办三届中国稻种基地发展大会，建宁现代农业（种业）产业园入选2020年国家现代农业产业园创建名单，并获袁隆平院士亲自题名。建宁通心白莲正式列入中欧地理标志协定保护名录。二是工业质效更优。明一国际生态高新科技园建成投产，上黎生态牧场投入使用。铙纸集团破产重组加快推进，和骏工业等一批重点项目落地投产，培育国家级高新技术企业3家，新增规上工业企业6家。大力开展“访企业、解难题、促‘六稳’”专项行动，落实减税降费6400万元，新增贷款8.89亿元，有效打通复工复产操作链。三是三产活力更旺。入选首批福建省全域生态旅游示范县，完成闽江源生态旅游区升级改造，高峰香溪花谷成功创建3A景区，莲海玉家等森林康养项目有序推进。完成中央苏区反“围剿”纪念馆、周恩来旧居陈列馆提升改造，打响“风展红旗如画”品牌。开展“为荷而来”“花海跑”“我在闽江源头有棵树”等主题活动，游客接待量、旅游总收入快速回升。电商销售逆势上扬，交易额增长17.7%。出台提振消费促进经济稳定增长12条措施，新增企业535户，较去年同期增长65.6%。

（三）致力攻坚项目，发展后劲持续增强。一是项目比拼有战果。大力开展“五比五晒”“项目攻坚年”活动，实施“五个一批”项目254个，河东棚户区改造等101个项目开工，莆炎高速公路建宁西互通连接线等96个项目竣工或投产，完成投资85.1亿元。二是招商引资有成效。坚持招商不见面、服务不断线，开展各类线上线下招商活动158场（次），新签约云杉纺织、天马科技等项目194个、总投资208亿元。实际利用外资取得突破，到位资金510万美元。三是资金争取有突破。发挥老区苏区优势，把握省纪委监委及“6+1”单位挂钩帮扶机遇，大力推进14个挂钩帮扶项目，争取到位各类资金13亿元。四是要素保障有力度。成立招商服务中心，组建常态化服务专班，开通项目审批服务“绿色通道”。大力推进城区、园区和交通项目征迁攻坚行动，保障项目用地2000余亩。

（四）致力统筹协调，城乡环境持续改善。一是城市增品位。城市建成区扩大至6平方公里，碧桂园等房地产项目有序推进。新改建市政道路5公里、污水管网15公里、公厕4座，新增停车泊位300个。实施衙前巷、城背巷、金钩山（二期）等老旧小区微改造，完成中山北路沿街建筑物立面改造和水南桥修复。发挥“e三明”“e建宁”作用，推行“网格+微城管”管理模式，城市管理更加科学。创建省级文明县城取得重大成果，群众满意度大幅提升。二是乡村换新颜。扎实开展“一镇十村”省级乡村振兴示范建设，均口镇和14个村被列入省级乡村治理试点示范单位，高峰村荣获“2020中国最美村镇最美康养小镇”称号，上榜2020年福建省美丽休闲乡村名单。完成农村公路晋级改造35公里，通乡县道全部达到三级以上公路标准。三是生态立标杆。严格落实“三严四限六禁”，持续打好蓝天、碧水、净土保卫战。全面深化“河湖长制”，地表水质保持Ⅱ类及以上标准，成功争取全国首批水系连通及农村水系综合整治先行试点县。落实重点生态区位商品林赎买1.8万亩，禁柴改燃做法得到省林业局肯定，富强石材被评为“全国石材行业绿色矿山建设示范单位”。

（五）致力民生补短，人民生活持续向好。一是脱贫攻坚成果显著。严格落实“四个不摘”要求，抓实“两不愁、四保障”，实施五大增收工程，有力保障贫困户稳定增收。高质量完成国务院脱贫攻坚普查工作，枫元村被国务院扶贫办列为脱贫攻坚成功做法经验总结对象村。二是社会事业加快发展。坚持教育优先发展战略，新建成小学、幼儿园3所，新增学位2520个。教育质量显著提升，在省级教育“两项督导”中获评两个“优秀”等级，客坊中心小学入选教育部首批乡村温馨校园典型案例学校。深化“三医联动”改革，总医院满意度明显提升。实现城乡低保标准一体化，新增城镇就业2190人。三是平安建设持续深化。深入推进扫黑除恶专项斗争，近三年共打掉涉黑犯罪组织2个、涉恶势力集团2个、涉恶势力团伙8个，查处涉恶“保护伞”5起。有效化解社会矛盾纠纷，群众安全感率保持在98%以上。实施“食品放心工程”，推进“餐桌污染”治理，顺利通过省级食品安全社会共治示范县考评验收。强化安全隐患排查整治，安全生产形势稳定向好。

（六）致力转变作风，政府形象持续提升。一是忠诚干事。坚持把政治建设摆在首位，巩固深化“不忘初心、牢记使命”主题教育成果，持续学懂弄通做实习近平新时代中国特色社会主义思想，增强“四个意识”、坚定“四个自信”、做到“两个维护”。二是依法干事。全力推进法治政府建设，严格落实民主集中制和“三重一大”制度，自觉接受人大法律监督和工作监督、政协民主监督及社会各界监督。共办理人大代表建议113件，政协建议案2件、提案134件、社情民意49件。三是干净干事。严格落实中央八项规定及其实施细则精神，坚决整治“不作为、慢作为、乱作为”行为，驰而不息纠治“四风”，发文办会数量、“三公”经费持续下降。压紧压实全面从严治党主体责任，强化政府采购、土地招拍挂、项目招投标、扶贫等重点领域、关键环节监督审计，进一步扎紧制度的“笼子”，坚决从源头上遏制腐败。

各位代表，2020年取得的成绩为“十三五”收官画上了圆满句号。回顾过去的五年，我们走出了一条高质量发展路径。三次产业结构调优至14∶56.8∶29.2，地区生产总值年均增长7.4%，地方一般公共预算收入年均增长3.2%，城镇、农村居民人均可支配收入年均增长7.8%、9.3%。在顺利完成赶超目标的同时，发展质量也显著提升，2016—2017年连续两年被世界著名品牌大会评为“中国最具投资潜力特色魅力示范县”，2016—2019年连续四年进步指数居全市第二，2017—2020年连续四年获评全省县域经济发展“十佳县”。我们取得了一批重大攻坚战果。打赢三大攻坚战，决胜全面建成小康社会取得决定性成就。贫困发生率从7.74%降为零，1554户4808人农村贫困人口全部脱贫，省级扶贫开发工作重点县实现摘帽，“量化折股扶贫模式”获评全国精准扶贫十佳典型。累计化解不良贷款10.5亿元、地方政府隐性债务5.97亿元，财政管理绩效综合评价位居全国前列。我们突破了一批长期制约发展的瓶颈问题。莆炎高速建宁段、浦梅铁路建宁至冠豸山段进入收尾阶段，“两高两铁”交通格局即将形成，获评“四好农村路”省级示范县。220千伏变电站建成投运，高质量发展能源保障更加坚实。有效化解尚和国际、万家财富、南方国际、福城等烂尾楼盘和爱心宾馆、河东棚户区拆迁等历史遗留问题，城市发展空间有力拓展，城镇化率从42.9%提升至47.1%。新行政服务中心建成投入使用，营商环境更加优良。我们创建了一批“国字号”品牌。荣获第四批国家生态文明建设示范县命名，创建闽江源国家湿地公园。入选首批国家农村产业融合发展示范园、全国农民合作社质量提升整县推进试点单位，获评全国100个农村创业创新典型范例、全国第四批率先基本实现主要农作物生产全程机械化示范县。获评2017—2018年度全国电商示范百佳县，成功争创全国电子商务进农村综合示范县（升级版）。我们实施了一批重大民生工程。累计实施为民办实事项目99个，民生支出占一般公共预算支出保持在80%以上。闽江源小学、第二实验幼儿园等项目建成投入使用，县医院、康养中心等项目进入收尾阶段，列入第三批全国居家和社区养老服务改革试点县，群众就医负担大幅下降。

此外，顺利完成第四次全国经济普查、第七次全国人口普查。国防教育和国防动员、民兵预备役建设水平不断提升。工会、共青团、妇女儿童、老龄、慈善、红十字会、残疾人等各项事业加快发展，档案、水文、气象、地方志、防震减灾、民族宗教、检验检疫、双拥优抚等工作取得良好成效。

各位代表，过去的成绩来之不易，总结五年发展经验，我们深深感到必须始终坚持党的领导不动摇，以习近平新时代中国特色社会主义思想为指导，增强“四个意识”、坚定“四个自信”、做到“两个维护”。必须始终坚持发展第一要务不动摇，以发展引领全局、凝聚人心、开拓进取，推进各项事业取得新进步。必须始终坚持以人民为中心不动摇，始终把人民对美好生活的向往作为奋斗目标，尽力而为、量力而行，努力让人民群众有更多获得感、幸福感、安全感。必须始终坚持真抓实干不动摇，锲而不舍、久久为功，一任接着一任干，一级带着一级干，一步一个脚印把建宁发展推向前进。五年的辉煌历程，是县委正确领导，全县上下团结拼搏取得的。在此，我谨代表县人民政府，向为我县经济社会发展付出辛勤劳动的全县人民，向给予政府工作大力支持和有效监督的人大代表、政协委员、离退休老同志、社会各界人士，向为建宁发展作出积极贡献的省、市属单位、武警官兵、政法干警、消防救援队伍，向所有关心、支持建宁发展的同志们、朋友们表示衷心的感谢和崇高的敬意！

看到成绩的同时，我们也清醒地认识到存在的困难和问题，主要是：新冠肺炎疫情影响仍在持续，经济下行压力大，财政新增长点不足；经济结构有待优化，自主创新能力亟须加强；城市集聚能力不足，规划建设管理水平有待提升；基础设施短板较多，教育、医疗卫生、养老等公共服务水平与群众期望还有差距；政府自身建设和服务发展能力仍需加强等。对此，我们将高度重视，采取有力措施加以解决。

“十四五”时期主要目标任务和二〇三五年远景目标

“十四五”时期是我国全面建成小康社会后向第二个百年奋斗目标进军的第一个五年。根据县委十二届十二次全会通过的《中共建宁县委关于制定建宁县国民经济和社会发展第十四个五年规划和二〇三五年远景目标的建议》，以及县政府组织编制的《建宁县国民经济和社会发展第十四个五年规划和二〇三五年远景目标纲要（草案）》，明确了2035年远景目标和“十四五”时期经济社会发展的指导思想、主要目标、重点任务。

2035年远景目标是：经济实力取得显著进步，全方位推动高质量发展超越取得明显成效。“小县大城关”建设基本实现，城区集聚辐射带动能力明显增强。三次产业结构更加合理，生态优势更加凸显，新型工业化、信息化、城镇化取得显著进展，基本实现农业农村现代化。公共服务体系逐步完善，社会文明达到新高度，人民生活水平不断提高，城乡发展差距明显缩小，全体人民共同富裕取得更大成效。基本实现县域治理体系和治理能力现代化，平安建宁建设达到更高水平。

“十四五”时期经济社会发展指导思想是：高举中国特色社会主义思想伟大旗帜，深入贯彻党的十九大和十九届二中、三中、四中、五中全会精神，全面贯彻党的基本理论、基本路线、基本方略，紧紧围绕统筹推进“五位一体”总体布局和协调推进“四个全面”战略布局，增强“四个意识”、坚定“四个自信”、做到“两个维护”，坚持党的全面领导，坚持稳中求进工作总基调，立足新发展阶段，贯彻新发展理念，积极服务并深度融入新发展格局，以全方位推动高质量发展超越为主题，以深化供给侧结构性改革为主线，以改革创新为根本动力，以满足人民日益增长的美好生活需要为根本目的，坚持系统观念，持续做实“四篇文章”、推进“四个着力”、深化“五比五晒”，加快构建高质量融合发展经济体系，实现经济行稳致远、社会安定和谐，不断增强人民群众获得感、幸福感、安全感，加快推进新建宁建设。

“十四五”时期经济社会发展主要目标和重点任务是：综合实力迈上新台阶。实现经济持续平稳健康发展，经济结构更加优化，农业基础更加稳固，产业化水平明显提升，经济总量占全市比重稳步提高。改革开放取得新突破。重点领域和关键环节改革高质量推进，创新驱动发展水平显著提升。深度融入闽西南协同发展区，深化对台交流合作，实现优势互补、合作共赢。绿色发展凸显新优势。坚持“绿水青山就是金山银山”理念，生产生活方式绿色转型成效显著，生态环境持续改善，实现人与自然和谐共生。“两山”转换通道更加畅通，生态产业化、产业生态化取得新成效。民生福祉达到新水平。实现更加充分更高质量就业，城乡居民收入增长与经济增长基本同步。教育、医疗卫生、托育、养老服务明显改善，社会保障体系更加健全。城乡建设展现新面貌。“小县大城关”建设取得明显进展，公共服务配套更加齐全。乡村振兴战略全面推进，农村基础设施和人居环境持续改善。社会治理效能得到新提升。社会治理体系、治理能力现代化水平显著提高。政府作用更好发挥，行政效率和公信力显著提升。防范化解重大风险体制机制不断健全，突发公共事件应急能力显著增强。

2021 年主要工作

2021 年是“十四五”规划开局之年，是中国共产党建党 100 周年，县政府将以习近平新时代中国特色社会主义思想为指导，深入践行习近平总书记在福建、在三明、在建宁调研时的重要讲话重要指示精神，按照中央和省、市、县委部署，巩固拓展疫情防控和经济社会发展成果，继续做好“六稳”“六保”工作，主动对接谋划“三明实践”项目，做实做足“四篇文章”、推进“四个着力”、深化“五比五晒”，做强特色重点产业，保持经济平稳较快发展和社会和谐稳定，全方位推动高质量发展超越，为“十四五”规划实施和现代化建设开好局、起好步。主要预期目标是：地区生产总值增长 7.5% 以上；农林牧渔业总产值增长 4%；规模以上工业增加值增长 8.5%；第三产业增加值增长 9%；固定资产投资增长 8%；社会消费品零售总额增长 8%；地方一般公共预算收入增长 2%；城镇居民、农村居民人均可支配收入分别增长 7%、8.5%。重点做好七个方面工作：

（一）聚力疫情防控，保障经济社会发展

一是毫不放松抓防控。坚持生命至上，人民至上，克服麻痹思想、松劲心态，持续抓好“外防输入、内防反弹”。把预防为主的要求落深落细落到位，不断查隐患、补短板、堵漏洞，进一步织牢织密防护网。

二是科学精准抓防控。落实“人”“物”同防，规范做好重点人群的个人防护、日常监测和定期核酸检测，有序推动疫苗接种。严格落实重点场所的环境监测和卫生措施，充分发挥发热门诊等“哨点”作用，强化医疗检验、院感控制、疫情处置工作。

三是强化保障抓防控。加大疫情相关物资储备，保障公众用药安全。完善疫情防控预案，严格落实返乡人员网格化管理。加强健康教育，引导群众坚持科学佩戴口罩、保持社交距离、勤洗手等良好习惯，大力开展爱国卫生运动。

（二）聚力乡村振兴，优先发展农业农村

一是促进农民增收。巩固提升脱贫质量。严格落实“四个不摘”要求，完善致贫返贫动态监测机制，落实易返贫人口重点帮扶和农村相对困难家庭“239”帮扶机制，推进巩固拓展脱贫攻坚成果同乡村振兴有效衔接。深化农村重点改革。深化农村集体产权制度改革，落实第二轮土地承包到期后再延长三十年政策，发展多种形式适度规模经营，推进“一村一品”建设，积极培育省级以上农民合作社、家庭农场等新型农业经营主体。推进“三票制”改革，盘活农村林地、耕地、闲置宅基地和闲置住宅等资源资产。

二是提高农业质量。夯实农业基础。聚焦解决好种子和耕地问题，严守耕地红线，稳定粮食播种面积 20.5 万亩，科学统筹杂交水稻制种、建莲、“两桃一梨”种植面积。重点实施现代种业提升工程，加快国家级现代农业（种业）产业园建设，扶持禾丰种业等龙头企业做大做强，推进杂交水稻制种产业向“育繁推一体化、产供销一条龙”方向发展，打造“中国稻种之都”。突出产业融合。深化国家农村产业融合发展示范园、农业产业强镇建设，实施一批“农业 +”项目，加快推进一二三产业融合发展，实现特色农业全产业链产值 100 亿元以上。打响特色品牌。大力实施品牌升级行动，擦亮建宁县域公共品牌。发挥中粮我买网“一县一店”平台作用，开展助农带货活动，助力特色农产品“卖全国”。

三是推进乡村建设。突出设施补短。加快城乡供水一体化步伐，持续推进农村路网升级改造。深化乡镇集镇和农村人居环境综合整治，推进村庄生活污水治理和改厕有效衔接，推广垃圾分类试点。建立健全长效管理机制，巩固美丽乡村建设成果。突出试点示范。推广人居环境整治工程建设“1233”试点机制、庭院经济等做法，加快“一镇十村”乡村振兴试点示范和 14 个省级乡村治理试点示范建设。推进农村宅基地和村民住宅建设“两统筹、两统管”，加快里心镇、黄坊乡农村新型住宅小区集中建设试点工作，提升乡村风貌。突出全面振兴。加快提高农民科技文化素质，大力培养职业农民，吸引各类人才参与乡村振兴。把文化振兴贯穿于乡村振兴的各领域、全过程。建立健全党委领导、政府负责、社会协同、公众参与、法治保障的现代乡村社会治理体制，高质量完成村级组织换届工作。

（三）聚力优化升级，培育做强产业支撑

一是加快工业转型。做大龙头企业。实施产业龙头培育计划，扶持明一国际、云杉纺织、天马科技、源容生物、半亩方塘等企业发展，打造一批龙头企业和产业集群。落实“工业三明”要求，发挥重大项目专项工作组和专班作用，抓好退城入园项目，推动“老树发新枝”。壮大园区经济。深化制造业高质量发展三年行动计划，加快推进和骏工业卫浴产业园、建浦机床年产8000台高端数控机床等项目，启动中粮绿色食品产业园和渡头机械制造产业园建设。抓实企业帮扶。常态化开展“访企业、解难题、促‘六稳’”专项行动，落实“一企一策”扶持政策，精准解决企业难题。强化金融服务实体，推广融资担保“白名单”制度，全年完成增贷5亿元以上。

二是突出三产增效。以构建国内大循环为主体、国内国际双循环相互促进的新发展格局为契机，加快发展一批现代服务业。做优文旅产业。持续做足“绿色三明”文章，争创国家全域旅游示范县，推动闽江源生态旅游区创建国家5A级旅游景区，全力打造旅游度假区。持续提升修竹荷苑、坪上梯田莲海等赏花基地，推进景区、景点串点成线，打造旅游精品线路。加快闽江源国家湿地公园、莲海玉家等项目建设，打造全国知名文旅康养胜地。继续开展“为荷而来”“花海跑”等主题活动，力争游客接待量、旅游收入增长10%以上。持续唱响“风展红旗、如画三明”品牌，主动融入长征国家文化公园建设，加快建宁反“围剿”红军广场、溪口红军街花墩桥、红色小镇等项目建设，启动县委党校新校区建设，大力发展红色旅游、研学培训、职工疗养等产业。提升电商物流。加快国家电子商务进农村综合示范县（升级版）建设，实施农产品供应链示范和电商云仓储配送中心项目，持续做大做强闽赣省际电子商务产业园，力争全县电商交易额增长20%以上。启动闽赣省际（建宁）交通运输产业园、闽赣特色农产品交易中心建设，打造闽赣省际交通物流中心。发展新型消费。大力发展夜经济、特色街区经济，加快衙前食府等街区改建，规划建设城市商业综合体，培育消费新热点。

三是激发市场活力。坚持创新驱动。建立完善研发投入激励、关键技术联合攻关、科技成果孵化转化等机制，做强禾丰种业省级“院士示范站”、谢华安院士工作站等研发创新平台。强化企业创新主体地位，鼓励企业加大研发投入，支持明一国际、源容生物等企业建立重点实验室和研发机构，培育省级以上高新技术企业3家以上。强化人才支撑。完善人才集聚措施和配套政策，加大人才房建设力度，落实“人才编制池”做法，吸引高校毕业生、急需紧缺人才在建宁创新创业。深化院企、校企合作，打造科特派制度升级版。深化国企改革。健全和完善国有资产经营管理机制，推进县属国有企业整合重组，做大做强城投、工投、旅游集团。

（四）聚力项目攻坚，持续深化“五比五晒”

一是强力策划对接。用好国家新一轮支持老区苏区振兴发展、闽西南协同发展和中粮集团、省纪委监委及“6+1”单位挂钩帮扶的机遇，瞄准地方政府债券、中央和省级预算内投资等政策投向，聚焦“两新一重”、民生改善、产业发展等领域，坚持“事业+产业”“红色+”“绿色+”，策划生成一批大项目、好项目，充实项目储备库，积极争取中央和省、市项目资金支持。

二是强力推进项目。深化项目攻坚。开展“项目攻坚年”活动，力争全年新增“五个一批”项目200个以上，实现开工100个、投产100个，完成投资85亿元以上。强化重点冲刺。专班推动闽赣省际（建宁）交通运输产业园至国道G528公路、殡仪馆搬迁等重大项目，确保浦梅铁路建宁至冠豸山段如期建成通车。发力难题破解。大力开展突破“难、硬、重、新”工作行动，全力破解项目征迁、用地用林报批、环评等难点堵点问题，确保无障碍施工。

三是强力招商引资。突出真招商。围绕建链、延链、补链、强链，组建“一链一团队”招商专班，对接引进一批高质量的大项目、好项目。突出招真商。发挥在外乡贤、商会作用，大力实施建商回归工程。坚持合规又合算原则，强化税性项目招引，狠抓财源培育，拓宽增收渠道，力争新引进总部经济项目10个以上、税收贡献3000万元以上。突出招商服务。深化工程建设项目审批制度改革，发挥好重大招商项目联审工作小组作用，试行招商顾问、经济发展顾问、荣誉市民等激励措施，落实专业化、专班化、全程化服务，全年完成招商引资80亿元以上。

（五）聚力山水城融合，建设“小县大城关”

一是做大县城规模。拉大城市框架。坚持“五留”理念，进一步完善城市总体规划、控制性详规，加快国土空间规划编制。启动高沙洲、黄舟坊、溪口船厂下等片区开发，加快环城路建设，拓展城市发展空间。稳控房地产市场。坚持房子是用来住的、不是用来炒的定位，加快房地产项目开发，增加有效供给，促进房地产市场平稳健康发展。深化产城融合。规范城区业态布局，加快完善城区至经济开发区路段商业、生活设施等配套服务，进一步发挥各类专业园区和龙头企业辐射带动效应，促进人口、项目、资源要素“三集中”，年新增城区人口3000人以上。

二是做精城市品质。提升城市风貌。加强城市色彩和风貌管控，挖掘提炼建宁城市元素符号，强化古街巷、古建筑保护，延续城市文脉、留住文化记忆，加快打造有历史、有红色元素的绿色山水城。完善城市配套。加快推进城背巷、葫芦坑等老旧小区微改造，开展强弱电管线专项整治，完善城市供水排水排污管网，推进5G网络建设，实现城区燃气通气全覆盖。启动公交首末站建设，优化公交线路和班次。科学规划建设停车泊位，实施智慧停车项目，加快解决“停车难”问题。优化城市管理。做大做强城投物业管理公司，全面推行街巷长（街区长）制和楼（栋）长制，用好“e三明”“e建宁”平台，提升城市数字化、立体化、精细化管理水平。对标“文明三明”要求，巩固省级文明县城创建成果，打造新时代“满意在建宁”品牌。

三是做优民生服务。把教育放在极端重要的位置。启动建宁一中新校区等项目，逐步推进乡镇中学撤并，完善城乡教育布局。发挥闽江源教育基金会作用，加快提升教育质量，办好人民满意教育。深化与福建信息职业技术学院等合作，做优职业教育。加快提升医疗水平。建成新县医院并投入使用，深化与厦门弘爱医院、省属医院合作，做大做强总医院。深化“三医联动”改革，健全医防协同融合机制，努力为群众提供全方位全生命周期的卫生与健康服务。完善城乡养老服务体系。注重发展“银发经济”，加快城乡日间照料和居家养老服务中心、农村幸福院等建设，推动县康养中心正式运营，大力推进医养融合，探索多元化养老模式。大力发展文化体育事业。完善城乡公共文化设施，启动城区恒温游泳池建设，加快儿童公园等规划建设，大力开展全民健身活动，积极打造品牌体育赛事。

（六）聚力绿色发展，打造生态文明样板

一是强化污染防治。建立生态环境督察反馈问题整改长效机制，大力防治突出生态环境问题，守住自然生态安全边界。深化大气污染防治，确保空气质量优良天数比例保持全省前列。实施水环境三年整治提升行动，确保濉溪等流域水质稳定提升。继续开展化肥农药零增长、减量化行动，确保土壤土质总体稳定并趋好。推进资源全面节约和循环利用，加快淘汰高耗能、高污染产能，分类整治“散乱污”企业，“零容忍”惩处环保违法行为。

二是突出综合治理。统筹推进山水林田湖草系统治理，提升生态系统质量和稳定性。深化“河湖长制”，总结提升智慧河长平台、企业河长等常态长效机制，加快水系连通及农村水系综合整治先行试点县建设，打造闽江正源治水管水护水样板。开展国土绿化行动，推行林长制，扩大禁柴改燃范围。支持国家级绿色矿山建设，推进矿山植被恢复和“青山挂白”治理，完成水土流失治理5.2万亩。

三是发挥生态效益。做好“生态+”文章，发挥生态优势策划生成增收项目，进一步畅通“两山”转化通道，加快构建以生态产业化、产业生态化为主体的绿色发展体系，创建“绿水青山就是金山银山”实践创新基地。探索实施生态环境损害赔偿制度，积极争取碳排放权、排污权交易试点，扩大重点生态区位商品林赎买、碳汇交易范围，持续释放生态红利。

（七）聚力和谐稳定，提高社会建设水平

一是完善社会保障。千方百计稳定和扩大就业，抓好高校毕业生、农民工、退役军人等重点群体就业，帮扶残疾人、零就业家庭成员就业。加大社会救助力度，提高最低生活保障标准，完善特困人员供养制度，落实城市困难家庭精准帮扶“347”工作机制。推进全民参保计划，健全老年人、残疾人关爱服务体系和设施，完善帮扶残疾人、孤儿等社会福利制度，保障妇女儿童合法权益。

二是深化社会治理。坚持和发展新时代“枫桥经验”，完善信访制度和各类调解联动工作体系，构建源头防控、排查梳理、纠纷化解、应急处置的社会矛盾综合治理机制。加强社会治安防控体系建设，巩固深化扫黑除恶专项斗争成果，确保社会和谐稳定。

三是筑牢安全防线。完善和落实安全生产责任制，强化安全隐患分级分类管理，坚决防范和遏制重特大安全事故。加强应急管理体系和能力建设，提高防灾、减灾、抗灾、救灾能力。提升食品安全治理能力，让人民群众吃得安全、健康、放心。

此外，密切与工商联、无党派人士的联系与协商，支持工会、共青团、妇联等群团组织发挥更大作用，做好外事侨务、民族宗教工作。深化双拥共建，加强国防动员、国防后备力量和人民防空建设，强化退役军人事务管理。统筹抓好统计、档案、地方志、水文、气象等工作。

全面加强政府自身建设

（一）打造担当政府。坚持把政治建设摆在首位，持续学懂弄通做实习近平新时代中国特色社会主义思想，坚定不移在思想上政治上行动上同以习近平同志为核心的党中央保持高度一致，增强“四个意识”、坚定“四个自信”、做到“两个维护”。严肃党内政治生活，增强党内政治生活的政治性、时代性、原则性、战斗性。

（二）打造服务政府。深化“放管服”改革，持续开展“六最”营商环境对标活动，大力推行“互联网＋政务服务”，推进行政服务中心标准化建设和规范化运行，最大程度便利企业、群众办事。启动“八五”普法，把政府工作全面纳入法治化轨道，自觉接受人大法律监督和工作监督、政协民主监督及社会各界监督。

（三）打造创新政府。坚持把创新作为政府工作和全方位推动高质量发展超越的第一动力，解放思想、先行先试，大力推动政府治理理念创新、服务模式创新、体制机制创新，用改革的思路、创新的办法解决问题、推动工作。大力推进政府职能转变，全面实行政府权责清单制度，激发创新活力。

（四）打造实干政府。大力践行“马上就办、真抓实干”精神，树牢“今天再晚也是早，明天再早也是晚”的效率意识，雷厉风行抓落实。健全完善一线考核、专项考核等机制，用好重大工作专项奖励、二级绩效、记功嘉奖等激励措施，完善容错纠错机制。

（五）打造廉洁政府。压紧压实全面从严治党主体责任，严格落实中央八项规定及其实施细则精神，常态化开展形式主义、官僚主义整治，改进督查检查方式，切实减轻基层工作负担。完善重点领域风险防控机制，强化政府采购、招投标、国有资产运营等关键环节监管，强化监察和审计监督，严肃查处各类违法违纪案件特别是侵害群众利益的“微腐败”，营造风清气正的政务环境。

各位代表，幸福都是奋斗出来的，让我们紧密团结在以习近平同志为核心的党中央周围，坚持以习近平新时代中国特色社会主义思想为指导，在县委的坚强领导下，同心同德，顽强奋斗，锐意进取，全方位推动建宁高质量发展超越，以优异成绩庆祝建党100周年，奋力开启全面建设社会主义现代化国家新征程。

各位代表，空谈误国、实干兴邦。让我们更加紧密地团结在以习近平同志为核心的党中央周围，坚持以习近平新时代中国特色社会主义思想为指导，在县委的坚强领导下，勠力同心、锐意进取，坚决夺取全面建成小康社会伟大胜利，为推进新时代建宁高质量发展落实赶超而努力奋斗！

中共建宁县委　建宁县人民政府
关于建宁县2020年实施乡村振兴战略工作情况的报告

中共三明市委、三明市人民政府：

2020年，我县坚持以习近平新时代中国特色社会主义思想为指导，认真贯彻落实中央和省、市关于实施乡村振兴战略的一系列工作部署，紧紧围绕“二十字”总要求，切实把乡村振兴作为“三农”工作的总抓手，统筹谋划、开拓创新、全力推进乡村振兴工作。

今年我县获评第四批国家生态文明建设示范县；争取了国家现代农业产业园创建和国家水系连通及农村水系综合整治试点县两个“国字号”项目，共获补助资金2.31亿元；濉溪镇高峰村荣获“2020中国最美村镇最美康养小镇”称号，为全国五个最美康养小镇之一；客坊乡中心小学入选教育部首批乡村温馨校园建设典型案例学校，全省仅三所学校入选；万鑫家庭农场获评第二批全国家庭农场典型案例；均口镇入选全省乡村治理示范镇，濉溪镇高峰村、里心镇靖安村等14个村入选全省乡村治理示范村；濉溪镇圳头村、里心镇上黎村、花排村、黄坊乡武调村入选省级“一村一品”示范村和农业产业化省级示范联合体。现将乡村振兴工作开展情况汇报如下：

一、突出要素保障，夯实乡村振兴基础。一是强化指导。把握“串点连线成片”的原则，坚持“适用、经济、绿色、美观”建设方针，按照“小投入，微改造”打造精品节点，县处级领导深入挂包村指导开展乡村振兴工作，协调解决问题，督促实施进度，做到“真挂包、真推进、真到位”。二是创建机制。制定《建宁县乡村振兴试点示范创建工作方案》《建宁县发展农村庭院经济创建美丽庭院的实施意见》，重点推进10个省级试点村人居环境整治；扎实推进均口镇修竹村、里心镇上黎村美丽乡村精品示范村创建工作，制定创建工作方案，县级成立工作专班，乡镇成立领导小组，保障各项措施落到实处。三是投入保障。项目建设方面，坚持自然和谐，生态环保，厉行节约的原则。针对10个省级试点村建设予以资金支持，今年共计拨付资金1522.01万元。截至12月，使用乡村振兴统筹资金的31个项目，完成投资2501.5万元，占年度计划83.66%，有19个项目建成投入使用；完成单改双（含晋级道路）30.537公里，单拼单6.14公里，实施错车道37.5公里；投入617万元支持全县农村垃圾常态化治理，健全农村垃圾常态化机制；投入1462万元进行农村土地开发，有效推进耕地占补平衡；投入2915万元支持上黎、滩角和竹薮生态牧业发展；投入1931万元对村道危桥改造和农村公路安保设施布设，排除道路安全隐患，完善公路安全设施。

二、立足五大振兴，统筹推进各项工作。一是着眼产业兴旺，筑牢“双增收”基础。落实制种面积15.2万亩，种子产量3500万公斤；莲子面积4.9万亩，莲子产量达3500吨；稳定果子面积12万亩，水果总产量13万吨；落实食用菌生产4541万袋，比2019年4118万袋增加423万袋，增长10.27%；全县生猪稳定存栏6.98万头，生猪出栏11.29万头；奶牛存栏0.31万头，肉牛存栏0.28万头，肉牛出栏0.24万头；羊存栏1.43万头，羊出栏1.37万头；家禽存栏75.39万羽，家禽出栏156.23万羽，肉蛋奶总产量15531吨，比2019年增加5162吨，比增49.79%；全县实现水产品产量7570吨，比2019年增加429吨，递增6%；三次产业结构从21.8 ：49.2 ：29调优至14 ：56.8 ：29.2，预计2020年全县完成农林牧渔业产值35.8亿元，增长4.2%，农村居民人均可支配收入18245元，增长6.8%。探索实施五大扶贫增收工程。立足县域资源禀赋，因地制宜发展种业、莲业、果蔬、林业、烟叶、旅游、电商等县域七大产业；积极实施脱贫攻坚“猪宝宝”“鸡鸭肥”“金种子”“福源莲”“光能源”等增收工程，今年以来企业托养仔猪400头、赠送鸡鸭苗19845只、发展水稻制种255户3327.2亩、建莲种植226户1175亩、开发光伏公益性岗位44个，稳定增收得到保障；贫困发生率从7.74%降为0，

1554户4808名农村贫困人口全部脱贫，省级扶贫开发工作重点县、3个市级扶贫开发工作重点乡、51个贫困（空壳）村全部摘帽，“量化折股扶贫模式”获评全国精准扶贫十佳典型经验。特色产业品牌全面打响。种子、莲子、果子等“五子”全产业链产值提升至89.8亿元；建宁现代（种业）农业产业园成功入选2020年国家现代农业产业园创建名单，袁隆平院士为建宁县国家现代农业产业园题名；成功举办第三届中国稻种基地发展大会，“建宁水稻种子”成为全国唯一水稻种子地理标志证明商标，水稻制种面积和产量均占全国10%左右；建宁通心白莲入选全国区域公用品牌名单，上榜全国首批地理标志农产品保护工程，列入中欧互保产品；全县累计二品一标有效用标达70个。产业融合新模式持续发展。持续打响“清新花乡·福源建宁品牌”，入选首批福建省全域生态旅游示范县，新建成闽江拜水溯源、莲海玉家等重点景区；做大“产业+”，“农业+”新模式，结合上黎云上牧歌及滩角明一牧场项目建设，大力发展奶牛养殖观光项目；以正在实施建设的鲤湖梅花垇基础设施项目等项目建设为依托，结合已建成的修竹村亲子体验“荷蟹园”一期、信妙园中药种植及康养中心等，打造修竹村休闲旅游、康养等特色产业；整合半元映山红花海康养、高家岭智能温室月季种植、枫元堆头赣橙生态产业园、桃梨园3A景区等项目资源，打造集休闲农业、文化体验、养生度假为一体的示范区。新型经营主体水平逐步提升。组织开展全县农民合作社“空壳社”专项清理，共注销空壳社65家；探索合作社规范运行制度，选择了40家县级以上合作社示范社，确定每社1人挂包服务，建立“三会一章”、盈余分配等规范化管理制度；加大新型经营主体典型培育，培育标准化生产典型、联农合作典型、品牌创建典型、电商销售典型等经营主体示范，完成22个家庭农场项目储备。推动项目建设有序建设。国电投风力发电、和骏工贸卫浴、云杉混纺纱线、建浦高端数控机床等一批重大项目落地建宁；成功申报创建福建省建宁县国家现代农业产业园，目前各子项目正在积极规划设计中；“十四五”高标准农田建设项目已上报省农业农村厅并列入省项目储备库，计划建设高标准农田4万亩，总投资6400万元。

二是着眼生态环境保护，着力改善人居环境。深入开展“一革命四行动”。积极开展中心村农房整治，有条件的实施“平改坡”，外墙装饰装修完整，体现地域特色，经济困难的推广“檐口砌筑女儿墙、外墙刷缝嵌缝、勾勒窗框门套”等简易线性工程，改善居住功能，提升建筑风貌，已完成农房整治550栋；完成乡镇公厕新建改造5座，农村公厕新建改造6座；农村生活垃圾已基本形成常态化治理机制。扎实推进“村庄清洁行动”。结合美丽乡村建设，开展村庄清洁行动，推进村庄房前屋后整治，整治公共空间和庭院环境，消除私搭乱建、乱堆乱放，已完成84个行政村整治，占全县行政村总数的91.3%，拆除私搭乱建约2.6万平方米；“两高”沿线整治已基本完成年度整治任务，补植绿化约12000平方米。致力于水体治理。全面深化“河湖长制”，全县水源地饮用水质达标率保持100%，地表水质保持Ⅱ类及以上标准，里沙溪、宁溪被列为一级健康状况，成功争取全国首批水系连通及农村水系综合整治先行试点县；实施乡镇及农村生活污水治理PPP项目，目前里心、均口、黄坊3个乡镇污水厂已投入使用，伊家、客坊、溪源、黄埠4个乡镇污水厂已通水，已完成36个村庄污水处理设施建设，20个村庄已运行。

三是着眼人才振兴，强化乡村振兴支撑。科技人才助力乡村产业。制定《建宁县实施科技助力乡村产业振兴千万行动方案》，组织省农林大学8位指导专家、选派31位农业专家及相关乡镇农技站站长深入相关对口帮扶村，开展对口帮扶工作，加快农业五新进村入户到田；采用工作日志、“一村一报告”等形式，记录并分析帮扶村产业发展存在问题，提出破解难题的有效办法。专业人才充实队伍建设。完成省级“三支一扶”高校毕业生计划岗位征集工作，接收志愿者16名；通过集中面授、临床跟班学习等方式，完成132名乡村医生规范化培训；选派5名乡镇卫生院和社区卫生服务中心骨干人员参加线上线下学习培训；培训乡镇卫生院全科医生4名，全力推动乡村人才储备建设。新型人才扩充乡村能人。开展新型职业农民专科学历教育15人；通过省农科院远程视频服务系统，每月举办1期农村实用技术远程培训，全年参训人数总计8936人；委托三明学院开展贫困村创业致富带头人培训，共培训学员87人。

四是着眼乡村文化培育，提升乡村文明水平。建强文化阵地。推进村级综合文化服务中心建设，完成黄坊乡、客坊乡新时代文明实践所建设，以及枫元、隆下、兰溪等13个村新时代文明实践站建设。构建文化新村。对标文明村镇考评体系，切实抓好文明村镇创建，对乡镇文明创建工作进行考评；深化“星级文明户”“五好文明家庭”等群众性创建和乡村环境卫生、生活秩序整治行动，提升文明村镇整体创建水平。深化道德建设。举行主以题为“弘扬传统文化 助力乡村振兴”的文化科技卫生“三下乡”集中示范活动，发放各类宣传资料3000多份；以植树节为契机，积极开展义务植树造林、护花种草等志愿活动，引导群众树立正确道德意识。

五是着眼组织建设，夯实基层基础。抓实队伍，打造“生力军”。定期开展村主干轮训、春训、冬训等各类培训，提高村两委班子的综合素质与能力，促进村“两委”班子在推动乡村振兴战略中发挥组织力量；加强与福建信息职业技术学院合作，带动110名“头雁”参加干部学历提升教育。夯实基础，建强“桥头堡”。注重贫困（空壳）村支部建设，发挥全县51个贫困（空壳）村下派第一书记的积极作用，每年拨付专项办公经费，强化实施乡村振兴战略组织基础；开展党委（党组）书记联系党支部、党员联系群众、党员积分评星管理、党员户挂牌、承诺践诺、设岗定责等活动，发挥农村党员在实施乡村振兴战略中的“星星之火、可以燎原”作用。促进增收，激活“动力源”。组织党员“110”服务队开展“结对帮亲、精准扶贫”活动，共计帮扶困难群众11580人次，解决实际困难13300多件；推行“跨村联建、多村捆绑”“支部+企业”等模式，培育45个村财增收项目，全县90%以上村集体自有经营性收入达10万元以上。

六是着眼基层法治建设，实现治理有效。推进乡村“雪亮工程”建设。投入人力、财力建设公共安全视频监控，全县户籍人口在1000人以上的行政村80%实现公共安全视频监控联网覆盖，户籍人口在1000人以下的行政村70%实现公共安全视频监控联网覆盖。强化网格治理。充分发挥“小网格、大能量”的作用，通过各级网格化平台“平安莲乡通”手持终端57部；上报事件12424条，疫情防控1686起，掌握入建人员信息1553条，矛盾纠纷排查426条，人口、房屋等信息更新25352条。创新乡村工作亮点。探索实施以“民事民议、民事民筹、民事民办、民事民管、民事民评”为主要内容的综治进宗祠活动，激发本地宗族家族观念，促进基层自治；在巩固现有辅警的基础上，全面推行“一村一警务助理”，实现治安形势平稳，群众安全满意；积极探索乡村治理新方法，借鉴“枫桥经验”，试行积分制管理办法，利用积分制巩固“村支部+党员+群众”的治理模式，实现自治有利、法治有序、德治有效的乡村新面貌。

三、主要存在问题。一是农村要素匹配度较低。村级文化广场、公共文娱场所等还不够健全，已有的阵地存在设施不齐、设备老化，缺少文化骨干，开展文化活动不多等现象。二是村财普遍薄弱。村级组织队伍素质还有待提高，部分村村财增收渠道比较单一。三是主体作用发挥不够。农民文化程度普遍不高，农民作为乡村振兴的主体参与程度不高，同时技术型人才相对紧缺，农民主动参加各类职业培训和技能提升培训积极性不够。

四、下一年度工作计划。下一步，我县将深入推进乡村振兴各项重点工作，在难题上抓落实，在困境中寻突破，按照“五大振兴同步推进”的思路使2021年乡村振兴工作再上台阶。

一是在产业振兴上有新成效。做大做强禾丰种业、福源建莲、绿源果业、天源食品、半亩方塘等农业龙头企业，大力发展农产品精深加工、休闲观光、民宿餐饮等“农业+”产业，促进农村一二三产业融合发展，全力打造百亿特色农业集群；培育一批农产品深加工、休闲观光、文化旅游、民宿餐饮等农业农村新业态，加大农工融合，发展从“田间到餐桌”的全产业链模式，加大农旅融合，推进旅游地的功能配套和服务建设，加大农商融合，发挥闽赣省际电子商务产业园龙头示范带动作用，加快农产品网货改造和供应链建设。二是在人才振兴上有新活力。统筹实施乡村人才振兴计划，招引一批大学生、志愿者、挂职干部、科技特派员等人才到基层服务“三农”工作，加大创业创新和农村劳动力转移培训工作力度，培养一批种植、养殖、加工能手和经营能人；提升农村创业发展服务载体和平台，落实省市优惠政策，营造良好的创业氛围。三是在文化振兴上有新亮点。深入开展新时代文明实践活动，加快乡镇新时代文明实践所（站）建设，持续推进“创新评户”“积分评星”工作，带动广大群众参与到乡风文明建设中来；发掘我县红色文化、客家文化、闽学文化、江源文化、建莲文化、慈航文化、生态文化等乡村优秀传统文化，持续唱响“风展红旗如画”品牌。四是在生态振兴上有新面貌。认真践行“绿水青山就是金山银山”理念，严格落实“河长制”，坚决打好“蓝天、碧水、净土”保卫战；持续推进林权制度改革，探索培育林下经济产业；深入推进“一革命五行动”，抓好农村人居环境综合整治，不断改善农村人居环境，梯次推进“绿盈乡村”建设，加强农村饮用水水源保护与治理，督促乡镇建设完成污水规划中的重点项目。五是在组织振兴上有新作为。做好村级组织换届工作，加大“一肩挑”推进力度；持续深化党建“两化”工程，不断壮大村级集体经济。六是在机制建设上有新成绩。认真总结乡村振兴中先进典型经验，围绕产业发展、基层建设、乡风文明、治理有效等方面的亮点，努力打造成为全市乃至全省可借鉴、可复制、可推广的机制，扩大试点示范辐射带动效应。

中共建宁县委

建宁县人民政府

2020 年 12 月 20 日

建宁县新型冠状病毒肺炎防控工作指挥部令第 1 号
关于防控新型冠状病毒肺炎有关事项的通告

为加强联防联控新型冠状病毒肺炎，2020 年 1 月 24 日福建省启动重大突发公共卫生事件一级响应，根据《传染病防治法》等有关法规，现将有关事项通告如下：

一、全县各乡（镇）要落实对所有 2020 年 1 月 11 日以来湖北（武汉）返建宁、来建宁人员组织全覆盖排查摸底造册，实行居住隔离，限制外出。

二、加强湖北（武汉）返建宁、来建宁人员的跟踪服务管理，做好医学观察。

三、发热病人应及时到公布的定点医疗单位进行就诊。

四、呼吁广大市民注意日常自我防护，尽量减少外出，尤其是不去人流密集处，降低呼吸道感染风险。

五、全县取消公共场所一切人员聚集活动，取消圩日，关闭景区景点和公共集聚场所。

六、根据《传染病防治法》等有关法律法规，禁止任何餐饮单位和个人举办任何形式的群体性聚餐活动，已经订餐的应尽快取消或延期举办。

七、全县公交车、农村公交客运停止运营。

八、在建宁北站、省际公路交界处、汽车站、实施公共卫生检疫。

九、县直各部门、各公共卫生场所，各乡（镇）、村要立即开展爱国卫生活动。

十、对出现新型冠状病毒肺炎病例的村（社区）立即组织卫生消杀，限制人员进出。

十一、暂停野生动物贩运、交易，加强活禽市场监管。

十二、县内所有企业应通知湖北籍员工延迟返岗，返还时间待定。复工前必须组织对所有员工实施医学观察。

十三、加强市场监管，对趁机哄抬物价、囤积居奇的，将依法坚决打击。

十四、不传谣、不造谣、不信谣。不要相信一切非官方发布的信息，不要随意转发未经核实的信息。对发布、传播不实信息的，将根据有关规定，予以依法处理。

十五、全县各级党员、干部必须按职责纪律要求，认真履职到位，不得擅离职守。

十六、卫健系统咨询电话：

濉溪镇 3961801；濉溪镇卫生院 18960577898

溪口镇 3985804；城区社区卫生服务中心 13859410068

里心镇 3282149；里心镇卫生院 13960562003

黄埠乡 3272126；黄埠乡卫生院 13799186899

客坊乡 3262699；客坊乡卫生院 18950998787

黄坊乡 3212046；黄坊乡卫生院 18065883698
溪源乡 3222581；溪源乡卫生院 15259878969
均口镇 3232068；均口镇卫生院 13385983089
伊家乡 3252158；伊家乡卫生院 18960577808
建宁县总医院 3983120；建宁县疾控中心 13043053800
电子邮箱：jnjk5909@163.com

本通告将根据疫情动态适时调整。

请广大市民理解支持配合落实。

特此通告。

建宁县新型冠状病毒肺炎防控工作指挥部

2020 年 1 月 25 日

关于做好省启动特别重大突发公共卫生事件一级应急响应的通知

各乡（镇）党委和政府，县直各单位：

为贯彻《福建省人民政府关于启动重大突发公共卫生事件一级应急响应的通知》（闽政发明电〔2020〕1 号）和《三明市新型冠状病毒感染的肺炎防控工作指挥部关于做好省启动特别重大突发公共卫生事件一级应急响应的通知》（明肺炎防指〔2020〕1 号），切实抓好各项防控工作的落实，现就有关工作通知如下：

一、落细落实县指挥部 1 号令。特别要落实全县取消公共场所一切人员聚集活动，取消圩日、关闭景区景点和公共集聚场所；禁止任何餐饮单位和个人举办任何形式的群体性聚餐活动，已经订餐的应尽快取消或延期举办；在建宁县北动车站、省际公路交界处、汽车站实施公共卫生检疫；对出现新型冠状病毒肺炎病例的村（社区）立即组织卫生消杀，限制人员进出；暂停野生动物贩运、交易，加强活禽市场监管。

二、坚守岗位履职尽责。各级党政干部、相关职能部门干部从 1 月 26 日开始取消春节放假，回岗履责。

三、压实属地责任。严格实行县、乡、村党政同责，联防联控，做好排查、管理服务，疫情不扩散、不输入。同时，县领导对所挂钩乡（镇）的防控工作进行帮助支持、督促检查。

四、做好收治隔离观察。按照国家诊疗技术规范要求，对发热人员收送定点医院，对密切接触者落实硬隔离观察措施。

五、切实做好医疗救治。做到集中患者、集中专家、集中资源、集中救治“四个集中”，严防出现重症病例。同时，做好医务人员的自身防护工作。

六、注意工作方式方法。要全力发动群众，多做过细的工作，特别是要动员县、乡、村广大群众、企业、社会组织，让社会各方面力量参与联防联控。同时，要尽量不开大型会议，开小规模会商会。

七、做好信息报送。每天上午 8:30、晚上 18:30 上报县指挥部（联系电话：3982250），特殊情况及时上报。

八、提早做好节后安排。对学校开学、企业复工时间科学把握，要制定应急方案。对返程人流高峰要采取调度保障措施，确保疫情不扩散。

九、不传谣、不造谣、不信谣。不要相信一切非官方发布的信息，不要随意转发未经核实的信息。对发布、传播不实信息的，将根据有关规定，依法予以处理。

十、严肃组织纪律。县委组织、纪检部门要全程参与，及时了解干部在联防联控当中的表现情况。

建宁县新型冠状病毒肺炎防控工作指挥部

2020 年 1 月 26 日

索　引

说　明

一、本索引采用主题词分析法，按主题词首字汉语拼音字母顺序排列。

二、栏目、分目标题用黑体字。“特载”“专记”“大事记”“人物 名录 荣誉榜”“附录”内容不作索引。

三、索引主题词后的数字表示页码。

四、空一字起排的款目为上一主题的“附见”。

0—9

A

B

C

D

E

F

H

J

K

L

M

N

P

Q

R

S

T

W

X

Y

Z